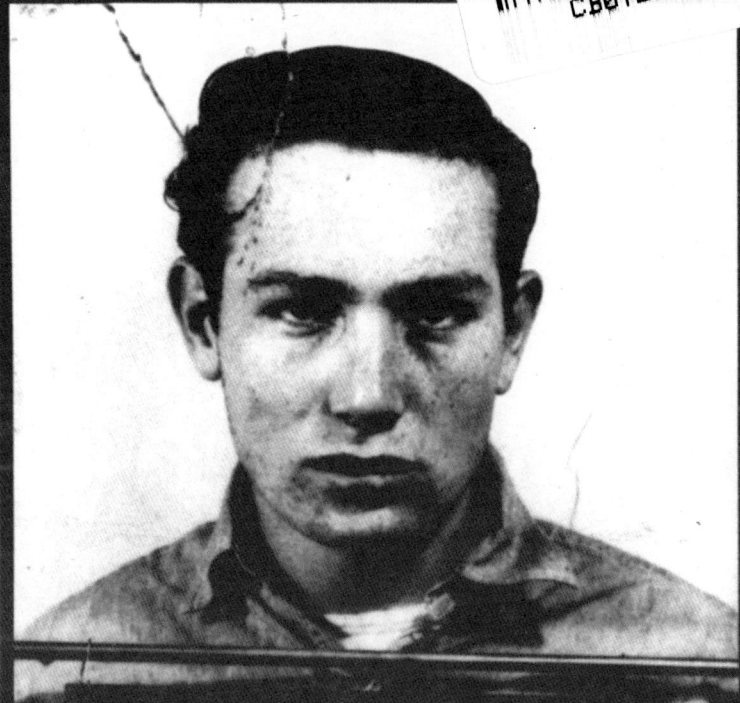

CALIFORNIA PRISON..
A-20284
E BUNKER
2-8-52

Educação de um bandido

Educação de um bandido

Edward Bunker

Tradução de Francisco R. S. Innocêncio

Copyright © 1973 by Edward Bunker
Título original: Education of a Felon

Todos os direitos desta edição reservados à Editora Barracuda.

Capa: Marcelo Girard
Preparação: Alfred Bilyk/Alyne Azuma
Revisão: Rodrigo Villela/Ricardo Jensen de Oliveira
Composição: IMG3
Foto da capa: Martin Morrell

Dados Internacionais de Catalogação na Publicação (CIP)
(Câmara Brasileira do Livro, SP, Brasil)

Bunker, Edward, 1933-2005.
 Educação de um bandido / Edward Bunker ;
tradução de Francisco S. Innocêncio. --
São Paulo : Editora Barracuda, 2005.

 Título original: Education of a felon.
 ISBN 85-98490-13-X

 1. Bunker, Edward, 1933- 2. Crimininosos -
Califórnia - Biografia 3. Prisioneiros -
Califórnia - Biografia I. Título.

05-7296 CDD-364.1092

Índices para catálogo sistemático:
1. Califórnia : Prisioneiros : Biografia
 364.1092

1.ª edição, 2005

Editora Barracuda Ltda.
R. General Jardim, 633 - conj. 61
São Paulo SP
CEP 01223-011
Tel./fax 11 3237-3269
www.ebarracuda.com.br

Índice

Introdução, *por William Styron*   11

1   NEM INFERNO NEM PARAÍSO   17
2   UMA CRIA DO ESTADO NA CALIFÓRNIA   31
3   ENTRE OS CONDENADOS   47
4   PUTAS, HEARST E O ANJO DE HOLLYWOOD   83
5   TREM NOTURNO PARA SAN QUENTIN   127
6   TIQUE-TAQUE BATEM AS HORAS, 1952, 1953, 1954, 1955   149
7   À ESPERA DA CONDICIONAL   171
8   A TERRA DO LEITE E DO MEL   193
9   O CORRER DOS FATOS   217
10   A MERDA ATINGE O VENTILADOR   261
11   EM FUGA   273
12   DECLARADO LEGALMENTE INSANO   289
13   CONFINADO NA PRISÃO DE FOLSOM   315
14   GUERRA DE RAÇAS NA PRISÃO   337

Posfácio   PARIS, CHEGANDO A PRIMAVERA   375

Introdução

introdução

Edward Bunker está entre o pequeno grupo de escritores americanos que criaram uma literatura autêntica a partir de suas experiências como criminosos e prisioneiros. Bunker, hoje com sessenta e cinco anos, está fora da prisão desde 1975, mas antes desse período passou quase toda a sua vida, com exceção dos primeiros anos de sua infância, atrás das grades. Em outras palavras, até seus quarenta e poucos anos, Bunker teve muito mais familiaridade com o encarceramento como modo de vida do que com a liberdade, mesmo limitada. Que tal trajetória, praticamente tão privada de todos os incentivos normais para a educação e a realização pessoal, pudesse ter produzido escritos de qualquer gênero seria incomum; que ela tenha sido a fonte não apenas de *Nem os Mais Ferozes*, mas também de três outros romances de genuíno alcance literário (até agora), é espantoso, colocando Edward Bunker entre o pequenino bando de prisioneiros-escritores americanos cujo trabalho demonstra integridade, perícia e paixão moral em quantidade suficiente para atrair seriamente nossa atenção. Para entender a natureza das extraordinárias conquistas de Bunker é necessário narrar alguns detalhes de sua vida, sem dúvida marcada por privação e violência, uma existência tão próxima do niilismo — pelo menos no imaginário do leitor burguês — a ponto de tornar quase totalmente implausível qualquer idéia de criatividade ou do eventual florescimento de uma carreira literária.

Bunker nasceu e foi criado, de todos os lugares possíveis, em Hollywood, Califórnia. Ao contrário da maioria dos criminosos americanos, nasceu branco. Seu pai foi ajudante de palco em teatros nos arredores de Los Angeles e, ocasionalmente, conseguia trabalhos em estúdios de cinema — uma vez trabalhou para a organização de Hal Roach durante as filmagens das famosas comédias *Our Gang*. Sua mãe era dançarina profissional e atuou como corista em filmes de Busby Berkeley. O alcoolismo conduziu o pai de Bunker a um hospital público e o casal se divorciou quando Eddie tinha quatro anos. Exacerbada pelos duros tempos da Grande Depressão, a vida do menino seguiu o padrão de tantas outras que são produto do alcoolismo e das famílias dissolvidas. Ele entrava e saía de internatos e de escolas militares, dos quais começou a fugir com uma determinação aumentada por seu obstinado temperamento antiautoritário, bem desenvolvido mesmo naquela idade prematura. Aos onze foi mandado por um breve período para o Camarillo State Hospital, para observação, e um ano mais tarde foi enviado para o reformatório juvenil de Whittier. Conseguiu escapar e, quando apanhado, foi enviado para uma escola muito mais rígida, destinada a garotos desregrados, quatro ou cinco anos mais velhos. Ali ele passou um ano ou mais e, aos quatorze, saiu em condicional. Vinte e nove dias de liberdade e foi apanhado tentando roubar uma loja de bebidas e baleado (mas não seriamente ferido) pelo proprietário. Este crime valeu a Bunker uma sentença para a prisão juvenil de Lancaster, ainda que fosse consideravelmente mais jovem que a idade legalmente imputável de dezoito a vinte e cinco. Ao longo desse período, Bunker foi jogado sistematicamente em meio a criminosos mais velhos. Depois de esfaquear um guarda em Lancaster, foi conduzido para a Cadeia Municipal de Los Angeles, onde aos quinze anos foi colocado na carceragem reservada a casos notórios. Entre seus companheiros de cela incluíam-se vários assassinos à espera da pena de morte. Graças à sua idade, e porque seu advogado, o célebre Al Matthews, que tomou o caso *pro bono*, conseguiu demonstrar que os agentes de correção haviam abusado de Bunker em ocasiões anteriores, o juiz considerou-o jovem demais para San Quentin e o sentenciou à cadeia municipal com condicional. O processo foi suspenso. Ele foi libertado.

Foi durante sua breve liberdade que Eddie tornou-se amigo da sra. Hal Wallis, esposa do renomado produtor cinematográfico (*Casablanca*, *Becket* e muitos outros filmes) e ela própria uma ex-comediante nas *Keystone Comedies* de Mack Sennett. Louise Fazenda Wallis empreendeu esforços para guiar Eddie na direção da probidade e do mérito, mas suas preocupações resultaram nulas. Os amigos de Bunker, à exceção de Louise Wallis, eram graduados da escola correcional e criminosos profissionais consumados. Aos dezesseis, começou a vender maconha, engajou-se entusiasticamente no furto profissionalizado a lojas e aprendeu a aplicar golpes, como "o fósforo", "a correia" e "a nota no chão". Ele estava fazendo uma entrega de maconha quando foi detido por dois detetives. Uma dura perseguição seguiu-se pelas ruas de Los Angeles; o automóvel que ele dirigia bateu em três carros e chocou-se de frente com um caminhão de correio antes que ele fosse capturado. O juiz ainda estava relutante em mandar um rapaz de dezesseis anos para San Quentin e deu-lhe um ano na cadeia municipal com direito a condicional. Logo ele escapou.

Nesse momento, a sorte de Bunker acabou. Para ser exato, o calendário dizia que ele tinha dezessete — ainda não tinha dezoito, mas era velho o suficiente. Pela fuga e pelo ataque ao guarda de Lancaster, recebeu duas sentenças simultâneas de seis meses a dez anos, e foi enviado para San Quentin.

Durante sua estadia de quatro anos e meio em San Quentin, Bunker descobriu os livros e começou a ler e escrever. Louise Wallis mandou-lhe uma máquina de escrever portátil Royal e uma assinatura da edição de domingo do *New York Times* e seu *Book Review*. Em sua animada exploração da literatura, tornou-se um leitor voraz, devorando quatro ou cinco livros por semana, que iam desde uma *Military History of the Western World*, em dois volumes, passando por coletâneas de contos publicados na *New Yorker*, até romances de Thomas Wolfe, Faulkner, Dreiser, Hemingway e Dostoiévski — e outros tão ou menos celebrados. Também escreveu um romance, que mais tarde considerou muito ruim, e muitos contos, nenhum publicado.

Quando foi libertado sob condicional, retornou para o mundo exterior com sérias intenções de tornar-se íntegro, e mais uma vez foi acolhido sob a proteção de Louise Wallis, que obteve trabalho para o seu protegido em um lar para meninos na vizinhança, do qual ela era a principal benfeitora; ali ele foi empregado como uma combinação de motorista dos garotos, supervisor da piscina, tutor da sala de estudos e conselheiro. Infelizmente, sua protetora começou a padecer de uma severa depressão e ficou inválida, e Bunker perdeu sua única âncora em um mundo precário. Aos vinte e três, tentou conseguir empregos legítimos, como analista de enredos ou leitor de roteiros em vários estúdios de cinema, mas, devido ao seu histórico criminal, não teve sorte. Percebendo que fora não apenas prisioneiro, mas aprisionado fora da sociedade, resolveu, como ele próprio disse, "se virar com o que tinha", o que a princípio significava vender automóveis usados como fachada enquanto planejava crimes às ocultas. Montava esquemas para assaltos que eram cometidos por outros. "Esses caras roubavam lojas de bebidas por impulso", lembra ele. "Eu arranjava as coisas para que eles pudessem fazer algum dinheiro." Também planejava organizar as garotas de programa de Hollywood extorquindo gigolôs e cafetinas em troca de proteção. Viveu assim por quatro anos. Nessa época, seu relacionamento com Louise Wallis havia se desfeito. Finalmente, apanhado em um esquema de falsificação e cheques frios, foi novamente mandado para San Quentin, para cumprir um período indeterminado entre seis meses e quatorze anos. Este foi o mais longo aprisionamento de Bunker, e não terminou até que ele tivesse cumprido sete anos. Durante esse tempo, continuou a ler exaustivamente e a escrever com paixão e engenhosidade surpreendente, produzindo quatro romances não publicados e vários contos. Sem dinheiro para a postagem, freqüentemente vendia seu sangue para reunir o montante necessário para enviar histórias para revistas. Ele se recorda desse interlúdio como um período de quase loucura — tão longa era a sentença em comparação com o crime, já que a falsificação geralmente é considerada um delito menor. Pior de tudo, a sentença era imposta um ano a cada vez, de modo que ele nunca iria saber se seria libertado sob condicional em seis meses ou seis anos, ou qualquer coisa nesse intervalo.

A obra de Bunker lida extensamente com a revolta e a frustração que alguém sente quando, libertado da prisão, encara, na melhor das hipóteses, a indiferença — e, na pior, o ódio e a hostilidade — do mundo exterior. Uma das lembranças mais vívidas que Bunker conserva daquele tempo é de como, depois de anos calçando os folgados borzeguins da prisão, seus sapatos novos causavam terríveis bolhas em seus pés. Ele escreveu mais de duzentas cartas candidatando-se a empregos legítimos — mas seu histórico de presidiário atuou efetivamente como sua maldição e não recebeu uma resposta sequer. É esse o destino da maioria dos ex-detentos nos EUA, para os quais a expiação dos pecados através do encarceramento usualmente não funciona, aos olhos da sociedade, como redenção significativa. Um verdadeiro proscrito, Bunker caiu mais uma vez na criminalidade. Uma noite, depois de arrombar o cofre de um bar, foi preso após uma perseguição automobilística em alta velocidade.

No momento da prisão, fingiu insanidade, afirmando que nascera em 1884 e que avisara Roosevelt sobre o ataque japonês a Pearl Harbor. Durante a acusação, disse ao juiz que a Igreja Católica estava tentando pôr um rádio em seu cérebro. Os procedimentos foram suspensos aguardando um parecer psiquiátrico. Os psiquiatras que examinaram Bunker consideraram-no um "extremo e crônico caso de esquizofrenia paranóide, com alucinações auditivas e delírios de perseguição". Tão bem-sucedido foi seu estratagema que ele foi enviado para a prisão de Vacaville, onde foi considerado um detento de alto risco, uma ameaça que Bunker se esforçava em explorar, aproveitando todas as oportunidades que tinha para balbuciar em voz alta para as paredes.

Finalmente de volta a Los Angeles, para julgamento pela acusação de roubo do cofre, conseguiu fiança e permaneceu livre por um ano. Enquanto estava nas ruas, vagava em viagens de ida e volta entre Los Angeles e São Francisco, gerenciando o que hoje ele chama de "um pequeno império das drogas". Nesse ponto, para aumentar sua renda, decidiu assaltar um pequeno e próspero banco de Beverly Hills. A série de coincidências que se seguiu poderia ter tido tonalidades cômicas, não tivessem as conseqüências sido tão horrendas. Sem que ele soubesse, o carro de Bunker, no dia em que saiu para o assalto ao banco, havia sido secretamente grampeado com um dispositivo de rádio por agentes da divisão de narcóticos, que esperavam o "bip" para seguir sua vítima até uma transação com drogas. Bunker, entretanto, armado e preparado para cometer um assalto, e agora com seu automóvel seguido não apenas por agentes motorizados, mas também por um helicóptero, conduziu os oficiais até a porta do banco, onde um pandemônio se seguiu quando o assaltante frustrado foi subitamente reconhecido, acossado e, depois de uma longa perseguição de automóveis, apanhado sob a mira de armas e severamente espancado. Desta vez a perspectiva era realmente soturna. Ele tentou suicídio. Com três condenações, Bunker foi sentenciado a cinco anos por assalto a banco e a seis por tráfico de drogas; as sentenças corriam paralelamente.

Aqui nossa história poderia ter acabado — outro desajustado infeliz engolido pela morte em vida da retaliação institucional — não fosse pela graça salvadora da arte. Devemos lembrar que, mesmo durante sua vida de crimes, Bunker trabalhara duro para ser um escritor. Seu primeiro romance, *Nem os Mais Ferozes*, foi aceito para publicação enquanto ele aguardava julgamento.

Agora ele estava no sistema carcerário federal por causa das acusações de assalto a banco e tráfico de narcóticos, e viu-se embalado para cumprir sua pena na penitenciária federal de McNeil Island, em Puget Sound, Washington. Enquanto estava lá, ele uma vez demonstrou sua fúria antiautoritária e recusou-se a ser encarcerado novamente em uma cela com dez homens. Por essa demonstração de revolta, foi transferido para a mais temível prisão dos EUA, a monolítica penitenciária de Marion, Illinois, que suplantou Alcatraz como a fortaleza onde a nação confina seus piores criminosos, um lugar onde seiscentos guardas monitoram trezentos detentos. Ainda assim, enquanto estava aprisionado nesse lugar, Bunker continuou a escrever. Seu segundo romance, *The Animal Factory*, foi completado ali. (Um terceiro romance, *Little Boy Blue*, apareceu em 1982, e o quarto, *Cão Come Cão*, em 1996.) Enquanto isso, e mais importante para sua carreira literária e seu destino final, o ano de 1973 viu a publicação de *Nem os Mais Ferozes*; o romance foi recebido com resenhas excelentes e considerável atenção. Deve ser destacado, porém, que nessa época Bunker já era uma lenda nas prisões e sua fama havia se estendido para o mundo exterior. Ele escrevera artigos furiosos para *The Nation*. Um ensaio incendiário que ele escreveu acerca da crise racial das prisões americanas fora publicado na *Harper's Magazine* e anunciado proeminentemente em sua capa; sua tese — de que a inimizade irreconciliável entre negros e brancos na prisão iria certamente conduzir a uma catástrofe — era um aviso que evocava ampla preocupação. Esse artigo e a publicação de *Nem os Mais Ferozes* foram providenciais para que ele recebesse sua condicional em 1975. Ele tem permanecido serenamente fora dos muros das prisões desde então.

Bunker atualmente vive com sua esposa em Los Angeles, onde continua a escrever ficção e onde tem obtido notável sucesso como roteirista. Em 1978, *Nem os Mais Ferozes* foi transformado no filme *Liberdade Condicional*, estrelado por Dustin Hoffman. O filme não foi um sucesso comercial e sofreu o desdém da crítica, misteriosamente, uma vez que se trata de uma obra tensa e excepcionalmente bem construída, que explora os temas do crime e do castigo com grande discernimento. Em 1985, Bunker foi co-autor do roteiro de *Expresso Para o Inferno*, um drama emocionante sobre criminosos fugitivos de uma prisão no Alasca; foi um sucesso comercial e de crítica e recebeu indicações ao Oscar para suas estrelas, Jon Voight e Eric Roberts. Em 1999, a filmagem de *Animal Factory*, de Bunker, foi completada. Bunker adaptou-se bem à vida civil depois de seus muitos anos de violência e desespero. Seus modos e atitudes sugerem a compostura de um homem que está em paz consigo mesmo depois de uma vida de tal pavor existencial que um cidadão médio obediente às leis consegue imaginar apenas remotamente. De estatura mediana, compacto e musculoso, ele ainda tem a expressão dura das ruas, a face de um homem que conheceu a crueldade e o sofrimento; mas seus olhos brilham; a aparência inicial de ferocidade é suavizada por um caráter sábio e benigno. Reservado, quase tímido em seu comportamento, ele pode se tornar animado e poderosamente articulado; suas habilidades intelectuais, que possuem tanto amplitude quanto agilidade, são ainda mais impressionantes por serem produto de um autodidatismo apaixonado. As cartas que ele escreve — e ele as escreve às dúzias pelo hábito adquirido na solidão das celas dos presídios — são modelos esplêndidos da arte epistolar, sagazes, discursivas, espirituosas, belamente expressadas e freqüentemente profundas. Edward Bunker recebeu uma péssima mão no início da vida, e seus dias desde então foram claramente os de uma vítima das instituições brutalizadoras da sociedade. Que ele tenha emergido desses calabouços não como um bruto, mas como um artista com uma voz única e eloqüente, é um tributo à sua própria força de vontade, além de uma doce vitória do próprio artista sobre a sociedade e seu desprezo pelos desajustados. Em sua obra, os leitores serão capazes de descobrir verdades prementes sobre crime e castigo — e portanto sobre nossa mais extrema preocupação com a liberdade — compostas por um vigoroso e importante escritor.

William Styron, 1999

1

NEM INFERNO NEM PARAÍSO

Em março de 1933, o sul da Califórnia começou subitamente a dançar um *rock'n'roll* que brotava das profundezas do chão. Quinquilharias requebravam sobre as lareiras e se espatifavam sobre os assoalhos. Janelas se quebravam e caíam em cascatas sobre as calçadas. Casas de estuque rangiam e se dobravam para um lado e para outro, parecendo caixinhas de fósforos. Edifícios de tijolos permaneciam rígidos até serem derrotados pelas vibrações, e então despencavam em pilhas de entulho e nuvens de poeira. O Long Beach Civic Auditorium desabou, e muitos foram os mortos. Mais tarde me disseram que fui concebido no momento do terremoto e nasci na véspera do Ano-Novo, 1933, no Cedars of Lebanon Hospital, em Hollywood. Los Angeles estava sob um dilúvio torrencial, com palmeiras e casas flutuando entre seus cânions.

Quando tinha cinco anos, ouvi minha mãe proclamar que o terremoto e a tempestade eram presságios, uma vez que fui turbulento desde o início, a começar pela cólica. Aos dois anos, desapareci de um piquenique de família em Griffith Park. Duzentos homens passaram metade da noite vasculhando o matagal. Aos três, consegui de algum modo destruir um incinerador no quintal do vizinho com um martelo de carpinteiro. Aos quatro, saqueei o furgão de sorvete Good Humor de outro vizinho e fiz uma festa para os vários cães das redondezas. Uma semana depois, tentei ajudar na limpeza do terreno queimando uma montanha de folhas de eucalipto, empilhadas ao lado da garagem do vizinho. Logo a noite começou a brilhar ardentemente e as sirenes dos carros de bombeiros começaram a soar. Apenas uma das paredes da garagem ficou chamuscada.

Eu me lembro do assalto ao sorveteiro e do incêndio, mas as outras coisas me foram contadas. Minhas primeiras lembranças nítidas são de meus pais berrando um com o outro e da polícia chegando para "restaurar a ordem". Quando meu pai foi embora, segui-o até a saída da garagem.

Eu chorava e queria ir com ele, mas ele me empurrou para o lado e o carro partiu cantando pneus.

Nós morávamos na Lexington Avenue, a leste dos estúdios da Paramount. A primeira palavra que eu consegui ler foi *Hollywoodland*. Minha mãe era corista em shows de *vaudeville* e nos filmes musicais de Busby Berkeley. Meu pai era ajudante de palco e às vezes operador de *travellings*.

Não me lembro do processo de divórcio, mas parte do seu resultado foi eu ter sido colocado em um internato. Da noite para o dia, deixei de ser o filho único mimado para me tornar o mais jovem entre doze ou mais crianças. Aprendi sobre roubos pela primeira vez nesse internato. Alguém levou os doces que meu pai havia me trazido. Era difícil para mim, na época, conceber a idéia de furto.

Fugi pela primeira vez quando tinha cinco anos. Numa chuvosa manhã de domingo, enquanto o internato todo dormia até mais tarde, vesti capa de chuva e galochas e saí pela porta dos fundos. Duas quadras adiante, escondi-me no vão livre de uma velha casa de madeira construída bem acima do solo e cercada por árvores. Ali estava seco e ao abrigo da chuva, e eu podia vigiar o que acontecia no mundo. O cão da família logo me encontrou, mas preferiu ser abraçado e afagado a dar o alarme. Fiquei ali até que a escuridão chegou, a chuva cessou e um vento frio começou a soprar. Mesmo em Los Angeles, uma noite de dezembro pode ser fria para uma criança de cinco anos. Saí, caminhei meia quadra, e fui avistado por um dos que procuravam por mim. Meus pais estavam preocupados, claro, mas não em pânico. Já estavam acostumados com minha propensão a causar problemas.

O casal que dirigia o internato pediu que meu pai viesse e me levasse embora. Ele tentou outro internato e não deu certo, recorreu a uma escola militar, Mount Lowe, em Altadena. Fiquei lá durante dois meses. Então fui para outro internato, também em Altadena, uma casa de quatrocentos e cinqüenta metros quadrados com um acre de área aberta. Foi meu primeiro encontro com a sra. Bosco, de quem me lembro afetuosamente. Aparentemente eu me dei bem, embora recorde ter me escondido sob uma cama no dormitório para poder ler. Meu pai tinha feito uma pequena estante para mim. Depois trouxe uma coleção em dez volumes da *Junior Classics*, versões infantis de contos famosos, como *The Man Without a Country*, *Pandora's Box* e *Damon and Pythias*. Aprendi a ler com esses livros.

A sra. Bosco fechou o internato alguns meses depois da minha chegada. As paradas seguintes foram a Page Military School, em Cochran, e a San Vicente, em West Los Angeles. Aos pais dos futuros cadetes eram mostrados dormitórios finos e reluzentes, com cabines de estudo, mas a maioria deles vivia em alojamentos menos suntuosos. Na Page eu tive rubéola e caxumba, e meu primeiro reconhecimento oficial como arruaceiro destinado a um final sombrio. Tornei-me ladrão. Um garoto, cujos nome e rosto eu esqueci há muito, levou-me com ele para vaguear entre os outros dormitórios nas horas da madrugada, enquanto ele vasculhava calças penduradas em cabides ou em cadeiras. Quando alguém se mexia, nós nos abaixávamos e ficávamos imóveis, nossos corações batendo violentamente. As cabines chegavam à altura dos ombros, de modo que podíamos abaixar nossas cabeças e ficar fora de vista. Uma vez tivemos de correr quando um garoto acordou e nos intimou: — Ei, o que vocês estão fazendo? — Enquanto fugíamos, ouvimos os gritos atrás de nós: — Ladrão! Ladrão! — Um grande fluxo de adrenalina.

Uma noite, esgueiramo-nos em grupo do dormitório para a grande cozinha e usamos um machado de cortar carne para arrebentar o cadeado da câmara de refrigeração. Saqueamos todos os biscoitos e sorvetes. Logo depois da alvorada, fomos detidos. Fui injustamente tomado como o cabeça do grupo e apropriadamente disciplinado. Também fiquei marcado para, posteriormente, receber tratamento especial dos oficiais cadetes. Meus poucos amigos eram outros rejeitados e encrenqueiros. Minha única conquista legítima na Page foi descobrir que sabia soletrar melhor que quase todos os outros. Mesmo em meio ao caos da minha juventude, dominava sílabas e fonemas e lembrava muitas das exceções às regras. Isso parece pouco importante, mas, por ser capaz de pronunciar palavras, consegui ler precocemente — e, em pouco tempo, vorazmente.

Nas tardes de sexta-feira, quase todos os cadetes iam para suas casas para passar os fins de semana. Num fim de semana eu ia ver meu pai, no outro, minha mãe. Ela estava trabalhando como garçonete em um café. Nas manhãs de domingo eu adotava o hábito comum à maioria das crianças americanas daquele tempo: ia à matinê de um cinema da vizinhança. Eles exibiam sessões duplas. Um domingo, no intervalo entre os dois filmes, fui até o *lobby* e soube que os japoneses tinham acabado de bombardear Pearl Harbor. Pouco antes, meu pai havia declarado: "Se esses filhos-da-puta de olhos puxados começarem a dar problemas, nós vamos mandar a Marinha dos Estados Unidos afundar as suas ilhazinhas mixurucas". Ele estava em sintonia com a sua era, quando a palavra crioulo aparecia na prosa de Ernest Hemingway, Thomas Wolfe e outros. Papai desprezava "crioulos", "cucarachas", "carcamanos" e os ingleses, com seu "rei de merda". Gostava da França e dos nativos americanos, e proclamava que nós, os Bunkers, tínhamos sangue índio. Nunca me convenci disso. Declarar sangue indígena nos dias de hoje se tornou chique, de certa maneira. Nossa família esteve presente nas imediações dos Grandes Lagos da metade do século dezoito em diante, e quando meu pai alcançou os sessenta, sua pele vincada, somada às suas maçãs do rosto salientes, fazia-o parecer um índio. De fato, à medida que envelhecia, às vezes eu me perguntava se teria sangue indígena. Realmente não sei — e não me importo.

Na Page Military School, as coisas ficaram piores. Os oficiais cadetes tornaram minha vida uma desgraça; então, em uma luminosa manhã de domingo, outro cadete e eu pulamos a cerca dos fundos e seguimos em direção às colinas de Hollywood, a cinco quilômetros de distância. Elas eram verdes, pontilhadas com uns poucos telhados vermelhos. Pegamos uma carona através das colinas e passamos a noite na carcaça de um automóvel quebrado, no acostamento de uma rodovia de pista dupla, vendo os caminhões gigantescos que passavam retumbando. De lá para cá, aquela rodovia tornou-se uma *freeway* interestadual de dez pistas.

Depois de tremer por toda a noite e sentir-se faminto quando o sol se ergueu, meu companheiro disse que iria voltar. Eu lhe dei adeus e comecei a caminhar ao lado de uma ferrovia preferencial entre a estrada e os intermináveis laranjais. Encontrei um carregamento de caminhões verde-oliva do Exército dos Estados Unidos, que aguardava em um desvio. Enquanto eu passava, ouvi um choque estrondoso no momento em que o trem se punha a caminho. Agarrei-me a um corrimão e embarquei. As centenas de caminhões militares estavam destrancadas, de modo que eu pude entrar em um deles e observar a paisagem passar em *flashes* à medida que o trem rumava para o norte.

No início do entardecer, desembarquei nos arredores de Sacramento, a seiscentos e quarenta quilômetros do ponto de onde havia partido. Estava ficando com fome e as sombras ficavam mais longas. Eu me pus a caminho. Pensava entrar na cidade e assistir a um filme. Quando ele acabasse, acharia algo para comer e um lugar para dormir. Fora de Sacramento, em uma margem do Rio American coberta por uma folhagem abundante, senti cheiro de comida. Era um acampamento *hobo*[1] conhecido como Hooverville, com barracos de compensado e zinco corrugado.

Os *hoboes* acolheram-me até que um deles ficou com medo e parou um carro de polícia. Os agentes deram uma batida no acampamento e me levaram embora.

A Page Military School recusou-se a me deixar voltar. Meu pai estava quase em lágrimas ao pensar sobre o que deveria fazer comigo. Então ouviu dizer que a sra. Bosco tinha aberto uma nova casa para uns vinte rapazes, com idades de cinco anos até o colegial. Ela havia arrendado uma mansão de dois mil e trezentos metros quadrados sobre um terreno de quatro acres na Orange Grove Avenue, em Pasadena. Chamava-se Mayfair. A casa ainda existe como parte do Ambassador College. Naquela época, tais mansões enormes eram elefantes brancos impossíveis de vender.

---

[1] *Hoboes* eram os vagabundos que erravam de cidade em cidade, frutos tardios do desemprego gerado pela grande recessão econômica ocorrida nos Estados Unidos no ano de 1929, durante o governo de Herbert Hoover. (N. do T.)

O nome MAYFAIR foi afixado a um poste de bronze no portão. A residência era digna de um arquiduque, mas um garoto de nove anos não se impressiona com tais coisas. Os meninos eram praticamente relegados a quatro quartos no segundo andar do lado norte, sobre a cozinha. A sala de aula, que um dia havia sido uma sala de música, ficava ao lado do vasto *hall* de entrada, que tinha uma grande escadaria. Freqüentávamos a escola cinco dias por semana, e não havia nada parecido com férias de verão. A professora, uma mulher inflexível propensa a usar vestidos de colarinho fechado com fitas e camafeus, tinha um pendor pela punição. Podia agarrar uma orelha e torcê-la ou bater nos nós de nossos dedos com uma régua. Eu já tinha problemas com a autoridade. Uma vez ela puxou minha orelha. Afastei sua mão com um tapa e me levantei bruscamente. Assustada, ela se afastou para trás, tropeçou em uma cadeira e caiu sobre seu traseiro, pernas para o alto. Gritou como se estivesse sendo assassinada. O sr. Hawkins, o zelador negro, entrou correndo e me segurou pela nuca. Arrastou-me até a sra. Bosco. Ela mandou chamar meu pai. Quando ele chegou, o fogo em seus olhos fez com que eu tivesse vontade de correr. A sra. Bosco varreu o incidente para longe com poucas palavras. O que ela desejava, na verdade, era que meu pai lesse o resultado do teste de QI que nós havíamos feito uma semana antes. Ele estava hesitante. Quereria mesmo saber que seu filho era louco? Vi-o correr os olhos sobre o resultado; depois, leu-o lentamente, seu rubor dando lugar a uma expressão confusa. Ergueu os olhos e balançou a cabeça.

— Aí está grande parte do motivo por que ele é problemático — disse a sra. Bosco.

— Tem certeza que não há um engano?

— Absoluta.

Meu pai grunhiu e deu um meio sorriso. — Quem poderia imaginar?

Imaginar o quê? Mais tarde ele me contou que o relatório determinava minha idade mental em dezoito anos e meu QI em 152. Até então, sempre pensei que estivesse dentro da média — ou talvez até um pouco abaixo dela — nas habilidades conferidas por Deus. Certamente, nunca fui o mais brilhante em qualquer classe — exceto em ortografia, que parecia mais um jogo que um indicador de inteligência. Desde então, não importava quão caótica ou niilista minha existência pudesse ser, tentei burilar as habilidades naturais que eles disseram que eu tinha. O resultado poderia ser uma profecia que realiza a si mesma.

Continuei a ir para casa nos fins de semana, embora nessa época minha mãe morasse em San Pedro com um novo marido — então, em vez de alternar a cada fim de semana, eu passava três em cada quatro com meu pai. Não importava quem eu visitasse, nas tardes de domingo eu me despedia, aparentemente retornando direto para Mayfair. Nunca voltava diretamente para lá. Em vez disso, vagava pela cidade. Podia alugar um barquinho movido a bateria no Echo Park ou ir aos cinemas na região central de Los Angeles. Se visitasse minha mãe em San Pedro, fazia um desvio até Long Beach, onde o parque de diversões do píer estava a pleno vapor.

Tarde da noite, eu tomava um grande bonde vermelho da Pacific Electric de volta a Pasadena, onde tinha de caminhar cerca de um quilômetro e meio até o cruzamento da Orange Grove Avenue com a Mayfair. Eu chegava pelos fundos. Uma sacada que ficava em uma das extremidades podia ser alcançada trepando-se em uma árvore esguia e escalando até a balaustrada. No lado frontalmente oposto à porta da sacada ficava o quarto que eu dividia com dois outros meninos. Ninguém jamais sentia minha ausência ou percebia minha chegada, contanto que eu estivesse presente na manhã de segunda-feira.

Um domingo à noite, depois que passei pela sacada, girei o trinco e empurrei a porta, ela abriu poucos centímetros e parou. Algo a bloqueava pelo outro lado. Empurrando-a com todo o meu peso, consegui forçar a parte de cima até abri-la o suficiente para me espremer através dela, pisando no que parecia ser um corpo encostado à porta. Agachado, tateei a escuridão e toquei um rosto. Um relâmpago de pavor me atravessou. A face estava fria. Era a face da morte. Acho que deixei escapar um grito, mas ninguém me ouviu.

Não querendo que minha chegada após a meia-noite fosse descoberta, despi-me e subi na cama. Deitado lá, eu sabia que não poderia simplesmente ignorar a situação. Como não desejava pisar no corpo em meio à escuridão, atravessei o banheiro até o próximo dormitório onde dormiam quatro garotos, e dali para o corredor. Acordei a sra. Bosco e contei a ela o que havia encontrado.

Ela vestiu seu robe e apanhou uma lanterna, levou-me até meu quarto e me mandou para a cama, depois trancou a porta. Deitei-me e consegui mergulhar em um sono leve, mas despertei quando ouvi vozes abafadas e vi luz sob a porta.

Poucos minutos depois, ouvi a chave destrancando o dormitório. Pela manhã, o corpo já havia ido embora. Pertencia a Frankie Dell, um pálido, frágil garoto que tinha uma severa hemofilia associada a um coração reumático. Ele simplesmente desabou e morreu no corredor. Podia até mesmo estar indo pedir ajuda.

O lar da sra. Bosco foi o único de que gostei quando criança. Ela me tratava mais como um adolescente do que como um menino de nove anos. À noite, eu era autorizado a ir sozinho até o centro de Pasadena. Ia ao cinema, claro. Aprendi geografia com os dois grandes mapas afixados à parede do meu quarto: a Europa, incluindo o Mediterrâneo e a África do Norte, estava em um deles; o Pacífico e a Ásia, no outro. Eu tinha alfinetes de várias cores para marcar batalhas, tropas e as linhas de frente da guerra que estava em curso. Encontrar as Ilhas Salomão para marcar Guadalcanal conduziu meu olhar para a Austrália e a Nova Zelândia. A estrela no mapa me dizia que Canberra era a capital da Austrália.

O sr. Hawkins, o zelador negro cujo apartamento ficava sobre a imensa garagem, havia sido lutador e me ensinou como lançar um *jab* de esquerda. O *jab* que eu aprendi causou um estrago no nariz de Buckley, o valentão da casa. Nós começamos a brigar no corredor de cima. Eu recuei, passo a passo, através da longa extensão do corredor do segundo andar, arremessando um *jab* em seu nariz cada vez que ele parecia contrair-se para o ataque. Uma das belas filhas da sra. Bosco, uma estudante da USC, saiu do seu quarto e acabou com aquilo. Buckley ficou com dois olhos rapidamente inchados e o nariz sangrando. Eu não tinha nenhuma marca. Quase ao mesmo tempo, aprendi o valor do *Sunday punch*, que consistia simplesmente em golpear primeiro. No reformatório eu estudaria especialistas em *Sunday punch* e aprimoraria minha própria habilidade. Saber lutar é um talento inútil em salas de diretoria e reuniões de negócios. Não é o que vai fazer a garota ficar com você. A maioria dos homens brancos de classe média e alta passa pela vida adulta sem ter sequer uma única luta. Mas no local onde passei minha adolescência e minha juventude é uma aptidão importante, especialmente porque não fui dotado de força, velocidade ou resistência. Meus reflexos eram medíocres. Posso, no entanto, levar um bom soco sem cair. Bati em homens maiores e mais fortes, que eram mais rápidos e estavam em melhor forma, incluindo um fuzileiro instrutor de caratê, simplesmente dando o primeiro soco e continuando a golpear com ambas as mãos, antes que eles pudessem pensar em reagir. Ocasionalmente, alguém superava a primeira ofensiva e me derrubava, mas isso não era comum. Anos mais tarde, passei a me inclinar para aferir meus golpes, de modo que uns poucos socos produziam o efeito dos muitos golpes descontrolados de tempos atrás. Um soco no queixo e a maioria cai, e, uma vez caídos, jamais lhes será permitido levantar e continuar lutando. Mas estou divagando. De volta à minha infância na Mayfair, na Orange Grove Avenue, apelidada de Alameda dos Reis, por causa dos muitos e grandes palacetes, incluindo a famosa mansão Wrigley[2].

NUMA NOITE DE DOMINGO, EM dezembro, passava da meia-noite quando desci do bonde no cruzamento da Fair Oaks com a Colorado, no centro de Pasadena, e comecei minha caminhada. A última rua era uma alameda estreita com pequenas casas de madeira para empregados,

---

[2] A mansão Wrigley de Pasadena, construída entre 1908 e 1914, era uma das residências suntuosas de William Wrigley Jr., magnata da goma de mascar. (N. do T.)

que corria paralela à Orange Grove, a uma quadra de distância. A alameda e as casinhas foram-se há muito, mas naquele tempo elas eram defrontadas por grandes árvores que se projetavam sobre a rua. Havia uma árvore de Natal iluminada na janela de uma casa e uma vela em outra. Elas atenuaram meu medo de caminhar entre as sombras, às quais o vento e o luar conferiam estranhas formas móveis. Isso era o bastante para fazer um imaginativo menino de nove anos assobiar enquanto caminhava pela escuridão.

Entrei pelo portão dos fundos da Mayfair. Na subida, o perfil escuro do casarão recortava-se entre altos pinheiros. Eles combinavam com sua arquitetura de chalé de caça bávaro. A casa um dia pertencera a um general americano que aparentemente investira pesado na Alemanha depois da Primeira Guerra Mundial. Eu encontrei os certificados escondidos entre as paredes. Já estava familiarizado com a grande casa quando contornei a delgada árvore ao lado da sacada.

A planta, na verdade, crescia a um metro do balcão, mas, enquanto eu escalava, meu peso fazia com que ela se curvasse, e eu desembarcava jogando ambos os braços sobre o parapeito e puxando minhas pernas para fora da árvore. Ela voltava automaticamente a sua posição firme e ereta.

Sobre a sacada, eu sempre sentia um surto de ansiedade: será que alguém teria trancado a porta? Até então, ninguém nunca o fizera, embora eu estivesse preparado para quebrar o vidro e enfiar o braço para dentro se algum dia isso se tornasse necessário. Ninguém ia saber quem teria feito isso, ou por quê; o vidro quebrado podia passar despercebido durante dias. Não precisei disso naquela noite. A porta estava aberta como de costume.

O *hall* estava totalmente às escuras, também como de costume. Imediatamente, senti o cheiro de algo que não conseguia reconhecer. Era bem definido, mas não predominante. Tateei até a porta do quarto. Ela se abriu. Eu entrei.

O quarto estava escuro como breu. De memória, atravessei a escuridão até minha cama, no canto. Ela havia sumido. Onde estava minha cama?

Tateei em volta, tentando localizar a cama ao lado da minha. Nada.

Meu coração deu um salto. Eu estava apavorado. Fui até a porta e bati no interruptor.

Nada.

Fui tateando a parede. Espaço vazio. Algo estranho estava acontecendo. Tive vontade de gritar, mas isso iria revelar minha chegada tardia. Tocando a parede com meus dedos, desloquei-me até a porta. Antes de alcançá-la, meus sapatos rangeram sobre vidro quebrado.

Meu coração disparou. O que estava acontecendo? Eu quase sufoquei, porque nenhuma possibilidade racional me vinha à mente. Sabia o suficiente para não acreditar em magia ou no sobrenatural, mas por um momento a idéia foi inevitável. Então, em meio ao negrume, algo roçou a batata de minha perna, disparando um terror instantâneo. Saltei no ar, voltei ao chão e abri a porta com força. Não me lembro de ter atravessado o *hall* até a sacada. Na escuridão, subi no parapeito e lancei-me em direção à árvore. Ela estava a cerca de um metro de distância. Agarrei-a com as duas mãos e ela se curvou para longe do balcão, levando a parte superior do meu corpo com ela. Meus pés ainda estavam na balaustrada. Por um momento, eu era uma ponte humana; então meus pés se soltaram.

O galho em que me segurava quebrou com um alto estalo. Caí, quebrando ramos que me prendiam e me esfolavam, e finalmente aterrissei sobre minhas costas. Cada mínima porção de ar foi espremida para fora dos meus pulmões. Eu sabia que ia morrer. Não conseguia respirar. Mesmo enquanto desfalecia pela minha incapacidade de respirar, endireitei minhas pernas e girei para me levantar. Queria me distanciar da enorme mansão. Eu não estava raciocinando. Corria com o automatismo do pânico.

Quando o minúsculo primeiro fôlego bateu em meus pulmões, eu estava mancando através da área do estacionamento em direção aos arbustos. Havia um acre de mato, em grande parte semi-selvagem, logo ali — e eu conhecia cada centímetro dele. Choquei-me contra a parede da vegetação com as mãos cobrindo meu rosto. Abri caminho com os galhos rasgando minhas roupas e meu rosto.

Dei uma guinada para a direita, atrás da garagem, e atingi o solo em um espaço que ficava sob um olmo gigante, cujos ramos cobriam o terreno. Nós havíamos posto uma caixa de papelão achatada ali, como costumam fazer os garotos.

Minha exaustão modificou meu medo. Aquilo era loucura. Sabia que não existiam fantasmas. (Anos mais tarde, enquanto contava esta história, um ouvinte falou: "Aposto que foi a cauda de um gato que roçou a sua perna". Acho que ele estava certo. A sra. Bosco tinha um gato preto que errava pela casa e costumava se esfregar nas pernas. O que mais poderia ter sido?) Passei a noite naquele espaço entre as árvores, às vezes tremendo com o frio, às vezes cochilando por uns poucos minutos.

Às primeiras luzes, meu corpo inteiro doía. Minhas costas estavam realmente machucadas e iam se transformar na maior mancha roxa que eu já vi.

Dei uma cochilada, mas fiquei alerta com o barulho de latas de lixo batendo. O sr. Hawkins as estava erguendo para a carroceria de uma *pick-up*. Ele estava trabalhando no espaço ao lado da garagem, onde ficavam as latas.

— Sr. Hawkins! — chamei.

Ele parou de trabalhar e deu uma espiada, fechando um dos olhos para focalizar o outro. — É você? — perguntou. Ele me conhecia melhor que os outros garotos. Além do *jab*, também me ensinou a fazer nó de gravata Windsor. Ele pode ter sido pobre, mas vestia-se com elegância em seus dias de folga.

Dei um passo para fora dos arbustos, mas mantive o canto da garagem entre mim e a casa. — O que está acontecendo, sr. Hawkins?

— Você não viu dona Bosco ainda?

— Não.

— Ela ligô pro seu papai no domingo à tarde. Ele disse que você ia tá aqui ontem à noite, pelas seis. Ela tá doente de preocupação.

— O que aconteceu? Onde está todo mundo?

— Teve um incêndio no sótão sábado de madrugada... domingo cedo, antes de clareá. Olhe ali — Ele apontou para o telhado. De fato, havia um buraco de cerca de quatro pés de diâmetro. Suas bordas estavam enegrecidas pelo fogo.

— Foi a instalação elétrica — disse ele. — Eles mudaram as camas para o auditório da escola, logo ali — ele apontou com o dedo. — É só até ela conseguir que todos os garotos sejam apanhados.

Um Lincoln Continental 1940 castanho lampejou no campo de visão. Passou por nós contornando a via circular e estacionou em frente à entrada frontal da mansão. O carro parou e a sra. Bosco chegou para cumprimentar o casal que desembarcou dele.

— Aquele é o pessoal do Billy Palmer — disse o sr. Hawkins. — Tenho que ir pegar as malas deles.

Tirou suas luvas de trabalho e abandonou as latas de lixo, dirigindo-se à casa. Eu voltei para o meio dos arbustos.

Poucos minutos depois, a sra. Bosco e o sr. Hawkins apareceram. Eles vinham direto para o meu esconderijo. Recuei mais para dentro do matagal, tropecei e caí sentado. Isso teve um efeito eletrizante. Levantei, virei e corri. O sr. Hawkins me chamava pelo nome. Ele achava que eu ainda estava no mesmo lugar. Eu aumentava rapidamente a distância entre nós.

Passei por cima da cerca de ferro batido e atravessei correndo a avenida larga, então cruzei um gramado e desci por uma entrada de carros até um jardim do tamanho da área do diamante de um campo de beisebol. Várias pessoas vestidas de branco — eu lembraria da cena anos mais tarde, enquanto lia F. Scott Fitzgerald — jogavam *croquet*. Fugi passando ao lado deles. Um ou dois ergueram o olhar; os outros não viram nada.

Ao meio-dia, desci de um grande bonde vermelho no terminal da Pacific Electric, no cruzamento entre a Sixth e a Main Street, na região central de Los Angeles. As calçadas fervilhavam. Uniformes de todas as forças armadas dominavam a paisagem. Havia uma longa fila do lado de fora do Burbank Theater, o teatro burlesco da Main Street. A Broadway, com seus diversos palácios do cinema a cada quadra e suas fachadas brilhando sob a luz cinzenta de dezembro, ficava duas quadras à frente. Eu teria entrado em um cinema, pois os filmes sempre me fizeram esquecer meus problemas por umas poucas horas, mas sabia que era dia de escola e os inspetores patrulhavam rotineiramente os cinemas centrais à procura de gazeteiros.

Na Hill Street, próximo à Fifth, ficava o terminal subterrâneo da Pacific Electric. Os bondes partiam para as comunidades espalhadas a oeste e para o San Fernando Valley, a noroeste, atravessando as colinas por um longo túnel e saindo no Glendale Boulevard. Peguei um bonde para Hollywood, onde meu pai trabalhava nos bastidores de *Blackouts*, de Ken Murray, uma revista de variedades com coristas e comediantes, em um teatro de uma rua secundária ao Hollywood Boulevard. Eu conhecia essa região. Queria estar em local familiar.

O Hollywood Boulevard era jovem, brilhante e populoso. Trinta anos antes, aquilo era uma plantação de feijão. Agora os praças estavam por toda parte. Eles vinham de campos de treinamento e bases militares de todo o sul da Califórnia. Eram atraídos para Hollywood e Vine e especialmente para o Hollywood Canteen, onde poderiam até dançar com Hedy Lamarr ou Joan Leslie, ou passear pelo bulevar e ver se seus pés cabiam nas pegadas de Douglas Fairbanks ou Charles Chaplin, na calçada do Grauman's Chinese Theater. Sid Grauman construiu três grandes palácios em homenagem ao cinema. O central Million Dollar Theater foi o primeiro, mas ele percebeu que a riqueza da cidade estava se deslocando para oeste, então construiu mais dois no Hollywood Boulevard, o Chinese e o Egyptian. O último tinha uma longa calçada da bilheteria até o salão de entrada, ladeada por imagens do antigo Egito e gigantescas estátuas *kitsch* de Ramsés II e Nefertiti ou alguém com cabeça de animal. Naquela primeira noite da minha última fuga, fui para o suntuoso Hawaiian, no extremo leste do bulevar, que exibia a versão original de *A Múmia*, com Boris Karloff, e uma nova seqüência, *O Retorno da Múmia*. Elas afugentaram meus problemas para longe por umas poucas horas.

Quando saí, um vento frio tinha começado a soprar. Não havia chuva, mas a calçada e a rua estavam escurecidas onde ela caíra, enquanto eu estava lá dentro. Virei na Gower. As colinas de Hollywood iniciavam uma quadra ao norte do cinema. Depois da Franklin Avenue ficava Whitley Heights. Era a "velha" Hollywood e parecia pertencer a Nápoles ou Capri. Um dia ela havia sido elegante o suficiente para Gloria Swanson, Ben Turpin e Ramon Novarro. Nos anos da guerra ainda era agradável, embora desde então ela tenha perdido seus privilégios à medida que as ruas dos arredores de Hollywood ficaram infestadas pela miséria e suas servas: a criminalidade, as drogas e a prostituição.

A chuva começou a cair. Tentei encontrar abrigo. Podia sair da chuva, mas não me esconder do vento. Estava na hora de ir ao local onde meu pai trabalhava. Caminhei pela Franklin e dobrei de volta em direção ao Ivar. O luminoso estava desligado e a bilheteria fechada. Não estava indo lá, de qualquer modo. Entrei no beco ao lado do edifício até a

entrada de serviço. Não conhecia o velho que estava à porta, mas ele conhecia meu pai e se lembrava de mim de uma visita anterior.
— Nós trabalhávamos no Mayan, lá no centro. Era *Abey's Irish Rose*... ou talvez *Song of Norway*.
Eu me lembro de *Abey's Irish Rose* no Mayan, mas não do velho. Era irrelevante; ele avançou em minha direção. Sacudi a cabeça.
— Quando desce a cortina?
— Dez e cinqüenta e dois... cerca de meia hora.
— Eu volto.
— Ali está seu pai. Ei, Ed!
Meu pai, vestindo o avental branco dos assistentes de palco, cruzava os bastidores. Ele virou a cabeça e me viu, sua expressão endureceu. Enquanto andava até mim, os músculos de suas mandíbulas pulsavam. Quis dar meia-volta e correr. Tinha certeza de que ele não mostraria sua raiva ali, mas eu conhecia a fúria de sua exasperação. Nunca foi mau, mas a frustração às vezes tomava conta dele. Olhou para mim.
— Exatamente como um mau vintém[3] — disse ele.
O que ele quis dizer? Um mau vintém? Nunca tinha ouvido a frase e não fazia idéia do que ela significava. Ainda assim, a situação tensa fez com que ela ficasse impressa em minha memória, de modo que anos mais tarde eu lembraria aquele momento sempre que a ouvisse.
Meu pai tirou suas chaves do bolso.
— Vá esperar no carro — ele disse. — Ele está na esquina com a Franklin.
Peguei as chaves e saí. Seu automóvel, um Plymouth 1937, o primeiro com ornamento em madeira com linhas aerodinâmicas, era fácil de achar. O branco sobressaía em uma época em que as cores escuras, especialmente o negro dos automóveis de Henry Ford, ainda predominavam. No pára-brisa havia um decalque com um "A", que significava que o carro estava autorizado a receber a cota básica de quatro galões de gasolina por semana. Cupons de combustível eram emitidos e entregues nos postos de gasolina. Roubar e vender cupons de combustível iria se tornar meu primeiro crime por dinheiro.
Destranquei o carro e entrei para esperar, ouvindo a chuva bater na capota, olhando-a chocar-se contra o solo. Era hipnótico, tranqüilizante, e eu devo ter cochilado. Realmente não havia dormido nada na noite anterior. Fechei meus olhos com automóveis estacionados em volta. Quando eu os abri novamente, os outros carros tinham ido embora e meu pai estava batendo no vidro.
Destravei a porta e afastei-me para dar lugar. Eu estava desconfiado, pois, embora meu pai fosse generoso e amável, uma vez ou duas ele

---

[3] *Just like a bad penny*, no original. O pai de Bunker referia-se à expressão "*A bad penny always turns up*", ou seja, "um mau vintém sempre retorna ao bolso", designando pessoas que sempre acabam voltando aonde não são desejadas. (N. do T.)

havia perdido o controle e me esbofeteado, berrando de frustração: "Por Deus, o que há de errado com você? Não pode fazer isso. Você... você vai acabar...". Sua angústia sufocava-lhe as palavras. Eu podia sentir seu tormento. Ele nunca chegava ao ponto de me maltratar, mas fazia-me sentir terrível por desapontá-lo, e eu invariavelmente prometia me regenerar.

Dessa vez evitou olhar para mim enquanto dava a partida e seguia para Cahuenga Pass. (A Hollywood Freeway só existiria dali a uma década.) Enquanto dirigia, ele resmungava e balançava a cabeça, reagindo à agitação em sua mente. Pensei que ele estivesse indo para o hotel residencial em que morava, mas passou por aquele cruzamento e seguiu para as colinas. As nuvens estavam se abrindo, deixando passar um pouco de luar. Logo estávamos no topo, olhando para o Lago Hollywood, que na verdade era um reservatório. A vista revelava a metade ocidental da Cidade dos Anjos, uma extensão de luzes cintilantes com retalhos escuros entre elas. Dentro de mais dez anos, as luzes iriam cobrir toda a Bacia de L.A. até o mar — e penetrar profundamente no deserto, indo para o outro lado.

Meu pai desligou o motor e deu um longo suspiro agoniado. Quando acabou, arqueou-se visivelmente.

— O que eu faço agora? A casa da sra. Bosco foi fechada. Ela não tinha autorização para manter aqueles dois malucos no andar de cima.

A sra. Bosco mantinha dois garotos ou jovens verdadeiramente dementes lá. Certamente recebia um belo pagamento para mantê-los longe da vista. De um eu me lembro apenas que era um pouco magro e sardento. O outro se chamava Max. Tinha espessos cabelos pretos e uma pesada pelagem facial negra. Pode-se dizer que ele era barbado, mas na realidade o que acontecia era ele ficar sem se barbear durante um mês ou mais. Max costumava descer para descarregar o furgão quando a sra. Bosco voltava das compras. Ele era forte. Tinha a obsessão de rasgar suas roupas. Elas pendiam em trapos cruzando seu torso e em tiras penduradas em suas pernas. Rasgaria uma Levi's nova se fosse encorajado. Tudo que você precisava fazer era olhar para ele e dizer: "Max, menino mau! Menino mau, Max!", e ele começaria a rasgar violentamente suas roupas.

Ela não tinha licença para esses dois. E o incêndio jogou luz sobre a presença deles para as autoridades. Ainda que ela conseguisse financiamento para o conserto do telhado, a escola seria fechada. Foi o único lugar onde eu me saí bem, ainda que por pouco.

Eu queria dizer "deixe-me ficar com você", mas as palavras ficaram sufocadas. O que eu queria era impossível e só lhe causava agitação quando eu trazia isso à tona. Sua resposta habitual era que ele tinha de trabalhar durante as noites, que não havia ninguém para cuidar de mim e que eu era jovem demais para cuidar de mim mesmo.

Ele se voltou e olhou-me mais de perto. — Você é louco? — perguntou.

— Acho que não.
— Você age exatamente com louco às vezes. Eu achava que tudo estava ótimo com a sra. Bosco...
— Tudo *está* ótimo, Pai.
— Não, não tá... não quando eu descubro que você anda vagando a noite toda pela cidade. Você tem nove anos, pelo amor de Deus.
— Eu sinto muito, pai. — Isso era verdade; meu arrependimento pela sua angústia era doloroso.
— Você diz isso, mas... só piora as coisas... Às vezes eu penso em ligar o carro com a porta da garagem fechada.
Eu sabia o que isso queria dizer e de algum lugar dentro de mim brotou um cânone católico: — Se fizer isso você vai pro inferno, não vai?
Mesmo em seu desespero, ele estufou o peito com desprezo: — Não, eu não vou. Não existe o inferno... e nem o paraíso. A vida é aqui. A recompensa está aqui. A dor está aqui. Eu não sei muita coisa... mas do pouco que eu sei eu tenho certeza — Ele fez uma pausa e depois acrescentou: — Você vai lembrar disso, não vai? — Segurou meu braço acima do cotovelo e me olhou fixamente.
Balancei a cabeça. — Eu vou lembrar, pai.
Eu venho lembrando, e, embora tenha procurado em todos os lugares por uma refutação, os fatos da existência reafirmam a desoladora verdade da sua declaração. O único modo de negar é dando um salto de fé por sobre o abismo da realidade. Isso eu não posso fazer. O que quer que tenha feito, flagrante e repetidamente, e sem justificativa, violando qualquer regra que fosse obstáculo para o que quer que eu quisesse, sempre procurei separar o trigo da verdade das toneladas de joio estúpido. A verdade é o sentido destilado dos fatos, pois toda verdade refutada por um fato se torna uma falácia.
Sou um apóstolo de Francis Bacon, o messias da objetividade científica, que nos conduz inexoravelmente ao humanismo secular e ao relativismo e contesta as noções que nos levam a ajoelhar-nos em oração diante de um ou outro totem, seja uma cruz, um bezerro de ouro, um poste esculpido ou um deus africano da fertilidade com um falo gigantesco.

2

UMA CRIA DO ESTADO NA CALIFÓRNIA

Eva Schwartz, nascida Bunker, era a única irmã de meu pai. Dois anos mais velha que seu irmão, era casada com Charles Schwartz, que, a despeito do nome, não era judeu. Ele era proprietário de um pequeno cinema em Toledo, às margens do Lago Erie, onde meus ancestrais comerciantes de peles assentaram-se no século dezoito. *Bunker* é francês anglicizado do original *Bon Coeur*, ou "Bom Coração". Ela própria não tinha filhos, criara a filha de um primo. Quando seu marido morreu, tia Eva mudou-se para o oeste a fim de cuidar do filho de seu irmão.

Agora, pela primeira vez desde que podia me recordar, eu tinha um lar. Era um pequeno bangalô que eles alugaram em Atwater Village, uma área entre Glendale e o Rio L.A. Eu tinha um cão, uma cadelinha tricolor de pedigree indefinido e uma namorada, uma loira chamada Dorothy, que morava na casa vizinha. Eu lhe mostrei o meu e ela me mostrou a dela. Seu pai tinha um bar na Fletcher Drive, perto da gigantesca panificadora Van de Kamp. A cadela, chamada Babe, foi minha melhor amiga e companheira inseparável. Todos os dias do verão ardente de 1943, nós percorríamos um quilômetro e meio ou mais ao longo das margens de concreto do rio e cruzávamos a ponte para o Griffith Park. Lá havia uma grande piscina pública. Perto dali existiam diversos estábulos onde um cavalo podia ser alugado para cavalgar pelos quilômetros de trilhas do parque. Saindo da Riverside Drive havia a grande churrascaria cujo proprietário era Victor McLaglen, o único ator que conseguiu ao mesmo tempo ganhar um prêmio da Academia (como melhor ator por *The Informer*) e lutar contra Jack Dempsey.

Naqueles dias, eu era um andarilho comum. Sempre queria ver o que havia por trás da próxima colina ou na rua depois da próxima esquina. Algumas vezes, seguia o rio para o norte até Burbank, outras vezes ia para o sul acompanhando os trilhos da ferrovia. Em Burbank eu pulava a cerca do terreno dos fundos da Warner Brother's e brincava em cenários permanentes com ilhas lacustres e aldeias no meio da selva. Minha cadela sempre esperava do lado de fora da cerca, até que o inferno congelasse ou eu estivesse de volta. Também exploramos a Lockheed, passando facilmente pelo círculo de baterias antiaéreas. Uma vez o Exército instalou um bivaque de milhares de homens em uma porção do Griffith Park. Fileiras de barracas, colunas de caminhões verde-oliva. Desapareceram tão magicamente quanto tinham aparecido.

Os trilhos ferroviários passavam entre fábricas, lojas e a Van de Kamp, uma enorme panificadora comercial. Uma olaria próxima foi mais tarde declarada como sério risco ambiental e ficou isolada por tapumes durante anos. Escalei seus tapumes bamboleantes diversas vezes, para ver se conseguia encontrar alguma aventura do outro lado. Brincava sobre uma montanha de pó branco que pode ter sido amianto. Aquilo nunca me incomodou; passariam décadas até que alguém considerasse o amianto perigoso.

Ladeando a rua mais próxima da estrada de ferro havia pequenas casas. Cerca de um quilômetro e meio dali, a ferrovia de uma só linha penetrava no pátio de carga da estrada de ferro principal e se dividia em dúzias de ramificações. Essa área ficava do outro lado dos trilhos, em termos de status, e tinha um estilo de vida "boêmio". Uma garotinha irlandesa precoce e endiabrada chamada Dorothy morava ali com sua mãe beberrona e fumante compulsiva. A qualquer hora que eu chegasse, a mãe de Dorothy tinha um cigarro na boca e um copo de cerveja por perto. Pelo menos ela não bebia direto da garrafa. Aquilo era muito diferente das austeras maneiras e exigências calvinistas de minha tia. Uma vez a mãe de Dorothy mencionou como o racionamento tornava difícil conseguir gasolina. Depois que ela disse isso, lembrei-me de uma caixa de charutos cheia de cupons de combustível presos por um clipe em um posto Texaco próximo ao Gateway Theater, na San Fernando Road. Foi no Gateway que eu assisti a *Cidadão Kane*. Caminhando para casa na tarde do sábado seguinte, parei no Texaco para tomar uma Coca. Vi o frentista destacar os cupons do carnê de racionamento de um freguês, passar com eles por mim e depositá-los na caixa de charutos sobre a mesa do escritório. A mãe da garota irlandesa pagaria um dólar para cada cupom de gasolina. Um dólar compraria um *cheeseburger*, um *milkshake* e uma entrada para a matinê em um cinema do centro. Na tarde de sábado seguinte, entreguei muito mais cupons do que ela podia pagar. Deu-me dez dólares e, durante os dias seguintes, vendeu o restante a seus amigos. Consegui quarenta dólares, que era o que um assistente de palco sindicalizado ganhava por uma semana de trabalho. Foi meu primeiro roubo bem-sucedido.

Esse período de minha vida foi feliz para mim. Infelizmente, foi desapontador para minha tia. Ela era totalmente incapaz de pôr freios em mim. Eu era o demônio da vizinhança, mas um demônio bem falado. Numa rápida sucessão de eventos, fui apanhado roubando mercadorias do Woolworth local, visto atirando uma pedra em uma janela (para impressionar Dorothy; embora tivéssemos fugido, eles capturaram minha cadela e me localizaram pelo endereço em sua coleira), e acabei por ser descoberto por um frentista do posto no momento em que minha mão estava dentro da caixa de charutos com os cupons de racionamento de combustível. Levei uma surra e fui mandado para cama, e prometi para meu pai e para Deus que mudaria meus modos e seria um bom menino. Fui sincero.

Claro que sempre me sentia diferente ou esquecia minha promessa no dia seguinte. Acordava em um mundo novo a cada manhã. Quando o verão acabou, fui para uma escola pública pela primeira vez — a escola elementar Artwater Avenue. Como eles não tinham meu histórico e como eu havia passado por três escolas militares e meia dúzia de internatos em cinco anos, submeteram-me a um teste. Apesar do caos de minha infância, minha pontuação ficou dois anos inteiros à frente de minha faixa etária em habilidades de leitura, embora estivesse abaixo da média em matemática. Agora, cinqüenta anos depois, não sei muito mais sobre números do que sabia então. Acho que minha fraqueza em matemática se devia ao fato de que ela devia ser ensinada em seqüência; cada coisa estabelecia as bases para a seguinte. Minha vida peripatética não permitira cumprir essas etapas.

O diretor não levou em conta a diferença e colocou-me dois semestres à frente da minha idade. Eu iria para o ginasial no semestre seguinte, poucas semanas depois de completar onze anos.

Um mês após o início das aulas, porém, minha tia e meu pai me fizeram sentar e disseram solenemente que a casa que alugávamos estava sendo vendida. Tínhamos de nos mudar, mas por causa da guerra não conseguíamos encontrar nada. Eu teria de ir para outro internato ou escola militar. Fiquei arrasado, mas concordei em ir desde que meu pai prometesse tirar-me de lá caso eu não gostasse. Não gostar era uma certeza, determinada mesmo antes de ele me mandar para a Academia Militar do Sul da Califórnia, na Signal Hill, em Long Beach. As regras proibiam visitas por um mês. O comandante queria que os novatos superassem a nostalgia do lar antes de serem autorizados a ir para casa nos fins de semana.

Meu pai disse que iria me visitar assim que o mês acabasse. Eu contei os dias.

A fatídica sexta-feira chegou sem que meu pai aparecesse. Ao toque de recolher, as fileiras estavam mirradas, porque a maioria dos garotos havia ido para casa no fim de semana. Em vez de ir para o refeitório dos cadetes, saí pela porta dos fundos do dormitório e escalei a cerca de trás. A aventura acenava para mim com novas experiências e, o mais importante, liberdade. Minha fuga também seria uma punição para meu pai, que havia mentido para mim. Ele dera sua palavra de honra e a quebrara. De Long Beach, tomei um bonde para a região central de Los Angeles. Levou cerca de quarenta minutos. Planejara pegar um bonde amarelo nº 5 ou a "W" para o distrito de Lincoln Heights, para onde minha tia havia se mudado, para um apartamento minúsculo em um edifício de quatro andares. O centro, porém, tinha fachadas brilhantes de cinemas. Parei para assistir a um filme baseado em *Ten Little Indians*, de Agatha Christie, com um elenco de primeira qualidade, incluindo Barry Fitzgerald como o vilão. Ele me fez de bobo, fingindo a própria morte para desviar as suspeitas.

Era tarde quando eu saí do cinema. Os velhos bondes amarelos estavam quase vazios. Os poucos passageiros estavam na parte central, que tinha janelas de vidro. Preferi viajar na parte do fundo, onde as janelas ficavam abertas. Gostava do ar frio. Ele me revigorava naquela época, e ainda o faz.

As luzes da casa de tia Eva estavam acesas e o carro de meu pai estava estacionado em frente. Passei reto. Como vestia meu uniforme da escola militar e minhas roupas normais estavam no apartamento de minha tia, decidi voltar no dia seguinte, quando ela estivesse trabalhando.

Várias quadras à frente, ao lado de uma ponte ferroviária sobre a Arroyo Seco Parkway (hoje Pasadena Freeway), ficava a Lavanderia Industrial Welch's. Apanhei um punhado de lençóis e macacões rasgados e jogados numa lixeira ao lado de plataforma de carga e levei-os até um depósito de sucata, onde velhas máquinas eram abandonadas à ferrugem. Encontrei uma imensa colhedeira virada, levei os trapos até ela e escalei-a. Era um espaço exíguo, e eu não conseguia estender completamente minhas pernas se estivesse deitado. Pelo menos, abriguei-me do vento gelado da noite. Horas depois, ouvi um zumbido vindo do chão, um som que aumentava até o crescendo de um tremor de terra. Um trem estava chegando e parecia que ele ia passar por cima do meu esconderijo, suas luzes oscilantes penetrando em cada fresta com um poder cegante. Passou a cerca de seis metros de mim.

Quando o sol da manhã aqueceu o mundo, eu desci. Cada músculo do meu corpo estava dolorido. Uma noite morando nas ruas e meu uniforme cáqui com faixas nas pernas estava sujo o suficiente para chamar a atenção.

Caminhei até uma drogaria Thrifty, planejando tomar o meu café-da-manhã no balcão. Enquanto me aproximava da entrada, vi a gôndola dos jornais. Os diários tinham uma faixa preta, as manchetes diziam: "MORRE ROOSEVELT".

A notícia me deixou atônito. Roosevelt tinha sido o presidente durante toda a minha vida. Foi ele quem salvou os EUA durante a depressão. "Ele salvou o capitalismo de si mesmo", disse meu pai uma vez, frase que eu não pude entender na época, embora tivesse sido tocado pela façanha.

Ele era o comandante-chefe de uma guerra que ainda estava em curso, embora o Exército Aliado já estivesse marchando sobre a Alemanha. Sua voz era familiar por causa das suas *Fireside Chats*[1]. A sra. Roosevelt era a mãe dos EUA, e Fala[2], com todo o seu sangue escocês, era o cão dos EUA. A notícia trouxe lágrimas aos meus olhos. Mudei de idéia sobre o café-da-manhã.

Uma hora mais tarde, toquei a campainha de tia Eva para me certificar de que ela havia saído. Depois contornei o edifício até uma portinha que dava para um compartimento onde ficava a lata de lixo. Atrás da lixeira havia outra portinhola, que dava para a cozinha. Décadas iriam se passar até que grades nas janelas dos pobres e sistemas de segurança nos lares dos ricos se tornassem comuns. Abri a porta externa, empurrei a interna, e me espremi através dela. Chamei "Tia Eva!", só para me certificar. Ninguém respondeu. Então fui tratar dos meus negócios.

Um armário guardava uma caixa com roupas minhas. Encontrei um par de jeans Levi's e uma camisa. No lavatório, comecei a encher a banheira. Enquanto a água corria, fui até a cozinha achar algo para comer. A geladeira me supriu de leite e pão. Fui até a torradeira sobre a pia. Através de uma janela, olhei para a casa vizinha.

Naquele momento, um policial passou correndo por meu campo de visão e agachou-se atrás de uma árvore.

Craque! Deixei cair o copo e disparei pelo corredor até o banheiro. Vestia apenas short e camiseta. Agitado, vesti o jeans e calcei os sapatos, não me preocupando em abotoar os primeiros ou amarrar os últimos.

Sobre a banheira havia uma janela. Abri e retirei a tela. A janela estreita ficava três metros acima de um corredor entre os apartamentos e a garagem. Quando subi para a esquadria da janela, um policial dobrou o canto da casa embaixo de mim. Saltei sobre sua cabeça para o telhado da garagem e corri para o outro lado. A garagem terminava sobre um barranco de dez metros coberto de mato. Pulei do telhado e rolei entre ervas e arbustos até embaixo.

Um policial apareceu acima de mim, olhando na minha direção.

Levantei com um salto e passei sobre uma cerca ao lado do concreto inclinado de um canal de drenagem. O canal se transformava em uma enxurrada quando vinha a chuva, mas naquele dia era um filete de água de um metro de largura e dez centímetros de profundidade. Chapinhei

---

[1] Os *Fireside Chats*, ou Conversas ao Pé da Lareira, como eram chamados os discursos que Roosevelt apresentava pelo rádio, eram programas vespertinos destinados a elevar o sentimento de orgulho e esperança dos americanos durante a Grande Depressão. Por meio deles, Roosevelt explicava os programas do *New Deal*, a política de intervenção na economia adotada por ele para tentar fazer com que o país se recuperasse da grande crise financeira. (N. do T.)

[2] Assim se chamava o cão de Roosevelt, um terrier escocês inseparavelmente associado à imagem do presidente e freqüentemente mencionado por ele em seus pronunciamentos. (N. do T.)

através dele. Do outro lado havia outra parede de concreto em um ângulo bem mais íngreme. No alto, existia uma cerca que margeava a rodovia. Vários metros abaixo da cerca havia um escoadouro para o canal de drenagem, que estava seco. Anteriormente, já tentara correr para cima da parede inclinada até a abertura, e todas as vezes eu tinha falhado. Naquele dia, porém, subi como um cabrito montês, desaparecendo pelo escoadouro sob a rodovia e em direção à cidade.

Meia hora mais tarde, eu estava três quilômetros adiante sobre o Monte Washington, encolhido em uma caverna rasa. A chuva começou a escurecer a terra. Foi um momento de solidão em minha jovem vida.

Tarde naquela noite, encontrei um fardo com os jornais da manhã seguinte do lado de fora de um mercado de bairro. Quando o movimento matinal começou, eu estava na esquina da North Broadway com a Daly, mascateando jornais a cinco centavos. Vinte e cinco centavos eram suficientes para comer e ir a um cinema. Tarde da noite, tomei meu caminho de volta para a Lavanderia Industrial Welch's e me entoquei entre os trapos ao lado da estrada. No terceiro dia eu estava tão imundo que olhos me seguiam quando eu entrava no mercado onde havia roubado jornais durante duas noites. Na terceira noite eles não estavam lá. Eu tinha o suficiente para comprar leite e uma barra de chocolate, enquanto deixava muitas mais escorregarem para dentro de minha camisa.

Quando começou a chover novamente, escalei o barranco atrás do prédio de minha tia. A chuva esvaziou as ruas. Dessa vez não havia ninguém olhando pela janela quando me espremi pela portinhola para dentro da cozinha. Chamei "Tia Eva! Tia Eva!" Nenhuma resposta. O apartamento estava vazio.

Eu queria entrar e sair rapidamente. Novamente comecei a encher a banheira e procurei roupas limpas na caixa. Banhei-me muito depressa, a água tornou-se cinzenta pela craca acumulada em meus cabelos, tornozelos, rosto e mãos. Vesti as roupas ainda molhado. Depois de vestido, senti-me um pouco mais seguro — e faminto.

Achei um pouco de atum em conserva em um prato e pus duas fatias de pão na torradeira para fazer um sanduíche. Enquanto comia, fui ver se havia uns trocos largados em algum lugar. No quarto, examinei uns envelopes sobre a penteadeira. Alguns eram contas; um deles tinha uma resposta da SPCA, a Sociedade para a Prevenção da Crueldade contra Animais. Já havia sido aberto. Tirei a carta do envelope. Era um recibo por terem posto minha cachorrinha para dormir. Quando me dei conta do que eles haviam feito, acho que gritei. Muitas coisas me aconteceram, mas creio que aquela foi a maior aflição que jamais experimentei. Aquilo me tomou por inteiro. Sufoquei e me engasguei; senti meu peito esmagado.

Balancei para a frente e para trás e solucei minha total e absoluta agonia. Lembrar isso mais de meio século mais tarde ainda traz lágrimas aos meus olhos. Minha tia e meu pai me disseram que ela tinha um lar em

Pomona. Em vez disso, eles a sacrificaram porque lhes causava problemas demais. Creio que foi aquele o momento em que o mundo me perdeu, pois a dor rapidamente se converteu em fúria. Como eles puderam? Ela os amara e eles a assassinaram. Se pudesse matar minha tia e meu pai, eu o teria feito — e, embora a memória de uma criança seja rapidamente encoberta pela evolução dos fatos, jamais os perdoei.

Três dias depois, numa manhã de sexta-feira, voltei para mais um banho, roupas limpas e comida. Dessa vez meu pai me esperava nas sombras. Ele bloqueou a porta para que eu não pudesse fugir. Teria que chamar as autoridades tutelares.

— Ninguém mais vai receber você. Deus é testemunha de que não sei mais o que fazer.

— Por que você não me mata como matou minha cachorra?

— O quê?

— Você sabe muito bem! Odeio você! Estou feliz por ter feito você ficar velho.

Consultando um número em um cartão de visita, ele começou a discar o telefone. Fui em direção ao banheiro, planejando sair pela janela novamente. Ele pôs o fone no gancho.

— Fique onde está.

— Tenho que ir ao banheiro.

Talvez pressentindo meu plano, ele largou o telefone e me acompanhou. Quando parei no toalete, vi um pesado frasco de Listerine na prateleira sobre o vaso. Apanhei-o, girei o corpo e lancei-o em direção à cabeça de meu pai. Ele conseguiu se esquivar. O frasco abriu um buraco no reboco.

Vinte minutos depois, dois inspetores tutelares apareceram e me levaram embora. À noite, eu estava no abrigo para menores infratores da Henry Street, à sombra do hospital geral. Já passava da hora de eu ir para a cama quando terminaram de me fichar. Um conselheiro negro, alto e desengonçado, com um andar claudicante, escoltou-me através de portas trancadas e por um extenso corredor até a Companhia de Recepção. O piso do corredor encerado brilhava. No final, onde outro corredor o cruzava formando um T, havia mais um conselheiro, sentado a uma escrivaninha iluminada apenas por uma pequena lâmpada. O conselheiro negro entregou meus papéis para o homem à escrivaninha. Ele os examinou ligeiramente, olhou para mim e então apanhou sua lanterna e me conduziu por outro corredor até uma porta dupla que abria para um dormitório de dez leitos. Usou o facho da lanterna para iluminar um catre desocupado.

Os lençóis limpos pareciam suaves e frescos. Apesar da minha exaustão, o sono veio com dificuldade. O brilho dos holofotes do lado de fora iluminava a pesada grade de alambrado da janela. Fui enjaulado pela primeira vez. Quando o sono finalmente me pegou, em meus sonhos eu gritava por minha cachorra e por mim.

Despertei entre garotos, em um mundo que de alguma forma trazia reminiscências de *Flies*, de John Barth. À minha volta havia garotos de Jordan Downs, Aliso Village, Ramona Gardens e outros assentamentos urbanos. Outros vinham das ruas implacáveis de Watts, Santa Barbara Avenue, East Los Angeles, Hicks Camps e de todas as partes da vastidão sem fim de Los Angeles. A maioria vinha de famílias sem um pai presente, naquele tempo chamadas de lares desfeitos. Se houvesse um homem por perto, seu papel seria provavelmente sair para comprar heroína com o dinheiro que a mãe ganhava vendendo a si mesma. Se ela própria fosse, podia ter certeza de que lhe venderiam lactose por heroína ou, caso não tivessem, simplesmente tomariam seu dinheiro e lhe cortariam a garganta como lembrança. Era uma relação *quid pro quo* entre dois viciados. Funcionava entre eles, mas não era eficaz para criar uma criança de treze anos de idade, já marcada com tatuagens azuis e com os valores de *vatos locos*. Isto representava uma baralhada de testosterona adolescente, machismo distorcido e devoção por algum heróico irmão mais velho, já em *la pinta*.

Até ali, quaisquer que fossem meus problemas, eu estivera investido dos privilégios de uma criança burguesa. Agora estava mergulhado no ambiente mais cruel de nossa sociedade, o sistema judicial de menores. A partir daquele momento, eu era "cria do Estado". Valores da prisão se tornariam meus valores, principalmente aquele que diz o que é certo, um código que aceita o assassinato mas proíbe a delação. No começo eu era um forasteiro, o garoto branco de educação precoce, com sua gramática impecável. Fui pego para cristo e tiranizado, embora isso tivesse durado pouco, pois eu não deixava de lutar, mesmo sendo mais lento e menos forte. Podia me esgueirar e esmagar um valentão com um tijolo enquanto ele dormisse ou golpeá-lo no olho com um garfo, no refeitório. Minha gramática perfeita e meu rico vocabulário rapidamente deram lugar ao patoá dos desclassificados. Houve um momento, quando eu tinha quatorze anos, em que meu inglês tinha um sotaque mexicano bem marcado. Tinha afinidade com os mexicanos, ou melhor, com os chicanos, com seu fatalismo estóico. Em vez de usar os jeans Levi's que eram o traje a rigor entre os adolescentes brancos do subúrbio, preferia o exagerado uniforme de marinheiro à moda chicana, com bolsos enormes dos lados. Freqüentemente tingidos de preto, eram folgados na cintura e enrolados na barra. Desse modo, as pernas ficavam muito curtas e o torso parecia extraordinariamente longo. Eu usava um penteado *ducktail* puxado para ambos os lados, tão grosso de brilhantina Three Flowers que passar um pente por meus cabelos fazia com que saíssem grumos de graxa. Brilhantina não era permitida no abrigo juvenil, por isso nós roubávamos margarina e a usávamos com essa função. Tinha um cheiro rançoso, mas mantinha o *ducktail* no lugar.

Fui até o fim. Meus sapatos tinham solas extragrossas, chapas em ferradura nos tacões e outras chapas percorrendo os lados e sobre os dedos.

Era ruim para correr, mas prático para pisotear alguém. Minhas calças eram "semi", o que significa que elas eram semi folgadas ou semi-*zoot-suit*. *Zoot-suits* eram totalmente folgados, mas já haviam perdido o prestígio antes que eu começasse a me preocupar com estilo. A música que eu gostava não tocava no "Hit Parade". Não era Perry Como e Dinah Shore que me faziam vibrar, mas sim os sons e o *funk* conhecido em toda Central Avenue e em Watts: Lonnie Johnson, Bull Mose Jackson, Dinah Washington, Billy Eckstine, Ella, Sarah e Billie, Illinois Jacquet e Big J McNeeley no sax, com Bird como ídolo de todo mundo que fosse descolado.

Nos quatro anos que se seguiram à minha chegada ao abrigo juvenil, desloquei-me rápida e inexoravelmente por todo o sistema judicial de menores. Estive no abrigo de menores oito vezes e em duas fui para o hospital público para observação. Minha fala era sã, mas meu comportamento insano. Os funcionários do hospital não sabiam o que pensar de mim. Fugi pelo menos meia dúzia de vezes, vivendo como foragido nas ruas. Sabia puxar um carro em menos de um minuto. Uma vez eu escapei da Escola Fred C. Nelles para Meninos, em Whittier, e roubei um automóvel. A meio caminho de Los Angeles, parei para urinar ao lado de um anúncio da Pacific Outdoor. Quando voltei para a estrada, esqueci de acender os faróis. Em San Gabriel, uma viatura de polícia estacionada em uma esquina começou a piscar suas luzes. Sabia que não era uma ordem para estacionar, mas não tinha idéia do que fosse. Eles arrancaram atrás de mim. Olhei pelo espelho. Quando as luzes vermelhas começaram a piscar, pisei no acelerador. Durante a perseguição que se seguiu, eles dispararam uns dois tiros. Eu podia sentir a munição pesada atingindo o carro. Um dos projéteis atravessou o veículo e desenhou uma teia de aranha no pára-brisa. Eu me agachei, minha cabeça sob o painel. Abri a porta do motorista e segui a linha branca no meio da rua, confiante que quem estivesse na frente veria as luzes piscantes, ouviria o grito da sirene e sairia do caminho. Quando olhei para a frente, espiei por cima do painel. *Merda!* Estava indo direto para um cruzamento em T. Teria que virar à direita ou à esquerda. Pisei nos freios e tentei fazer a curva. O carro saltou no meio-fio e entrou em um gramado úmido. Parecia gelo, pelo modo como eu derrapei para o lado e me choquei contra uma janela frontal, sala de estar adentro. Havia armas apontadas para mim antes mesmo que eu pudesse me arrastar para fora dos destroços.

De volta a Nelles, puseram-me no chalé do castigo. Ele era dirigido com a severidade brutal de um quartel disciplinar da Marinha. O Homem pegou antipatia por mim. Certa manhã ele pensou que eu estivesse cabulando o trabalho, por isso atirou um torrão de terra que atingiu minha nuca. Aquilo se espatifou e não causou nenhum ferimento, a não ser no meu ego. Olhei para ele e a raiva veio à tona.

— Não gostou, Bunker? — desafiou. Tinha dois outros conselheiros consigo e três "monitores", garotos usados como capangas contra sua própria gente. Mantive o controle, mas entrei em ebulição por dentro. Quando fomos almoçar (parte da punição era ter o mesmo cardápio sete dias por semana; todo almoço era ensopado) e o Homem veio para perto da minha mesa, chamei seu nome. Ele se voltou e eu atirei a tigela de ensopado em seu rosto. Os monitores saltaram sobre mim. Pouco tempo atrás eu havia perdido uma briga para apenas um deles. Contra três, mais o Homem, não chegava a ser uma contenda. Eles me arrastaram para fora do refeitório, escadas abaixo e por um longo corredor até a cela do isolamento, nos fundos, me chutando e me socando durante todo o trajeto. Quando eu já estava trancado na cela, o Homem apontou uma mangueira de incêndio para mim através das grades. As barras diminuíram um pouco da força, mas ainda assim era suficiente para me fazer perder as pernas e me empurrar contra a parede.

Uma hora mais tarde, o Homem veio para se divertir com minha cara avariada e meu corpo encharcado.

— Você está parecendo um gato molhado — seus lábios se contorceram com escárnio. — Não vai jogar coisas em ninguém por um bom tempo.

Embaixo de mim, oculto pelo meu corpo, eu segurava um rolo de papel higiênico ensopado coberto de merda. Enquanto sua declaração sarcástica ainda estava no ar, arremessei o papel higiênico com as fezes contra as grades. Aquilo se espatifou e salpicou as roupas, o rosto do Homem e a parede atrás dele. Ele ficou enlouquecido de raiva, ainda mais porque outro homem se recusou a abrir a porta.

Naquela noite, tiraram-me pela porta dos fundos, puseram-me em um automóvel e me mandaram para o Pacific Colony State Hospital, perto de Pomona. O Pacific Colony era originalmente destinado a retardados mentais, mas aceitava alguns casos do juizado de menores para observação por períodos de noventa dias. Sua ala de segurança foi o lugar mais brutal em que já estive. Mesmo naquele tempo distante, se a realidade selvagem daquele local tivesse sido denunciada, haveria um escândalo. A maior parte do meu tempo era consumida no salão diurno, sentado sobre um dos bancos que se alinhavam em três lados. Cada banco tinha quatro nomes escritos em uma fita. Nós sentávamos em silêncio com nossos braços cruzados. Qualquer sussurro, um dos atendentes que caminhavam com suas solas de crepe por trás dos bancos podia jogar você no chão com um murro. O quarto lado do salão diurno tinha cadeiras de vime estofadas. Quatro delas ficavam em um pódio elevado, onde sentavam os atendentes. Seus capangas usavam as cadeiras no nível do chão.

Por divertimento, os atendentes arranjavam lutas entre pacientes. Desentendimentos eram resolvidos dessa forma, ou então os atendentes agiam como agenciadores. O vencedor ganhava um maço de cigarros.

Um dos castigos favoritos era "puxar o bloco". O "bloco" era uma laje de concreto que pesava cerca de cinquenta quilos. Enrolado entre camadas de velhos cobertores de lã, tinha duas argolas ligadas a um arnês de lona largo e achatado, de cerca de três metros de comprimento. O chão de ladrilhos de um longo salão lateral era lambuzado com uma grossa camada de parafina. O bloco enrolado com o cobertor era puxado de um lado para outro do salão doze horas por dia. Um chicano de La Colonia, de Watts, ficou no bloco por trinta dias por ter chapado com fenobarbital.

A punição mais brutal era pendurar alguém pelas mãos nos dutos de ventilação do teto. O transgressor na verdade não ficava suspenso acima do chão, mas tinha que permanecer apoiado nas pontas dos pés ou deixar o próprio peso cair sobre os braços e pulsos. Depois de dez minutos isso era uma tortura. Em quinze, a vítima geralmente estaria gritando. Os atendentes preferiam os ultrapassados espancamentos. Talvez gostassem do exercício físico proporcionado. Vendo a situação e sabendo que só teria de cumprir um período de observação de noventa dias, tentei me manter na sombra. Uma noite, quando minha estadia já durava cerca de dois meses, eu estava em pé diante de minha janela enquanto observava o gramado. A cem metros ficava uma ala feminina. Um jovem chamado Pee-Wee, no quarto ao lado, gritava pela janela para sua namorada. O atendente do plantão noturno chamava-se Hunter, mas era apelidado de Jabber[3]. Sem que eu soubesse, ele estava correndo de porta em porta, espiando pelo pequeno postigo para descobrir quem ousava gritar através do pinel à noite.

Eu me voltei da janela com o som da porta sendo destrancada atrás de mim. Jabber entrou com a energia convulsa de um texugo. Sem uma palavra, ele me golpeou a face com ambas as mãos, socos curtos de alguém acostumado a usar os punhos. Ambas me bateram em cheio, uma na boca, outra de encontro à mandíbula. Senti o gosto de sangue do lábio cortado por meus dentes, e de minha mandíbula partiu um relâmpago de dor anunciando que ela fora deslocada. Ele balançava sobre os calcanhares, punhos erguidos, olhando de través: — Vou lhe ensinar a gritar, seu merda.

Deu um passo de dança em minha direção e golpeou novamente. Eu me esquivei e caí na cama, deitando e me cobrindo. Ficou difícil para ele me atingir com seus socos, então começou a pisar e chutar minhas coxas e panturrilhas, murmurando maldições enraivecidas. Eu sabia que uma reação podia causar minha morte.

Eles saíam impunes de qualquer coisa. Tinha visto brutalidades que jamais aconteceriam no reformatório, tampouco em uma prisão, onde existem procedimentos para a realização de inquéritos. Ali era um hospital. Nós éramos pacientes recebendo tratamento.

---

[3] Um boxeador especialista em golpear *jabs*. (N. do T.)

Jabber saiu depois daquilo. Podia sentir meu olho inchando até fechar. Durante o processo, minhas cobertas foram rasgadas. Afastei o catre da parede e comecei a arrumar os cobertores.

Minha porta se abriu novamente. Jabber estava ali, balançando para a frente e para trás, em um fac-símile de Jimmy Cagney. Girava seu molho de chaves como a hélice de um avião. Atrás dele estava um grande atendente ruivo e um paciente com status especial por fazer alguns dos seus serviços sujos. Jabber contornou a cama até onde eu estava e começou novamente a me golpear.

Eu estivera contendo toda a minha raiva. Ele estava cara a cara comigo, com seus óculos chispando. Riu de mim e contraiu seus músculos para me acertar de novo. Desta vez eu golpeei primeiro. Meu punho esmagou seus óculos. O vidro cortou acima de seu olho e o início do nariz. O sangue escorreu sobre sua camisa branca engomada, com sua gravata-borboleta preta de fecho. Como a parte de trás de seus joelhos estava apoiada contra a cama, a força do soco fez com que caísse sentado. Tentei bater novamente. O atendente ruivo chegou pela retaguarda, passou um braço em volta do meu pescoço e me puxou para trás. Meus dedos estavam enroscados no peitilho da camisa do Jabber, que foi rasgado para fora de seu corpo, deixando o colarinho e a gravata.

Enquanto o ruivo me continha, o paciente que era seu capanga ergueu meus pés do chão. Alguém subiu na cama e saltou sobre o meu estômago. Um outro esmagou o punho contra minha face seis ou sete vezes. Eram socos potentes, vindos de um homem crescido.

Quando todos partiram, eu mal podia respirar. Qualquer coisa mais que uma minúscula porção de ar fazia raios de dor atravessar meu peito. Meu olho direito estava completamente fechado. Eu cuspia sangue de meu lábio, que tinha sofrido um corte bem aberto contra meus dentes.

À meia-noite, quando mudou o turno, minha porta se abriu novamente e dois atendentes noturnos entraram. Um deles chamava-se Fields, um nome que eu ainda lembro depois de cinqüenta anos. Ele tinha jogado futebol americano por uma pequena faculdade. Agora o cheiro de bebida estava em seu hálito. As regras exigiam que eu me levantasse quando a porta abrisse. Consegui me erguer. Então ele me derrubou e me chutou até que consegui me esgueirar para baixo da cama. Ele tentou empurrar o leito para poder me alcançar. Em sua fúria bêbada ele poderia ter me espancado até a morte se o outro atendente não o tivesse finalmente contido: — Pare com isso, Fields. Você vai matá-lo. Ele é só um menino.

Na manhã seguinte, o médico da ala, um homenzinho com sotaque, veio até o meu quarto e cacarejou como uma galinha enquanto cutucava meu rosto inchado e desfigurado. Tinha um aspecto terrível. Meu olho fechado parecia um ovo saltado para fora. — Acho que você não vai bater em outro atendente, vai? — perguntou ele. Eu balancei a cabeça e pensei: a não ser que possa matá-lo.

Mantiveram-me trancado em meu quarto pelo resto do período de observação. Depois que tive minha sanidade comprovada, eles me devolveram para a escola correcional.

Três semanas mais tarde, depois de voltar para o reformatório, fugi com um garoto negro de Watts chamado Watkins. Nós ficamos com sua mãe e irmã na 103 perto de Avalon. Seu pai estava na Marinha. A família tinha um pequeno bangalô amarelo de madeira com um galinheiro no quintal. Os inspetores tutelares chegaram à noite, tentando nos pegar ali enquanto dormíamos. Fomos mais espertos e dormimos em um abrigo entre os trilhos da ferrovia e as Simon Rodia's Watts Towers. Essas torres traziam-me vagas reminiscências de fotografias de Angkor Wat, no Camboja, que eu havia visto. É sempre possível ver as torres contra o céu quando você toma o vagão que pára na estação de Watts. Depois de Watkins passar uns dois meses percorrendo as ruas, eles o pegaram. Eu escapei e morei vários meses mais em um barrio chamado Temple. Dormia em um velho automóvel Cord que ficava sobre uns blocos em um quintal e passava meu tempo com os Vatos Locos.

Fui preso por causa do meu primeiro amor, uma garota italiana. Eu a conheci por intermédio do seu irmão, que encontrei no abrigo juvenil. Sua irmã mais jovem contou para seus pais que eu dormia no abrigo que ficava nos fundos da casa deles. Chamaram a polícia, que chegou uma manhã bem cedo. Acordei com uma pistola no rosto.

Em vez de ser devolvido para a escola correcional em Whitties, fui mandado para o norte da Califórnia, nos arredores de Stockton, para a Preston School of Industry. Era para garotos de dezesseis e dezessete anos, com alguns de dezoito. Eu mal tinha completado quatorze.

Quando cheguei à Escola Preston, fui chamado à parte e recebi o aviso que sempre me davam: — Ok, Bunker, tente alguma de suas besteiras aqui e nós vamos fazer você se arrepender. Aqui não é um berçário. Nós sabemos lidar com vadios como você.

Quatorze meses depois, me expulsaram do reformatório para a liberdade. Eles tentaram a disciplina do abrigo de menores e Whittier, além de outros truques, como atirar gás lacrimogêneo no meu rosto e, uma vez, me colocar em uma camisa-de-força por vinte e quatro horas. Devo admitir que eles ficaram um pouco aquém do que tinha acontecido no hospital estadual. Se não tivessem feito isso, poderiam ter me levado ao assassinato ou ao suicídio.

Preston adotava uma prática ainda usada cinqüenta anos depois. Jovens grandes e durões eram promovidos a "oficiais cadetes". Recebiam privilégios extraordinários e pontos para a condicional por usarem punhos e pés para manter a ordem por meio da força bruta e da intimidação. Cada companhia tinha três: um branco, um negro e um chicano. Tinham que ser durões mas tratáveis. Um dos oficiais cadetes era Eddie Machen, que seria um grande lutador peso-pesado poucos anos mais tarde. Qualquer um deles poderia me detonar sozinho. Depois que um me bateu por estar fora do passo enquanto marchava para o refeitório, esperei até que ele estivesse sentado para comer; então me aproximei por trás e dei uma estocada em seu olho com um garfo. Ele foi levado às pressas para Sacramento, onde salvaram seu globo ocular, mas sua visão naquele olho nunca mais foi a mesma. Fui designado permanentemente para a Companhia G, uma unidade com um bloco de celas de três galerias. Era sombria e desolada, uma cópia em papel carbono de um pavilhão de presídio. Seis manhãs por semana, comíamos em nossa celas e depois marchávamos com pás e picaretas sobre nossos ombros. Extirpávamos o mato das valas de irrigação ou usávamos as pás para remover bosta de porco, que fede mais que qualquer outra coisa no mundo. Às vezes assentávamos concreto para novos chiqueiros. Ao meio-dia marchávamos de volta, comíamos em nosso próprio refeitoriozinho, tomávamos uma chuveirada e íamos para nossas celas até a manhã seguinte. A maioria dos outros arranhava-se de tormento por passar tanto tempo nas celas, mas eu preferia de longe o cárcere, porque ali eu podia ler.

Algum benfeitor anônimo havia doado uma biblioteca pessoal de várias centenas de livros. A maioria deles parecia vinda do Clube do Livro do Mês, mas, se as dedicatórias serviam como indício, muitos outros haviam um dia sido presentes. Depois que as capas duras eram removidas, eles eram conservados desordenadamente em um closet. Íamos ao chuveiro em grupos de três e podíamos trocar dois ou três livros nessa ocasião. O Homem acendia a luz do closet e permitia que nós vasculhássemos entre os livros até que nosso horário de banho acabasse. Eu sempre me apressava para ser o primeiro a sair da água e me secar, a fim de poder contar com um ou dois minutos a mais para encontrar um livro que pudesse me agradar mais que os outros. Eu não tinha capacidade crítica. Um livro era um livro e um caminho para lugares distantes e aventuras maravilhosas. Desenvolvi uma preferência precoce por romances históricos, que foram extremamente populares ao longo dos anos quarenta. Procurava por autores e logo podia reconhecer alguns nomes entres os escritores mais vendidos, como Frank Yerby, Rafael Sabatini, Thomas Costain, Taylor Caldwell e Mika Waltari. Lembro-me de *Por Quem os Sinos Dobram*, de Hemingway, *Filho Nativo*, de Richard Wright, e um volume único com vários contos de Jack London: *O Lobo do Mar*, *O Chamado Selvagem* e *Tacão de Ferro*. Um dos romances era em forma de memória sobre uma revolução nos EUA. Durante vários capítulos eu pensei que estivesse lendo uma história verdadeira, mas, quando ele narrou uma guerra civil em 1920, soube que aquilo nunca havia acontecido. Ainda assim, muito do que o autor escreveu sobre a sociedade ressoa como verdade ainda hoje. Foi na Companhia G que eu percebi que os romances podem ser mais que histórias que excitam e entretêm. Eles também podiam conter sabedoria e lançar um olhar para os mais profundos recessos do comportamento humano.

Por lei ou política administrativa, ou por causa de alguma norma, não era permitido manter um jovem menor de dezesseis anos trancado em uma cela por mais de vinte e nove dias a cada vez. Eles realmente gostariam de me deixar na Companhia G; eu não estava lhes causando nenhum problema, nenhuma briga, nenhum ataque contra os funcionários. Não estava cuspindo neles ou entupindo a privada para inundar as celas, nem agitando uma rebelião ou planejando uma fuga. Então, na trigésima manhã, depois do café matinal, eles me tiraram da Companhia G. Dei entrada na companhia regular e saí para o almoço. Depois de almoçar, fui mandado de volta para a Companhia G. Fiquei contente por voltar para a outra metade do livro que eu estava lendo, *The Seventh Cross*, de Anna Seghers.

Depois de encarcerado por três anos de uma pena de quatro — passei o último ano em uma sucessão de fugas —, o juizado de menores passou minha guarda para minha tia sob condicional. Ela teria preferido que eu a cumprisse em algum outro lugar, mas não havia outro lugar. Minha mãe, que eu não via desde minha primeira incursão ao abrigo de menores, casara novamente e tinha uma filha. Nem minha mãe nem seu marido me queriam por perto, e eu sentia a mesma coisa. Meu pai, agora com sessenta e dois, tinha o coração fraco e estava prematuramente senil, recolhido a um asilo. Não me reconheceu quando fui vê-lo.

Minha tia me recebeu com amor, mas nós víamos o mundo de maneiras diferentes. De sua parte, ela via um garoto de quinze anos que tinha se metido em encrencas, mas que já devia ter aprendido a lição. Achava que eu devia me comportar como um rapaz de quinze anos.

Eu, por outro lado, me via como um homem crescido, pelo menos com os mesmos direitos de alguém com dezoito anos. Vivia nas ruas por minha própria conta desde os treze. Não estaria em casa às dez da noite se não tivesse vontade, tampouco à meia-noite, para dizer a verdade. Na escola, quando fui me matricular, meu histórico apareceu. A secretária examinou-o rapidamente e me disse para voltar na segunda-feira.

Na segunda-feira, a mulher atrás do balcão me entregou uma carta. Com timbre do Distrito Escolar Unificado de Los Angeles e assinada pelo superintendente e pelo psiquiatra-chefe, notificava a quem pudesse interessar que Edward Bunker não era obrigado a comparecer à escola. Um número telefônico estava incluído para o caso de alguém querer fazer perguntas. A carta tinha uma espécie de selo. Ninguém que eu conheça jamais ouviu falar de uma coisa dessas em Los Angeles. Era ótimo, pois, embora eu adorasse aprender, desprezava a escola. Já sabia que a verdadeira educação depende do indivíduo e pode ser encontrada nos livros.

As ruas da noite acenavam para mim. Companheiros do reformatório, na maioria mais velhos que eu, estavam nas esquinas e metidos em algumas coisas. Era excitante fazer nossos encontros noturnos ao longo da 42 e da Central, onde bebidas eram vendidas em canecas por baixo do pano e era possível comer um excelente presunto com ovos e cereais e ouvir alguma música sem que ninguém pedisse minha identidade. Eu tinha uma, caso fosse necessário. Isso ajudava, mas que diabos, quem estava ligando?

Minha tia não gostava dos meus horários e profetizava que eu teria problemas novamente. Ela estava certa. Eu discordava disso. Na verdade, vivia por completo no tempo presente. Nunca planejava nada com mais de dois dias de antecedência. Acordava em um mundo novo a cada manhã. As diferenças entre minha tia e mim e sobre como víamos o mundo começaram a envenenar nossa relação.

Consegui um pouco menos de dois mil dólares por ter ajudado um chicano chamado Black Sugar, de Hazard, a colher um punhado de pés de maconha da boa, que eram cultivados entre fileiras de milho em Happy Valley. Foi uma boa jogada. Ninguém saberia. Ninguém chamaria a polícia.

Emancipei-me de minha tia e do meu oficial de condicional. Por três meses eu me diverti. Aluguei um quarto, comprei um Ford cupê 1940 por trezentos dólares e estava vivendo por minha própria conta. Então fui preso quando visitava dois companheiros do reformatório que andavam roubando supermercados. Aos dezoito anos de idade, eles moravam em uma casa no lado leste de Alvardo, logo ao sul da Rua Temple. A dona da casa era a mãe de alguém, mas o quarto sob a varanda dos fundos era "a casa-da-mãe-joana". Era um clube para condenados incipientes. Um lugar excelente para ficar esperando algo acontecer, alguém aparecer, alguém telefonar, alguém planejar algo. Também era um lugar ótimo para dar uma batida. E fizeram isso. Acharam umas pistolas, algumas pílulas ilícitas e um pouco de fumo. Era o suficiente para fichar todo mundo até que tudo se esclarecesse. Eles queriam levar todos nós para a delegacia e nos enfileirar para resolver alguns assaltos. Ninguém me reconheceu, mas minhas impressões digitais retornaram com um mandado pendente por violação de condicional expedido pelo juizado de menores.

3

ENTRE OS CONDENADOS

O superintendente da Preston School of Industry ameaçou demitir-se caso me devolvessem para sua instituição, pelo menos foi o que me disse o homem que me conduziu da Cadeia Municipal de L.A. para a prisão de jovens infratores na cidade de Lancaster. Ficava na borda do vasto Deserto de Mojave, mas ainda no município de Los Angeles. Construída durante a II Guerra Mundial como um campo de treinamento para pilotos canadenses, agora era controlada pelo Departamento Penitenciário da Califórnia. Eles haviam construído uma cerca dupla em torno dos edifícios, com rolos de arame farpado por cima. A cada cem metros havia uma torre de vigilância erguida sobre estacas. *Voilà*! Uma prisão.

Exceto por umas duas dúzias de internos que eram trabalhadores especializados trazidos de San Quentin ou Folsom (assistente de cirurgião, estenógrafo/datilógrafo experiente para o diretor associado da prisão, e por aí em diante), os detentos de Lancaster tinham entre dezoito e vinte e cinco. Noventa por cento destes contavam entre dezoito e vinte e um anos. Quando o oficial responsável pela transferência removeu minhas algemas na Seção de Recepção e Soltura, eu estava com quinze anos de idade.

Enquanto eu estava sendo fichado, um sargento chegou para me levar ao capitão. Vestindo um macacão branco e depois caminhando através da prisão com o sargento, senti-me inibido. Cabeças se voltavam para examinar o recém-chegado. Um ou dois me conheciam de outros lugares e gritaram para mim — Ei, Bunker! E aí?

No interior da Seção de Custódia, que por alguma razão trazia reminiscências de uma sala de redação de algum jornal urbano, havia uma porta de vidro fosco e o letreiro "L.S. NELSON, CAPITÃO" gravado nela. O capitão comandava todo o pessoal uniformizado. Nelson tinha trinta e poucos anos e cabelos ruivos. Mais tarde, quando o vermelho de seus cabelos se misturou com tons de areia e ele se tornou diretor de San Quentin, todos o chamavam de Red Nelson. Ele foi um dos diretores que se tornaram lenda, um homem conhecido por ser duro, porém justo. Tinha queixo forte e tez abrasada pelo sol. Seus olhos se escondiam por trás de um par de óculos escuros estilo aviador. Ele os usava pela impressão de rigorosidade que causavam. Quando ele se recostou em sua cadeira giratória e entrelaçou os dedos por trás da nuca, impôs uma vaga sugestão de desprezo em sua voz.

— Porra! Você não me inspira esse terror sagrado. Tem a bunda muito seca para ser tão fodão. Vai ser muita sorte se ninguém aqui te partir ao meio.

— Não tô preocupado.

— Nem eu. Mas achei que devia te dizer como as coisas são. Você conseguiu uma certa fama naquelas cadeiazinhas para crianças. Aqui não é jardim-de-infância. Aqui é uma prisão. Comece a fazer merda aqui e pode apostar que o mundo inteiro vai cair sobre você. Eu espremo seus miolos para fora. Entendeu?

— Sim, senhor — respondi. — Quero cumprir minha pena e sair assim que puder — Minhas palavras eram verdadeiras, mas mesmo assim eu me ressenti da ameaça. Em todos os lugares onde estivera — escola militar, abrigo juvenil, escola correcional, hospício —, todo mundo prometeu me quebrar. Todos eles tinham me infligido severas dores físicas e emocionais, mas ali estava eu. Se desaparecer no meio da multidão fosse menos importante para mim, eu teria arremessado a mesa sobre ele e chutado seu traseiro — assim ele saberia que eu não tinha me intimidado com suas palavras.

— Ok, Bunker... vá para o pátio. Qualquer problema, eu enterro você tão fundo na solitária que vai ser preciso bombear oxigênio — Ele me dispensou com um aceno de polegar. Virei-me, e o sargento que estava à espera abriu a porta.

Designado para o Dormitório nº 3, eu estava arrumando meu beliche quando alguns dos meus amigos do reformatório e do abrigo juvenil começaram a aparecer, rindo e caçoando. Alguém pulou em cima de mim e eu me choquei contra um beliche que se arrastou ruidosamente pelo assoalho.

— Vão fazer zona lá fora — gritou de sua mesa o guarda do dormitório. Saímos e descemos a rua que dava para as quadras de *handball*[1]. À nossa frente havia uma aglomeração. Abrimos caminho pelo meio dela. No centro havia dois jovens chicanos, encolhidos como cobras preparando o bote; cada um deles com uma grande faca. Um deles eu reconheci do

---

[1] Jogo de bairro; uma espécie de *squash* sem raquetes em que a bola é rebatida com a mão. (N. do E.)

reformatório, sem conseguir lembrar seu nome. Afastado para um dos lados estava o objeto da disputa, uma delicada bichinha branca chamada Forever Amber. Ela retorcia as mãos. O chicano que eu conhecia gesticulava para o outro, sinalizando claramente "venha... venha...". Sua jaqueta jeans estava enrolada em torno do antebraço. Ambos vestiam camisetas brancas.

O que aconteceu a seguir não teve nenhuma semelhança com uma luta de facas vista em filmes. Eles avançaram um contra o outro como dois galos em uma rinha, saltando alto e golpeando, apunhalando e sendo apunhalados. O que estava sem jaqueta levou um talho que abriu seu antebraço até o osso. Então devolveu o golpe. Sua longa lâmina penetrou a camiseta branca do outro e afundou até o cabo. Ambos rosnavam, mas nenhum deles se rendia. Em segundos, os dois estavam cortados em pedaços. O da jaqueta subitamente murmurou: "Filhadaputa..." Desabou sobre os joelhos e caiu sobre o próprio rosto, seu punhal desprendendo-se de seus dedos moribundos enquanto o sangue se espalhava em uma poça, encharcando a terra ressecada e dura.

O outro chicano deu as costas e se afastou, sangue espirrando em jatos de sua boca. Isso me fez lembrar o borrifo de uma baleia. Forever Amber correu atrás dele, ainda que com passinhos miúdos e totalmente afeminada. Cerca de quarenta metros à frente, o "vencedor" deteve-se subitamente, expeliu uma golfada de sangue e caiu. Tentou se erguer, mas parou sobre os joelhos, a cabeça pendida. Vários detentos correram para carregá-lo até o hospital, mas retornaram com os polegares para baixo. Ele também tinha morrido.

Levou algum tempo depois do "apagar das luzes" para que o dormitório se acalmasse. Silhuetas em trajes menores moviam-se pelas sombras para o lavatório e a latrina. Carregavam suas escovas entre os dentes ou nas mãos, com toalhas penduradas em volta do pescoço. No fundo do dormitório, duas figuras sentadas em beliches adjacentes mantinham suas cabeças muito juntas enquanto cochichavam. Risadas súbitas. O guarda grunhiu: "Parem com isso aí no fundo". Silêncio.

Eu estava deitado de costas, totalmente vestido, exceto pelos sapatos, e coloquei uma toalha sobre os olhos. Não tinha inimigos; não havia necessidade de precaução. Tosse. Molas rangendo, o *chlep-chlep* de chinelos movendo-se entre as fileiras de camas. As janelas do dormitório eram molduras vazias, buracos na parede, na verdade, perfis de janelas. As cercas duplas com rolos de arame farpado, as luzes, as torres de vigilância tornavam a segurança das janelas supérflua. O vento desértico que se erguia a cada entardecer naquela noite estava quente e impiedoso. Ele fazia o arame farpado vibrar e as cercas de alambrado ondular em toda a sua extensão, como as vagas do oceano rolando ao longo da praia. Em minha mente, eu via a faca veloz e mortífera repetidas vezes, cada momento quase congelado no tempo. Agora eu reconhecia a morte.

Ela fora entregue pela mão direita, meio lateral e meio ascendente, em um movimento que parecia mais de defesa que de ataque. O outro rapaz era canhoto — pelo menos ele empunhava a faca com a mão esquerda. Ele a mantinha estendida e estava retalhando a face de seu oponente. Quando seu braço esquerdo se esticou, o ponto macio bem abaixo das costelas do lado esquerdo ficou exposto. Foi ali que o punhal de seu inimigo mergulhou até o cabo. Deve ter seccionado uma válvula do coração.

Pronto! Estava morto. Com um estalar dos dedos! Virou história. Naquela noite, depois que as luzes se apagaram, deitei na parte de cima do meu beliche, ouvindo os sons da noite, estalar de molas, sussurros sem palavras e risos abafados, e pensei sobre aqueles dois jovens chicanos mortos. Eles morreram por um veadinho e por puro machismo. Para muitas pessoas no mundo, meu comportamento era apenas caos pelo caos. Você provavelmente acharia boas as chances de que eu não fosse viver até minha sexta década, muito menos alcançar meus setenta. Mas agora eu tinha visto um duplo assassinato e isso tinha sido um sério choque. Embora não tenha tomado uma decisão consciente e meu comportamento fosse continuar selvagem e errático, dali para a frente eu sempre teria algo para me deter no limiar do precipício. Jamais me envolveria e jamais me envolvi em um *mano a mano* com facas. Eu queria a vitória verdadeira, não a versão de Pirro.

DURANTE TRÊS MESES EU CONSEGUI evitar a solitária e tive apenas duas brigas. Uma delas foi com um índio chamado Andy Lowe, que eu conhecia desde o abrigo juvenil. Nós estávamos no dormitório, num corpo-a-corpo. O corpo-a-corpo é uma luta de boxe com os punhos nus, com a diferença de que os golpes não são dirigidos à cabeça. Andy podia me bater quando nós éramos mais jovens, mas não mais. Quando ele se retesava para golpear, eu esmurrava seu peito com meu *jab* de esquerda, detendo-o para poder me esquivar. Ele errava a cada vez que me golpeava. Não parecia estar com raiva, de modo que, quando um dos punhos se chocou contra minha cabeça, achei que fosse um deslize. Essas coisas acontecem.

Então o baque de mais dois punhos ossudos contra meu rosto — e não houve um "me desculpe". Quando ele tentou novamente, em vez de colocar o *jab* em seu peito eu acertei seu nariz. A luta havia começado.

Alguém gritou: "O Homem!". Nós nos separamos imediatamente e os espectadores se dispersaram para seus beliches. O guarda sentiu que algo estava fora do normal, mas foi incapaz de dizer o que era.

A outra luta foi com um chicano, Ghost de Fresno. Uma vez eu tive uma briga com seu irmão mais novo, na Preston. Ghost defendia seu território. Chalés que haviam sido residências para os oficiais solteiros da Força Aérea canadense eram agora moradias privilegiadas, três em cada chalé, e foi lá que nós fomos lutar. Embora eu estivesse levando vantagem, podia sentir que minha resistência estava se esgotando rapidamente. Essa sempre foi minha fraqueza. Por sorte, alguém gritou novamente, "O Homem!". Eu mergulhei para baixo de um beliche, mas Ghost tentou fugir. O acesso aos chalés era vetado, a não ser que fossem designados para alguém. Ele foi levado para a cela de detenção durante o inquérito. Nunca descobriram quem foi seu adversário. Como houve vários internos esfaqueados desde o duplo assassinato, não quiseram correr o risco de restituir Ghost para a população geral. Aos vinte e um, ele era mais velho que a média e além disso tinha sido mandado para a prisão pela Corte Superior após uma condenação, por isso podia ser transferido para San Quentin. Foi o que aconteceu. Puseram-no em um ônibus e mandaram-no para o norte, o que estava ótimo para mim.

Como não tinha ninguém para me enviar doze dólares por mês, a quantia então autorizada para cigarros e outras amenidades, eu tinha que conseguir algum tipo de renda. Entrei no negócio das bebidas caseiras. Cada galão requeria meio quilo de açúcar, uma pitada de fermento e alguma das muitas coisas que podiam ser acrescentadas para fermentar: massa de tomate, laranjas espremidas ou seu suco, passas, ameixas secas e até batatas picadas. Tudo misturado, começava a fermentar imediatamente. A bebida obtida tem um sabor parecido com cerveja e vinho misturados e cerca de vinte por cento de álcool. O fermento e o açúcar eram trazidos por um ajudante de cozinha acostumado a roubar, apesar de os cozinheiros livres vigiarem de perto e dos pães saírem todos minguados. A parte mais difícil de todo o processo era encontrar lugares para esconder a cerveja enquanto ela fermentava. Era volumosa e tinha cheiro. Não podia ser feita em recipiente estanque porque o processo de fermentação o faria estufar. Usei um esconderijo que usaria outras vezes: os extintores de incêndio. Cada um deles era adaptado a um invólucro de borracha feito por um interno a partir de câmaras de pneu, na alfaiataria. Cada um tinha capacidade para cerca de quinze litros. Um litro de cerveja custava cinco maços de Camel e os fregueses encomendavam com antecedência. Em cerca de um mês eu tinha cinco extintores fermentando continuamente e estava rico para os padrões da prisão. Na verdade, tudo que eu tinha era um monte de tabaco, embora isso pudesse comprar qualquer outra coisa que estivesse à venda entre as cercas.

Três meses se passaram. Eu nunca tinha ficado um único mês sem ir para a solitária desde meu primeiro dia no abrigo juvenil. Meus extintores de incêndio borbulhantes estavam em toda parte — na parede de aço corrugado do ginásio, dois no dormitório, um na biblioteca, um no corredor da enfermaria. Eu ocupava meu tempo reunindo os ingredientes, misturando o preparado, envasando-o ou coletando-o e vendendo aos litros. Isso fazia o tempo passar mais rápido.

Então, um dia, uma lixeira da biblioteca pegou fogo. O bibliotecário apanhou o extintor de incêndio e sentiu um forte cheiro de cerveja caseira. O capitão Nelson ficou possesso. Disse para os bibliotecários darem o serviço ou embarcarem no ônibus para San Quentin. Um deles me entregou. Depois da contagem, mas antes do jantar ser liberado, dois guardas vieram até a porta do dormitório, falaram com a sentinela e foram até o corredor do meio, entre os catres arqueados. Soube que me procuravam no momento em que chegaram, embora tivesse esperado até que o dedo apontado para mim tornasse isso oficial.

Apanhei uma jaqueta, um maço de cigarros e fósforos, e o livro que eu estava lendo, *E o Vento Levou*. Sabia que estava indo para a detenção. Não era a *solitária*. A detenção era para onde você ia até a audiência disciplinar. Eram cinco horas da tarde. As luzes ficariam acesas até as dez e meia ou onze horas. O que eu teria para fazer a noite toda? Ler *E o Vento Levou*, era isso.

Às dez da manhã seguinte, fui levado para a audiência disciplinar. O capitão Nelson era o oficial encarregado da audiência. Eu estava esperando que fosse o diretor auxiliar, que dividia a responsabilidade com ele. Se não tive azar, também não cheguei a ser sortudo. Meia dúzia de outros jovens internos esperava em uma fila, também aguardando a corte disciplinar. O guarda me fez passar por eles, batendo levemente à porta e abrindo-a uns poucos centímetros para espiar o interior. Deve ter recebido o sinal afirmativo, pois escancarou a porta para eu entrar.

Cap. L.S. "Red" Nelson estava atrás da escrivaninha. Era nossa primeira conversa desde minha chegada. Eu o vi no pátio umas duas vezes, e mudei de direção para sair de sua vista.

— Aqui está você, Bunker. Sabia que ia encontrá-lo. Vejo que entrou para o ramo da fabricação de vinho.

Não falei nada. O que poderia dizer? Além do mais, não tinha vontade de bater papo com o capitão Nelson mesmo no melhor dos dias.

— ... acha que é durão — ele estava dizendo. — Você não seria sequer uma espinha na bunda daqueles caras — Estava falando de Alcatraz, onde havia trabalhado antes de ir para o Departamento Penitenciário da Califórnia. Contou-me sobre ter sido trancado em uma cela com seis outros guardas enquanto três assaltantes de banco fodidos de Oklahoma e Kentucky descarregavam uma .45 para dentro dela. Nelson sobreviveu sem um arranhão. De algum modo isso o tinha tornado destemido.

— De qualquer forma — disse, depois de terminar suas reminiscências — você está sendo acusado com base no D-12-15, comportamento dos internos. Em ou por volta de vinte e três de setembro, você pôs quinze litros de bebida alcoólica de fabricação caseira no extintor de incêndio da biblioteca. Como se declara?

— Inocente. Ninguém me apanhou com nenhuma bebida caseira.

— Nós não precisamos. Ambos os bibliotecários disseram que foi você. Portanto eu considero você culpado. Está sentenciado a dez dias de isolamento. Além disso, estou elevando sua custódia ao período máximo e colocando você em segregação administrativa. Vou rever sua situação em seis meses.

Seis meses! Em segregação. Significava ficar trancado vinte e três horas por dia. A diferença entre isolamento e segregação era que a segregação permitia alguns privilégios — livros e sala de recreação e outras coisas triviais que se tornavam importantes quando não havia mais nada. Eu podia suportar, mas seis meses era desproporcional à minha pequena transgressão. Fabricar cerveja era algo menor na ordem das coisas. Segregação era punição de longo termo por esfaquear alguém ou tentar fugir.

Nelson olhava para mim com um sorriso, como se dissesse "Não gostou disso, vagabundo?" Contive o desejo de virar sua escrivaninha. Ele acenou para que eu saísse. O guarda abriu a porta para mim.

— Um para o isolamento — disse Nelson para o guarda no corredor.

O guarda na passagem me fez sentar enquanto eles preparavam a ordem de reclusão.

A campainha soou e o guarda acenou para o próximo interno. Quando ele saiu, o guarda anunciou do interior: — Trinta dias... perda de privilégios.

A campainha soou novamente. O guarda do corredor voltou-se para abrir a porta para o interno número três. No momento em que as costas do guarda se viraram, fiquei em pé e caminhei até alcançar o canto do corredor e dobrá-lo. Esperava que uma voz gritasse "Pare aí, Bunker!". Ninguém falou nada.

Fora da Seção de Custódia, dirigi-me ao grande barracão de aço corrugado do ginásio, onde eu sabia haver uma faca escondida. Era muito pequena para ser considerada um punhal. A lâmina tinha só cinco centímetros de comprimento e a ponta era arredondada. Podia cortar, mas não apunhalar.

Depois de apanhar a faca, fui até a biblioteca, planejando atacar um ou ambos os que haviam me entregado. Cinco guardas com cassetetes dobraram a esquina enquanto o sistema de alto-falantes começava a me chamar para uma visita. Aquilo era absurdo. Eu nunca tinha visitas.

Jamais chegaria à biblioteca, mas ia ensaiar uma escapada. Dobrei a esquina entre os dormitórios e me dirigi para o pátio. Logo atrás de mim veio o ruído de passos no cascalho. Comecei a me virar e fui instantaneamente atingido por um safanão digno de um defensor da NFL[2]. Eu estava caído de costas e ele estava acima de mim. Agarrou a faca, mas segurou-a pela lâmina. Puxei-a e abri um corte em sua palma. Algo me atingiu na cabeça; foi um golpe bem forte. Pensei que fosse uma pedra. Quando voltou a acontecer, vi que era o bastão de um sargento gordo.

Guardas se amontoaram, segurando, esmurrando e chutando. Em torno

---

[2] NFL, National Football League, a maior liga de futebol americano, formada por trinta e dois times dos Estados Unidos. (N. do T.)

deles, um círculo de internos se formou. Alguém gritou — Larguem ele, seus covardes...

— Aqui não! Aqui não! — gritou uma voz autoritária, não querendo testemunhas.

Arrastaram-me pelas pernas, minhas costas se esfolando sobre o cascalho e o asfalto, cruzando a prisão até "o bloco", um pequeno edifício com dez celas usadas como solitárias. Uma vez lá dentro, eles enlouqueceram. Tive sorte por haver dez deles, pois atiçavam um ao outro enquanto cada um fazia chover socos e pontapés sobre mim, ficando um no caminho do outro. Três teria sido melhor para eles. Dobrei meus joelhos muito alto, meus braços cobriram meu rosto. Eles xingavam e pisoteavam. Um ataque contra um era um ataque contra todos. Matar um detento não deixava ninguém furioso, mas agredir um guarda era sacrilégio.

Um dos guardas cometeu um erro. Quando ele se inclinou, procurando um lugar para colocar seu punho sobre meu rosto, deixou-se aproximar. Investi com ambos os pés, esticando meu corpo para intensificar a força, e o atingi em cheio no rosto. Isso fez com que caísse sentado.

Eles agarraram minhas pernas, um em cada uma delas, outros dois seguraram a parte superior do meu corpo, ergueram-me bem alto e arremessaram-me para baixo, contra o chão de concreto. Isso me fez gritar. "De novo", disse alguém. Fizeram isso repetidas vezes.

Por fim, rasgaram minhas roupas e me jogaram em uma cela vazia. Um deles esperou para me deixar com o comentário: — Aposto que você nunca mais vai atacar outro oficial.

Minha réplica foi silenciosa mas verdadeira: *Eu mal comecei a lutar.*

Sem um espelho, tive que usar os dedos para avaliar os danos. Havia um grande inchaço atrás de minha cabeça, no local onde ela havia atingido o solo. Meu couro cabeludo tinha um talho produzido pelo bastão. Sangue escorria por minhas bochechas e meu pescoço, emplastrando-se sobre meus ombros e meu peito. Tinha sido uma pancadaria selvagem, mas não tão terrível quanto a do Pacific Colony. No final das contas, eu estava com um bom aspecto — e nem um pouco resolvido a desistir.

Cerca de uma hora depois, um interno estava esfregando a passagem do lado de fora das celas. Fiz ele me dar o esfregão. Pus o cabo entre as barras e o quebrei no meio, tirei a cabeça do esfregão e dobrei as proeminências do encaixe de modo a lembrar vagamente um piquete ou uma picareta. Então, esticando o braço entre as barras, enchi com lascas de madeira a grande fechadura.

Logo um guarda deu uma espiada pelo canto do corredor. — Você não desiste, né?

— Ainda não.

Ele produziu um "*tsc-tsc*" e balançou a cabeça. Então ouvi-o fazer uma chamada telefônica, mas não pude entender o que disse. Meia hora mais tarde, ele observou novamente pelo canto.

— O capitão está a caminho, e ele tem uma coisa para você.
Ouvi a porta externa se abrir e a voz do capitão Nelson. Ele e um sargento franzino chamado Sparling dobraram o corredor. Ambos tinham máscaras de gás penduradas no pescoço. O capitão Nelson tinha um reservatório atado às suas costas e um borrifador em sua mão. Parecia que ele ia espirrar inseticida nas plantas.
— Devolva, Bunker.
— Vem pegar.
— Ok — Ele sorriu e puxou a máscara de gás sobre seu rosto. O Sargento Sparling fez o mesmo. O capitão ergueu o borrifador e lançou um jato úmido. Mas que...
Quando o spray tocou minha pele, eu me senti em chamas, como se o jato fosse de gasolina incandescente. Mais tarde descobri que aquilo era gás lacrimogêneo líquido. Naquele momento, achei que aquela coisa ia me matar. Joguei o cabo do esfregão para o lado, rolei no chão e tentei subir pelas paredes. Agia como uma mosca atingida por inseticida. Meus olhos ardiam e escorriam. Foi terrível. Internos nas celas próximas gritavam.
Ninguém podia ser deixado por mais do que uns poucos minutos sob tal concentração de gás lacrimogêneo. Eles começaram a destrancar a cela, mas as lascas de madeira na fechadura os impediram. Era difícil para eles enxergar por trás das máscaras de gás. Quando conseguiram abrir a porta, o pior do gás havia se dispersado. Ainda ardia, mas muito menos.
— Erga suas mãos e se afaste — disse o capitão Nelson. Ele estava parado de um lado da porta e o sargento do outro.
Eu me afastei com minhas mãos levantadas. Assim que distingui a porta, avancei para fora com minha mão direita, puxei a máscara do sargento e o acertei com o punho esquerdo. Ele caiu.
O capitão Nelson saltou sobre minhas costas, tentando me deixar sem ar, mas eu consegui girar o corpo e investir, lançando-o de encontro às barras. O sargento arrastou-se e correu para fora, onde um destacamento de guardas sem máscaras estava esperando. Enquanto isso, o capitão Nelson e eu trocávamos socos no corredor do lado de fora das celas, ambos vertendo ranho do nariz e lágrimas dos olhos. Sua máscara contra gases estava deslocada para o lado e isso parecia ridículo.
Uma horda de guardas me amaldiçoava com gás lacrimogêneo queimando seus olhos. Arrastaram-me para fora. Atrás de nós os outros detentos gritavam. Eu estava nu sob o sol abrasador do deserto. Parei sob uma torre de vigilância e eles tomaram posição, cercando-me a uma distância de três metros ou mais. O asfalto estava tão quente que eu tinha que ficar pulando de um pé para outro. Deve ter sido uma visão bizarra, um rapaz de quinze anos dançando nu em frente a guardas com olhos lacrimejantes. Antes de partir, o capitão Nelson mandou alguém me entregar uma toalha para pisar em cima. Eu tinha a pele bronzeada na maior parte do meu corpo, por isso não me queimei — mas meu rabo

nunca tinha sido exposto ao sol, muito menos ao sol da tarde no deserto. Cerca de uma hora mais tarde, um furgão estacionou. Um tenente desembarcou e me entregou um uniforme cáqui. Quando já estava vestido, eles me algemaram, puseram-me na traseira sem janelas do furgão e me conduziram para fora pelo portão de trás. Perguntei aonde estávamos indo. Não me disseram, mas, quando viraram à direita em vez de à esquerda, soube que estávamos nos dirigindo para a Cadeia Municipal de L.A.

A CADEIA MUNICIPAL DE L.A. OCUPAVA do décimo ao décimo quarto andar do Palácio da Justiça, na esquina da Broadway com a Temple. Quando o tenente da correcional me passou para o oficial encarregado dos registros, entregou-lhe uma folha de papel. O relatório dizia que eu tinha sido preso de acordo com a seção 4500 do Código Penal da Califórnia. A seção 4500 estabelece que qualquer detento cumprindo sentença de prisão perpétua que cometer agressão capaz de causar grandes danos corporais deve ser sentenciado à câmara de gás. Não há alternativa. A condenação perpétua, de acordo com as decisões da Suprema Corte da Califórnia, também inclui as sentenças indeterminadas — um ano a perpétua ou cinco anos a perpétua. Na verdade, fui enquadrado na seção 4500, subseção B. A subseção não era mencionada nos papéis. O oficial encarregado do registro perguntou qual era minha idade. Disse-lhe que tinha dezenove. Dando de ombros, mandou-me para a "10-A-1", também conhecida como "segurança máxima". Era uma carceragem de alta segurança para homens que aguardavam a câmara de gás, matadores de policiais e assassinos notórios.

A maioria dos detentos andava em grupos ou, algumas vezes, estabelecia seus lugares na prisão por conta própria, mas prisioneiros da segurança máxima andavam com escolta, um de cada vez. Estar na segurança máxima dava um certo prestígio no universo bizarro dos valores do submundo. Geralmente levava de oito a doze horas para finalizar o processo de registro. Em grupos, cada um tinha que esperar todos os outros acabarem cada etapa dos procedimentos para seguir adiante. Eu fui transferido à frente de todos os outros. Primeiro, o departamento de registro, ao lado da sala Bertillion, onde eles tiravam retratos e várias séries de impressões digitais. Cópias eram mandadas para Sacramento e para o FBI, em Washington. Fui banhado, aspergido com DDT (isso foi antes da *Primavera Silenciosa*[3]) e recebi o uniforme de brim para vestir. Um auxiliar médico

---

[3] *Silent Spring*, publicado no Brasil com o título *Primavera Silenciosa* (Melhoramentos), livro escrito pela bióloga Rachel Carson em 1962, expôs os perigos causados pelos pesticidas organoclorados, como o DDT, e ajudou a estabelecer as bases dos movimentos ambientalistas. (N. do T.)

me fez um "arregace e esprema" para ver se eu não tinha gonorréia. Olhou rapidamente meus hematomas e me declarou sadio. Depois de reunir um cobertor e uma capa para colchão dentro da qual havia uma caneca de alumínio e uma colher, um agente me conduziu pelos labirintos da prisão até o décimo andar, próximo à Sala dos Advogados, onde a segurança máxima se estabeleceu por si mesma. Durante a caminhada, passamos por paredes de barras, para dentro das quais ficavam os corredores que conduziam às celas. A cadeia estava lotada. A maioria das celas tinha quatro ou cinco ocupantes. Mesmo a cela dos presos de confiança, no primeiro cubículo, tinha três. As portas das celas estavam abertas e os homens estavam no corredor, caminhando ou jogando cartas. Quando fui para uma das carceragens, alguém disse: — Quem ele matou? É só um menino.

As carceragens eram segregadas por raça, em sua maioria. Uma exceção era o tanque das "bonecas". Com toalhas enroladas como turbantes em volta de suas cabeças, camisas do presídio amarradas no alto, como tops, maquiagens engenhosamente obtidas de sabe Deus o quê, pernas dos jeans dobradas e coladas ao corpo, eram todos paródias espalhafatosas de mulheres. Quando me viram, enquanto caminhava com o guarda ao longo de toda extensão de sua carceragem, elas se precipitaram ao nosso lado: — Ponha ele aqui, agente! Nós não vamos machucá-lo.

O agente riu e gracejou — Só iam sobrar os seus cadarços.

— Qual é o seu nome, amor?

Não respondi.

— Quem você matou, garoto?

— Se você for para a geral eu vou ser sua mulher... e mato qualquer um que tentar foder você.

Não falei nada. Só um perdedor troca farpas com as bichas; suas línguas são muito afiadas, sua espirituosidade muito ferina. Não precisava dizer nada, não me preocupava que ninguém tentasse me foder. Não era um garoto branco criado a pão-de-ló. Se alguém dissesse algo que não devia ou simplesmente me olhasse atravessado, meu desafio viria rápido, e, se a resposta fosse menos que um imediato pedido de desculpas, atacaria imediatamente, sem mais palavras.

Depois de passarmos pela carceragem das bonecas, continuamos por um labirinto de degraus de aço e barras de ferro, passando por paredes cobertas por pálidos azulejos verdes, por carceragens brancas, negras e mexicanas. Chegamos a uma que tinha uma passarela quase deserta. Uma partida de *bridge* estava em curso no chão, com um cobertor dobrado servindo de mesa. O homem que me escoltava entregou ao agente da carceragem meus papéis de entrada com uma etiqueta contendo meu nome encaixada em uma ranhura da prancheta.

— Você está na Cela Seis — disse ele, acenando para que eu passasse pela porta para o interior da carceragem. Primeiro ele tinha que destrancar a porta de aço em um painel de controle ao lado da porta. — Peixe no anzol! — gritou. — Cela Seis.

Ele destravou a porta e a abriu, eu dei um passo para dentro. Os jogadores de *bridge* olharam para cima; umas poucas cabeças apareceram nas portas abertas das celas para me observar. Um deles era negro. Todo mundo era segregado na prisão, exceto frutinhas e assassinos. Parecia haver alguma ironia nisso.

Caminhei pelo passadiço. Era estreito e eu tive de passar por cima do jogo de *bridge*, pedindo desculpas enquanto o fazia. Cheguei à Cela Seis. Já havia dois homens ocupando dois beliches. Eu sabia que a prisão era lotada, mas esperava, por algum motivo, que cada homem em julgamento de sentença de morte tivesse uma cela só para ele. Hesitei. "Entre", disse o homem no beliche de cima. Era pequeno e musculoso, com seus trinta e muitos anos e com as têmporas grisalhas. O homem sentado na parte de baixo do beliche vestia uma camiseta regata estufada na barriga. Parecia italiano.

Na entrada da frente, o carcereiro puxou uma alavanca que fez as portas de todas as celas vibrar ruidosamente. — Para a toca, A-Um! Para a toca!

O jogo de cartas foi interrompido. Os dois ou três outros homens que estavam na passarela dirigiram-se a suas celas. O corredor começou a se esvaziar. Dei um passo para dentro. Senti um certo medo. Estava sendo trancafiado em uma cela com dois homens adultos que enfrentavam processos pelos mais sérios crimes imagináveis. Da entrada, o carcereiro gritou — Cuidado com as portas! Vai fechar! — As portas de todas as celas bateram com um horrendo choque de aço sobre aço.

Em toda a prisão, portas vibravam e se fechavam. Era o trancamento geral. O homem troncudo na parte de baixo do beliche se levantou.

— Sente-se. Qual sua idade?

— Dezenove — menti.

Ele balançou a cabeça e grunhiu. Seu nome, eu iria descobrir, era Johnny Cicerone, e ele era um mafioso de verdade, ou a versão L.A. disso. A máfia, como eu iria aprender, tinha pequenos enclaves pelo sul da Califórnia, mas não detinha ali o poder que exerce no leste. Johnny controlava uma bolsa de apostas em diversas fábricas e no hospital geral; além disso, era os músculos dos irmãos Sica, Joe e Freddy; Jimmy "Doninha" Fratianno; e Dominic Brooklier, o *capo de regime* da costa oeste. As lendas diziam que eles se fizeram livrando-se de Bugsy Siegel.

— Como você veio parar na segurança máxima? — perguntou o homem menor, cujo nome era Gordon D'Arcy. — Quem eles dizem que você matou? (Na cadeia ou na prisão, como eu iria aprender, nunca se pergunta a ninguém o que ele fez, mas o que as autoridades alegam que ele fez. Assim é possível responder sem admitir nada.)

— Ninguém. Eu esfaqueei um porco em Lancaster — Guardei silêncio sobre quanto isso foi superficial.

— Esfaqueou um rato! Caralho! — Sua surpresa era evidente. Ele apontou para meu rosto ferido e inchado. — Parece que eles te acertaram.
— Sim, eles dançaram um pouco em cima de mim. Não foi grande coisa — O estoicismo, valorizado no submundo, já fazia parte de mim. Nunca me lamuriar. Tentar rir, não importava o que acontecesse.
D'Arcy riu. Nos dias que se seguiram eu soube que ele era um assaltante profissional enfrentando perpétua por seqüestro/assalto à mão armada. Foi um seqüestro técnico: ele deslocou o gerente de um supermercado da seção de verduras para o escritório dos fundos para abrir o cofre. Carregar alguém de sala em sala acionava a lei "Little Lindbergh"[4]. Se a vítima tivesse sofrido algum ferimento, D'Arcy enfrentaria a câmara de gás. Pelo que aconteceu, ele apenas receberia prisão perpétua, se condenado. A vítima disse que podia identificar D'Arcy apenas pelos seus olhos. O perpetrador do crime vestia máscara de esquiador, que cobria toda a sua face, por isso o advogado de defesa reuniu cinco homens vestindo roupas idênticas e máscaras de esquiador e os enfileirou em frente à testemunha e ao júri. A testemunha instantaneamente apontou D'Arcy. Ele gritou e desmaiou. O júri deliberou durante menos de três horas antes de considerá-lo culpado. Agora ele estava apelando da sentença.
Cicerone misturou um baralho. — Vamos lá, Gordon, deixe-me ganhar meu dinheiro de volta.
— Traga essa sua bunda até aqui para ser depenado.
Cicerone apanhou um lápis e um bloco já marcado com os pontos do jogo anterior. — Vá em frente e se estique no meu beliche — disse para mim. — Nós já comemos faz mais ou menos meia hora.
— Obrigado. Me diz, onde vou dormir?
— Tem um colchão ali embaixo — Ele apontou sob o beliche. — Nós tiramos à noite. Sorte sua não estar em alguma outra carceragem onde trancam cinco em cada cela.
Eu puxei o colchão para fora. Era mais uma almofada que um colchão, e estava coberto com o lustro de centenas de corpos suados. Estava cansado demais para pôr a capa limpa que eles haviam me dado. Empurrei o colchão de volta para baixo e me estiquei sobre o beliche. Parecia uma pequena caverna. Que dia... e ainda não tinha acabado. O que estaria para acontecer? Sem dúvida me levariam à corte em poucos dias e me considerariam inapto para ser processado na condição de menor. Então começaria o processo de julgamento na Suprema Corte. E depois? Conhecia pessoalmente um jovem, Bob Pate, que foi julgado por fugir de

---

[4] A Lei Lindbergh deve seu nome ao famoso caso do seqüestro e assassinato do bebê do aviador Charles Lindbergh, em 1932. Essa lei, entre outras coisas, caracteriza seqüestros como crimes federais e permite que as autoridades federais investiguem tais casos, independentemente das fronteiras entre os estados. (N. do T.)

Lancaster. Recebeu condenação de um Tribunal de Menores, e trouxeram-no para cá. Tinha dezoito ou dezenove, e haviam-lhe dado seis meses. Eu estava perto de completar dezesseis em quatro meses. Algum juiz me mandaria para San Quentin? Bem, pelo menos eu seria um adulto aos olhos da lei.

Enquanto refletia, ouvi a porta da frente da carceragem e um chocalhar enquanto tigelas de metal, latas de café e outras coisas eram empurrados para dentro. Um preso de confiança vestindo cáqui logo apareceu do lado fora da cela. Separou nove fatias de pão e as pôs para dentro das grades. Depois dele veio outro preso carregando um grande bule com um longo bico. D'Arcy pulou para fora da cama e pegou vários canecos que depositou no chão da cela. O preso hesitou até que D'Arcy lhe deu um troco. Então encheu todos eles e seguiu pelo corredor. Tudo era barato naquele tempo.

Meus companheiros de cela pararam o jogo para beber a infusão quente. Um chá adocicado, com um sabor que eu nunca vou esquecer, era servido todas as noites.

— Hora da bóia! — berrou uma voz lá na frente. Ouvi o clique de uma porta sendo aberta nos fundos. Um asiático obeso passou arrastando os chinelos. — Quem é aquele? — perguntei.

— Yama, ou qualquer merda parecida — falou Cicerone. — Ele está aqui desde quarenta e cinco... ou talvez quarenta e seis. Sentenciado à morte por traição.

— Um traidor? O que aconteceu?

— Conta pra ele — falou Cicerone, dirigindo-se a D'Arcy.

— Ele é cidadão americano. Uniu-se ao Exército japonês no Japão ou nas Filipinas. Estava na Marcha da Morte de Bataan[5]. Não acho que vão colocá-lo no alto da lista. Ele vai conseguir reversão da pena, comutação ou algo parecido.

— O filho-da-puta merece uma carga de gás — disse Cicerone. — Se alguém merece é ele.

Quando o gordo nipo-americano voltou, outra porta se abriu e mais um homem apareceu. Era Lloyd Sampsell, e cumprimentou D'Arcy enquanto passava. Eles se conheciam do Pátio Principal de San Quentin. Sampsell era um dos *Yacht Bandits*, assim chamados porque, depois de assaltar grandes folhas de pagamento, navegavam para cima e para baixo na costa da Califórnia em um iate. Ele fugiu da prisão e matou um segu-

---

[5] Durante a Marcha de Bataan, nas Filipinas, durante a II Guerra Mundial, cerca de setenta mil prisioneiros norte-americanos e filipinos foram obrigados a marchar da Península de Bataan até o campo de prisioneiros de Camp O'Donnel, depois que os japoneses tomaram a ilha. Apenas cinqüenta e quatro mil chegaram ao destino. Os demais pereceram ou foram executados no caminho. (N. do T.)

rança ou um policial durante um assalto e foi condenado à morte. Foi retirado do corredor da morte para algum tipo de audiência no tribunal.

O próximo homem também estava na fila do corredor da morte. Era grande, com um nariz de gavião que fora quebrado mais de uma vez. Era Caryl Chessman, o Bandido da Luz Vermelha. Tinha ouvido falar dele. Era considerado muito inteligente. Uma vez um detetive me comparou a ele. Passou e retornou para sua cela. Depois veio um homem pequeno, com um rosto afilado de doninha e uma cicatriz que atravessava a carne em volta de seu olho direito. Eu estava parado em frente às grades. Ele teve uma surpresa e parou quando me viu. — Deus do céu! Quem é você?

Entendi a mensagem subliminar. Meu rosto ficou rubro.

— Mexa-se, Cook! — gritou o guarda da frente.

Cook piscou para mim e continuou até a frente para pegar sua comida. Quando voltou, eu estava no fundo da cela, sentado na latrina. Ele estava me procurando. Quando me viu, soprou um beijo. Eu não sabia quem ele era. Não me importava quem fosse. Eu saltei.

— Vá se foder! Seu vagabundo filho-de-uma-puta.

— Aah, *baby*, não seja tão bruto.

— Vá para sua cela, Cook! — gritou novamente o carcereiro. — Para a toca!

Quando Cook se foi, perguntei para meus companheiros de cela — Quem era aquele filho-da-puta?

— Billy Cook — falou D'Arcy. — Ele matou uma família no Missouri e jogou-os em um poço. Depois matou mais algumas outras pessoas enquanto vinha para o oeste. Pegaram ele no México e o jogaram de volta pela fronteira. Então matou um cara que deu carona para ele aqui na Califórnia. Recebeu a sentença de morte ontem.

Lembrava-me vagamente de ter ouvido sobre o caso. — Ele tem um olho que não fecha, certo?

— Sim. Quando foi preso, não sabiam se ele estava dormindo ou acordado por causa do olho.

— Seção frontal... vai abrir! — gritou o carcereiro. — Cuidado com as portas!

As portas de todas as outras celas começaram a vibrar; em seguida elas se abriram.

— Vamos — disse D'Arcy.

Acompanhei D'Arcy e Cicerone até a passarela, onde uns vinte homens estavam enfileirados na entrada da frente, enquanto presos vestindo cáqui depositavam conchas de espaguete com molho vermelho em algo que era uma combinação de prato e tigela. Tinha a largura de um prato e bordas altas, como uma tigela.

— Por que nós podemos vir em grupo e aqueles outros caras têm que vir um de cada vez?

— Eles são monstros completos. Nós somos apenas meio monstros.

— Os que já foram sentenciados à morte são mantidos à parte... ou talvez achem que eles possam causar problemas.

As celas ficaram abertas enquanto nós comíamos; depois fomos trancados enquanto os presos de cáqui varriam e esfregavam o corredor. Quando o chão secou, as portas da seção frontal foram abertas novamente. D'Arcy pegou um cobertor dobrado, estendeu-o para fora da entrada da cela e fez brotar dois baralhos. Outros prisioneiros se juntaram e sentaram no corredor em torno do cobertor. — Está dentro? — D'Arcy perguntou a Cicerone.

— Não. Meu advogado vem hoje à noite. Eu tenho que escrever uma merda qualquer para ele.

Era um jogo de pôquer. *Lowball*, em que a menor mão ganha e a melhor é ás a cinco. Também era, como eu iria aprender com o tempo, o jogo de pôquer que requeria maior habilidade para jogar bem. Deitado no beliche inferior, eu olhava o jogo sem ficar no caminho de ninguém.

Depois do jantar, a prisão ficava mais calma, embora nunca silenciosa. No corredor fora da carceragem, sininhos tilintavam e luzinhas vermelhas piscavam. Eram sinais para os "sorrateiros", os guardas que caminhavam sem fazer ruído ao longo das carceragens. Cicerone foi chamado. Enquanto ele estava fora, o jogo foi interrompido para a contagem. Tínhamos de nos alinhar no corredor em grupos de três, de modo que os dois carcereiros, caminhando pelo lado de fora, podiam nos contar de três em três.

— Contagem concluída! — gritou um agente quando chegou ao final.
— Quer chá? — perguntou D'Arcy.
— Sim. Mas preferiria um cigarro.
— Você não tem cigarros? Aqui está — derrubou vários de um maço de Camel e os entregou para mim. Eu hesitei, porque não queria ter dívidas. Era uma das leis primárias do código não escrito das cadeias e prisões: não deva nada a ninguém. — Vá em frente — ele insistiu, então eu peguei os cigarros.
— Tem algum dinheiro? — perguntou.
Balancei minha cabeça.
— Família?
Balancei minha cabeça.
Ele balançou a dele — Sem ninguém, a vida é dura.

Pegou um rolo de papel higiênico, desenrolou-o e reenrolou frouxamente um punhado, então dobrou a parte de baixo por dentro do buraco do meio, colocou-o na beira do vaso sanitário e ateou fogo. A chama era em forma de cone, como em um queimador, e durou o suficiente para preparar uma caneca de metal com chá quente. Ele verteu metade do chá em outra caneca e entregou-a para mim. Era bom, especialmente com um cigarro. Ele me falou sobre Johnny Cicerone. O chamado esquadrão-gângster da polícia de Los Angeles estava atrás dele. Ele estava cobrando uma dívida de dois mil dólares de um "aspirante", que tinha lhe dado um calote. No decorrer da arrecadação, tinha estapeado o cara e o levado ao *lounge* de um boliche em Vermont, que pertencia ao devedor. Era lá que o dinheiro estava. Cicerone conseguiu o pagamento, mas a Polícia de L.A. estava tentando enterrá-lo. Como Cicerone bateu no alcagüete com uma arma, eles o acusaram de seqüestro e roubo com violência intencional. Era a mesma contravenção que tinha levado Caryl Chessman para o corredor da morte. Ainda que uma sentença de morte fosse improvável, uma condenação perpétua não era...

— O que vai acontecer com ele? — perguntei.

D'Arcy gesticulou que não tinha idéia. (Alguns anos mais tarde, eu iria descobrir que Cicerone havia barganhado a confissão de alguma outra coisa e cumprido cerca de três anos em Soledad.)

A porta da frente abriu e Cicerone voltou para a carceragem e para dentro da cela. — Sobrou algum chá?

— Sim. Eu guardei um caneco para você. Vou esquentá-lo.

De algum lugar na prisão, através das paredes, veio a vibração das portas sendo fechadas.

Um minuto depois, nosso agente gritou: "Para a toca, A-Um!".

Os homens no corredor se dirigiram para suas celas. Um deles parou à nossa porta.

— Tome — disse ele, entregando-me um bilhete dobrado. — Cook mandou isto.

Abri o bilhete e li apenas umas poucas palavras antes de jogá-lo na latrina. Ele queria me ver quando a carceragem fosse para os chuveiros. D'Arcy e Cicerone me olhavam com comiseração. — Ele é doente — falou D'Arcy. Eu tinha uma meia esperança de que meus companheiros de cela me ajudassem, embora soubesse que seria pouco provável. Eles haviam acabado de me conhecer e tinham seus próprios problemas, que já eram bem sérios. Sua compaixão acabava em compaixão, não em interferência. Além disso, na jaula quem não consegue se manter em pé por conta própria certamente deve cair.

— Ele que se foda — eu disse.

— O que você vai fazer?

— Não vou deixar ele me foder... e não vou correr para o Homem. Quando é o banho?

— Amanhã.

— Ele quer me encontrar lá.

— Jesus.

— Tem algumas lâminas velhas e uma escova de dentes?

— Na caixa de leite — Cicerone olhou para uma embalagem de leite na prateleira dos fundos. Tinha um dos lados cortados, de modo a servir como caixa para guardar bugigangas. Velhas lâminas enferrujadas, tocos de lápis, uma escova de dentes cujas cerdas tinham sido usadas para limpar alguma outra coisa além de dentes. Usando a chama de meia caixa de fósforos, ateei fogo à escova. Quando ela ficou mole, arranquei as cerdas e acendi mais fósforos e, enquanto ela queimava e derretia, soprei os fósforos e empurrei metade de uma lâmina para dentro, comprimindo o plástico em volta dela. Tinha visto um chicano do abrigo para menores abrir as costas de um rapaz, do ombro até a cintura, com um talho. Cento e vinte e cinco pontos. Como arma mortal, aquilo não era muito, mas era o melhor que eu podia criar sob aquelas circunstâncias. Meus companheiros de cela me olhavam com rostos impassíveis. Foi só quando Cicerone me deu um tapinha nas costas e disse: "Você tem colhões, jovem", que eu soube de fato que eles estavam do meu lado.

Apesar da total exaustão, tive dificuldade para dormir naquela primeira noite na cadeia municipal. A segurança máxima era uma carceragem externa. Tinha paredes de grades, além das quais ficava a passagem dos carcereiros — mas depois havia pequenas janelas através das quais chegavam os sons noturnos da cidade, automóveis e bondes sobre a Broadway, dez andares abaixo. Os bondes davam dois toques de sino antes de deixar cada parada. O som estimulava os mesmos sentimentos incipientes que o apito de um trem na noite. Por que eu era tão diferente? Será que eu era louco? Não achava isso, a despeito do meu comportamento por vezes aparentemente insano. Parecia existir uma predestinada cadeia de causas e efeitos. Na manhã seguinte, eu planejava atacar um maníaco que havia matado pelo menos sete vezes. Que mais podia fazer? Chamar um agente da carceragem? Sim, eles me protegeriam daquela vez, mas o estigma da covardia e de ser um dedo-duro, que seria como meus pares passariam a me ver, me assombraria para sempre. Isso declararia a temporada de caça contra mim. Eu tinha uma vantagem. Ele nunca esperaria que eu atacasse sem avisar, não o garotinho mirrado que ele via. Acharia que sua fileira de cadáveres iria me paralisar.

Apesar das tempestades em minha mente, minha exaustão era tão completa que eu caí rapidamente no sono.

PELA MANHÃ, ANTES DE IRMOS PARA os chuveiros, tínhamos que despir nossos colchões, dobrar lençóis e cobertores e enfileirar todos os nossos pertences pessoais no chão em frente às grades da cela. Só nos era permitido vestir roupas de baixo e sapatos e carregar uma toalha. Enquanto estivéssemos nos banhando, uma dúzia de agentes revistaria a carceragem em busca de contrabando. Dobrei minha toalha em volta do cabo da escova de dentes, certo de que ela passaria despercebida quando eu atravessasse a porta no meio da aglomeração.

Vários agentes passaram por nossa cela. As portas da seção dos fundos abriram com um estalo. Os homens já sentenciados à morte foram antes. Billy Cook olhou para mim e piscou ao passar. Eu me mantinha inexpressivo, embora sentisse um vazio no estômago.

Segundos depois, um carcereiro gritou: — Bunker, etiqueta de identidade e blusão! — Naqueles dias, antes dos braceletes rebitados, nós carregávamos etiquetas para identificação e, como os prisioneiros da cadeia conservavam suas camisas civis, um blusão de brim com a estampa CADEIA MUNICIPAL DE L.A. era obrigatório quando saíamos da carceragem. Vesti minhas calças e o blusão de brim. Não poderia levar a escova de dentes comigo.

— Passe para cá — disse D'Arcy.

Entreguei a ele.

— Cela seis! Abrindo! Cuidado com a porta! — berrou o carcereiro.

A porta vibrou e abriu com um estrondo. Segui pelo corredor, passando pelos rostos atrás das grades. Para onde estava indo? Alguém teria alcagüetado que ia haver encrenca?

Uma escolta me esperava.

— Para onde estou indo? — perguntei.

— Sala Bertillion.

Sala Bertillion? Era onde tiravam retratos e impressões digitais. Bertillion era o homem do século dezenove que usava medidas do crânio e dos ossos para identificar criminosos, um processo inútil que fora substituído pelas impressões digitais. O nome permaneceu. Para que eles me queriam?

Era para coletar a impressão do polegar para um oficial de custódia de menores. Não levou mais de um minuto; depois o agente me escoltou de volta para a cadeia. Billy Cook não me saía da cabeça. Se os chuveiros estivessem cheios, levaria mais uma semana para nos confrontarmos. Tudo podia acontecer em uma semana. Ele podia ser transferido para o corredor da morte em San Quentin. Já havia recebido a sentença.

Chegamos a um canto. Seguindo reto era a rota para a carceragem. O agente dobrou a esquina; estávamos seguindo para a sala de banhos. As duchas já estavam em andamento.

Nos meus dados tinham caído dois ases. Meu estômago encolheu. Por um momento tive vontade de desembuchar: "Estou tendo problemas com Billy Cook". Não podia fazer isso. O que quer que estivesse para acontecer... que acontecesse.

Dobramos outra esquina. Um grupo de agentes enchia o corredor do lado de fora de uma porta gradeada além da qual havia um pequeno corredor e uma sala cheia de bancos e de vapor. Os chuveiros ficavam depois dela.

— Aqui está o Bunker — disse a escolta para o carcereiro. — De volta da Bertillion.

— Em frente; vá se molhar — falou o carcereiro, gesticulando para dar ênfase.

O vestiário estava quase vazio. Havia umas poucas figuras vagas em meio ao vapor, homens que já haviam acabado e estavam se enxugando.

Os bancos estavam cheios de cuecas e sapatos. Todo mundo estava nos chuveiros — onde estava realmente enevoado.

D'Arcy apareceu. — Aqui está — ele me entregou a toalha. Podia sentir a escova de dentes no meio das dobras. — Ele está no final da primeira fila.

Apertei a débil arma por cima da toalha. O medo tentava minar minhas forças. Para calá-lo, mergulhei minha mente no frenesi.

Sem me despir, segui direto para a arcada por onde fluía o vapor. Dentro havia diversas repartições no nível da cintura. Sobre cada uma delas desaguava meia dúzia de chuveiros. Dois ou mais homens nus compartilhavam cada ducha, uns se ensaboando enquanto outros se enxaguavam. À medida que me espremia rente à parede, evitando os corpos nus, firmava o olhar através do vapor espesso, empunhando fortemente a escova de dentes e ignorando a água que molhava as pernas das minhas calças.

Sozinho no último chuveiro, ele tinha xampu nos cabelos e seu rosto estava voltado para o fluxo de água. Seu magro corpinho branco era salpicado de acne, seus braços cobertos com as tatuagens azuis da cadeia. Estava a dois passos de distância e eu hesitei por um momento. Quando voltou sua cabeça, a espuma branca do xampu escorrendo por ela, seus olhos estavam abertos e ele me viu. Suas órbitas se arregalaram e ele começou a sorrir; então viu a arma, ou alguma coisa em meu rosto. Virou-se para pegar uma toalha que tinha sido jogada sobre a meia-parede que separava as fileiras de duchas. Eu tinha certeza que ela escondia uma arma. Ele a teria apanhado se não tivesse escorregado no piso molhado. Um pé deslizou para fora e ele caiu sobre um joelho.

Antes que pudesse se recompor, saltei sobre ele, brandindo o cabo da escova com a lâmina saliente. Ela o atingiu no alto das costas, perto de onde começa o pescoço, e retalhou cerca de quinze centímetros para baixo antes que seu movimento o levasse para fora da curva descrita pela lâmina. Cortei-o novamente, dessa vez tão forte que a lâmina se desprendeu e voou para longe. O movimento de esquivar-se somado à força do golpe lançou-o de joelhos, com suas costas para mim. Ele estava nu. Eu estava completamente vestido. Matador ou não, naquele momento Billy Cook estava à minha mercê e gritava por ajuda. Prisioneiros nus acotovelavam-se para se afastar. Saltei sobre suas costas, agarrei seus cabelos por trás e arremessei meu punho contra o lado de sua cabeça. A dor espalhou-se pelo meu braço, mas o seu grito fez com que valesse a pena. Eu estava encharcado de água e sangue.

Alguém chegou por trás de mim. Dedos se cravaram em minhas bochechas e em meus olhos e me fizeram afrouxar, sulcando minha carne enquanto eu era puxado para trás. Vi as pernas verde-oliva dos uniformes.

Os agentes me arrastaram para fora da sala de banho e me carregaram através do labirinto da prisão, passando diante de todos os olhos curiosos atrás das grades. Eles abriram uma porta de aço e me empurraram para dentro de uma sala com três portas menores de um sólido aço esverdeado.

— Tire a roupa — foi a ordem. Meia dúzia de agentes penitenciários estava de pé à minha volta, jovens e fortes ex-fuzileiros. Chegavam a vibrar com o desejo de sapatear em cima de mim. Obedeci à ordem.
Quando eu estava nu, alguém me jogou um par de ceroulas de algodão e eu as vesti. Outro agente me entregou um recipiente de papelão redondo, um litro de água. Uma das três portas se abriu. A sala sem janelas tinha quatro metros quadrados, paredes com a solidez do aço e piso de concreto. Em um canto havia um buraco para aliviar os dejetos do corpo. A sala não tinha móveis. Alguém disse "Cinco dias", e eu entendi que era o tempo que eu ficaria ali. Cinco dias. Fiquei lá dentro e as portas se fecharam, aço chocando-se contra o aço. Eu estava na escuridão do sepulcro. Do lado de fora, uma chave bateu no metal.
— Quando você ouvir isto, deve responder. Se você não responder e nós tivermos de abrir a porta, é melhor você estar morto ou muito perto disso, porque, se não estiver, vai desejar estar. Entendeu?
Ouvi risos abafados, então uma porta externa se fechou e eu fiquei só. Acabaria ficando louco? Que diferença isso faria? Iria simplesmente enlouquecer sozinho na escuridão. Ninguém se importaria. Imagine as trevas da cegueira em uma gaiola de dois por dois com paredes de aço. O que você faria?
Você medita sobre tudo o que sabe. Canta todas as canções que consegue lembrar, no todo ou em parte. Você toca uma bronha — sexo áspero sobre o chão de concreto. Você pensa em Deus — existe um só ou muitos — e por que ele permite tanta dor e injustiça se ele é o Fodão? Minha mãe disse que Deus era real; todo mundo o aceita sem questionar. Eu também admitia que Deus fosse real — até que realmente pesei os fatos a favor ou contra. *Talvez* existisse algo espiritual no universo, mas Deus parecia ter parado de nos dar atenção alguns séculos atrás.
Ouvia ruídos atravessando a parede e o chão, muitas portas batendo. Sinos tilintando para anunciar os "sorrateiros". Eu não fazia idéia do que os vários sinais queriam dizer.
Uma vez ao dia eles destrancavam a porta, trocavam o recipiente de cartão para água e deixavam seis fatias de pão branco. Pão e água. No terceiro dia introduziram um prato de papelão com uma montanha de macarrão. Meu estômago tinha minguado e meu apetite, definhado. Aquela era uma ração enorme... por isso eu comi cerca de um terço e introduzi o resto entre as seis fatias de pão. Fiz grandes e fartos sanduíches. Enrolei-os em papel higiênico. Um para esta noite, dois para amanhã. Então me dei conta de que teria mais um dia.
Pouco mais tarde, ouvi um som de algo sendo arranhado. Quando tateei para encontrar os sanduíches, minha mão tocou o corpo ensebado de um rato. Aaargh! Levantei bruscamente e quase desmaiei por causa da demanda súbita de sangue.
Os malditos ratos tinham subido através da latrina. Não admira que

tenham sobrevivido. Na Índia, alguns idiotas os idolatravam. Li sobre isso em uma *National Geographic* em algum momento da vida.

Encontrei os sanduíches. O rato tinha rasgado o papel higiênico e roído um bom pedaço de um deles. Arranquei a parte que ele havia mordido e joguei-a no buraco da latrina. Então comi todo o resto. Foda-se o rato. Ele teve sua chance. Não haveria uma segunda vez.

Os sulcos feitos em meu rosto pelos dedos do agente cicatrizaram. Assim como meu couro cabeludo lacerado. Uma coisa eu tinha que dizer: eu agüentava o tranco do melhor deles. Pensava em Billy Cook gritando como uma puta quando eu lhe chutei o rabo.

— Esse não me ferra mais, quer apostar? — disse, então gargalhei como um asno na escuridão.

Estava na hora de fazer flexões. Várias vezes ao dia, eu fazia quatro séries de vinte e cinco. Passava muito do meu tempo me masturbando. Jesus Cristo, eu comi uma porção de deusas do cinema na privacidade da minha mente. Outras vezes eu praticava um jogo com um botão arrancado das minhas ceroulas. Atirava-o contra uma parede para que ele ricocheteasse. Então fazia uma busca ritualizada, usando apenas um dedo e cutucando centímetro por centímetro, em vez de varrer o chão com minhas mãos. Isso seria fácil demais.

Seis ou sete vezes ao dia, a porta externa se abria e poucos segundos depois uma pesada chave soava contra a porta. — Aqui está tudo bem! — eu respondia, e a porta externa se fechava, deixando-me só.

OS CINCO DIAS PARECERAM UMA eternidade quando tive de enfrentá-los, mas, depois que acabaram, não foram nada. Quando a porta se abriu e eu dei um passo para fora, a luz me fez desviar os olhos. Fiquei atordoado e caí contra uma parede quando comecei a vestir minhas calças.

— Ande logo — disse um agente. — A não ser que você queira voltar para lá até ficar pronto.

— Não, chefe. Estou pronto.

Quando voltamos para a carceragem de segurança máxima, fui designado para uma das celas dos fundos. Na verdade, tinha sido a cela de Billy Cook. Ele tinha ido para a Casa da Morte, em San Quentin, na noite anterior. Nunca mais o veria novamente, mas uns dois anos mais tarde eu falaria com ele através das aberturas de ventilação entre o corredor dos condenados e a solitária, duas noites antes da sua execução. Os fundos das celas davam um para o outro, com uma passagem de serviço cheia de encanamentos e condüítes entre elas. Na noite anterior à execução eles o retirariam dali e o levariam para a cela de pernoite dos condenados. Gritei para ele: — Ei, Cook, seu filho-da-puta matador de bebês! Quanto tempo você pode prender a respiração? Há, há, há... — Na minha juventude, meu coração tinha se endurecido contra meus inimigos. Billy Cook era um dos que eu achava desprezíveis mesmo sem o meu rancor pessoal. Ele havia imolado uma família de cinco pessoas, inclusive crianças, e os atirado em um poço.

Quando o carcereiro me disse que iam me transferir para os fundos por "proteção", eu protestei com veemência: — Não preciso de proteção nenhuma.

A réplica deles foi — Nós estamos protegendo eles de você. — Era mentira, mas mitigou minha indignação.

Quando caminhei pelo corredor em direção à seção dos fundos, um dos rostos que olhavam para mim de trás das grades era o de D'Arcy. — Ei, espere um segundo — disse ele.

Parei, ignorando o grito do agente penitenciário enquanto D'Arcy ia até uma fronha pendurada em um gancho, onde guardava suas provisões. Tirou de lá umas poucas barras de chocolate e uns dois maços de Camel.

— *Bunker*! Mexa-se! — berrou da porta o agente, batendo nas barras com sua chave para dar ênfase. Levantei uma das mãos para que ele soubesse que eu não o estava ignorando.

— Um segundo, chefe.

D'Arcy me entregou os cigarros e os chocolates.

— Você detonou mesmo aquele tarado.

— Bunker! Mexa-se!

— É melhor você ir.

— O que ele pode fazer? Me pôr na cadeia?

Apesar da minha bravata, dirigi-me para a cela que ouvi sendo aberta. À medida que eu passava pelas outras celas, os rostos pareciam amigáveis e aprovadores. Antes de entrar, notei que estava na cela ao lado de Lloyd Sampsell. Ele acenou com a cabeça, mas sua face era imperscrutável. Entrei na cela. — Atenção para a porta! — gritou o agente. Ela começou a chacoalhar. — Vai fechar! — Ela desceu com um estrondo.

— Ei, Lloyd! — chamou D'Arcy pelo corredor.

— Sim, que é que há?

— Cuide do meu camarada aí.

— Ah, sim! Qualquer um que tenha ferrado aquele bosta tem moral comigo! — Sampsell gritou em resposta, depois me falou em um tom coloquial: — Ei, Bunker, você tem cigarros aí?

— Sim. D'Arcy me deu alguns.

— Precisando de alguma coisa, é só me avisar, ok?

— Preciso de algo para ler.

— Do que você gosta?

— Não sei. Qualquer coisa.

— Tenho uma coleção completa. Talvez você goste de *Knock on Any Door*.

Lembrei do filme com Humphrey Bogart[6]. Se um livro se transforma em filme, deve ser muito bom, ou pelo menos era o que dizia minha lógica naquele tempo.

— Mande para cá — disse.

Sampsell passou a grossa e surrada brochura através das grades. Antes que eu pudesse pegá-la, a limpeza matinal acabou e as celas em frente foram abertas. Os acusados de seqüestro, os assassinos e outros criminosos notórios (mas aparentemente menos notórios que Sampsell e eu) foram autorizados a vagar pelo corredor entre as celas. A rotina diária para D'Arcy era trazer um cobertor cinzento e estendê-lo no chão do lado de fora da cela de Sampsell para que o perpétuo jogo de pôquer pudesse engrenar. Nas quartas-feiras, dia em que o homem do dinheiro entregava a parcela que podia ser sacada da conta de um prisioneiro, havia mais jogadores que lugares — mas, à medida que a semana passava, os perdedores desapareciam e a partida se limitava a quatro ou cinco jogadores: D'Arcy, Sampsell e Cicerone sempre ficavam. D'Arcy não tinha dinheiro em conta nem visitantes. Ele vivia dos jogos de pôquer. Sampsell jogava atravessando suas mãos entre as grades. Os outros sentavam no chão com as pernas cruzadas ou apoiados sobre os cotovelos e as ancas. O jogo era *lowball*, claro. Pôquer não é xadrez, em que um jogador inferior jamais ganha uma partida. A curto prazo, um neófito pode cartear com mãos imbatíveis e limpar todos que estiverem à sua volta, mas, depois de várias horas ou dias, a sorte acaba mudando. O jogador experiente irá minimizar suas perdas com mãos desfavoráveis e maximizar suas vitórias. Pode-se afirmar que aquele que diz "eu pago pra ver" é um vencedor, e aquele que diz "eu aposto" é um perdedor.

Dia após dia, dez horas por dia, eu observava o jogo pelas grades. D'Arcy sentava à esquerda de Sampsell, bem no canto da minha cela, e mostrava *flashes* de suas cartas para mim. Ele me revelava se estivesse blefando (não com freqüência) e ia em frente. O blefe, disse-me ele, era na verdade uma propaganda para incentivar os adversários a chamar suas cartas quando tivesse uma mão poderosa. Era bom blefar com sucesso, mas ser pego também era proveitoso. Se nunca blefasse, você nunca seria chamado a mostrar as cartas quanto tivesse uma boa mão. No *lowball*, mais do que em qualquer outra variedade do pôquer, o modo como se joga uma mão depende de sua posição em relação ao carteador. Apostas elevadas e repicadas são freqüentes antes de mostrar as cartas, e, embora haja uma aposta depois que as cartas são dadas e algumas vezes ela seja aumentada, um dos axiomas do *lowball* é que toda a ação acontece antes da carteada. D'Arcy me ensinou outro axioma do

---

[6] O filme, estrelado por Bogart e dirigido por Nicholas Ray, recebeu no Brasil o título *O Crime Não Compensa*. (N. do T.)

pôquer: vá com calma ao blefar, pois sai muito mais barato cometer um erro e jogar a mão fora do que "forçar a honestidade" e chamar.

Uma tarde convocaram D'Arcy para a Sala dos Advogados. Os outros jogadores lamuriaram-se porque ele era o grande ganhador e eles não iam poder recuperar as perdas com sua ausência. Por impulso e porque ganhar trinta ou quarenta dólares era mixaria para um homem prestes a enfrentar a "vida selvagem" em San Quentin, D'Arcy me deu uma bolada de dinheiro e me mandou jogar por ele.

Com o coração disparado, estiquei os braços por entre as grades e apanhei as cinco cartas que rodopiaram em minha direção sobre o cobertor. Estava excitado e assustado. Eu queria ganhar. Mais do que isso, não queria perder o dinheiro de D'Arcy.

D'Arcy ausentou-se por cerca de meia hora. Joguei três ou quatro mãos menores, ganhei uma e estava quase igualando o jogo quando ele apareceu na porta da carceragem — eu estava disputando uma grande aposta com um velho chamado Sol, que aguardava julgamento por matar seu sócio. A principal evidência era que ele tinha motivos de sobra: o sócio estava roubando dinheiro da empresa e dormindo com a esposa dele. A jogada começou com oito, cinco, ás, dois e três engatilhados na minha mão. Jogando antes de Sol, eu aumentei a aposta. Sol também. Eu paguei. O mão perguntou quantas cartas eu queria. Se ficasse com a mão da saída sem elevar ainda mais a aposta, ele acharia que eu tinha um oito ou um nove. Com um sete ou uma carta melhor, eu teria certamente elevado de novo a aposta antes do carteador. O fato de ele ter subido em cima da minha aposta indicava a probabilidade de ele ter saído com uma boa mão, talvez um oito, talvez um nove, mas muito possivelmente um sete ou melhor. Deveria eu descartar o oito e esperar por um sete, um seis, um quatro ou mesmo o coringa? Se soubesse que ele iria pedir uma carta, certamente ficaria com o oito. Mas eu não sabia.

— Uma — eu disse, erguendo um dedo. A carta cruzou o cobertor. Pus a mão sobre ela sem olhar.

— Uma carta — falou Sol, virando a rainha que ele tinha descartado. Porra, praguejei mentalmente; ele tinha me superado, feito eu quebrar minha mão e minha chance.

Olhei a carta que eu tinha ganhado. Um cinco. Eu já tinha um cinco. Agora tinha um par deles, e uma merda de mão.

— Passo — falei. Nesse momento, D'Arcy havia chegado e estava em pé ao lado da minha cela.

— Dez dólares — falou Sol.

Era uma grande aposta em um pôquer na cadeia, onde tudo que alguém podia sacar eram vinte dólares por semana. Ainda assim, intuitivamente ou por percepção extra-sensorial, que um teste feito posteriormente comigo de acordo com os padrões da Duke University, seguindo sua famosa experiência, demonstrou que eu tinha, sabia que Sol estava blefando. De qualquer modo, ele blefava o tempo todo. Apesar de saber que ele blefava, não podia chamar a aposta. Eu tinha um par, um par grande. Podia ter tirado um valete ou mesmo uma dama — mas um *par*! Não podia mandar ver com um par. Ele não podia ter um par maior. Então me lembrei de algo que D'Arcy fizera uma vez.

— Eu subo — disse. — Tudo o que eu tenho — comecei a contar o dinheiro que D'Arcy tinha me deixado. Eram cerca de trinta dólares.

Quando cheguei aos dezoito dólares, Sol jogou suas cartas como se elas estivessem em chamas. — Porra de garoto, me sacaneou! Passar e depois subir a aposta!

Passar, depois deixar alguma outra pessoa apostar e então subir o cacife é a mais batida das armadilhas do pôquer. Alguns salões de jogos não permitem que os jogadores passem e subam a aposta. Se alguém passar e depois aumentar o cacife, eu jogo as cartas no monte sem pensar duas vezes, a não ser que tenha algo realmente bom.

— Posso ver? — perguntou D'Arcy. Claro. Era o dinheiro dele. Passei minhas cartas para ele enquanto arrastava a polpuda bolada. Eu estava radiante por dentro.

D'Arcy olhou as cartas sem mudar sua expressão.

— Deixe-me ver também — falou Sol.

— Não, não — disse D'Arcy. — Você tem que pagar — Ele piscou para mim e jogou as cartas no cobertor.

Sol tentou pegar as cartas. D'Arcy, que estava em pé, pisou em sua mão, prendendo-a com as cartas sobre o cobertor.

— Ei... porra — disse Sol, puxando sua mão mas deixando as cartas viradas para baixo. — Que porra você acha que tá fazendo? — Sol, trinta quilos mais pesado que D'Arcy, dobrou-se para se levantar.

— Se você ficar em pé, vou tentar cortar sua cabeça fora — disse D'Arcy, suas agradáveis boas maneiras de costume substituídas pelo silvo de uma serpente.

Sol tornou a largar o corpo sobre sua traseira e ergueu ambas as mãos em sinal de rendição. Foi intimidado e optou por dar uma feição bem-humorada às coisas. — Aposto que ele tinha um seis — falou. — Acertei?

D'Arcy piscou, como se confirmasse a suposição de Sol, depois tirou seu blusão de brim e sentou-se novamente para jogar e retomar a conversa.

— Quem era? Matthews? — Al Matthews era o advogado criminalista de escolha. Ele fora advogado-chefe da promotoria e tinha recentemente migrado para um escritório. Matthews era "fodão" para aqueles que sabiam como escolher um advogado para um júri criminal. Até aquele momento, nunca havia perdido um cliente para a câmara de gás e já havia representado uma porção de réus indigentes contra a pena capital em Los Angeles.

— Sim, Matthews — falou D'Arcy, então grunhiu e apontou o polegar para baixo, no clássico gesto romano.

Enquanto isso, as cartas deslizavam sobre o cobertor.
— O que significa isso? — perguntou Sampsell.
— Revogaram minha permanência.
— Você vai viajar.
— Vai levar uns poucos dias para preparar os papéis; depois eu tomo o trem. Foda-se, a comida lá é melhor — ele apanhou suas cartas e deu uma rápida espiada. Outra pessoa abriu o jogo; D'Arcy abandonou suas cartas. Então olhou por cima dos ombros para mim, que estava por trás das grades. — Ele vai chamar você em alguns dias. Disse ao agente que queria vê-lo?

Antes de Al Matthews me chamar para a Sala dos Advogados, qualquer que fosse o responsável por essas coisas tinha me mandado para a Corte Juvenil, com o juiz A.A. Scott na presidência. Pouco mais de três anos antes, Scott tinha me entregado ao juizado de menores. O Povo da Califórnia estava questionando a corte por ter me julgado como adulto. Isso não foi contestado. Eu não tinha advogado e não me lembrava de ter sido inquirido a declarar nada. Era como se eu fosse passageiro em um trem. A viagem durou dez minutos e, quando acabou, levaram-me para um departamento da Corte Municipal e lavraram uma queixa acusando-me não com base na Seção 4500, mas na 245 do Código Penal, ataque com intenção de causar grande dano físico. A data para a audiência preliminar foi estabelecida. A fiança foi estipulada em vinte mil dólares. Claro que uma fiança seria inatingível enquanto o juizado de menores tivesse um mandado contra mim. Eu sabia que tudo isso estava para acontecer, pois estivera aprendendo algumas coisas sobre os procedimentos jurídicos com os homens à minha volta. Eu estava preocupado que a mudança na acusação pudesse me colocar em outra carceragem, mas parecia haver uma comunicação mínima entre a escritório do xerife, que dirigia a prisão, e as cortes. Havia procedimentos comuns para coisas rotineiras, solturas e apresentações à corte, mas ninguém notificaria a prisão sobre a mudança. A corte não tinha motivos para saber que eu estava na segurança máxima.

Aprendi outras coisas, também. Quando o pôquer era interrompido para as refeições ou para a contagem ou quando as luzes se apagavam, sempre havia muita conversa de cela a cela. D'Arcy estava muito longe, mas Sampsell morava na porta ao lado. Ele me contou sobre um roubo à folha de pagamento da Lockheed, por volta dos anos trinta ou quarenta; não lembro com exatidão. Ele tinha uma mente analítica e um marcante sotaque interiorano. Ficava empolgado quando narrava essas aventuras criminosas de parar o coração. Recordava histórias lendárias de San Quentin, inclusive sua própria fuga dos muros de Folsom. Ouvi outras histórias, também, sobre aquele doido do Bugsy Siegel, que detestava ser chamado de Bugsy, embora permitisse que algumas pessoas o chamassem assim por não se importarem com quanto ele era louco.

Aprendi que atrás das grades era bom ter uma reputação tão violenta quanto a de qualquer outro, mas não a de ser louco, não de imprevisível. Você não deseja o medo, pois o medo pode tornar até um covarde perigoso. Em um mundo sem instituições civis e sem o recurso às autoridades instituídas, era preciso que os outros pensassem que tinham a capacidade de proteger a si mesmos e aos seus interesses.

Al Matthews veio me ver. Eu não tinha dinheiro, mas ele disse que cuidaria da minha audiência preliminar e facilitaria sua tramitação para a Corte Superior. Lá ele procuraria ser designado pelo juiz para a função de defensor público. Disse que podia tentar dispensar o júri e fazer com que o caso fosse julgado perante o juiz, sem jurados.

Aconteceu exatamente como Matthews planejou. Ele não fez nenhuma tentativa de refutar as acusações, embora a vítima tenha dito que precisou dar alguns pontos e que não perdeu nem um dia de trabalho. O que Matthews fez foi inverter a situação e pôr em julgamento o que eles fizeram comigo. Mostrou o retrato que eles tiraram de mim quando fui fichado na cadeia municipal. Então um guarda que havia se demitido do Departamento Penitenciário deu um depoimento por escrito sobre como eles me pisotearam. O juiz me considerou culpado, mas o que eles tinham feito contra mim ficou estampado em sua mente. Uma data para o sursis e sentenciamento foi estipulada. Al Matthews levou o juiz a designar o dr. Marcel Frym, da Hacker Clinic, para me examinar e emitir um parecer. O juiz concedeu a moção.

O dr. Frym, um judeu austríaco com papadas trêmulas e um sotaque que exalava inteligência, veio ver-me. Em Viena, ele fora um advogado de defesa que estudara com Freud. Frym era um renomado perito na mente criminosa. Em Viena, que operava sob um sistema inquisitorial, baseado no Código Napoleônico, ao contrário do princípio da contradição empregado pelas nações sob influência inglesa, a condição psíquica do acusado era extremamente relevante. A obrigação do promotor público não era condenar, mas encontrar a verdade e apresentá-la a julgamento. A premissa filosófica é descobrir a verdade, não derrotar um adversário. Todas as questões têm de ser elucidadas. Não há a Quinta Emenda. O réu deve responder às perguntas. A mente perturbada também faz parte dessa busca. A lei americana é uma excrescência da lei marcial, com advogados como campeões e juízes certificando-se de que as regras de combate são obedecidas. Cada sistema tem suas virtudes e suas falhas, mas eu realmente acredito que o Código Napoleônico é mais eficiente e mais justo e, como resultado, produz mais verdade. Quanto à justiça, quem sabe o que isso significa? Eu violei muitas leis, mas, se houvesse um deus da justiça, não estou certo do que aconteceria se ele pusesse o que eu fiz em um prato da balança e o que me foi feito na outra. Ao proferir a sentença, o juiz suspendeu o processo e me concedeu cinco anos de sursis, com os primeiros noventa dias a serem cumpridos na prisão municipal. Uma das condições para o sursis era que eu me submetesse a tratamento psiquiátrico com o dr. Frym na Hacker Clinic, em Beverly Hills.

Hip, hip, urra! Na primavera eu iria caminhar do Palácio da Justiça direto para a Broadway. Estaria livre e veria o que estava escrito na página seguinte da vida. Eu não ia começar a me preocupar com compromissos, reais ou imaginários, sociais ou psicológicos. Vivia sob impulsos momentâneos.

Um dia ou dois após meu sentenciamento, enquanto aguardava que a chefia de polícia me qualificasse, veio uma ordem do escritório de registros: "Chessman vai sair do corredor para uma audiência". A notícia empolgou os ex-condenados e criminosos profissionais na carceragem. Sua batalha quixotesca através dos tribunais, que tinha apenas começado, somava-se à sua fama já substancial no submundo. Seu livro, *Cell 2455, Death Row*, ainda não fora publicado, mas ele já se tornara afamado, ou mal-afamado, em San Quentin e Folsom e nos jornais de todo o sul da Califórnia. Dentro de uma hora, um agente penitenciário atravessou o corredor, empurrando um carrinho com várias caixas de papelão, documentos legais de Chessman. Ele recebera "ordens" da corte e o escritório do xerife tinha crises de hipertensão quando a corte ordenava que eles fizessem qualquer coisa. Chessman fora sentenciado à câmara de gás por uma série de pequenos assaltos e agressões sexuais ao longo da Mulholland Drive. Foi apelidado de Bandido da Luz Vermelha porque as vítimas eram levadas a estacionar por uma luz vermelha. Provavelmente era apenas celofane vermelho colocado sobre o holofote que muitos carros possuíam na época. Ele alegava, e a maioria dos criminosos acreditava nele, que a polícia de Los Angeles o havia incriminado, ou pelo menos manipulado as evidências, mesmo sabendo que ele era inocente. Tinha sido uma pedra no sapato deles durante muitos anos. Uma vez ele assaltou bordéis e cassinos ilegais que operavam com o consentimento do xerife, nas colinas acima da Sunset Strip. Não parecia provável que alguém que tivesse feito isso regredisse a ponto de cometer assaltos menores e estupros. Eu acreditava em sua inocência. Se pensasse de modo diferente, jamais teria dirigido a palavra a ele. Meu código moral não permitia confraternizações com estupradores e molestadores de crianças.

Chessman tinha sido chamado para uma audiência sobre a veracidade da transcrição do julgamento, o documento usado pela Suprema Corte da Califórnia — e todas as cortes subseqüentes — para determinar exatamente o que aconteceu a cada momento do longo processo em que ele tinha representado a si próprio. Al Matthews foi indicado como seu conselheiro. O relator da corte usara estenografia, mas não à máquina, o que se revelou inconsistente à medida que ele preparava a transcrição. Por azar, ele morreu antes de concluir o trabalho, e Chessman reclamou que o relator que o substituiu cometera erros decisivos para a apelação.

Esse expediente manteria Chessman vivo por mais uma década, mas ele nunca conseguiu outro julgamento. Naquele tempo, uma apelação direta à Suprema Corte da Califórnia tomava de cerca de um ano a dezoito meses entre o julgamento e o cianureto, às vezes menos. Com dois anos, Chessman já estava superando a média.

Os crimes que ele supostamente cometera foram os seguintes: um automóvel com um farol vermelho encostou ao lado de um casal estacionado que olhava o aglomerado de luzes na bacia do Vale de San Fernando. Um vulto saiu. Ele se aproximou do carro. Tinha uma arma. Assaltou-os e depois os obrigou a uma performance sexual. Em vista da situação, eu não conseguiria imaginar ficar duro, fosse eu a vítima ou o agressor. Quando assaltava um banco, meu pênis geralmente se atrofiava até quase sumir.

Disseram-me, embora eu nunca tenha lido pessoalmente a transcrição, que Chessman pôs a si mesmo no corredor da morte quando fez a uma vítima feminina de Camarillo alguma pergunta ignóbil que abriu as portas para o testemunho fatídico. Com um advogado de defesa decente ele teria conseguido prisão perpétua, o que naqueles dias o tornaria *elegível* à condicional em sete anos. Nunca ouvi falar que alguém com uma condenação por assassinato em primeiro grau cumprisse menos de quatorze anos, mas ele não tinha nenhum assassinato e muitos crimes comparáveis ao dele levavam uma merreca. Naqueles dias, e em muitos lugares ao redor do mundo, dez anos era um longo tempo para cumprir uma pena, mas hoje, pelo menos aqui, dez anos é a sentença para conduta imprópria, ou o que deveria ser conduta imprópria.

Eu pensava que haviam forjado deliberadamente um caso contra Chessman, algo em que não acredito hoje. Ele era culpado. Ele fez aquilo, mesmo que ainda pareça ilógico. Seu legado para o sistema judiciário vem de ele ter sido considerado o "advogado da cadeia". Antes de Chessman, um detento carregando documentos legais pelo pátio era um palerma ou um condenado vendendo mentiras para otários. Uns prisioneiros, certa vez, forjaram um parecer da Suprema Corte e venderam cópias no pátio a uma caixa de cigarros cada — embora isso tenha sido *depois* de Chessman. A verdade é que muito menos gente seria presa e/ou executada se todo mundo tivesse acesso a um quarto dos recursos processuais. Nós dizemos que nosso sistema é o melhor — por quais critérios? Libertamos os inocentes e punimos os culpados melhor que os outros? Nós fazemos tudo certo a não ser que o culpado seja rico, pois ninguém é muito bem-sucedido em punir os ricos. Graças a Deus os pobres cometem muito mais crimes.

Chessman parecia pavonear-se quando caminhava, mas na verdade seu andar era resultado de um ferimento sofrido na infância. Seu nariz de gavião tinha sido quebrado; agora tinha um bico encurvado. Parecia durão, mas não ameaçador. Eu podia ouvi-lo desembalando as caixas de papéis.

Sampsell: — Chess, você conseguiu sua máquina de escrever?

— Eles ficaram com ela. Têm que examiná-la. Sabe como estão as coisas.
— Claro que sim.
Chessman: — Ei, vizinho.
Esse era eu. — O que foi?
— O que dizem que você fez?
— Eles dizem que eu esfaqueei um guarda em Lancaster.
— Ah, sim! Eu ouvi falar de você. Você ferrou o Billy Cook, certo?
— Fiz o melhor que pude.
— Ele mereceu. Aquele bosta...

Ouvi o baque de um punho batendo na parede e a voz de Sampsell, mais suave que de costume, dizer "Ei, Bunk".
— Sim.

Sua mão apareceu, esticando-se entre as barras e em frente ao canto da minha cela. Tinha um bilhete bem dobrado em forma de diamante. (Um "diamante" é um bilhete não oficial entre os encarcerados). Estendi a mão e apanhei-o.
— Para o Chess — disse ele.
Bati na parede de Chessman. — Ei.
— Sim.
— Pegue aqui.

Entreguei o bilhete para Chessman. Não tinha idéia do que dizia, mas dentro de um minuto Chessman gritou — Sim, Lloyd, é uma boa idéia! Vou contar a ele quando o vir! Você tem cigarros aí?
— Claro. Ei, Bunk.
— Sim.
— Pegue dois maços e passe adiante.

Era um pacote de Camel com um maço a menos. Peguei dois e passei o resto a Chessman. Ser aceito por homens sentenciados à morte era gratificante de um modo bizarro. Neste mundo sombrio não há nada mais prometéico que atacar um guarda. Os poderes ofendidos faziam pior que meramente mandar um águia devorar o fígado do transgressor. Quando eu disse que esfaqueara um guarda, a imagem evocada entre os ouvintes foi muito diferente da realidade.
— Você gosta de ler? — Chessman me perguntou uma vez.
— Ah, sim. Prefiro ler a comer.
— Eu também. Talvez por algum instante. De qualquer modo... tome. Passe-os adiante se não se interessar.

Contornando as grades, ele me passou duas brochuras, *O Lobo do Mar*, de Jack London, e *O Último Puritano*, de George Santayana. De Jack London eu lembrava ter lido *Tacão de Ferro* na Preston School of Industry. Esse livro ficou. Comecei a ler imediatamente a história de Wolf Larsen, que abria seu caminho na vida batendo, pisoteando e dando cacetadas em quem se opusesse a ele, exceto seu irmão, que era mais temido e mais aterrorizante que ele. Seus navios rapinavam o Pací-

fico. Quando as luzes da carceragem se apagaram, eu disse: "Que livro do caralho".
— *O Lobo do Mar?*
— Ã-hã.
— Jack London era demais. Amam ele na Rússia.
— Na Rússia!
— Sim. Ele era comunista... ou pelo menos algum tipo de socialista. Também era um racista declarado. Parece quase um paradoxo... um racista vermelho. Estranho, não?
— Qual o seu escritor favorito? — perguntei.
— Você quer dizer nesta semana. Isso muda muito. Você vai ler uma porção de livros na cadeia.
— Eu não vou para a cadeia — por um momento achei que ele tinha esquecido o que eu lhe contara sobre o sursis e a sentença.
— Ah, não desta vez, mas você foi para o abrigo juvenil aos dez, para o reformatório aos treze e aos dezesseis você foi condenado como adulto. Algum dia você vai para a prisão. Só espero que você não acabe em uma cela ao lado da minha.
— Eu estou ao lado da sua cela agora.
— Quis dizer ao lado da minha cela no corredor da morte.
A Casa da Morte. Via a sombra soluçante de Cagney enquanto ele era arrastado para a cadeira elétrica. Era um tempo em que as execuções eram tão comuns que as pessoas perdiam a conta, mas tudo parecia muito provável para mim — muito mais naquela época do que agora. Assassinato é, talvez, o crime sério mais fácil de passar batido. Só os mais estúpidos e os mais impulsivos são presos e condenados. Apenas uma fração dos mais pobres e ignorantes está entre os que vão para a Casa da Morte. O medo da pena de morte não me faria hesitar um segundo agora que sou velho e inofensivo, as fogueiras do meu impulso queimadas até as cinzas. Mas, naquela época em que meu ódio e minha revolta sempre ardiam até quase explodir, eu tinha medo da câmara de gás.
— Isso me assusta — falei para Chessman.
— Porra, assusta a mim também. E quanto a você, Lloyd?
— Sim — falou Sampsell laconicamente. — Mas agora é muito tarde.
— Você tem alguma chance de reverter? — Chessman perguntou.
A resposta de Sampsell foi uma risada.
— Eu? Acho que já estou morto. Como posso ter uma apelação justa sem a transcrição correta? Eles contrataram este relator depois que o outro morreu... e como ele não conseguia decifrar estenografia, pediu para aquele promotor do caralho esclarecer o que foi dito.
— O promotor! Como ele poderia fazer isso?
— Porque o juiz disse que ele podia.
— Fricke?
— Primeiro e único.

— Alguma sentença dele já foi revertida?
— Nunca vi nada dele ser revertido. Seu *Legislação Criminal da Califórnia* é o livro-texto *número-uno*. Como é que eles podem reverter o cara que escreveu o livro em que eles aprenderam?

Eu os ouvia noite após noite na prisão, dois homens que seriam postos para morrer na pequena câmara verde octogonal onde glóbulos de cianureto seriam mergulhados em ácido sob suas cadeiras. Eles recordavam as lendas de San Quentin. Contaram-me sobre Bob Wells, um negro que estava no corredor da morte por golpear o olho de um guarda de Folsom com uma escarradeira. Wells começara com roubo de carros e investiu nisso todo seu caminho até o corredor da morte. Chessman me falou: — Na prisão, a melhor coisa é ficar afastado de problemas, se você puder... mas, se entrar em apuros e tiver que apagar alguém e quiser escapar da câmara de gás ou da prisão perpétua, certifique-se de furar o cara pela frente — não pelas costas. Atacando pela frente você pode alegar legítima defesa. Outra coisa: jamais vá até a cela ou o trabalho dele. Você terá cruzado a linha... estará onde não deveria estar.

Eram bons conselhos para 1950. Vinte anos depois, era impossível ser condenado por assassinato na prisão sem pelo menos um guarda como testemunha. Nos anos cinqüenta, a maioria dos condenados sentia-se tão desalentadoramente derrotada que geralmente eles confessavam depois de uns poucos dias, semanas, ou mesmo anos no calabouço, que era como eles chamavam uma certa fila de celas no Bloco n° 5 em Folsom. Ninguém sequer concebia que um condenado pudesse ter direito a um advogado. Bob Wells só viu o seu no tribunal.

Outro conselho que lembro ter recebido de Sampsell: — Dois caras fazem o grupo perfeito para um assalto. Se você é um cara sozinho, sabe que não será dedurado... mas um cara só pode olhar uma pessoa enquanto apanha o dinheiro. Com dois caras, um cobre o recinto enquanto o outro põe a grana no saco. O outro cara pode vigiar um monte de pessoas. E se alguém o dedar você não terá dúvidas sobre quem foi...

Eu ouvia e lembrava, mas ainda que não confessasse, não era inclinado a assaltos à mão armada. Na verdade, eu não planejava ser um criminoso. Tampouco tinha feito algum voto a Deus, ou a quem fosse, que não me tornaria um. Estaria sem um tostão quando o portão se abrisse. Todas as minhas amizades tinham nascido em uma jaula ou outra, abrigo juvenil, reformatório, cadeia. O que quer que acontecesse, eu seguiria em frente. Prisioneiros convictos diriam: "Quando as coisas ficam duras demais para todo mundo, estão do jeito que eu gosto". Essa é uma expressão que tenho usado com freqüência em minha vida.

Cerca de uma semana após meu sentenciamento, a burocracia da prisão me transferiu para o Wayside Honor Rancho, onde eu me alojava em um dormitório e trabalhava empurrando uma carroça cheia de fezes de porco durante o dia. Nada que o homem conheça fede mais que bosta de porco. Todas as tardes e nos fins de semana eu jogava pôquer *lowball*. Um velho vigarista drogado me ensinou a melar a mão (esconder cartas na palma da mão) e a dar cartas do fundo do baralho. Com o passar dos anos, descobri que sempre que podia trapacear isso não era necessário, porque jogava melhor que os adversários. Quando os outros jogadores eram tão bons que uma trapaça poderia ajudar, também eram bons o suficiente para conhecer a jogada. Nenhuma irregularidade era vista, mas havia maneiras reveladoras de segurar as cartas ou arranjar o baralho. A primeira coisa era identificar um mecânico de cartas. Quando conseguia, eu lhe fazia o sinal conhecido pelos prisioneiros ao redor do mundo: um punho fechado sobre a mesa. Isso indicava que ele podia jogar subindo o jogo cada vez mais. Uma palma estendida significava vá em frente e faça seu jogo. Também há sinais padronizados para os vigaristas que aplicam os contos do "cara-ou-coroa" e da "correia" e para ladrões de loja, batedores de carteira e outros membros do ramo em extinção dos larápios profissionais, que remonta à Inglaterra elisabetana.

No Wayside Honor Rancho, que era uma colônia penal agrícola, eu dormia perto de um jovem cafetão chamado J.M. Ele usava óculos extremamente grossos e tinha uma mente aguçada. Todos os domingos, uma de suas putas lhe trazia fumo suficiente para uns poucos baseados. Depois das contagens vespertinas, a gente sentava do lado de fora do dormitório e chapava. Meu pôquer sofria quando eu ficava doido de erva. J.M. estava cumprindo trinta dias por dirigir bêbado e por ter um rolo de multas de estacionamento não pagas. Ele entrou depois de mim e saiu antes da minha soltura. Enquanto arrumava suas tralhas para a viagem de ônibus até a região central de Los Angeles, que era o local onde os prisioneiros eram libertados, anotou um número de telefone e me disse para manter contato com ele quando saísse. Um *bookmaker* judeu chamado Hymie Miller, ligado ao mafioso preeminente da época, Mickey Cohen, também foi com a minha cara. Miller podia ser contatado através de uma boate em Burbank que pertencia aos irmãos Sica, ambos notórios gângsteres daquele tempo.

Durante minha estadia na colônia penal agrícola, envolvi-me em uma briga. Aconteceu durante um jogo de pôquer, embora não consiga lembrar o que precipitou aquilo. Meu oponente era um grandalhão e, ainda por cima, gordo. Era irascível e arrogante, traços que sempre me irritaram. Estávamos usando um catre como mesa de jogo, seis de nós — um sentado em cada extremidade da cama e dois distribuídos em cada lado. Ele estava bem à minha frente. Qualquer que tenha sido a divergência, ele atirou suas cartas, disse algo como "escrotinho de merda" e começou a se erguer. Superava meu peso em pelo menos cinqüenta quilos, mas devia estar beirando os cinqüenta anos. Antes que ele completasse toda a trajetória até ficar sobre os pés, mergulhei por sobre o catre e caí sobre ele, uma das minhas mãos tentando arrancar seus testículos por cima das calças, meus dentes procurando uma orelha ou um nariz para morder.

Tais coisas eram desnecessárias, pois meu corpo já o tinha feito desabar para trás e para baixo sobre a armação metálica do beliche adjacente. Meus setenta quilos caíram por cima dele.

Ele gritava. Os outros me tiraram de cima de seu corpo. Quebrei sua clavícula. Levaram-no para o hospital e eu nunca mais o vi. Seu nome, porém, era Jack Whalen, e aqueles que têm conhecimento sobre a era dos gângsteres em Los Angeles, de Bugsy Siegel, Mickey Cohen, os irmãos Shannon (que nasceram como irmãos Shaman) e outros, sabem que Jack Whalen era o mais temido capanga e assassino do submundo de L.A. Eu não sabia disso até ter quebrado sua clavícula.

Desnecessário dizer, ninguém mais me causou problemas durante o resto do tempo que passei no Wayside Honor Rancho. Os dias se dissiparam, oito, sete, seis, cinco. Em breve eu seria um homem livre.

4

PUTAS, HEARST E O ANJO DE HOLLYWOOD

Liberdade! Eu estava enfiando os pés pelas mãos e atordoado quando tirei o brim da colônia penal agrícola para trocá-lo por minhas roupas. O preso em serviço saiu dos cabideiros onde as roupas aguardavam e jogou as minhas pelo balcão: calças com pregas e bem talhadas em lã suave e um paletó com grandes ombreiras em camurça marrom. O visual era estiloso. Quando me trouxeram de Lancaster eu vestia um uniforme cáqui folgado da Marinha, mas certa manhã, quando eu voltava da corte, o homem à minha frente tirou e pendurou as calças de lã e o paletó de camurça. Eu troquei as etiquetas — e ali estavam elas. Serviram como se tivessem sido feitas sob medida para mim. Exceto pelos coturnos de cano alto da prisão, estava saindo vestido de acordo com a moda de 1950.

Do banheiro da prisão, onde as trocas de roupa eram feitas, mandaram-me subir uma escada de aço em espiral até uma cela. Tinha um banco vazio ao longo de uma das paredes, enquanto a outra parecia um guichê gradeado. Na extremidade oposta à escada, havia uma porta de grades controlada eletronicamente.

Um agente de polícia parou em frente à janela do guichê.

— Quem é você?

— Bunker.

Ele vasculhou uma pilha de papéis de soltura, achou o correto com os documentos anexos e acenou para que eu me levantasse.

— Qual o nome de solteira de sua mãe? — perguntou.

— Sarah Johnston.

— Onde ela nasceu?

— Vancouver, British Columbia.

— Polegar.

Tomou minha impressão digital e, enquanto eu usava um trapo para remover a tinta, comparou-a com a impressão tomada quando me registraram. Satisfeito, deu um grito pelo canto do corredor para o ascensorista: — Um saindo! — e pressionou um botão que fez a porta emitir um zumbido. Empurrei-a, dei um passo para fora e deixei que ela batesse atrás de mim.

Dobrando o corredor, um velho ascensorista segurava a porta do elevador. Caminhei para dentro dele, a porta se fechou deslizando e nós descemos rapidamente por dez andares. O elevador abriu para o apinhado corredor principal do Palácio da Justiça. Advogados, policiais, testemunhas, litigantes, réus, agentes de fiança e espectadores dos julgamentos fervilhavam rapidamente à minha volta. À minha frente estava uma grande porta de vidro. Além dela, a Broadway. Eu a empurrei para fora.

Já na calçada, eu parei. E agora? Pedestres redemoinhavam em torno de mim. A manhã estava quente e ensolarada. Uma bela garota usando um vestido luminosamente estampado passou por mim com seus saltos altos. Senti seu perfume por um momento. Tinha pernas bronzeadas e seu cabelo balançava em torno do pescoço. Ela ia na direção sul pela Broadway, para os edifícios mais altos e as numerosas fachadas de cinemas. O escritório de Al Matthews ficava no velho Law Building. Também ficava ao sul. Segui a garota, olhando para suas pernas e imaginando-as acima da barra da saia. Ela se movia com graça.

Continuei a imaginar enquanto cruzávamos a Temple Street. Ela dobrou no primeiro prédio, o velho Hall of Records. Adeus, menina bonita, adeus. Poderia ser Laura, atravessando a luz difusa[1]? Bom. O Law Building ficava do outro lado da rua.

MATTHEWS & BOWLER, 11º andar

O Law Building era mal conservado, mas ainda se esforçava para exibir elegância. Um ou dois dos melhores advogados criminalistas ainda estavam ali. Joe Frano tinha um escritório vistoso, assim como Gladys Towles Root, aquela que ia para a corte com cabelos violeta — ou verdes, ou azuis, ou qualquer outra cor que combinasse com suas roupas. Seus chapéus de grife obrigavam os passantes a se esquivar. Plumas planavam e eram sopradas para todo lado. No universo conservador dos tribunais, ela era a extravagância personificada. Quando queria, era uma advogada muito boa. Alguns ladrões rezavam pela sua cartilha. Como muitos advogados desiludidos, ela pegava todos os casos, quer pudesse dar-lhes a devida atenção ou não. Era piada corrente que ela contava com uma ala exclusiva para seus clientes em Folsom.

O elevador rangia, e quando eu entrei no Escritório de Advocacia de Matthews & Bowler, o tapete estava puído. Ainda assim, o lugar tinha

---

[1] Referência à canção de Morris Albert, "Laura". (N. do T.)

uma certa respeitabilidade sombria, com livros de direito em encadernações de couro dispostos em prateleiras ao longo das paredes e pesados móveis de couro na sala de espera. Uma mulher com ar de passarinho, pequena e rápida, Emily Matthews, esposa de Al, estava atrás da mesa da recepção. Ela contornou a escrivaninha, sorrindo largamente, apertou minha mão e me disse quem era. Al tinha falado dela para mim.

— Al está no tribunal — disse ela. — Mas deixe-me apresentar você.

Um homem escrevia MANLEY BOWLER em letras douradas numa porta. Bowler era o novo sócio de Al. Emily bateu e nós entramos. Foi um homem de compleição delicada e aspecto aristocrático quem me apertou a mão e me dirigiu um olhar crítico.

— Vai ficar longe de problemas desta vez?

Respondi com franqueza: — Espero sinceramente que sim. Mas... — Terminei com um erguer de ombros. Estivera encrencado tanto tempo quanto podia me lembrar, então como poderia declarar categoricamente que jamais me envolveria em problemas novamente? Isso seria um tapa na cara da probabilidade.

— Bem, vamos esperar que você consiga.

Era amigável, mas seus olhos tinham uma expressão diferente da de Al. A parceria de Bowler com Al Matthews teve vida curta, embora sua amizade tenha continuado. Manley tinha visão de promotor e logo voltou para o outro lado da mesa, onde sua carreira deslanchou.

O telefone da recepção tocou. Emily apressou-se para atender e Manley desculpou-se: também tinha que trabalhar. Fui para a área da recepção e ia começando a dizer a Emily que retornaria no dia seguinte. Ainda ao telefone, ela sacudiu a cabeça e gesticulou para que eu esperasse. Quando desligou, ela disse: — Fique por aqui. Al quer vê-lo. Vá para o escritório dele. Leia alguma coisa. Eu tenho que atender estes telefonemas.

O escritório de Al era espaçoso, em madeira velha e escura. Estantes com portas de vidro preenchiam as paredes do teto até o chão. Fileiras de volumes numerados, *51 Cal App Rpts*, e *52*, *53*, *54*, etc. Dois grossos volumes azuis: *Corpus Juris Secundum*. Alguns livros menores com encadernações desgastadas: *Legislação Criminal da Califórnia*, Fricke; *Evidência Criminal na Califórnia*, Fricke. Fricke era o cara de quem Sampsell e Chessman falaram. *Dicionário Jurídico Black*. Acho que eu acreditava que esses livros continham fórmulas quase mágicas. Se as conhecesse, seria um mago da lei.

Dei a volta na mesa e sentei na cadeira de Al. A escrivaninha estava vazia, exceto por uma foto de Emily com um garoto de cerca de doze anos. Sob a margem do mata-borrão verde sobre a escrivaninha estava enfiada uma anotação manuscrita. Dizia: *"Eddie... Sra. Wallis????"*. Referia-se a mim? Se fosse, logo descobriria.

Comecei a folhear. O primeiro livro que peguei tinha uma tira de papel servindo como marcador de páginas. Abrindo o marcador, desco-

bri um parecer da Suprema Corte da Califórnia confirmando uma condenação à pena de morte. Emily entrou.
— Você pode ir se quiser. Al não voltará até bem mais tarde.
— A que horas?
— É difícil dizer... até quando o juiz do tribunal achar que o dia deva durar. Alguns deles vão até tarde.
Quando ia saindo, ela acrescentou: — O melhor horário para pegá-lo é pela manhã... entre nove e nove e meia... antes de ele ir para o tribunal.
Estava bem para mim. Queria vagar livremente. Fomos do escritório para a recepção.
— Onde você vai ficar?
— Acho que vou alugar um quarto mobiliado.
Naquele tempo, um quarto com mobília custava nove ou dez dólares por semana. Chamados de quartos mijo-na-pia, tinham geralmente pia e torneira, com banheiro no corredor.
— Você tem dinheiro?
Hesitei um instante antes de confirmar com a cabeça. Na verdade, tinha cerca de quarenta dólares em notas de um e de cinco. Uma nota de cinco era o valor nominal mais alto que um prisioneiro era autorizado a ter em seu poder. Eu estivera com a mão quente no pôquer durante minha última semana.
A hesitação fez com que Emily pegasse sua bolsa. Tirou de lá três notas de vinte dólares e enfiou-as no bolso da minha camisa.
— A propósito, belas roupas — disse ela.
Quando parti com cem dólares, senti-me ótimo. Aquilo eram duas semanas de salário de um operário de fábrica. Eu estava abonado.
De volta para a Broadway, continuei em direção ao sul. As calçadas estavam tomadas por consumidores bem vestidos. Bondes amarelos retiniam para cima e para baixo pelo meio da rua, deixando apenas um estreito espaço para os automóveis passarem pela direita. No cânion ensombrecido pelos edifícios, as fachadas dos cinemas cintilavam. Eu podia olhar da Second para a Ninth. Ali também estavam as grandes lojas de departamentos de Los Angeles — Broadway, May Company, Eastern Columbia, J J Newberry, Thrifty Drugstores — e as lojas locais, sendo Victor Clothing a mais conhecida.
Olhei para as vitrines das lojas masculinas. A última moda eram paletós com abotoamento duplo e ombros largos, lapelas amplas, calças com pregas profundas, joelhos folgados e barra afunilada. Era um *zuit-suit* modificado, a primeira vez que o estilo das classes baixas era incorporado pelas pessoas elegantes. O estilo básico estava em voga desde que eu comecei a me preocupar com roupas. Acreditava, na época, que o mesmo estilo permaneceria elegante durante toda minha vida.
A vitrine também refletia minha imagem. Eu era de estatura média e esbelto, com uma aparência comum e montes de sardas. Os anos em que

me misturara com adolescentes precoces de East Los Angeles e Watts tinham moldado meu estilo. Eu caminhava com o gingado de um chicano de East Los Angeles.

Continuando minha caminhada pela Broadway, pensei nas coisas que precisava fazer. A mais importante de todas era visitar meu pai no lar de idosos. Ele estava com sessenta e poucos, o que na época significava ser muito mais idoso do que hoje. Já sofrera um severo ataque cardíaco e minha tia Eva tinha escrito que ele mostrava alguns sinais de *dementia* — a palavra que os médicos usaram, disse ela. Pensar nele causava uma dor profunda em meu estômago. Ele fez tudo o que podia por mim, um filho que ele nunca entendeu. Era verdade que o que ele podia fazer jamais incluiu um lar e que ele pusera a cadelinha que eu amava para dormir, mas, mesmo sem me dar um lar, tinha se sacrificado para pagar bons internatos e caras escolas militares para mim. Senti-me responsável por ele ter envelhecido tão depressa. Odiava que ele estivesse em um asilo, mas não tinha forças para fazer nada a respeito. Talvez se eu ganhasse dinheiro suficiente...

Tinha que visitar tia Eva também, mas esperava não ter que pedir a ela para ficar. A última vez tinha sido difícil para nós dois. Talvez eu esperasse à tarde, depois que ela saísse do trabalho, mas isso seria horas depois. O que deveria fazer naquele instante? Talvez pegar o bonde nº 5 para Chinatown e atravessar a ponte para Lincoln Heights. Lorraine, minha primeira namorada, vivia lá com seu irmão mais velho e duas irmãs mais novas.

A buzina de um carro soou. — Bunker!

Olhei em sua direção. Um conversível esmeralda com a capota abaixada estava no meio-fio. A loira platinada no banco do passageiro acenava para mim. Eu não a conhecia, mas me aproximei para ver o que ela queria. Atrás do volante estava J.M., o cafetão que recebia maconha nos dias de visita.

A loira abriu a porta e deslizou para o lado. Automóveis buzinavam atrás de nós. A loira sorriu e mostrou o dedo médio para eles.

Entrei no carro e nós partimos.

— Ei, Bunker, que bom ver você. Esta é Flip.

— Oi, Flip.

— Este é o cara de quem eu te falei... o que fodeu com Billy Cook.

Flip virou-se e seu rosto ficou bem perto. — Parabéns. Deixe-me apertar sua mão. Seus dedos eram graciosos, sua pele macia e seus olhos eram verdes e felinos. Com tintura, maquiagem e roupas elegantes, ela era a mulher mais linda que eu já tinha visto fora das telas do cinema.

— Tá a fim de se ligar? — ele perguntou.

— Cachorro mija em poste? — repliquei.

O Park Wilshire Hotel ficava em frente ao MacArthur Park. Financiado por um sindicato no final dos anos vinte, o hotel foi originalmente planejado para ser um local de primeira classe. Sua arquitetura era esplêndida e o *lobby* tinha uma grande escadaria, digna de um palácio russo. Infelizmente, sua localização era muito a oeste do centro de Los Angeles para atrair viajantes a negócios e muito a leste para fazer negócio com os estúdios de cinema. Eu não tinha consciência disso enquanto esperava o elevador. Para mim, parecia tão palaciano quanto o Waldorf-Astoria. Flip apertou o botão do elevador diversas vezes. Ninguém tem mais pressa que um viciado indo tomar pico.

O elevador tinha um ascensorista. Enquanto subíamos, ele me olhava de um jeito que fazia a meus companheiros uma pergunta silenciosa. — Ele é legal — foi a resposta de J.M. — Que foi?

— Um amigo meu tem uma garota a fim de trabalhar — disse o ascensorista.

— Ela já trabalhou antes?

— Não. Mas dá jogo.

— Traga-a aqui amanhã de manhã.

— Amanhã no *final* da manhã — acrescentou Flip. — Depois das onze.

— Sim, no final da manhã — concordou J.M. — Mas não se surpreenda se ela mudar de idéia. Tem uma porção de garotas jovens que *pensam* que querem trabalhar. Elas podem ganhar muita grana fazendo algo que acontece naturalmente — deitando primeiro e levantando por último —, mas, quando caem na real com algum velho barrigudo bêbado e grosseiro, não conseguem suportar.

— É por isso que muitas delas se tornam drogadas. Isso encobre seus tormentos.

— É. Isso manda embora toda a dor — concordou J.M. — Física e mental.

— Quando não leva embora, faz com que não tenha importância — finalizou Flip.

— Entendi. Vou trazê-la.

Quando atravessamos o corredor, senti o perfume de Flip. Era intenso, depois dos vários odores da prisão: suor, mijo e desinfetante. Ela certamente sabia andar, longas passadas com sua bunda mexendo-se de um lado para outro. Parecia uma stripper fazendo sua performance vestida. J.M. pôs um braço possessivamente em volta de sua cintura e disse algo que não consegui ouvir, e ambos riram. O que ele tinha para fazer com que ela vendesse seu corpo e lhe entregasse o dinheiro? Não era sua aparência. Ele era depravado, magricela e um tanto decaído. Eu o vi nu sob o chuveiro na colônia penal agrícola. Tinha a pele cheia de pústulas, perfurada por cicatrizes de acne. Como podia ter uma garota de calendário? Seria algum tipo de gênio do sexo? Não. Por alguma razão eu sabia que seu controle não tinha nada a ver com sexo.

J.M. estava destrancando a porta do quarto quando outra porta abriu mais além no corredor. Um gordo vestindo cuecas samba-canção e meias três-quartos veio para fora. Seu rosto era rubro, sua carne branca como a de um peixe. Manteve um pé em frente à porta para que ela não se fechasse com ele para fora. Isso era ao mesmo tempo cômico e grotesco.

— Onde ela está? Para onde ela foi?
— Para onde foi quem? — J.M. perguntou.
— Aquela piranha... Brandi?
— Nós não vimos ninguém — disse Flip. — Vimos?
Sacudi minha cabeça.
— Mentira! Ela acabou de sair. Eu ouvi a porta — olhava fixamente para nós. — Vocês têm que ter visto ela.
— Fique calmo, senhor — falou J.M., erguendo suas mãos em um gesto pacificador.

Enquanto isso, eu dei um passo à frente. Se o gordo ficasse muito barulhento e ameaçador, iria esmurrá-lo com um gancho de esquerda no estômago. Isso faria ele ficar quieto. Disso eu tinha certeza. Flip notou meu gesto e usou seu olhar para me dizer que não devia bater nele.

Lágrimas vieram subitamente aos olhos do homem. Ele sabia quanto estava parecendo estúpido.

— Que aconteceu? — perguntou J.M.
— Ela levou minha carteira... e minhas calças. Eu estava no banheiro quando a vi sair. Foi tão... — ele estalou seus dedos para indicar como as coisas aconteceram rápido. — O que eu vou dizer para minha esposa? Vou chamar a polícia.

Eu não sabia se devia rir ou ter pena dele.

— Acalme-se, senhor — falou J.M. Andou até o homem e empurrou sua porta de modo a abri-la totalmente. — Entre e espere. Vou ver se consigo ajudá-lo.

Os lábios do homem tremiam; ele olhava para cada um de nós, a incerteza estampada em sua face.

— Vamos lá — falou Flip. — Você não pode correr por aí de cuecas. Vai ficar tudo bem.

A vítima do golpe nos olhou de lado e depois fez o que lhe disseram. J.M. fechou a porta e voltou para onde nós estávamos esperando. Enquanto girava a chave na fechadura, murmurava maldições.

Brandi, a puta desaparecida, esperava do lado de dentro. Estivera ouvido atrás da porta.

— Veja — disse ela, segurando um gordo maço de notas. — Oito notas e uns trocados — Parecia nervosa, e tinha razão para estar. J.M. tentou dar-lhe um tapa. Ela se esquivou e ele a chutou. Ela desviou alguns chutes com a mão e recebeu outros em sua coxa.

Flip pôs-se rapidamente entre eles. — Vai devagar. Não a deixe marcada. Assim ela não vai poder trabalhar.

J.M. se recompôs e depois agarrou o dinheiro. — Onde estão a carteira e as calças?
— Eu joguei fora.
— Onde?
— No duto de ventilação.
Flip olhou o duto de ventilação no centro do edifício. — Não consigo vê-las.
— Mexa esse rabo e vá buscá-las — J.M. falou para Brandi.
— Tenho que ir?
— Tenho que ir? — ele arremedou. — É claro que você tem que ir, porra. Ele ainda pode chamar os tiras e acabar com nosso negócio.
— Você paga o intermediário, não paga?
— O que ele tem a ver com isso?
— Pensei que ele cobrisse esse tipo de coisa.
— Sim, ele cobre... mas não se houver uma porção de queixas. Eu já disse para todas vocês, vadias estúpidas, para não roubar os clientes. Não disse?
O aceno de cabeça de Brandi foi relutante.
— Acho que é por isso que você é puta... Sua retardada de merda — Ele se voltou e entregou o dinheiro para Flip. — Volte lá e acalme-o.
— Você quer que eu devolva o dinheiro a ele?
— Sim. E diga que nós vamos entregar suas calças e sua carteira.
Flip saiu. J.M. pegou o telefone e disse para o porteiro que havia acidentalmente derrubado suas calças no duto de ventilação e que uma garota estava indo procurá-las. Ainda ao telefone, gesticulou para que Brandi saísse. Quando ela se dirigiu à porta, ele pôs o fone no gancho e deu um último chute em sua bunda com o lado do sapato. Isso a ergueu nas pontas dos pés por um momento.
— Puta imbecil — ele murmurou quando a porta se fechou. Sacudiu a cabeça e deu um sorrisinho, obviamente deleitando-se com a exibição de seu poder, um poder que era um enigma para mim. Por que mulheres bonitas aceitariam ser tão humilhadas? Flip e Brandi poderiam usar seus corpos para subjugar muitos homens. — Sente-se. Fique à vontade — Eu me sentei e ele começou a vasculhar as gavetas, depois foi até o banheiro. Pela porta aberta, eu podia vê-lo apalpar sob a pia. O que estaria procurando?
Flip voltou. — Está tudo bem — disse. — Onde está Brandi?
— Foi buscar as calças dele. Diga, onde está o aparelho?
— Lá no corredor, no extintor de incêndio. Eu vou pegar — ela saiu, deixando a porta entreaberta, e voltou dentro de alguns segundos, trazendo um lenço sujo enrolado em torno de uma colher torta e enegrecida e um conta-gotas com uma chupeta no lugar do bulbo e uma agulha hipodérmica na outra extremidade. Um fio de vedação em volta da ponta do conta-gotas prendia firmemente a agulha. Era um equipamento *junkie* dos anos cinquenta. Viciados não usavam seringas naquela época.

Ela pôs o lenço estendido e seu conteúdo sobre uma penteadeira. J.M. saiu do banheiro com um copo d'água.

— Precisamos de algodão — disse Flip.

— Aqui está — J.M. sentou sobre a cama, tirou seu sapato e pinçou entre os dedos uma pequenina bola de algodão debaixo da lingüeta. Depositou-a na palma da mão de Flip enquanto calçava o sapato. Ela a acrescentou à parafernália arrumada sobre o lenço imundo. — Olhe pela janela — disse ele para mim — e veja se ela pegou aquelas calças e a carteira.

Levantei a janela que dava para o duto de ventilação e olhei para baixo. Brandi estava levando as calças de volta para a janela que usou para atingir o fundo do duto de ar. — Ela pegou e está voltando.

— Que se foda tudo isso — disse Flip. — Vamos ao que interessa. É isso que eu quero — estendeu sua mão para J.M. e estalou os dedos.

Ele providenciou duas cápsulas nº 5 de pó branco. Pareciam pequenas para mim. Ela abriu uma delas e depositou o conteúdo na colher. Depois de aspirar água do copo para o conta-gotas, deixou cair várias gotas sobre a colher até cobrir o pó, que começou imediatamente a se dissolver, embora não inteiramente. Acendeu alguns fósforos em um feixe e começou a passá-los para frente e para trás sob a colher. O líquido tornou-se límpido. Rapidamente, ela esfriou o fundo da colher, encostando-o na água do copo, enrolou o pedacinho de algodão entre o polegar e o dedo médio e jogou-o na solução. Aspirou o líquido através do algodão e da agulha para dentro do conta-gotas e depois colocou cuidadosamente uma porção de volta na colher. Minha presença foi esquecida.

J.M. enrolou sua manga, enlaçou o braço com uma velha gravata e fez uma grande veia saltar.

Flip ficou em pé a seu lado e, segurando o conta-gotas entre o polegar e o indicador, introduziu a agulha na veia.

Uma espiral de sangue explodiu para o interior do conta-gotas. A agulha estava dentro da veia. Ela comprimiu uma porção do conteúdo do conta-gotas e parou. Ele esperou, depois fez um aceno de cabeça. Ela comprimiu o resto.

Enquanto ele limpava sua garganta e saboreava o relâmpago da heroína correndo através dele — nenhuma sensação no mundo se compara a isso —, ela passou água através da agulha e aspirou outra porção da colher. Sugou o algodão até secá-lo, depois pingou de volta três pequenas gotas enquanto piscava para mim.

Cuidadosamente, largou o aparelho e enrolou a gravata em volta de seu bíceps, segurando uma das extremidades com os dentes. Na face interna de seu cotovelo havia cicatrizes azuladas e pequenas feridas. Tinham sido cobertas com maquiagem, mas ainda eram visíveis. As cicatrizes mapeavam as veias e lembravam vagamente rastros de pássaros. E isso não era surpreendente, pois foram necessárias diversas tentativas para que o sangue aparecesse, indicando que ela estava na veia.

— Garotas sempre têm dificuldade — disse J.M. —, especialmente quando estão realmente dependentes. Isso faz a pressão arterial delas cair ou coisa parecida.

Ela injetou a heroína. Suas pupilas dilatadas tornaram-se furos de alfinete. Nunca tinha visto aquilo antes, mas uma vez que aprendi a reconhecer, podia saber se alguém chapado de heroína em uma sala cheia, se pudesse ver os olhos dele ou dela.

— Ahhhh... remédio de Deus — falou ela, emitindo um *humm*.

— Ou do diabo — disse J.M.

Ela comprimiu água através da agulha para limpá-la, depois aspirou as últimas poucas gotas. — Esta é para você — disse. Sua voz tinha o timbre de cascalho que vinha com os opiáceos, como eu aprenderia.

Eu estava assustado. Misturado ao meu medo havia um fascínio hipnótico. Aquilo não me mataria. Que tipo de babaca eu ia parecer se recusasse? E Charlie Parker gostava daquilo. Que se dane...

Enrolei minha manga e peguei a gravata. — Você me pica — disse para Flip.

Ela coçou languidamente a ponta do nariz, balançou a cabeça, aproximou-se e tomou o aparelho. Nossos corpos se roçaram. Eu podia sentir sua respiração cálida e aspirar sua doçura. Quase não senti a picada da agulha. O sangue apareceu imediatamente.

— Boa pressão — disse ela, fazendo uma pausa momentânea para coçar novamente a ponta do nariz. Então comprimiu a chupeta e o líquido desapareceu em meu corpo.

Aguardei por vários batimentos cardíacos. Então veio um calor indescritível que se espalhou por todo o meu ser, apagando todas as dores. Meu Deus! Aquilo era... maravilhoso... Em seguida, subitamente, veio a náusea subindo das minhas vísceras para a minha garganta.

Corri para o banheiro com a mão sobre minha boca. A torrente jorrou para dentro da latrina. Graças a Deus eu não tinha vomitado no chão. Teria me sentido o idiota.

Fiquei curvado sobre o vaso até que não viesse mais nada quando eu golfava em seco. Minha camisa estava ensopada de suor, que escorria de minha testa para dentro dos meus olhos. Esfreguei uma toalha em meu rosto e saí do banheiro. A parafernália tinha ido embora. Brandi voltara e estava entregando dinheiro a J.M. Olhou-me quando eu entrei.

— O que aconteceu?

— Ela enganou o cara — disse Flip, depois riu. — Um homem com o pau duro é o maior otário do mundo.

Dei alguns passos. Meu movimento excitava a náusea novamente. Flip viu isso em meu rosto.

— Deite — falou ela. — Não se mexa e você vai ficar legal.

Segui sua sugestão e descobri que ela estava certa. Enquanto permanecesse quieto, meu estômago também ficaria. A felicidade fluiu sobre mim, a euforia absoluta e o indescritível afastamento de todos os tormentos, mentais e psíquicos. Senti-me maravilhosamente bem quando fechei meus olhos e saboreei o brilho. Não sabia o que esperar. Era diferente da percepção distorcida trazida pela maconha e da descarga quase elétrica das anfetaminas. Ela me deixava tranqüilo, embora não embotasse meu cérebro como o Seconal ou o Nembutal. Eu simplesmente me sentia bem.

Parecia que apenas uns poucos minutos tinham se passado, mas, quando olhei para a janela, o céu estava escuro e as luzes da cidade brilhavam.

O último andar do hotel era um puteiro. J.M. tinha um acordo com o gerente noturno e com taxistas e *bartenders*. Cafetões levavam suas putas para lá. Uma queria um pedacinho de esponja; sua menstruação estava quase no fim e a esponja absorveria os últimos traços de sangue para que ela pudesse trabalhar. Depois veio um cafetão negro que queria saber se J.M. tinha heroína. Sua mulher estava passando mal pela abstinência e não podia trabalhar.

J.M. voltou-se para Flip, que estava em frente ao espelho experimentando brincos. — Você é quem tem o contato — disse.

— Você quer que eu vá até a Temple Street? — Disse isso em um tom desafiador; a mensagem era óbvia. A Temple Street era um lugar que ela devia evitar. Era notória naquele tempo; um salão de bilhar e o Traveler's Café na Temple era onde traficantes e ladrões se encontravam. Uma vez, durante uma fuga de Whittier, eu dormira uma semana na carcaça abandonada de um Cord'37 estacionado na Beaudry Street, que cruzava a Temple a meia quadra do salão de bilhar.

— Eu vou com você, *baby* — disse o cafetão negro.

— Você vai jogar um bagulho na nossa mão, certo? — perguntou J.M.

— Claro, cara. Porra... você sabe que sim.

Flip olhou para mim sobre a cama enquanto vestia seu casaco. Minha cabeça e meus ombros estavam apoiados contra a cabeceira, de modo que eu podia observar as idas e vindas.

— Como está se sentindo? — ela perguntou.

— Porra! Me sinto ótimo! — Minha voz estava acrescida de um tom áspero, e eu me sentia excelente. O único problema era que se eu me movesse meu estômago se revirava e a náusea retornava. Mas que se dane, eu não tinha lugar nenhum para ir. Aquilo era ótimo. Eu via todo tipo de coisas e pessoas.

Todos partiram, Flip e o cafetão para sua pequena incumbência, J.M. para pagar o intermediário. O intermediário era uma espécie de caixeiro. Todas as piranhas de rua, cafetões, vigaristas, putas, jogadores e batedores de carteira, que pagavam para ocultar os detalhes do vício e da vigarice, entregavam o dinheiro para um intermediário, e ele negociava com o caixeiro da polícia. O intermediário naquele momento era o *bartender* de uma boate na West Eighth.

Não me importava ser deixado sozinho. No jargão dos viciados, eu estava curtindo o barato.

A porta se abriu. Brandi entrou com uma garota negra *café-au-lait*.

— Ei, *baby* — disse Brandi. — Onde está Flip?

— Ela foi ver uma parada.

— Ah, merda! Olhe, nós temos um cliente de cem dólares e precisamos de um quarto.

— E daí?

— Este é o único. Nós lhe daremos vinte.

Meus pés descreveram uma curva até o chão. — Deixa para lá. Para onde vocês querem que eu vá?

— Vá até ali. O *closet*.

— O *closet*? Que porra é essa?

— Shhhh. Ele está no corredor.

Eu entrei no *closet*. Era grande, tinha uma lâmpada em cima e estava vazio, exceto por algumas lingeries em um cabide. Antes que eu pudesse dizer algo, Brandi apagou a luz e fechou a porta.

Instantaneamente, vi uma luz que atravessava a parede. Era um buraco para espiar. Elas haviam feito aquilo anteriormente. Vozes vinham através da porta. Aceitei o convite para brincar de *voyeur* e espiei pelo buraco. O quarto do hotel agora estava banhado em uma luz verde, um catalisador da fantasia erótica. Alisava as rugas e fazia a flacidez parecer firme. Brandi parou no meio do quarto vestindo ligas, meias arrastão e salto alto. A garota negra calçava botas de látex de cano alto com longos saltos de metal e sutiã meia-taça feito de borracha rígida. Tinha uma régua de cinqüenta centímetros em uma das mãos e batia com ela na palma da outra. O som era mais agudo do que se poderia imaginar. Uaauuu... essa eu tinha que ver...

As putas brincavam com o cliente como se fossem gatas e ele um camundongo capturado. Era um jogo de que o camundongo caçado parecia gostar. Ele tirou seu terno caro, soltou as abotoaduras de ouro e despiu a camisa. Quando parou ali com seus *shorts* soltos, suas pernas brancas e flácidas com joelhos nodosos e ligas prendendo suas meias, transformou-se de rei da indústria em cliente de putas com a velocidade de uma ereção. Achei que fosse ficar excitado com o show, mas em vez disso vi-me mordendo meu punho para conter o riso, principalmente quando ele ficou de joelhos limpando o chão. A garota negra estava em pé à sua frente, a boceta a poucos centímetros de seu rosto, e lhe dava ordens. Ele deu uma olhada furtiva para sua xota. Para puni-lo, ela espancou sua bunda com a régua. — Ui! Ahhh... isso é tãããoo bom.

Eu ouvi um monte de histórias de cadeia sobre putas, cafetões e clientes, mas aquilo era algo completamente diferente. Mais tarde, quando fiquei amigo de garotas de programa, disseram-me que muitos homens que compravam sexo faziam-no por serem meio pervertidos e meio puritanos, por isso pagavam por fantasias com prostitutas que teriam vergonha de pedir para suas esposas realizarem.

Brandi acendeu a luz e riu de mim. — Como foi?

— Esquisito.

A puta *café-au-lait* obviamente estava se sentindo mal. Ela se curvou quando sentou e ficou fungando. — Onde diabos ela se meteu?

Como se isso fosse um sinal, a porta se abriu. Flip, J.M. e o cafetão negro entraram.

— Nós primeiro, cara — disse o cafetão negro. — Ela tem que trabalhar.

— Claro. Foi você quem pagou.

Eu fiquei de fora, observando a cena. Não admira que sejam chamados de fissurados. Tinham um brilho febril no olhar enquanto esperavam sua vez. Era como uma espécie de sacramento. Eles contavam cuidadosamente as gotas e dividiam-nas entre as colheres. O cafetão negro introduziu a agulha e o conta-gotas ficou vermelho com seu sangue. Ele injetou um pouco e parou. — Merda! Tá entupida — Puxou-a para fora, tirou a agulha do conta-gotas e pôs o fluido restante de volta na colher.

— Meu Deus! Eu esqueci. Tenho hepatite.

— Ah, é? — disse J.M. — O que acha, Flip? Esse cara tem hepatite e pôs um pouco do seu sangue de volta na colher.

— Tudo bem — falou ela. — Eu adoro hepatite. Você não?

— Ah, sim — J.M. adaptou a agulha de volta no conta-gotas, aspirou água e comprimiu através da agulha. Não estava entupida. Ele aspirou a solução da colher e entregou-a para Flip. Quando vi, achei que eles eram todos loucos. Em Preston eu conheci um garoto que adoeceu com hepatite aguda. Quando sua pele ficou amarelada, a parte branca dos seus olhos também ficou, e sua urina parecia café puro. Ele morreu poucos dias depois.

Então me dei conta de que eles tinham certeza de que a alegação de hepatite era simulação. O cafetão virtualmente confessou quando deu de ombros. Tinha esperança que eles fossem ficar com medo, assim ele poderia usar o resto.

— Me dê essa hepatite — disse Flip. — Ela faz o brilho ficar melhor.

Toda a ação demorou até depois das duas, quando os bares fecharam e os taxistas trouxeram o último dos clientes. Às 3h20, o Park Wilshire liberou cinco putas, três cafetões e um delinquente branco. Tudo aquilo tinha sido um aventura para mim. Para todos os outros foi apenas outra noite de trabalho. Agora eles estavam prontos para comer. Empilhamo-nos em um táxi e no carro de J.M. Eu embarquei entre J.M. e Flip e o movimento do carro me empurrava de encontro a ela. Seguimos pela área central para o The Pantry, uma churrascaria. Ficava aberta vinte e quatro horas por dia, 365 dias por ano. A porta não tinha tranca. Não podia ser fechada.

Quando nós, putas espalhafatosas e cafetões vistosos, entramos, cabeças se voltaram, inclusive as de dois policiais uniformizados no balcão. Senti um medo imediato, pois tecnicamente eu ainda estava sob toque de recolher. Se não estivesse à frente do grupo, teria dado a volta e caminhado para fora. Isso, porém, teria levantado suspeitas, portanto eu continuei andando atrás do garçom. Ele nos levou para duas grandes mesas que haviam juntado no fundo do restaurante. Eu acabara de me sentar na ponta quando uma voz gritou: "Ó lá o crioulo com a puta branca!".

Um dos cafetões negros virou-se e respondeu: "A besta que disse isso tem uma mãezinha que chupa rola de jumento, e ele toma cacete de negro no cu!".

— Ai, merda! — murmurou J.M., segurando a manga do cafetão. O gigolô afastou sua mão quando um caipira grandão se levantou.

Os policiais no balcão também foram rápidos. As costas do grandalhão estavam voltadas para eles; não notou sua presença até que um deles segurou seu braço. — Fora daqui — disse o tira.

— Eu não terminei meu café.

— Terminou sim... a não ser que queira levá-lo para Lincoln Heights com você.

— Ok — O grandalhão deu um sorriso de escárnio para o cafetão por cima do ombro do policial.

O negro começou a avançar. O outro policial bloqueou seu caminho com o cassetete. — Calma, garoto!

— Garoto! Não sou seu garoto, cara.

— Ok. Também não sou seu cara. Apenas se acalme.

Ao meu lado, Flip murmurou — Babaca estúpido.

— Você está saindo? — o tira perguntou para o grandalhão.

— Sim — Ele jogou alguns trocados na mesa e saiu, murmurando algo sobre "filhos-da-puta amantes de negros".

Ambos os tiras encararam o cafetão negro.

— Agora, não arrume mais encrenca.

A piranha *café-au-lait* levantou-se e deu um puxão no braço do seu homem. — Vamos, *baby*; sente-se. Não faça tempestade em copo d'água.

Relutantemente, o cafetão negro sentou-se, murmurando "Vá se foder".

Os dois policiais voltaram para o balcão. O garçom veio anotar nossos pedidos. Embora um Steak New York custasse apenas setenta centavos, quase todos pediram bacon com ovos. Levou poucos minutos para que a tensão se dissipasse. Finalmente, o cafetão disse — Aquele idiota teve sorte porque eu não acabei com a raça dele — Todo mundo riu.

Estávamos comendo quando a porta da frente se abriu. Entraram mais dois oficiais uniformizados e dois detetives. Eles se dirigiram aos policiais no balcão, depois olharam em direção à nossa mesa no fundo.

Eu estava perto da parede. — Tome — disse Flip. — Livre-se disto — Da bolsa em seu colo ela tirou um .38 cano curto enrolado em um lenço.

Eu peguei, deixei meu braço pender e dobrei minhas pernas para que quando eu o soltasse, meus tornozelos detivessem a queda e abafassem o ruído; além disso, tossi bem alto. Usando meu pé, empurrei a arma para trás da perna da mesa. Nesse momento, os detetives e policiais uniformizados estavam desfilando entre as mesas.

— De pé... todo mundo.
— Por quê? — perguntou uma das putas.
— Porque eu estou mandando, Miss Coupe de Ville.

Coupe de Ville! Que apelido.

— Para fora... para fora — disse um tira.

Dirigi-me rapidamente para a porta, tão longe da arma quanto fosse possível. Um tira notou que eu tentava me esgueirar por trás dos outros, usando seus corpos como escudo. Ele me chamou com o dedo.

— Qual a sua idade? — perguntou.
— Vinte e dois.
— Você tem algum documento? Uma carteira de motorista?
— Sem licença para dirigir. Tudo o que eu tenho é isto — entreguei-lhe dois cartões de apresentação grampeados juntos, um do meu oficial de condicional com a data e o horário do próximo encontro anotados, o outro de Al Matthews.
— Matthews é seu advogado!?
— Sim senhor.
— Fora daqui.
— O quê?
— Andando. Cai fora.

Sobre seus ombros, através da janela, eu vi um tira uniformizado em nossa mesa. Ele estava se abaixando. Não queria esperar para ver o que ele tinha descoberto. — Obrigado — disse, girei o corpo e me afastei. A cerca de quinze metros da porta havia um beco. Tão logo eu o alcancei e dobrei a esquina, meu andar se tornou uma corrida a toda velocidade. Alcancei a rua seguinte e virei. O que agora é a Harbor Freeway era então uma fileira de diversas casas velhas de madeira. Entrei até a metade de uma entrada de carros e me agachei entre uns arbustos. Se a arma os tivesse feito procurar por mim, eu chamaria muita atenção caminhando pela cidade às quatro da manhã.

A primavera estava no final e amanheceu rápido. Quando a iluminação das ruas se apagou, automóveis começaram a aparecer e a primeira luz do dia espiou sobre o horizonte baixo da Los Angeles daquele tempo, saí dos arbustos e comecei a caminhar para leste e norte. Eram cerca de dois quilômetros e meio até o escritório de Al Matthews. Enquanto andava, imaginei se a polícia estaria procurando por mim. Duvidava muito. Não havia maneira alguma de provar que a arma me pertencia. O lenço tinha mantido minhas impressões longe dela. À medida que caminhava e observava o apagar das estrelas, pensava se não haveria algo de errado com minha mente. Os cientistas sociais da época afirmavam que o crime era uma evidência *prima facie* de doença mental. Mas no fundo isso não era outro nome para possessão demoníaca? Por um lado, era certo como a morte que eu fazia coisas que podiam parecer loucura. Por outro, jamais ouvi vozes ou vi qualquer coisa que não estivesse de fato presente. O Dr. Frym acreditava que eu tinha alguns traços paranóides. Como não teria traços paranóicos vivendo como eu vivia? No transcorrer da minha vida, minha miniparanóia salvaria minha pele mais de uma vez.

QUANDO AL E EMILY MATTHEWS chegaram ao escritório, eu estava esperando no *lobby* sob as escadas. Por seus olhares mais que por suas palavras, pude ver como minha aparência os preocupou. Não estava tão bem-arrumado quanto no dia anterior. Perguntei-me se minhas pupilas ainda estariam parecendo furos de alfinete. Disse-lhes que passara a noite na Associação Cristã de Moços, que alugava quartos. Emily chamou Al para o lado. Quando voltou, perguntou se eu queria um emprego de um dia, pintando a cerca da casa deles. Minha resposta foi entusiasticamente afirmativa. Eu queria aquele dinheiro o suficiente para ignorar minha exaustão.

Minha juventude me carregou por toda a manhã, enquanto eu lambuzava de cal uma cerca de ripas, mas depois do almoço sentei no jardim de inverno. Podia ouvir a música que vinha de um rádio na cozinha. Fechei meus olhos enquanto ouvia Billie Holiday cantando "Crazy He Calls Me" e caí no sono. Minha lembrança seguinte foi Emily me sacudindo para que eu acordasse. Era o crepúsculo e nós tínhamos que voltar para o centro e apanhar Al no escritório.

Quando chegamos ao escritório, Al quis me ver a sós. Assim que a porta se fechou, ele se dirigiu a mim.

— Por que você mentiu?
— Sobre o quê?
— Sobre onde esteve a noite passada?
— Eu não menti.
— Por volta das quatro horas da manhã de hoje você estava com algumas prostitutas e gigolôs. O sargento O'Grady me telefonou. Havia uma arma.
— Eu não tive nada a ver com uma arma.
— Se o juiz Ambrose souber o que aconteceu, com arma ou sem arma, você vai para a cadeia por violação de condicional.

Eu dei de ombros. Meu ressentimento contra a autoridade, e especialmente contra qualquer ameaça, foi rapidamente acionado. Tivesse o tom acusatório vindo de qualquer outro e eu o teria mandado se foder... e que o juiz fosse tomar no cu. Com Al, porém, eu me contive, embora ele pudesse perceber minha atitude. Ele mudou seu: "Por favor, fique longe de encrencas". Abriu a porta e acenou para Emily.

— A sra. Wallis ligou — disse ele. — Ela está interessada em conhecer Eddie.

— Isso é ótimo — falou Emily, depois virou para mim. — Eddie, nós conhecemos uma mulher. Ela atuou em filmes mudos e seu marido é um dos maiores magnatas do cinema nesta cidade. Ela quer encontrar você amanhã de manhã.

— Ela tem trabalho para você — falou Al. — Emily, Geffy pode pegá-lo depois de nos deixar — Geffy era o motorista, investigador e guarda-costas de Al. Nos anos trinta, Geffy tinha sido um peso meio-médio com alta posição no *ranking*.

Emily me disse — Esteja aqui amanhã por volta das nove.

— Eu estarei.

— O que você vai fazer hoje à noite?

— Vou ver uma *velha* namorada.

Al sorriu. — Você não pode ter uma velha namorada. Emily, você o pagou pelo trabalho de hoje?

— Ainda não.

— Aqui está — ele tirou uma nota de vinte dólares da carteira e me entregou. Naquele tempo, a remuneração mínima era de cinqüenta centavos a hora. Eu estava muito satisfeito com os vinte.

Quando saí, pensei sobre a sra. Wallis. Eu não costumava ler os créditos dos filmes, mas conhecia o nome de Hal B. Wallis. Tinha-o visto vezes demais para não reconhecê-lo, especialmente porque estava nos filmes que eu mais gostava, produções em branco-e-preto da Warner Brothers sobre gângsters e tempos difíceis, principalmente estrelados por Bogart, Cagney, Edward G. Robinson e George Raft. Não eram somente atores; para mim, seus personagens eram modelos a seguir.

Al Matthews tinha um Cadillac conversível verde-mar. Era o primeiro ano com o rabo-de-peixe característico da marca. Esse Cadillac era muito bonito, o primeiro em que andei. O único páreo para o Cadillac era o Packard; a Mercedes ainda era uma pilha de destroços de bombardeios; Mitsubishi era o lixo voador japonês que os nossos Corsairs derrubavam às pencas. Em 1950, os Estados Unidos faziam oitenta por cento de todos os automóveis do mundo e o Cadillac reinava soberano.

A Hollywood Freeway ainda era uma longa vala com hastes de ferro expostas e concreto sendo derramado. As rotas para o San Fernando Valley passavam ou ao longo da Riverside Drive, em torno do Griffith Park, ou através da Hollywood's Cahuenga Pass. Geffy tomou a segunda rota. A cidade já trazia lembranças para mim. Passamos por um cinema no qual eu costumava me esconder para dormir quando era um fugitivo do reformatório vivendo nas ruas. O banheiro dos homens ficava atrás da tela, perto da saída de emergência que dava para um beco. Quando Joe Gambos e eu batíamos na porta que dava para o beco, um dos bêbados que freqüentavam o cinema nos deixava entrar. Uma noite, porém, eu bati, a porta se abriu e um policial arremeteu para fora brandindo seu cassetete. Joe estava parado atrás de mim, por isso, quando me virei para correr, choquei-me contra ele. O tira acertou minha homoplata com o cassetete. O golpe me derrubou e o relâmpago de dor me fez gritar. Eu me contorcia no chão e o tira me chutou algumas vezes antes de me mandar ir embora. Eu fui. Na manhã seguinte minhas costas estavam totalmente roxas. Elas ficaram entorpecidas durante semanas. Nunca odiei tiras, mas já sabia naquela época que eles com freqüência não eram o que Norman Rockwell pintava para as capas do *Saturday Evening Post*.

Geffy dobrou o Cahuenga Boulevard, passando pelo Hollywood Bowl. Na frente do Bowl havia um cinema ao ar livre onde a vida de Cristo era exibida todos os verões. Meu pai trabalhou ali durante vários anos.

Os laranjais de San Fernando Valley caíam rapidamente sob as *bulldozers* do progresso. Conjuntos habitacionais erguiam-se para abrigar a maior imigração da história humana, que estava então em pleno vapor. Nunca antes tantas pessoas se deslocaram para um local em tão curto período de tempo.

Geffy sabia muito pouco a respeito da sra. Wallis, exceto que ela fora humorista do cinema mudo nas comédias Keystone, de Mack Sennett.

— Seu nome era Louise Fazenda. Lembro-me dela de quando eu era um garoto. Usava tranças como marca registrada. Era engraçada. Não ouço nada sobre ela há... vinte anos, acho.

Nós saímos da Riverside Drive para a Woodman. A área ainda era apenas laranjais e alfafa. Oitocentos metros ao norte de Riverside, em Magnolia, havia um muro de três metros, caiado para lembrar adobe. Era um longo muro. Geffy dobrou em uma curta entrada com um sólido portão verde. Havia um interfone com um botão. O endereço era 5100 na Woodman.

Geffy apertou o botão e o interfone chiou. — Quem é?

— Somos do escritório de Al Matthews.

O portão abriu, controlado de dentro da casa. Entramos e o portão se fechou atrás de nós. Flores ladeavam a estrada, agapantos e caramanchões de rosas à direita e um grande gramado à esquerda. O gramado descia de uma casa estilo Monterey Colonial, com árvores muito próximas a ela, até uma piscina e os vestiários. Atrás do vestiário havia uma quadra de tênis. A casa, em si, era menor que as mansões da Orange Grove Avenue, em Pasadena, mas o terreno era muito mais bem cuidado. Irradiava a serenidade de um claustro.

A estrada continuava em direção aos fundos, mas uma via circular que contornava uma fonte dava para a entrada da frente. Ela se abriu quando chegamos. A sra. Hal Wallis beirava os cinquenta e vestia-se inteiramente de branco. Ela se adiantou para nos cumprimentar. Tinha o cabelo muito loiro e uma boca grande com um largo sorriso e era uma dessas pessoas por quem você se afeiçoa no momento em que as conhece. Ela nos convidou a entrar, mas Geffy falou que tinha de voltar para levar Al para a corte em Pomona naquela tarde.

— Mande um abraço para ele e para Emily — a sra. Wallis falou, e virou-se para mim. — Venha. Acompanhe-me — Ela tomou minha mão e me conduziu para dentro. O corredor parecia sombrio depois da luminosidade do sol. Ela me guiou por uma sala de estar muito formal, depois atravessamos outra sala com cadeiras forradas com chita azul e seguimos por um corredor com mobília Chippendale e bronzes polidos até a cozinha, que era ensolarada. Lá ela me apresentou para uma mulher de cabelo nevado chamada Minnie, que estava com os Wallis havia um longo tempo.

A sra. Wallis me olhou de cima a baixo. Eu estava muito bem vestido para fazer o trabalho que ela tinha em mente. Perguntou para Minnie se Brent tinha algum jeans velho que eu pudesse usar. Minnie enxugou as mãos e foi procurar. Enquanto ela estava ausente, a sra. Wallis explicou que sua propriedade ia até uma rua nos fundos onde havia uma velha casa na qual ninguém morava. Uma montanha de lixo havia se acumulado ao longo dos anos. Ela queria aquilo removido e lançado em um grande poço. Ela perguntou se eu sabia dirigir um caminhão.

— Depende do tamanho.

Minnie voltou com uma calça Levi's e uma camiseta. A sra. Wallis segurou os jeans sobre minha cintura. — Ele é um pouco mais robusto que você, mas provavelmente vão servir.

Serviram de acordo com a situação, embora jamais eu as usasse em público. Minha vaidade era substancialmente maior aos dezesseis do que é aos sessenta. Na verdade, toda a sociedade conferia maior recompensa à aparência em 1950.

— Acompanhe-me — ela disse, conduzindo-me pela porta de trás em direção aos fundos da sua propriedade. Em um galpão desgastado pelo tempo havia uma velha carruagem. Próximo dali havia uma fileira de baias, embora não houvesse cavalos. Também havia dois pequenos chalés, um usado pelo jardineiro, que contornou o ângulo da casa, nos viu, e rapidamente saiu de vista.

— Quem era aquele? — perguntei.

— Ele não conhece você. É o jardineiro, pobre homem. Sofreu um acidente de automóvel e sua mulher e filha foram mortas. Ele ficou transtornado. Estava em Camarillo. Precisava de um ambiente especial... privacidade... reclusão. Fiquei feliz por poder dar-lhe um emprego.

Chegamos a uma área que parecia o pátio de armazenagem de uma fazenda. Notei que havia um vasto campo atrás dos chalés. A sra. Wallis disse que ali tinha sido um pomar de nogueiras até poucos anos antes. Pelo que me lembro, algum tipo de enchente matara as árvores. A propriedade ainda era chamada Fazenda Wallis, como estava impresso em vários cheques que ela me daria no decorrer do tempo.

Em um prédio que lembrava um cruzamento entre celeiro e garagem aberta estava um velho caminhão com carroceria de madeira. Era maior que qualquer coisa que eu já tivesse dirigido, o que na verdade se limitava a uns poucos carros roubados.

— Você consegue manobrá-lo? — ela perguntou.

— Claro — Por que não? Não é como se eu fosse dirigi-lo até Oklahoma City pela Rota 66.

Nós dois embarcamos e eu pus o motor para funcionar. Ela ia me mostrar o trajeto. Nós partimos, chacoalhando por uma estrada de terra em direção a uma rua pavimentada. Era a Magnolia, que seguia em ângulo reto para a Woodman.

— Vire aqui — disse ela. Quis dizer na rua. Eu pensei que ela se referisse ao espaço entre as filas de laranjeiras. O caminhão fez a curva, mas o sacolejar ficou pior e os lados da carroceria começaram a quebrar os galhos das árvores.

— Oh, meu Deus! — disse ela, então dissolveu-se em risadas quando o caminhão atingiu uma árvore e parou.

— Ninguém é perfeito — eu disse.

— É exatamente como eu penso. Volte e tente de novo.

Atingi a Magnolia e dei uma volta na quadra. Os Wallis eram donos de toda a propriedade compreendida ali, incluindo vários sobrados novos.

Dobramos em uma entrada para automóveis ao lado de uma casa bastante velha para os padrões do sul da Califórnia. No quintal tomado pelo mato havia uma montanha formada pelos eflúvios habituais de uma sociedade abastada: um colchão e roupas de cama, caixas de lixo e um refrigerador com a porta arrancada, caixas de roupas velhas e sobras de madeira.

A sra. Wallis me mostrou onde jogar a carga.

— Voltarei andando — disse ela, cortando caminho direto pela propriedade em vez de ir para a rua e contornar a quadra.

Comecei a jogar coisas no caminhão. A manhã avançava e a camada de nuvens costeiras, comuns no sul da Califórnia, evaporou rapidamente sob o sol brilhante. O trabalho duro, comum ao reformatório e à colônia penal agrícola, havia instilado ressentimento em mim. Era um trabalho pesado, sujo. Suor escorria para os meus olhos. Então enfiei uma lasca sob uma unha. No momento em que terminei de encher o caminhão pela primeira vez, disse a mim mesmo que não voltaria no dia seguinte. Muitos homens têm orgulho do trabalho pesado, brandindo uma picareta, lutando com uma britadeira. Essa atitude é incutida na adolescência pela família e pela cultura e tem uma miríade de nomes: ética protestante do trabalho, masculinidade machista das sociedades hispânicas, competitividade do Bushidô japonês adaptado a um mundo mercantilista. Ainda me lembrava de Whittier quando tinha de fazer algum trabalho duro e odiava isso. Não estava sozinho nesse ponto de vista. Havia uma postura de grupo, talvez semelhante ao que os escravos sentiam. Frases feitas expressavam essa visão da subcultura: "trabalho manual parece coisa de mexicano para mim". "Trabalho é para burros e mulas, e você não está vendo orelhas compridas em mim."

Dirigi o caminhão até o despejo e empurrei o entulho para fora com uma nuvem de poeira. No caminho de volta para buscar outra carga, encontrei Minnie esperando por mim na estrada.

— A sra. Wallis disse para você ir almoçar. Leve o caminhão de volta para a garagem.

Na cozinha, um jogo americano, pratarias e um guardanapo preso a um anel aguardavam por mim. Minnie tinha ensopado de milho e um sanduíche de queijo e presunto com montes de maionese à minha espera. É estranho como eu lembro tão claramente esses detalhes depois de tantas décadas.

Quando acabei, a sra. Wallis entrou. Naquele momento, o San Fernando Valley, que seria um deserto não fosse pela água trazida do norte da Califórnia (que maravilhosa história de trapaça *isso* não daria), era uma fornalha em pleno meio-dia.

— Está muito quente para trabalhar — disse ela. — Por que você não nada um pouco? Há uma porção de calções de banho no vestiário.

— Ótima idéia — eu disse.

— Achei que você iria gostar. Só uma coisa, porém. Se aparecerem alguns homens de colarinho, não ligue para eles. Eu deixo os irmãos da Notre Dame High School nadarem na nossa piscina. Eles quase nunca vêm antes do final da tarde, mas... apenas não se surpreenda.

— Ok.

Saí pela porta da cozinha e contornei os fundos da casa, passando no caminho por um grande jardim de roseiras em plena floração primaveril. A sra. Wallis me diria mais tarde que Hal tinha uma afeição especial por rosas.

Enquanto eu cruzava o vasto gramado salpicado de bordos frondosos e alguns altos pinheiros, passarinhos cantavam. Não admira que os irmãos católicos fossem para lá. Era um lugar tão bucólico e sereno quanto o jardim de um seminário. Aos lados, irrigadores giravam espalhando suas gotas contra a luz do sol. Dei a volta na piscina até a casa de banho e achei alguns calções que me serviam.

Saí e mergulhei na piscina. Era a primeira vez que eu ficava sozinho em uma piscina particular ou em qualquer piscina, e isso era ótimo. Mergulhei e nadei até cansar e então me deitei sobre o cimento quente e deixei que o sol me secasse. Sempre achei que deitar no cimento cálido ao lado de uma piscina é uma das sensações mais prazerosas que eu já experimentei.

Logo eu vi a sra. Wallis se aproximando pelo gramado. Ela havia mudado de roupa, mas ainda estava toda de branco. Sempre vestia branco, nunca descobri por quê. Ela desfilava em uma paródia de *zoot suiter*[2], inclinada para a frente, exagerando o balançar dos braços, e uma expressão desdenhosa em seu rosto. Carregava uma bandeja com dois copos cheios de gelo e uma jarra.

— Limonada? — perguntou.

— Ótima idéia.

Ela pôs os copos em uma mesa de ferro batido e serviu a limonada. Enquanto me entregava um deles, disse: — Você tem um belo bronzeado... pelo menos da cintura para cima. Pensei que todos na prisão fossem pálidos... a não ser os de cor ou os chicanos.

— Eles nos deixavam tirar nossas camisas para trabalhar em Wayside.

— Eu estive na comissão de condicional do município.

— Eu nem sabia que o município *tinha* uma comissão de condicional.

— Eles têm... ou pelo menos tiveram... um dia.

Ela era a mais adorável das mulheres, irradiando uma garrulice jovial. Também era curiosa a meu respeito e me fazia uma porção de perguntas. Minhas respostas eram mais arredias que sinceras. Por que ela deveria estar interessada em mim? Era óbvio que possuía uma riqueza que ultrapassava os sonhos de uma pessoa mediana. O que ela queria de mim? Certamente conseguiria alguém melhor do que eu como gigolô. Embora estivesse ressabiado, ainda assim me vi sorrindo e gargalhando. Ela era afável e divertida.

Uma mulher jovem, vestindo *shorts* e um imenso chapéu de palha, com duas crianças marchando em volta dela, apareceu atravessando o gramado. Enquanto ainda estavam a alguma distância, a sra. Wallis disse que ela era uma vizinha "...que foi namorada do meu filho, mesmo sendo quatro anos mais velha que ele... Parece estranho?". Com o tempo eu descobriria que a sra. Wallis fazia perguntas como aquela com freqüência, em um modo deliberadamente conspiratório de falar. Não era por malícia. Era seu modo de fazer as pessoas se aproximarem dela.

— O marido dela está dirigindo um filme para a Warner Brothers. Se eles soubessem que ela está vindo *aqui... nossa*! Não iam gostar nem um pouco.

Eles! De que eles ela estava falando?

As crianças atingiram a água e explodiram como duas pequenas bom-

---

[2] Imagem clichê dos negros nos anos 50, com gestos afetados e geralmente vestindo ternos folgados e com ombreiras largas, conhecidos como *zoot suits*. (N. do T.)

bas, e a jovem mulher estendeu sua mão quando a sra. Wallis fez as apresentações. Não consigo lembrar sequer seu nome ou quem ela era, exceto que estava em torno dos vinte e cinco e era bem bonita, exibindo uma boca cheia de dentes quando sorriu durante a apresentação. A melhor parte foi que isso me salvou daquele interrogatório aveludado. Quando ela sentou e começou a falar, fui para a água brincar com as crianças, um menino e uma menina — mais de seis e menos de dez anos. Eu era (e ainda sou) inábil para determinar a idade das crianças, tirando a minha própria, que ainda não chegou tão longe. Nós brincamos com uma grande bola na água. Eles nadavam como focas. Por que não nadariam? Eram crianças de classe média alta do sul da Califórnia. Nadar estava em seus genes.

Minnie veio avisar a sra. Wallis que a "senhorita Wallis" estava ao telefone. A "senhorita" Wallis era a irmã de Hal, Minna Wallis, da Famous Artists e agente de Clark Gable e outros. Com o tempo eu iria descobrir que ela era louca por pôquer e uma cadela impiedosa nos negócios.

Depois de Louise Wallis estar ausente por alguns minutos, decidi que era hora de partir. O sol branco do meio-dia havia se tingido de laranja quando chegou a um ângulo mais baixo, atravessando as várias árvores, que começavam a dançar com a música da brisa da tarde que avançava. A jovem mulher chamou seus filhos. — Está ficando frio — disse. Eu acenei para ela quando saí da piscina pela borda oposta, que ficava mais próxima do vestiário.

Quando terminei de me enxugar e de me vestir, a jovem mulher já havia saído. Para chegar à casa a partir do vestiário era necessário contornar a piscina. Quando passei pelo lado mais estreito do seu desenho retangular, não vi o degrau entre a borda e a água. Dei um passo em falso e meu pé afundou, primeiro no ar e depois em trinta centímetros de água. Em seguida, isso me lançou de lado para dentro da piscina. Chaplin não teria conseguido uma queda mais cômica.

Cheguei à porta dos fundos respingando água e totalmente humilhado. Minnie chamou a sra. Wallis, que achou aquilo engraçadíssimo.

Vestindo um dos robes atoalhados com o monograma de Hal, minhas roupas em uma pilha encharcada no alpendre de trás, acompanhei a sra. Wallis degraus acima até o quarto do seu filho. Ele estava matriculado em uma das faculdades Claremont e só vinha para casa no fim de semana. O quarto tinha uma parede cheia de livros e das várias fotografias, troféus e equipamentos esportivos que se poderiam associar a um jovem americano daquela época. O violão estava um pouco à frente do seu tempo. O grito da moda era o saxofone. A sra. Wallis percorreu *closets* e guarda-roupas, tirando uns jeans Levi's para mim (o que nós chamamos de 501 era o único que eles fabricavam nos anos cinqüenta), uma camisa pólo de malha e uma jaqueta curta de camurça. Enquanto fazia isso, disse que ele tinha mais do que precisava e preparou um embrulho para mim. Encontrou uma sacola para carregá-lo.

— Agora temos de pegar seu dinheiro — disse ela, conduzindo-me para seu quarto, que na verdade era uma suíte, com vestiário e banheiro anexos. O quarto ficava em um canto da casa, com janelas em dois lados, dando para o norte e para o oeste, o sol oblíquo suavizado pelas árvores do lado de fora. As sombras dançavam com a brisa e a luz do sol. O aposento era espaçoso. O quarto de dormir propriamente dito ocupava a metade; um sofá e um biombo criavam outro espaço, com uma extravagante escrivaninha antiga e um fichário. Uma das paredes tinha uma enorme estante. Olhei alguns títulos. Muitos eram de psicologia; alguns eram religiosos. Foi a primeira vez que eu vi o nome Pierre Teilhard de Chardin. Soou tão melífluo que lembrei desse momento na outra vez que o vi. Um dos títulos era *A Personalidade Neurótica do Nosso Tempo*, de Karen Horney.

O talão de cheques da sra. Wallis era imenso, seis cheques picotados em cada página. Ela preencheu um de vinte e três dólares. Vinte eram pelo trabalho e três para o transporte.

— Você pode caminhar uma quadra para o norte. O bonde vermelho pára no cruzamento da Chandler com a Woodman. Vai levá-lo direto para o terminal do metrô.

— É para onde eu quero ir.

— Você dirige automóvel melhor que caminhões? — ela estava rindo. Fiquei vermelho. — Ah, sim, quero dizer... aquilo foi só...

— A culpa foi minha. Eu falei para você virar. Amanhã vou querer que você dirija para mim durante as minhas andanças. Eu tenho artrite nas mãos — ela as ergueu. Suas juntas tinham o inchaço revelador. — Você pode estar aqui às dez?

— Estarei aqui — Conduzir uma mulher rica pela cidade era uma tarefa diferente de trabalhar sob o sol e vinte dólares era duas vezes o que um trabalhador ganhava na linha de produção da General Motors.

Caminhei para fora do portão, que um botão no lado de dentro me permitiu abrir por conta própria. Percorrendo pela Woodman as duas longas quadras até os trilhos da Pacific Electric no Chandler Boulevard, vi uma série de casas no estilo dos ranchos californianos sendo construídas. Algumas ainda eram esqueletos de madeira, outras estavam cobertas por uma pele de argamassa, e de algum lugar vinha a batida ritmada de um martelo, transportada pela brisa da tarde.

Um dos grandes bondes vermelhos da Pacific Electric — na verdade, dois deles ligados um ao outro — logo apareceu e parou no ponto. Rodando ao longo de uma larga via preferencial no meio de uma rua dividida, ele me conduziu através da North Hollywood e margeando o Glendale, passando por um templo construído por Aimee Semple McPherson e pelo Echo Park, com seus barcos elétricos, até entrar em um túnel de um quilômetro e meio de extensão no final do Glendale Boulevard. Os trilhos terminavam muito abaixo do edifício do terminal de metrô, meia quadra ao norte na Fifth Street, na Hill.

Aluguei um quarto mobiliado próximo ao MacArthur Park. Custava sete dólares por semana. O banheiro ficava no final do corredor, mas meu quarto tinha uma pia. Gostei disso. Tinha um tapete no chão e era confortável. Era meu. Tranquei a porta e tirei uma soneca. Quando acordei, era hora de sair para a noite de Los Angeles. Todo mundo sabe que o sul da Califórnia é quente no inverno. Mas nem todo mundo sabe que a noite da Cidade dos Anjos é seu melhor horário. Se o dia é abrasador, no momento em que o sol se põe o mundo é refrigerado até uma perfeita zona de conforto. Caminhei para a região central, a cerca de três quilômetros do meu dormitório, e fui assistir a *Céu Amarelo*, um *western* com excelente caracterização de personagens, com Gregory Peck e Anne Baxter.

* * *

PELA MANHÃ, INICIAMOS UMA rotina que iria se repetir vários dias por semana pelos poucos meses seguintes. Eu chegava depois das nove. Às vezes a sra. Wallis estava pronta às nove e meia, outras vezes, não antes das onze. Enquanto esperava, Minnie preparava um excelente desjejum para mim.

Cedo ou tarde, partíamos nas "andanças" da sra. Wallis. Pegávamos a Riverside, se estivéssemos indo à Paramount, em Hollywood. Ela sempre recebia tratamento de primeira classe, pois se seus dias de estrela havia muito tinham se acabado, "eu ainda sou *Lady Wallis*", dizia ela, piscando como uma conspiradora. Não havia dúvida de que Hal Wallis era um magnata do cinema, sob qualquer critério. Eu achava estranho ele nunca estar no estúdio quando o visitávamos. Haveria algo oculto? Será que ela queria que eu o matasse? Talvez fosse por isso que ela parecia tão interessada em mim e no que eu pensava.

Ela adorava falar — e eu sempre fui bom ouvinte. Pedaço por pedaço, comecei a montar sua história. Tinha nascido pobre, não empobrecida, mas na pobreza da classe trabalhadora. Morara na Sixth com a Kohler durante a primeira década após a virada do século e trabalhara na Bishop Candy Company, na Seventh com a Central. Foi demitida (anos mais tarde, ela confessou que foi a consequência de ter feito um aborto) por estar doente demais para trabalhar. Procurou outro emprego. Uma mulher chamada Brenda Griffith, acho que era esse o seu nome, deu uma carona a Louise, achou que ela precisava de trabalho e levou-a até onde Mack Sennet estava fazendo as comédias Keystone. Ela conseguiu trabalho como atriz na companhia de Sennet porque sabia dirigir automóveis, uma habilidade rara entre as mulheres da primeira década do século vinte. Usando tranças como marca pessoal, tornou-se uma estrela do cinema mudo.

— Não era realmente grande — disse ela —, mas cheguei longe — De fato, ela ainda trabalhou ocasionalmente após a chegada do som, embora já fosse esposa de Hal B. Wallis e não tivesse necessidade financeira de atuar no cinema. Uma vez, quando vi o Oscar de Melhor Filme dado a *Casablanca*, Louise me contou a história. Uma época, Hal havia dirigido os estúdios da Warner Brothers e os irmãos Warner "amavam-no como a um filho", ou pelo menos foi o que disse a sra. Wallis. Pouco mais de uma década depois, os irmãos Warner e Hal Wallis separaram-se com amargor e acrimônia. Na cerimônia do Prêmio da Academia de 1942 ou 43, quando o "Melhor Filme" foi anunciado, sequazes de Harry Warner impediram Hal de levantar de seu assento para subir ao palco. Eles correram para recolher o Oscar.

— Alegaram que ele pertencia ao estúdio... ou algo parecido.
— E o que aconteceu? — perguntei.
— Ah, você viu onde ele está, não viu?
— Nem sei por que perguntei.
— Eles o odiaram. Não mencione o nome Hal Wallis na Warner. Nos últimos poucos anos em que esteve lá, ele acenou mais para o talento pessoal que para os contratos de estúdio — atores, cinegrafistas, diretores, muitos deles grandes. Quando partiu e estabeleceu uma produtora independente com a Paramount, Harry Warner quase teve um ataque. Juro por Deus que é verdade — Era muito divertido ouvir as fofocas vindas de dentro de Hollywood. Fazia-me sentir como alguém de dentro, também.

Com freqüência, nossa rota partindo de sua casa passava pelas colinas, até o interior de Beverly Hills. Ela conhecia muita gente famosa. Jack Dempsey[3] era um amigo dos tempos em que ela estava no auge, nos agitados anos vinte, quando, disse ela, "eu experimentei de tudo o que havia, e do que gostei eu repeti". Ao ouvir que eu tinha idéias de ser lutador, ela me mandou para a agência imobiliária de Dempsey, acho que no Santa Monica Boulevard. Ele me fez lançar um *jab* e ergueu sua mão imensa. O *jab* foi horrivelmente fraco e eu fiquei visivelmente embaraçado. Dempsey tinha pelo menos sessenta anos e parecia capaz de nocautear uma mula. Outra vez ela me levou para visitar Ayn Rand, que ela conhecia porque Hal produzira um filme baseado em seu livro

---

[3] William Harrison Dempsey, chamado Jack Dempsey, pugilista norte-americano famoso por seus golpes terríveis, que conquistou o título mundial dos pesos pesados em 1920 e o manteve até 1926. (N. do T.)

The Fountainhead, que eu ainda não havia lido. O mesmo vale para Aldous Huxley, um homem alto e esguio. Tudo o que lembro é que sua casa cheirava ao pão recém-assado por sua esposa.

A mais memorável visita foi uma viagem pelo Benedict Canyon. Ele descia para Beverly Hills através de numerosas curvas fechadas e ziguezagues. Havia poucas casas, apenas flashes de telhados vermelhos por trás de muros cobertos de buganvílias.

— Você sabe quem é William Randolph Hearst? — ela perguntou.

Eu escutava meu pai xingar os jornais de Hearst por serem "maldita propaganda fascista". E ouvira em algum lugar que o filme *Cidadão Kane* era baseado em Hearst.

— Ele ainda está vivo?

— Ah, sim... ou quase.

— O filme disse que ele morreu.

— Não, W.R. ainda está vivo. Talvez fosse melhor para ele que não estivesse. Teve um alguns derrames. Não sai da casa de Marion há três anos. É para lá que estamos indo — Um pouco mais tarde ela acrescentou, quase para si mesma — Deus, como Marion odiou aquele filme. Ele também, mas ela... ela teria matado Welles... e Marion é realmente doce e gentil... e engraçada. Todos pensam que foi só o dinheiro de W.R. que fez dela uma estrela, mas era uma boa atriz de comédias leves — A sra. Wallis fez uma pausa em sua reflexão. — Nós nos divertimos — disse ela. — Isso era quase vergonhoso durante a depressão. W.R. conduzia um pequeno trem particular de Glendale para San Luis Obispo; o Trem de Hollywood, era como o chamavam. Depois todos se amontoavam em uma fila de limusines para o *rancho*. Era assim que W.R. se referia a ele. Imagine chamar San Simeon de *rancho*? Todos queriam ser convidados. Chaplin ia lá o tempo todo. Era um bom jogador de tênis. Greta Garbo, John Gilbert. Posso ver todos eles agora, nadando na piscina externa sob o luar — Ela citou outros nomes cujo fulgor deve ter cruzado o firmamento da fama um dia, mas que não conseguiram ressoar na minha memória. Reconheci Ken Murray porque meu pai trabalhou nos bastidores de sua peça *Blackouts*, uma revista que ficou em cartaz em Hollywood durante anos. Um dia ela me mostraria San Simeon, disse.

Pelo que me lembro, a casa de Davies ficava no alto da Beverly Drive, ao norte do Sunset Boulevard, onde a Beverly se transforma no Franklin Canyon, embora alguém tenha me dito que a casa onde eles viviam ficava em Whitley Heights, acima da parte velha do centro de Hollywood.

Marion Davies abriu a porta. Estava na casa dos cinqüenta, embora sob a iluminação fraca da entrada parecesse mais jovem. Era fácil ver porque Hearst, então com seus cinqüenta e poucos, tinha-se atraído pela corista de vinte e dois anos. Ela abraçou Louise e depois virou para mim.

— Este é Brent? Eu não o vejo desde... — Ela esticou sua mão à altura da cintura para indicar o tamanho de um garotinho.

— Não, não, este é Eddie. Ele é meu filho nos dias úteis. Brent vem nos fins de semana.

Marion sorriu calorosamente e estendeu-me sua mão. — Você tem uma ótima mãe semanal. Ela tem sido minha companheira há muito, muito tempo.

Marion Davies nos levou a uma sala de estar, onde conversaram sobre Zasu Pitts, uma amiga comum que acabara de passar por uma cirurgia de câncer. Marion disse que Zasu estava bem. Todo o seu câncer havia sido extirpado.

Enquanto elas conversavam, pedi permissão para usar o banheiro. Marion me conduziu até o corredor e me deu as instruções. Quando voltei, elas tinham saído. Uma janela francesa estava aberta para um terraço. Vi um reflexo branco e fui naquela direção até a sacada. Seus tijolos eram pontilhados pela luz do sol que atravessava um olmo gigantesco e manchados por frutinhas vermelhas esmagadas, caídas de um arbusto que havia ultrapassado o parapeito de cimento. Um casal de esquilos fazia uma algazarra sobre uma árvore. Havia montes de folhagens silvestres na descida depois do amplo terraço.

O reflexo branco tinha vindo do uniforme de uma enfermeira. Ela estava carregando uma bandeja para a casa por uma outra porta. Atrás dela, sentado no único retângulo de calor solar, estava um homem em uma cadeira de rodas. Aproximei-me com a intenção de perguntar se ele tinha visto Marion e Louise, mas quando cheguei mais perto desisti de fazê-lo. O rosto tinha alguma familiaridade. Devo tê-lo visto em jornais cinematográficos, na revista *Life* ou em algum outro lugar — ou talvez tenha imaginado reconhecê-lo. Meus conhecimentos sobre ele vinham diretamente de Orson Welles e da opinião de meu pai, mas por alguma razão senti que aquele homem representava riqueza e poder além da minha concepção sobre essas coisas. O que vi foi um grande maxilar e um imenso crânio arredondado com uns poucos tufos de cabelo cinzento. Ele girou o corpo para olhar para mim com olhos remelentos. Experimentei um sentimento de reverência, pois aquele era um homem que havia falado para todo o país sempre que desejara. Presidentes consultavam-no e Churchill o havia visitado na casa de praia de Marion em Santa Monica, de acordo com Louise Fazenda Wallis. Mas, quando ele se virou e apertou sua boca para falar, vi a fragilidade da decrepitude, da velhice e da doença. Creio que entendi visceralmente, pela primeira vez, que todos os homens são mortais. Ele disse algo que soou como "Mãe", com baba no canto de sua boca.

— O quê? — perguntei, inclinando-me para a frente.

— Marion — ele disse, ou assim me pareceu.

— Vou encontrá-la — disse, virando as costas. A enfermeira vinha em minha direção. — Você sabe onde a senhorita Davies e a sra. Wallis estão?

— Elas estavam indo para a cozinha.

Eu as encontrei voltando da cozinha. Quando contei a Marion Davies sobre o sr. Hearst, sua face ficou rubra, mas ela não fez nenhum comentário. Nós estávamos no corredor de saída. A sra. Wallis disse que tínhamos de ir e falou para Marion que manteria contato. Foi muito amigável, mas a senhorita Davies estava visivelmente distraída quando nos mostrou a saída.

Enquanto eu dirigia de volta para o vale atravessando a região de Beverly Hills chamada Beverly Hills Post Office, era difícil manter a imagem de William Randolph Hearst longe da minha mente e pensar no que eu sabia por causa de *Cidadão Kane*. Não posso separar o que sabia do que aprendi depois, mas presumia sem pensar que gigantes nunca ficavam velhos e indefesos. Aquela foi verdadeiramente minha apresentação à eqüidade final da fragilidade e da mortalidade humanas. Eu jamais quis envelhecer tanto a ponto de ficar tão desamparado. Mas, Deus, que vida ele viveu até então.

Às vezes as *andanças* da sra. Wallis eram realmente apenas isso, incursões ao mercado ou à floricultura ou a amigos sem riqueza particular. Alguns ela conhecia desde seus dias no cinema, como a mulher que fazia seu cabelo e o tingia não completamente platinado — e nunca ficava exatamente igual duas vezes consecutivas. Era uma companhia divertida. Uma vez eu avancei acidentalmente um sinal vermelho na Riverside Drive. A sra. Wallis disse "*Trucha... la jura!*". Era pura gíria do *barrio* para "segura a onda, os homens", e isso me pareceu muito engraçado considerando quem ela era. Outra vez ele esqueceu a chave que se encaixava sob o interfone para abrir o portão. Eram cerca de onze da noite. Em vez de acordar os criados, ela tirou os sapatos, jogou-os por cima do muro e me fez entrelaçar meus dedos para levantá-la até que pudesse subir nos meus ombros e pular sobre o portão. Isso parecia tão despretensioso e sem afetação que fazia uma onda de afeto se espalhar por mim. Àquela altura eu não acreditava que ela estivesse procurando um gigolô ou um assassino; tudo o que ela parecia querer era me ajudar, mas eu não podia imaginar o porquê. Nem Al e Emily souberam me dizer quando perguntei.

— Ela simplesmente ajuda as pessoas — disseram. — A cavalo dado não se olham os dentes.

Muitos anos mais tarde a sra. Wallis me contou a história da sua filantropia, que era sempre pessoal e individual em vez de fazer parte de uma organização. Ela nunca aparecia nas fotos dos comitês femininos para um ou outro tipo de caridade. Fazia suas boas ações sozinha e em silêncio, embora seu obituário viesse a ter o título: "Anjo de Hollywood".

Através dos agitados anos vinte ela dançou o *charleston* e o *black bottom* e conheceu Al Capone e os "garotos de Chicago...". Uma vez ela teve um namorado lutador que deixou uma pasta com ela. Logo depois, os agentes da divisão de narcóticos foram buscar a pasta cheia de morfina. Ela contava histórias irreverentes com deleite, embora também ficasse séria, e foi essa atitude de seriedade que ela mostrou quando me contou por que se dedicava a ajudar pessoas.

— Eu queria um bebê mas não podia ficar grávida. Os médicos especulavam que o aborto tinha me causado algum dano. De qualquer forma, fiz uma viagem para a França à bordo do *Normandie*. Encontrei algumas pessoas de Hollywood e um dia fomos para Lourdes. Sabe alguma coisa sobre Lourdes?

— Vi o filme com Jennifer Jones.

— Certo. Naturalmente, nós estávamos bebendo desde a hora do almoço e já estava escuro quando fomos de fato vê-la. Era realmente comovente, centenas de pessoas com velas em uma fileira que ondulava de um lado para outro sobre a encosta, até a gruta onde ela viu a Virgem. Por impulso, entrei na fila e, quando cheguei à gruta, prometi que se pudesse ter um bebê eu dedicaria o resto da minha vida a ajudar pessoas.

— Três meses depois, eu estava grávida.

Nos dezoito anos que se seguiram, ela vinha cumprindo seu voto. Durante a II Guerra Mundial, trouxe duas crianças vítimas da Blitz de Londres[4] para morar em sua casa. Ajudou muitas garotas que ficaram grávidas. Era ainda um sério estigma, na época, ter um bebê fora do casamento, e abortos eram ilegais. Depois de tomar uma jovem garota sob seus cuidados, ela a sustentou, pagou o parto e arranjou para que o bebê fosse adotado por um diretor de cinema (ela disse "famoso", sem mencionar o nome). O fato se espalhou pelo meio cinematográfico e outras garotas foram recomendadas a ela. Uma vez ela providenciou um aborto em Tijuana, "mas eu não faria isso novamente", disse. Um de seus trabalhos importantes era o Lar McKinley para Meninos. Ele ocupava quarenta acres entre a Riverside Drive e a Woodman, desde o tempo de William McKinley. Ele acolheu cerca de cem meninos de cinco a dezessete anos, a maioria de lares desfeitos, muitos com pais alcoólatras. Alguns vinham do juizado de menores. Ela era a mais importante benfeitora do McKinley. Pagou para mandar um jovem que havia crescido lá para a Universidade de Chicago. O rapaz estava predestinado a se tornar superintendente do McKinley.

Também ajudava a Notre Dame High School. Ao longo dos anos, tentou ajudar Edward G. Robinson Jr., um belo mas atormentado rapaz com tendência aos problemas, que morreria muito jovem devido à riqueza demasiada e à falta de responsabilidade. Contou-me, também, que pensar sobre os problemas de outras pessoas era um bálsamo para os

---

[4] Contração da palavra alemã *Blitzkrieg*, que designava os devastadores ataques aéreos da Luftwaffe durante a II Guerra Mundial, a blitz de Londres foi na verdade uma série de bombardeios intensivos contra a Inglaterra, de setembro de 1940 a maio de 1941, em represália a um ataque da RAF britânica contra Berlim. (N. do T.)

seus próprios. Na ocasião, fiquei imaginando que problemas seria possível que ela tivesse. Cerca de uma semana depois, li uma história publicada em um jornal sobre o "criador de estrelas" Hal Wallis e sua última *protégée*, Lizabeth Scott, com sua voz rouca, e lembrei de algumas indiretas e insinuações. Mais tarde, contei a Louise Wallis que eu ouvira dizer que Lizabeth Scott era lésbica.

— Também ouvi — disse ela. — Não sei o que isso faz de Hal.

COMO PROVAVELMENTE TODOS OS graduados da escola correcional, eu tinha algumas tatuagens ocasionais em tinta da China. Tinha um diamante na prega de carne solta entre o polegar e o indicador, onde a maioria dos outros exibia uma cruz de *pachuco*[5]. Aquilo indicava minha lealdade à La Diamond, a única gangue de rua inter-racial daquele tempo. Tinha as siglas WSS e PSI em meu braço, o S do meio servindo para ambas — lia-se uma transversalmente e a outra de cima para baixo. Whittier State School, Preston School of Industry.

Em meu mundo noturno, depois que trocava a sra. Wallis pela malícia das ruas, ter estado no reformatório não era um estigma. Na verdade, dava um certo prestígio. Em uma visita ao escritório de Al Matthews, Emily me chamou de lado e disse que a sra. Wallis queria pagar para que minhas tatuagens fossem removidas. Por mim tudo bem — e graças a Deus minha desfiguração era tão pequena. Muitos dos meus camaradas eram homens altamente ilustrados.

Uma semana depois, um cirurgião plástico de Beverly Hills removeu as tatuagens do meu corpo. O que estava tatuado no meu cérebro era um outro assunto.

Minhas noites e fins de semana eram passados no submundo. Agora eu tinha um quarto mobiliado em um hotel residencial próximo ao MacArthur Park, um quilômetro a oeste da área central de Los Angeles. Embora tivesse apenas dezesseis anos e não parecesse mais velho que minha idade, freqüentava o Robin's Club, na Eighth Street. Era literalmente um covil de ladrões, a maioria artistas do "golpe". O "cara-ou-coroa", a "correia" e o conto do troco (uma forma de roubar no troco) eram os jogos habituais. Os dias da "grande trapaça" tinham acabado. Em um golpe, alguém simplesmente rouba o que um idiota tem no bolso. A grande trapaça é o que diz o nome, e um bom exemplo dela é a falsa casa de apostas em *Golpe de Mestre*. Havia também batedores de carteira e uns poucos arrombadores. Estes eram ladrões que desprezavam os assaltos à mão armada e a violência.

---

[5] Adolescentes mexicano-americanos pertencentes a gangues de bairro. (N. do T.)

Uma noite, Sully, o *bartender* do Robin's que também era o intermediário (ele recebia a caixinha e a repassava para os policiais corruptos), disse para os vigaristas que Los Angeles fora fechada. Eles não poderiam trabalhar nos *pontos*, as estações de trem e de ônibus, onde noventa por cento dos pequenos golpes aconteciam. Pessoas que se dirigiam para algum lugar geralmente levavam uma boa soma em dinheiro. Quando estavam "comprados", os policiais deixavam que eles pegassem qualquer um que estivesse de passagem e não ficavam por perto para criar problemas. De repente, todos os golpistas estavam impedidos de trabalhar. Não podiam ir para os pontos porque todos os detetives corruptos os conheciam de vista. Ainda assim, tinham que ganhar dinheiro. A maioria deles era viciada, os mais velhos em morfina, os mais jovens em heroína.

Charles Baker e Piz the Whiz, que eu conheci na prisão municipal, perguntaram se eu sabia aplicar o "cara-ou-coroa" ou a "correia". Embora eles tivessem me ensinado e mesmo demonstrado para mim, eu nunca tinha aplicado golpes, que eram comparáveis ao trabalho de um ator em decorar um roteiro e depois representá-lo. Na verdade, o golpe está na lábia, no *script*. Eu sacudi minha cabeça.

— Não se preocupe. Você não precisa atuar. Tudo que nós queremos é que você aponte os patos.

Eles queriam que eu fosse até os pontos, encontrasse os patos e passasse a conversa neles. Charley e Piz me dariam as dicas. Eu tinha que levar os patos para as calçadas centrais, onde o golpe aconteceria. Geralmente, quem jogava a conversa representava o chegado, mas Charley e Piz iam assumir o controle, um de cada vez, quando eu trouxesse o pato para fora. Eles me dariam um terço. Interessado?

Eu estava muito interessado. Queria ver esses golpes porque eles pareciam horrivelmente precários. Queria ver alguém caindo neles. Além disso, era uma aventura nova, e eu estava sempre preparado para novas aventuras.

Eu olhava a multidão à procura de jovens com cabelos cortados rente e roupas desalinhadas, no terminal central dos ônibus Geyhound. Qualquer um que correspondesse a essa descrição tinha grande possibilidade de ser um recruta em trânsito, o que queria dizer que ele carregava algumas centenas de dólares na carteira, e algumas centenas em 1950 era o mesmo que alguns milhares meio século depois.

— E aí, companheiro, onde você está servindo?

— Se a resposta fosse fria ou hostil, eu mudava de rumo como um tubarão procurando uma presa mais fácil. Se ele dissesse "Saint Louis" ou "Oklahoma City" ou qualquer outro lugar, eu falava: — Em qual ônibus você vai? — Qualquer ônibus que ele respondesse, eu diria — Eu também! Esse ônibus não sai antes de uma hora — (ou qualquer que fosse o horário que a tabela indicasse). Em seguida eu contava a ele sobre umas garçonetes que eu conhecia. — Elas são demais... mmmm,

mmmm, mmm. Vamos lá; vamos dar uma olhada. Eu te pago uma bebida. Se ele viesse junto, já na rua nós tomávamos um caminho; mas depois eu mudaria de idéia. — Não, é por aqui. Vamo lá — A idéia era garantir o domínio e a liderança. Depois de meia quadra, Charley Baker aparecia.
— Cara — ele me dizia. — Eu estava procurando você. As meninas estão esperando. Vamo lá — Então, nós três caminhávamos pela calçada coalhada de pedestres. Na quadra seguinte, Piz the Whiz nos interceptava, geralmente usando dialeto irlandês, sotaque de jovem camponês ou australiano. Diria estar perdido. Então revelaria que estava em Los Angeles para cuidar da herança que seu cunhado deixara para sua irmã.
— Também me dei bem. Tirei uns oito mil a mais sem ela saber — Ele daria uma longa piscada, e o comparsa cochichava para o pato: — Esse cara acabou de arrancar oito mil dólares da própria irmã.
A conversa que se seguia era essencialmente um diálogo combinado entre o comparsa e o cara de fora, com uma ocasional cotovelada ou cochicho do comparsa para o trouxa. O de fora teria uma fala alta e vulgar, fingindo estar meio bêbado. Ele proporia uma aposta.
— Vamos jogar "cara-ou-coroa". Melhor de três.
Para o trouxa, o comparsa sussurrava: — Vamos arrancar desse filho-da-puta o que ele roubou da irmã. Você escolhe cara. Eu escolho coroa. Um de nós tem que ganhar. Vamos dividir o que conseguirmos.
Quando as moedas estavam prontas para serem lançadas, o comparsa dizia: — Esta é por trezentos dólares — Todos jogavam as moedas. — Eu ganhei!
O de fora dizia — Porra... ganhou mesmo — puxava um grosso maço de notas, geralmente um pacote de notas de um dólar com uma de vinte dólares por cima, às vezes só papel. — Aqui está — ele pagava para o comparsa, que puxava uma carteira com um zíper que a fechava inteiramente por três lados. Ele abria o zíper e punha o dinheiro dentro.
— Venha; vamos embora — dizia para o trouxa. — Nós ganhamos cento e cinqüenta cada.
Quando tinham andado cerca de vinte metros, Piz the Whiz corria atrás deles. — Ei, espere um minuto. Como vou saber se eu teria sido pago se tivesse vencido? Você tinha trezentos?
— Claro que sim. Você viu que eu tinha.
— Mas não sei se ele tinha.
— Você tem, não é?
O trouxa balança a cabeça.
— Isso é o que você está dizendo, mas eu não vi você pagar. Vocês estão mancomunados contra mim? Talvez eu deva chamar um tira — e Piz começava a olhar em volta, como se estivesse procurando um carro de polícia.
— Mostre pra ele — diz Charley, bancando o amigo, sussurrando — Porra, não queremos tiras.

Quando o trouxa pega seu dinheiro, Piz exige que ele pague. Se ele o guarda em uma carteira, só pode abrir o compartimento do dinheiro usando as duas mãos. Quando faz isso, o comparsa o arranca — Quanto tem aqui?

Se o trouxa fala em uma quantia menor que o valor da aposta, o chegado diz "eu empresto a diferença a ele", e começa a devolvê-la.

Piz grita — Vocês estão de rolo! Vou chamar a polícia!

— Não, não. Nós não estamos de rolo.

— Você está devolvendo o dinheiro a ele.

— Não, não estou — ele tira a carteira com o zíper, abre-a e põe o dinheiro dentro. (Na verdade, ele tem duas carteiras idênticas, uma das quais tem um zíper que não abre.) — Venha; vamos embora — ele começa a se afastar com o trouxa. — Cara, nós quase nos metemos numa fria com os tiras. Não se preocupe. Eu estou com o seu dinheiro. Nós ainda faturamos cento e cinqüenta cada um.

Piz vai atrás deles novamente, agora gritando abertamente saber que eles vão sair para dividir seu dinheiro. — Pare! Cadê a polícia?!

Charley, o comparsa, atiça o medo no trouxa: — Jesus, se ele chamar um tira estamos fritos. Pare com isso! — dirige-se a Piz. — Deixe-nos em paz. Nós não estamos juntos.

— Então você vai para um lado... e você para outro.

Este último movimento é o da separação. O ideal é que ele aconteça em uma esquina. O comparsa sussurra para o trouxa: "Vejo você na estação de ônibus". Ele toma um caminho, o trouxa toma outro, e Piz fica parado na esquina olhando para os dois lados. Se o trouxa estiver indo embora, ele dá o sinal combinado de que as coisas estão correndo bem: passa a mão sobre o estômago. De fato, durante todo o golpe há sinais com as mãos indicando quando fazer o próximo movimento do *script*. Algumas vezes, no último momento, o trouxa resiste; não quer deixar seu dinheiro sumir de vista. Se não puder ser despistado, Charley diz: "Aqui está, tome seu dinheiro e me encontre na estação de ônibus". Então ele entrega a carteira com o zíper emperrado para o trouxa, que não conseguirá abri-la. Isso, porém, é um último recurso. O golpe se desenrola de tal modo que a vítima nunca pressente o perigo até a armadilha se fechar. Até este momento, ele não arriscou nada e acredita que está arrancando cento e cinqüenta dólares de um canalha que rouba da própria irmã.

A "correia" é praticamente o mesmo golpe, com a diferença de que a isca não é o jogo de "cara-ou-coroa", e sim a habilidade de colocar um lápis no centro de um cinto enrolado. O "conto do troco" é uma manobra para dar dinheiro a menos quando você compra algo, na qual você entrega uma nota e depois decide pagar com outra, a trapaça está na contagem. Conheço vigaristas que tentam isso com todos os caixas. Não funciona com um caixa experiente, mas garotas jovens atrás de caixas registradoras são como filé mignon na boca de um leão para os vigaristas.

Ouvi falar de todos esses golpes na prisão municipal e na colônia penal agrícola. Ouvi também sobre os vários sinais que vigaristas, ladrões de loja e jogadores trapaceiros usavam. Na verdade, a maioria dos que aplicavam um golpe podia aplicar outros também. Dar tapinhas no estômago significa "Ok, está tudo legal". Puxar a orelha quer dizer "saia daqui". Puxar as mangas significa "me tire daqui". Coçar o nariz significa "volte para o próximo passo do golpe". Durante um jogo de cartas, um punho fechado sobre a mesa indica que "eu sei trapacear com as cartas e quero trabalhar". Uma palma aberta sobre a mesa em resposta diz que o trapaceiro pode ir em frente; um punho fechado manda desistir.

Eu absorvia tudo indiscriminadamente. A gíria também, a *lingua franca* rimada passada por gerações desde Londres no século dezessete. A rima era a chave. "*Bottle and stopper on the hammer and tack*" quer dizer que há um tira atrás de você. "*Oscar hocks*" são meias. "*Roses and reds*" é a cama; "*plates of meat*" são os pés[6]. Misture a rima com o *carney talk*[7] — "*Bopottle stopopper onpon the hapammer*" — e uma frase fica clara como o dia no submundo do roubo. Só aqueles que se sentem em casa entre ladrões conseguem entendê-la com alguma facilidade.

Uma noite eu estava no balcão do Traveler's Café, na Temple Street, entre a Figueroa e a Beaudry. Uma passagem ia do café para o salão de bilhar adjacente. Nos dois lugares, a maioria dos freqüentadores eram chicanos ou filipinos, com montes de putas loiras de cabelo tingido entrando e saindo. Elas me diziam que gostavam dos clientes filipinos, porque não eram jumentos. Eram rápidos e gostavam de boquete, que era o mais rápido e fácil para uma puta. Eu gostava de observar o movimento, e nunca sabia que aventura ia acontecer.

Wedo, que mais tarde seria chamado Wedo Karate na prisão, chegou ao Traveler's naquela noite com os olhos arregalados. Ele já era um viciado e às vezes traficava. Procurava freneticamente por alguém. Quando me viu, veio para o balcão. Achei que fosse me morder algum dinheiro para um pico, mas ele tinha outro negócio em mente. Do lado de fora, dobrando a esquina, havia dois "paus-de-arara" do México que tinham dois sacos de estopa cheios de maconha.

— Porra, quase cinqüenta quilos — disse ele. — Eles querem cem

---

[6] As gírias rimadas, de origem inglesa e australiana, são comuns nos presídios americanos para manter os não iniciados alheios à conversa. Como elas utilizam um vocabulário próprio e bem característico, e como não temos no Brasil um dialeto rimado semelhante, optei por manter as expressões em inglês. No texto original, temos: *bottle and stopper* (garrafa e rolha) = *copper* (oficial de polícia, tira); *hammer and tack* (martelo e tacha) = *back* (as costas); *Oscar hocks* (jarretes de Oscar) = *socks* (meias); *roses and reds* (rosas e vermelhos) = *bed* (cama); *plates of meat* (pratos de carne) = *feet* (pés). (N. do T.)

[7] Gíria utilizada por pessoas de grupos circenses ou parques de diversão itinerantes. (N. da E.)

dólares pelos dois sacos. Eu só tenho trinta paus, cara. Se você tiver o resto, nós podemos ser sócios nesse negócio.

Valia a pena olhar, por isso eu saí e virei a esquina. Realmente, esperando no carro batido de Wedo (a porta de trás do lado esquerdo ficava presa por um arame), estavam dois mexicanos de chapéu de palha que não falavam inglês. No chão, aos seus pés, estavam dois grandes sacos de juta, recheados como enormes salsichas. O cheiro era de maconha.

— Onde nós podemos ir para conferir o material? — perguntou Wedo.

— Sua casa — respondi.

— Não, não. Eu tenho mulher e um bebê. Ela vai ficar puta da vida. Vamos para o seu quarto.

Foi para lá que fomos. Estacionamos no beco e subimos pela escada dos fundos, os mexicanos carregando os sacos grandes e abarrotados nos ombros.

No meu quarto, tirei os lençóis da cama e estendi-os no chão. Os mexicanos derramaram o conteúdo de um dos sacos nos lençóis. Era uma grande pilha de canabis. Não os potentes botões sem sementes da fantástica horticultura de Humboldt County[8]. Era "erva" no sentido mais verdadeiro, cheia de galhos e sementes, mas essa era a maconha daquele tempo, que todo mundo comprava por um dólar o baseado, três baseados por dois dólares, ou dez dólares a lata (correspondente a uma lata de tabaco Prince Albert), e havia um monte dela. Tinha sido prensada em tijolos, mas as sementes estavam caindo e eles estavam se desfazendo. Talvez houvesse cinqüenta quilos, talvez apenas vinte e cinco ou trinta, mas tinha pelo menos duzentas latas de dez dólares. Não havia como me enganar. A sra. Wallis geralmente me dava vinte dólares por dia, mas na sexta-feira ela me dava sessenta dólares para o fim de semana, e eu tinha mais uns dez.

Wedo era meio chicano e falava espanhol. Eles queriam cem dólares americanos. Ele lhes ofereceu oitenta e prometeu entregar outros vinte mais tarde. Eles aceitaram. Meu negócio agora era fumo. Dirigia para a sra. Wallis nos dias úteis e vendia erva à noite e nos fins de semana. Era um bagulho muito bom também, pelo menos para a época. Em poucas semanas eu seria capaz de comprar meu desejo mais profundo: um automóvel. Wedo e eu costumávamos olhar para eles nas concessionárias de veículos com a avidez dos pobres.

— Preciso subir a costa até São Francisco — disse a sra. Wallis um dia. — Vou ver algumas locações para Hal. Quer ir ou devo pegar alguém do McKinley?

---

[8] Humboldt County é conhecida como grande foco produtor de maconha, comparável ao que o Napa Valley significa para a produção de vinho californiano. (N. do T.).

— Ah, não. Vou adorar levá-la. Nunca estive em São Francisco.
— Nós faremos uma bela viagem. Realmente nos divertimos juntos, não?

Era verdade. Eu apreciava sua companhia tanto quanto — se não mais que — a de qualquer fêmea núbil de dezesseis anos que eu conhecia. Algumas delas tinham seios empinados e bundas arredondadas; podiam despertar um desejo capaz de cegar em sua ferocidade, mas eram invariavelmente ignorantes sobre tudo que ultrapassasse o seu truncado mundo das ruas. Não consigo lembrar de nenhuma que tivesse jamais lido um livro. Elas floresciam entre as rachaduras das calçadas, seios fartos e cabeças vazias, e claro que simplesmente refletiam o mundo onde tinham crescido. Nunca conheci filhas de médicos e advogados. Louise Fazenda Wallis tinha sagacidade e sabedoria, e muitos atrativos. Tinha grandes histórias para contar, sobre Capone mandando emissários ao seu trem quando ela chegou a Chicago, sobre Hollywood no auge do cinema mudo. Mabel Normand, Desmond Taylor e Louise Brooks foram suas amigas íntimas. Ela me apresentou para um mundo que eu jamais imaginei conhecer em primeira mão. Meu sonho era ser dono de uma boate, usar ternos Hickey-Freeman, dirigir um Cadillac e exibir uma loira com uma estola de *mink*. A sra. Wallis plantou em mim a semente dos grandes sonhos.

Não havia auto-estrada para São Francisco naquele tempo. O Ventura Boulevard era a US 101. Além do Sepulveda Boulevard quase tudo era deserto, com algumas plantações de cítricos. As cidades de Encino, Woodland Hills e Tarzana eram pequenos vilarejos. Passamos por crianças cavalgando descalças e sem sela nos barrancos da *highway*, que eram apenas duas pistas correndo ao longo do sopé das montanhas Santa Monica. Em algum lugar entre Tarzana (assim chamada porque o criador de Tarzan morou ali) e Thousand Oaks, paramos em um curral de animais selvagens dentro de um barracão de eucalipto. Ali havia leões, tigres e elefantes para serem alugados para o cinema. Ela conhecia alguém dos "velhos tempos" em Tarzana.

A perua grande e pesada que nós dirigíamos devorava a estrada. Quando saímos de uma passagem entre as montanhas para um amplo vale e para Ventura County, a paisagem era toda de fazendas exuberantes. O sol estava quente e os campos cheios de trabalhadores agachados para a colheita.

— Morangos — disse a sra. Wallis.

Como se para confirmar suas palavras, um caminhão parado na beira da estrada tinha uma placa: "MORANGOS FRESCOS". Mais adiante havia vastos campos de alfafa crescendo em abundância sob os irrigadores giratórios que lançavam cintilações de água pelo ar. Depois havia fileiras de árvores que eu não reconheci.

— O que são estas?

— Nogueiras.
— Cresce de tudo na Califórnia.
— Sim, realmente.
Depois da cidade de Ventura, a rodovia acompanhava a costa. A grande perua parecia apostar uma corrida contra as ondas ao longo de quilômetros. O tráfego era leve e eu estava indo rápido, quando vi meu primeiro carro esporte, um Jaguar XK 120 modelo esportivo. Era prateado e veloz e apareceu primeiro no espelho retrovisor, para depois passar chispando por mim.
— Compre um desses para mim — eu disse.
Isso a fez rir — Gostou dele, hein?
— Ah, sim! — Naquela época eu não tinha idéia de que tipo de carro era aquele, vi apenas como era sua aparência e quanto ele era veloz.
— Não sei quanto a comprá-lo para você... mas você poderia ter um... Você pode ter qualquer coisa que quiser se desejar o suficiente — Ela riu. — Sou uma pessoa que acredita na perseverança. É o ingrediente número um para o sucesso.
Depois de almoçar em Santa Barbara, fomos para Pismo Beach, onde a sra. Wallis era esperada por um funcionário municipal. Ele fora avisado sobre o que ela procurava e tinha uma lista de possibilidades. A sra. Wallis levou uma câmera e tirou fotografias. Estávamos no meio da tarde quando ela terminou em Pismo Beach.
— Não vamos chegar a Monterey hoje — disse ela quando voltamos para a estrada. — Pare e espere eu dar um telefonema.
No Madona Inn, bem ao sul da pequena San Luis Obispo, eu aguardei enquanto ela entrou para usar o telefone. Estava sorrindo quando saiu.
— Eu liguei para Marion e nós vamos passar a noite em San Simeon — Ela estava empolgada, mas eu não tinha nenhuma referência, então não tive reação. alguma. Ela acrescentou — Em *Cidadão Kane*, lembre de Xanadu... "o imponente palácio do prazer", ou algo parecido.
Eu me lembrava vagamente de Xanadu, mas refutei aquela fantasia cinematográfica como um exagero. Nada podia ser como aquilo. Eu estava errado, claro.
Acima de San Luis Obispo nós saímos da US 101 na California Highway 1. A partir do norte de Morro Bay, a rodovia estreita abraçava os penhascos, abaixo dos quais o Pacífico se chocava contra rochedos aguçados. As árvores eram contorcidas por um vento perpétuo; suas raízes pareciam penetrar nas próprias rochas. Gaivotas planavam e grasnavam. Quase não havia tráfego. Sobre as rochas lá em baixo, as focas aqueciam-se ao sol.
— Da primeira vez que eu vim aqui — disse ela —, a maior parte desta estrada ainda não tinha sido pavimentada. Vejamos: Hal e eu estávamos em um carro com Marie Dressler. Lembra dela?

Eu balancei a cabeça.

— Ah, como a fama é transitória — disse Louise. — Ela era uma grande estrela nos anos trinta.

— Eu provavelmente a vi. Apenas não lembro o nome.

— Todos chamam San Simeon de castelo Hearst. Ele o chama de *rancho*. Acredite em mim, é mais um castelo que um rancho... embora tenha duzentos ou trezentos mil acres.

— ... *trezentos mil?*

— Algo assim. Acho que a maior parte não vale nada. A grande atração eram as longas cavalgadas aos sábados. Ele tinha girafas e bandos de zebras correndo livremente. Nós saíamos no meio do nada, voltávamos na hora do almoço e, pasme, lá estavam os criados com mesas cobertas por toalhas de linho sob os carvalhos, com alguns antílopes ou algo parecido nos observando. Você pensaria estar no Serengeti.

Dava sua grande gargalhada que sempre fazia as pessoas sorrir. Ela manifestamente sentia um grande prazer em me contar sobre W.R. trazendo o teto de uma abadia de dez séculos e fazendo uma casa de hóspedes caber sob ele.

— Há duas piscinas. A piscina interna custou dois milhões de dólares e ninguém jamais a usou a não ser os criados. Imagine só.

Era difícil imaginar. Dois milhões de dólares por uma piscina!

Enquanto passávamos pelo pequeno vilarejo de Cambria, ela me contava animadamente uma história atrás da outra. À medida em que chegávamos mais perto, a proximidade refrescava sua memória.

— Nunca vou esquecer a garota que Chaplin trouxe certa vez. Ela tinha... talvez dezesseis... dando a ele o benefício da dúvida. Rapaz, ele gostava das jovenzinhas. Ela não sabia se era uma sedutora ou se tinha caído nas malhas de um molestador de crianças.

— Os criados costumavam revistar nossa bagagem quando chegávamos e quando partíamos.

— Quer dizer que eles vasculhavam suas malas?

— Não faziam isso na sua frente. Faziam quando deixavam as malas em uma das casas de hóspedes... ou nos automóveis, na hora da saída.

— O que eles procuravam na chegada?

— Bebida. W.R. permitia um drinque antes do jantar. Eram tempos ébrios e muitos dos amigos de Marion eram verdadeiros tonéis... exceto por uns poucos que usavam drogas. Uma vez estávamos nos aprontando para o jantar, esperando que W.R. e Marion descessem. Mabel Normand veio porta adentro, furiosa como o diabo gritando: "Algum filho-da-puta roubou minha morfina!". Acho que Marion devolveu, mas não creio que Mabel a tenha visitado novamente.

— Já contei para você que o modo como eu arrumo minha mesa, com mostarda, ketchup e todos os condimentos em suas galhetas no centro da mesa, é uma cópia da mesa de San Simeon?

Após um minuto ou mais ela disse — Olhe, olhe lá à direita... em cima... em cima...

Quilômetros adiante, coroando as colinas a muitas milhas da costa, tivemos uma visão das torres brancas. A vista foi subitamente bloqueada por uma fileira de eucaliptos margeando a estrada.

— Preste atenção na entrada à direita — Ela fez uma pausa. — A última vez em que estive aqui foi em 1936. Deus, como o tempo voa. Eu lembro que o grande assunto daquele fim de semana foi a Guerra Civil Espanhola. W.R. estava despachando no andar de cima. Nós nos perguntávamos de que lado ele estava. Todos nós, gente do cinema, estávamos do lado dos republicanos, mas não queríamos cometer nenhuma gafe caso W.R. fosse a favor de Franco.

— Qual era a posição dele?

— Sabe como é... eu não me lembro.

O CASTELO FICAVA A VÁRIOS QUILÔMETROS da estrada. A rodovia particular ziguezagueava pelas colinas. O castelo aparecia e desaparecia, tornando-se maior cada vez que o víamos. Os campanários gêmeos lembraram-me uma velha catedral mexicana que eu tinha visto na *National Geographic*. Para mim, parecia mais um palácio que um castelo.

Na rodovia, o oceano mantinha o ar fresco, mas a dois ou três quilômetros da brisa do mar o clima era aquecido pelo sol e castigava as montanhas desertas. Finalmente, alcançamos uma paisagem cultivada. Os edifícios principais ainda estavam a uma certa distância.

— Continue em frente — disse Louise quando alcançamos a Casa Grande, como era chamada. Ela me fez contorná-la até chegar a uns degraus. Eram poucos, mas amplos. Avultando-se sobre nós, parecendo maior por estar embasada sobre a Colina Encantada, como Hearst a chamava, estava a Casa Grande. Olhei para o topo, o que me obrigou a esticar o pescoço.

— Feche a boca — disse ela. — Você vai acabar engolindo uma mosca.

Era verdade. Eu estava parado com minha boca escancarada.

Uma governanta estava descendo as escadas. Atrás dela vinham os criados. Eu já havia visto e experimentado muitas coisas em meus dezesseis anos, mas nada como quando Louise Wallis pôs um criado sob as minhas ordens. Destravei o bagageiro da perua com a intenção de tirar nossas duas malas. A sra. Wallis estava falando com a governanta, mas quando viu o que eu estava fazendo fez um gesto para que eu parasse. — Deixe isso. Eles vão tomar conta.

A governanta nos conduziu degraus acima. Eu olhava em volta em completa estupefação, por isso não percebi a contrariedade da sra. Wallis até que a ouvi murmurar "Merda". Era seu palavrão preferido, contou-me certa vez.

— Qual o problema? — perguntei.

— Nós não podemos ficar na casa principal. Alguns familiares estão lá.

Examinei o imenso edifício; parecia tão grande quanto Notre Dame.

— Eles vão ocupar a casa *toda*?

A sra. Wallis riu.

— Não... mas nós estamos aqui graças a Marion... e os Hearsts odeiam Marion Davies. A esposa do sr. Hearst ainda está viva, você sabe.

— Não, não sabia. Não sabia que ele era casado.

Ao invés de nos levar para a Casa Grande, a governanta nos conduziu ao longo de uma imensa varanda ou terraço contornando a casa. Flores estavam por toda parte, e no meio delas havia uma moça de alabastro agachada ao lado de um bode. Tudo parecia o cenário fantasioso de um filme mudo. Ornamentos. Colunas estriadas encimadas por esferas brancas — iluminação para as noites.

A governanta conduziu-nos até uma porta intrincadamente entalhada, que poderia ter decorado um palácio veneziano do século quinze. Abriu-a e nos guiou para o interior.

Casa de hóspedes? Uma ova! Era uma espécie de museu. Em seu devido tempo eu viria a apreciar a arte e os artefatos coletados ao redor do mundo que adornavam aquela sala, mas na época tudo parecia apenas velho para mim. Opulência para mim naquele tempo era a cintilante *art déco* em preto-e-branco. Ou talvez minha reação tenha sido determinada pelo sufocante calor da sala. O sol incidia em ângulo agudo através de uma imensa janela que dava para o mar ao longe. A casa de hóspedes não tinha ar condicionado. Na verdade, foi o que desagradou à sra. Wallis, pois a casa grande tinha condicionamento de ar. Seu humor sombrio foi temporário. Em poucos minutos, sua disposição voltou. Ela apreciava todas as coisas da vida. Mostrou-me toda a casa de hóspedes. As camas eram abundantes, mas não havia cozinha.

— A cozinha fica na casa grande. Venha cá; afunde na cama do cardeal Richelieu.

— O cara de *Os Três Mosqueteiros*?

— Acho que sim.

— Estou pronto para tirar uma soneca na cama de Richelieu.

— Vá em frente. Eu tenho que escrever algumas cartas.

A cama tinha uma grande cabeceira escura e ficava tão acima do chão que eu tive de subir em uma cadeira para alcançá-la. A sra. Wallis disse que as camas ficavam tão longe do piso para manter afastados os ratos que corriam até mesmo pelos assoalhos dos palácios. O colchão era macio mas cheio de caroços. Acostumado a beliches de presídio e chãos de concreto, consegui dormir por uma hora. O sol estava alaranjado e começava a mergulhar no Pacífico quando acordei. Estava faminto.

A sra. Wallis lia um livro quando eu entrei. — Sentindo-se melhor?

— Estou ótimo. Quando vamos comer?

— Estive pensando sobre isso. Não sei que ramo da família está na residência... e realmente não pretendo dar de cara com eles na sala de jantar. Mas quero mostrá-la para você. Se a mesa fosse redonda, você iria achar que o rei Arthur e seus cavaleiros estariam lá. Ouça o que vamos fazer. Você vai nadar enquanto eu vou até a cozinha ver o que está acontecendo. Use a Piscina de Netuno, a que está lá fora.

Ela percebeu minha hesitação. — Está tudo bem — disse. — Ninguém vai dizer nada e será algo que você nunca vai esquecer.

— Eu não trouxe calção.

— Você tem um par extra de Levi's, não?

— Ã-hã.

— Use-as.

— Onde fica?

— Logo depois da escada. Não tem como errar.

Descalço, sem camisa e carregando uma toalha, eu saí. Era a hora mágica, aquele momento em que o ocaso alisa todas as rugas e imperfeições do mundo. Tudo estava silencioso e havia uma sensação de encantamento. O calor pesado e a claridade que me obrigava a cerrar os olhos haviam partido. A luz mais suave trouxe de volta o brilho do mármore. Havia uma brisa vespertina que apenas começava a soprar; nela dançavam rosas, vermelhas e amarelas. O jasmim já perfumava o ar. Desde aquele dia, o aroma de jasmim evoca minha lembrança de San Simeon.

Os degraus para a Piscina de Netuno tinham dois passos de largura, por isso desci vagarosamente. Fontes de intrincada beleza derramavam-se em estágios para a piscina. Décadas mais tarde, em Roma, lembrei das fontes de San Simeon quando vi as de Bernini. Tudo era mármore, assim como a própria piscina.

Parei em incontinente admiração. Era verdadeiramente um momento encantado em um lugar encantado. No lado oposto às fontes onde eu desci havia pilares que sustentavam uma arcada com uma estátua de Netuno. As encostas afastadas das colinas caíam em direção ao mar distante, para o qual o gigantesco sol vermelho-alaranjado deslizava inexoravelmente. Seus raios passavam através dos pilares e banhavam o mundo com um tom dourado. Era tão extraordinário que eu sentia a dor do desejo inatingível enquanto observava aquilo. Voltei-me para olhar para a Casa Grande, acima e atrás de mim. Os campanários gêmeos se superpunham contra nuvens de um rosa evanescente movendo-se lentamente pelo céu. Os ricos relevos e detalhes fundiam-se nas torres.

A brisa movimentava a água e os desenhos geométricos do fundo brilhavam, ainda que tenuemente. Fiz uma pausa na margem da piscina. À minha memória veio meu momento com William Randolph Hearst, velho e cadavérico, doente e à beira da morte. Se ele não tivesse feito mais nada, aquele por si só era um monumento que perduraria num futuro tão distante quanto eu podia imaginar.

Atirei-me na água. O choque gelado mudou o rumo dos meus pensamentos. Nadei intensamente para me aquecer, e por fim flutuei de costas, o que me dava uma visão melhor da Casa Grande. O que a sra. Wallis havia me dito uma vez era verdade: aquele fora o Monte Olimpo para a versão dos anos vinte dos deuses e deusas, as estrelas do cinema. Ela me contou que Chaplin adorava aquela piscina e que Greta Garbo e John Gilbert tinham feito amor dentro dela. George Bernard Shaw tinha nadado uma ou duas vezes; Winston Churchill tinha boiado ali.

Por entre os pilares estriados de Netuno vinha o brilho alaranjado do ocaso. Nadei pelo ouro liquefeito em direção ao fogo do pôr-do-sol. Eu estava certamente em um mundo alheio ao burburinho. Lembrava-me da piscina pública do Griffith Park, onde as crianças da cidade eram comprimidas como um cardume de atuns. Preferia muito mais aquela.

Ouvi Louise me chamar: — Eddie! Eddie! — Ela descia os largos degraus para a beira da piscina. Atravessei a nado e me agarrei à borda. Seu rosto estava sombrio.

— Marion acabou de ligar. O sr. Hearst morreu uma hora depois de eu falar com ela. Acho que é melhor nós partirmos.

Icei-me para fora da água e nós caminhamos para cima da esplanada.

— Ela disse que a família se apropriou do corpo muito rápido — Louise estalou seus dedos para ilustrar. — Eles odeiam Marion e sem W.R. ela não tem nenhuma autoridade aqui. Talvez eles não digam nada, mas talvez sim. Não quero me sentir constrangida.

Eu podia entender, mas aquilo parecia estranho, também. Pensava que ela fosse rica e poderosa demais para tais coisas.

Descendo a longa e tortuosa estrada, olhei para trás. Os cânions eram de um púrpura e negro profundos, mas no alto da Colina Encantada, a Casa Grande resplandecia aos últimos raios do sol. Os campanários cintilavam e relampejavam. O velho homem na cadeira de rodas certamente deixou um grande monumento. O que eu iria deixar? Havia um sentido? Poderia eu criar um sentido?

Quando chegamos à rodovia, Louise disse: — Fomos os últimos convidados do grande lorde e sua dama.

Paramos em Big Sur para o jantar. Ela telefonou para Hal, que estava em locação no Missouri. Ele ligou para o Fairmont Hotel em São Francisco e fez reservas para nós. Quando chegamos, eles nos puseram na suíte presidencial. Ela possuía dois leitos. Na manhã seguinte, todos os jornais tinham a imagem de William Randolph Hearst na primeira página. O último representante da Era dos Magnatas havia morrido.

5

TREM NOTURNO PARA SAN QUENTIN

Troquei duas latas de erva por um sedã Plymouth 1936 quatro portas com um emblema no capô. O cara que me vendeu o carro era o irmão mais velho de um camarada do reformatório. A placa era de Fulton County, Kentucky. Ele me contou uma história de que os documentos tinham sido mandados a Sacramento para serem registrados na Califórnia. Eu acreditei.

Dirigi o carro por cerca de um mês sem documento e sem carteira de motorista. Hoje isso me assusta; naquela época não me preocupava. Quando ia para a casa da sra. Wallis, estacionava umas duas quadras à frente e não contava para ela que tinha um carro. Nosso relacionamento tinha chegado ao ponto em que ela havia pago para que minhas poucas tatuagens fossem removidas e ela e Al Matthews estavam discutindo minha ida para o colégio e depois para a faculdade de direito. Tudo aquilo era ótimo, mas distante. Se há algo verdadeiro na mente de um jovem criminoso é a necessidade de satisfação imediata. Na verdade, o lugar é aqui e o tempo é agora. Prorrogar a gratificação é contrário à sua natureza. Então, embora a escola de advocacia fosse excelente no horizonte longínquo, no momento eu continuava vendendo os sacos de erva. Eles iam mais e mais rápido à medida que eu conseguia novos fregueses — baseados e latas. Era um tempo em que o bagulho era considerado a verdadeira "erva do diabo". Uma garota de Pasadena que soprou fumaça de maconha em um saco que havia posto na cabeça de seu gato ocupou as primeiras páginas dos jornais e a revista *Time*. Ela foi considerada uma espécie de monstro de crueldade. Pelas leis da Califórnia, maconha era o mesmo que heroína ou cocaína; posse ou venda de qualquer quantidade implicava uma sentença indeterminada de seis meses a seis anos. Um jovem foi para San Quentin por causa de três sementes aspiradas dos tapetes do chão do seu automóvel.

Alguém que a polícia havia prendido ofereceu como acordo entregar alguma pessoa que estivesse vendendo baseados a granel e telefonou para mim à procura de uma "tampinha", uma lata de Prince Albert com trinta gramas. Dez dólares era o preço usual. Pus uma lata no meu bolso e fui para o Plymouth.

Quando parei no cruzamento do Beverly Boulevard com a St. Andrew's Place por causa do sinal vermelho, um carro encostou à minha esquerda. Dentro dele estavam Hill e O'Grady, uma famosa dupla de detetives do departamento de narcóticos de Hollywood daquele tempo.

— Encoste no meio-fio — um deles disse para mim.

Do outro lado, um carro virava à direita. O sinal estava vermelho, mas não havia tráfego. Pisei no acelerador, disparei para o cruzamento e dobrei à direita pelo Beverly bem na frente dos detetives. Eles pisaram no freio e eu segui em frente. A perseguição havia começado. O carro dos detetives não tinha sirene, portanto haveria uma chance.

Quando o Beverly Boulevard se aproximava da Rossmore, o sinal de trânsito ficou vermelho. Carros estavam enfileirados em todas as pistas que iam para a mesma direção que eu. Virei bruscamente à esquerda tomando uma pista que vinha em direção contrária, com carros parados no cruzamento por causa do farol. Sem hesitação, pisei mais fundo no acelerador. Se conseguisse atravessar, achava que poderia fugir.

Um velho cupê veio da esquerda para a direita, quase como se eu estivesse em um *videogame* e ele aparecesse no meu campo de visão. Pisei no freio e por um momento pensei que poderia evitar o cupê. Por azar, meu pára-lama frontal direito bateu na traseira do outro carro, fazendo-o girar e me jogando sem controle para a esquerda.

Um pesado caminhão do correio era o primeiro da fila diante do sinal vermelho. Bati em ângulo contra ele com a roda anterior esquerda. A colisão deslocou o eixo do caminhão do correio para o outro lado e fez com que eu me chocasse contra o volante com força suficiente para fazer com que meus dentes ferissem meu lábio. Tentei abrir a porta, mas ela estava emperrada. Tentei sair pela janela, mas no momento em que me movi, meu joelho começou a latejar com uma dor horrível.

Quando consegui tirar minha cabeça e meus ombros, estava olhando para dentro do cano de um .38 modelo especial da polícia.

Nunca soube como foi feito, mas entre a sra. Wallis e Al Matthews, o promotor distrital foi convencido a retirar as acusações. Em vez disso, fui levado perante o juiz Ambrose por violação do sursis. Ele me deu um ano na cadeia municipal e a continuidade do sursis. Achou que eu ainda era jovem demais para San Quentin.

O departamento do xerife mais uma vez me mandou para o Wayside Honor Rancho. Vários meses mais tarde, um agente farejou um baseado que eu estava fumando atrás do alojamento. Não pegou o baseado, mas me levou para o prédio da administração. Era noite. O comandante de plantão me mandou para a Sibéria, na nova unidade de segurança máxima. No dia seguinte, o agente que estava a cargo das investigações me chamou. Disse-lhe que iria descobrir quem estava trazendo drogas para dentro se ele me deixasse ir. Ele me mandou de volta para o alojamento. Tão logo a escuridão caiu novamente, eu pulei a cerca. Caminhei para oeste por quinze quilômetros e peguei uma carona até a Coast Highway e depois voltei para Los Angeles.

Meses mais tarde, quando me apanharam antes do amanhecer em um carro entre a Eleventh e a Union, em Pico-Union, onde Wedo morava com sua mãe, a polícia arrombou a porta do apartamento e encontrou meio quilo ou mais da maconha que sobrou dos sacos de estopa, mais algumas centenas de dólares. Eles embolsaram a grana para me deixar dizer que a droga era minha. Isso livrou Wedo, e eu iria para San Quentin de qualquer maneira. Era um destino óbvio, se é que já existiu um.

COMO ERA ESPERADO, O JUIZ Ambrose anulou a condicional e me sentenciou para o Departamento Correcional nos termos prescritos pela lei por violação da Seção 245 do Código Penal, Ataque com Arma Letal (AAL), com intenção de causar grande dano corporal. Era uma sentença indeterminada entre seis meses e dez anos, embora a maioria dos ex-detentos na carceragem, considerando os casos que eles conheciam, dissesse que eu cumpriria de dois e meio a três anos. Um deles achava que seria menos, talvez dezoito meses, mas um homem mais experiente me falou que seria mais — as autoridades dos adultos eram duras contra AAL. Al Matthews desistira, mas a sra. Wallis queria que eu a pusesse na minha lista de correio e visitas. Eu estava tão *blasé* quando o juiz passou a sentença que limpava as unhas e piscava para as irmãs italianas rechonchudas que Wedo havia trazido para a corte. Mais tarde ele casou com uma delas e teve dois filhos; depois ele também foi para San Quentin. A essas alturas eu estaria em liberdade condicional.

Por haver menção a alguma quantidade de maconha no boletim de ocorrência da minha prisão, o agente do registro me pôs na carceragem dos brancos ligados a drogas, designada 11-B-1. O décimo primeiro andar era uma carceragem externa que dava para Chinatown, com a inacabada Hollywood Freeway estendendo-se à esquerda. Eu podia ver a cidade à noite se ficasse em pé sobre a primeira barra transversal e olhasse através da pequena abertura da grade externa. Naqueles dias, todos os usuários de drogas conhecidos, incluindo os maconheiros, ficavam em carceragens especiais. Havia uma ala de treze celas, a 11-B-1, para brancos viciados, e uma de doze celas para negros drogados, e duas carceragens, uma de vinte e duas celas e outra menor, para chicanos. Havia camaradagem entre os *junkies* brancos, muitos dos quais se conheciam das ruas. Dizia-se que eles eram os melhores vigaristas e ladrões, porque tinham necessidade de ser bem-sucedidos. "Aquele mexicano que trafica bolinhas não vende a crédito."

Cada uma das treze celas tinha dois beliches acorrentados à parede de aço. Sob o de baixo havia mais três colchões, exceto nas primeiras três celas. Elas pertenciam aos presos de confiança da carceragem. A cela nº 1 tinha dois beliches e dois ocupantes — a não ser que convidassem um amigo para se mudar para lá. As celas nº 2 e nº 3 tinham três ocupantes, um dos quais dormia no chão do cárcere. Os homens daquelas celas tomavam conta da carceragem. Eles distribuíam a comida, designavam as celas e os beliches, mantendo uma lista de quem tinha ascendência em cada cela, e certificavam-se de que todos se alinhassem em grupos de três para que os agentes fizessem a contagem enquanto caminhavam do lado de fora das grades. Na eventualidade de algum problema, se alguém se ofendesse com o que era atirado da panela para o prato, todos os oito agiam em uníssono. Nem mesmo King Kong poderia ter esperança de prevalecer sozinho, e, se alguém começasse a procurar aliados para uma rebelião, a notícia chegava facilmente aos de confiança. Como uma ameaça dessas poderia passar despercebida em um mundo de treze celas e com a largura de uma calçada? Os de confiança apareciam na porta dos rebeldes, com sentinelas de cada lado da carceragem e seus amigos prontos para gritar e bater os canecos a fim de abafar o barulho da contra-revolução moendo a pisadas as tripas do pregresso rebelde.

O "COMBOIO" PARA SAN QUENTIN partia na tarde de sexta-feira. Todos os sentenciados ao Departamento Correcional viajavam na primeira sexta-feira após dez dias do julgamento. A espera de dez dias ocorria porque, de acordo com os estatutos, todo réu tinha dez dias para protocolar uma Notificação de Apelação. Eu jogava pôquer enquanto esperava pelo trem.

O pôquer durava enquanto as portas das celas estivessem abertas, o que era o tempo todo, exceto antes da bóia. As celas se fechavam enquanto as coisas eram arrumadas. Elas também ficavam fechadas depois da bóia, enquanto a carceragem era varrida e esfregada. O jogo encerrava-se à noite, com o apagar das luzes.

O homem do dinheiro vinha às quartas-feiras. Os prisioneiros com dinheiro em conta podiam sacar até dez dólares a cada semana. Isso e os três dólares que um preso podia receber duas vezes por semana de algum visitante era tudo o que se permitia. Uns poucos dólares duravam muito em 1951, quando um maço de Camel custava vinte *cents*, um envelope selado custava um níquel, um tubo pequeno de Colgate custava quinze *cents*, e um livro em brochura custava um quarto de dólar. Nós podíamos comprar barras de chocolate (cinco *cents*), litros de leite (dezesseis *cents*) e tortinhas (vinte *cents*). O cunhado do xerife possuía a concessão.

Eu já havia me tornado um bom jogador de pôquer de cadeia, e o pôquer de cadeia era tão difícil quanto o de qualquer outro lugar, qualquer que fosse o cacife. Havia superabundância de jogadores no Dia da Grana, mas nos fins de semana os melhores quatro ou cinco eram os únicos que restavam. Eu estava entre eles. Também tinha uma loja. Às sextas-feiras, eu estocava cigarros, barras de chocolate, leite e tortas. Os vendedores não vinham nos fins de semana — mas choviam novos prisioneiros. Seus cigarros eram confiscados durante o processo de registro, no andar inferior. Ao meio-dia de domingo eu sempre tinha vendido todo o meu estoque e dobrado meu investimento. Ninguém me visitava ou colocava dinheiro na minha conta. Tinha de sobreviver graças à minha esperteza se quisesse ter algumas das regalias permitidas na cadeia do Palácio da Justiça, entre novembro e dezembro de 1951. Também estava tentando acumular cem dólares ou mais para levar a San Quentin.

Lembro das cartas de baralho suadas e ligeiramente amassadas que deslizavam pelo cobertor cinzento sobre o chão do corredor numa tarde em particular. Nas carceragens mais distantes, os "da vez" estavam sendo chamados. Vários nomes eram anunciados, seguidos por: "Arrumem as coisas!".

Minhas cartas naquela tarde eram ás, dois, três e cinco — com uma figura. Quatro cartas para uma seguida. Se eu pudesse tirar um quatro, teria a melhor mão do *lowball*. Um seis faria a terceira melhor mão. Um sete faria um *power-house*, e mesmo um oito me daria uma boa mão.

Eu estava quente e as cartas estavam do meu lado. Subia a aposta sempre que tinha uma boa mão faltando apenas uma carta. Se subisse apenas quando tivesse a mão cheia, todo mundo saberia que eu estava abonado quando elevasse a aposta e abandonaria suas mãos em vez de arriscar um pedido de duas cartas.

Do décimo andar, pelo vão livre da escada de aço, vinha a voz: "Jones, Black, Lincoln... arrumem as coisas!". Era uma carceragem de prisioneiros negros. O próximo seria o décimo primeiro andar, seções A e B.

— Sua vez, Bunker — disse alguém.

— Sim, eu me distraí com os da vez. Eu subo — joguei o dinheiro do bolso da minha camisa para o cobertor. Estava pegando boas mãos desde cedo.

Um cara que jogava depois de mim cobriu a aposta. Ele merecia uma olhada. Tinha subido a sangue-frio logo depois que eu aumentei a aposta. Um que já estava dentro com a primeira aposta também subiu. Um terceiro jogador largou sua mão no monte. — Vocês estão quentes demais hoje — ele disse.

— Cartas para os que ficaram — disse o mão.

O jogador à minha frente ergueu dois dedos.

O mão queimou a carta do alto e mandou duas por cima do cobertor. O jogador pôs fora seu descarte e apanhou as duas novas cartas.
Eu descartei a figura. — Me dê uma. Chega de reis.
A carta cruzou o cobertor.
— Vou jogar com estas — disse o homem depois de mim.
Virei-me para examiná-lo. O sinal de alarme disparou. Ele ergueu a seco depois que eu subi, chamou a aposta sem subir, e agora jogava com tudo. Seria algum idiota? Teria demonstrado fraqueza por não subir quando eu ergui ou tinha a mão tão cheia que queria que todo mundo ficasse? Ele não sabia que um dos outros iria passar porque eu subi. Se tivesse replicado, perderia qualquer um que pedisse duas cartas. Esse seria um bom modo de jogar se ele tivesse a mão cheia de oitos ou um nove. Ele não iria querer muitos jogadores pedindo cartas.
Uma grande chave de ferro bateu na porta da frente. — Onze-B-Um... os da vez. Bunker, Ebersold, Mahi, arrumem as coisas, trem noturno para o norte!
— É você, Bunk — disse o carteador.
— Eles não vão sem mim — ergui as bordas de minhas cartas, vi a mais discreta sugestão de uma curva e soube que era um seis. — Sua vez — disse para o jogador à minha frente.
— Mesa.
Era hora de armar uma cilada. — Mesa — eu disse, e fiz um quase indistinto movimento de abandonar a minha mão sem mais barulho.
O jogador com a mão cheia viu, pressentiu fraqueza e caiu na armadilha. — Dez dólares — disse.
O primeiro jogador desistiu de sua mão.
— Onde estão os da vez? — gritou o agente carcerário através da porta da frente. Ele esquadrinhava o corredor em frente às celas. Viu o jogo de pôquer, e sabia meu nome. — Bunker, arrume as coisas, porra!
Ignorando o agente penitenciário, larguei três notas de dez dólares no monte. — Eu subo.
O homem com a mão cheia ficou vermelho como uma beterraba quando sentiu a armadilha se fechar. Como jogador de pôquer, eu geralmente preferia apostar em minha própria mão do que pedir mesa e depois subir. Vez ou outra era bom fazer isso, porque advertia os outros jogadores de que "pagar para ver" não era equivalente a uma rendição. Ele olhou suas cartas. Não conseguia decidir o que fazer.
— Bunker! *Arrume as coisas*! — berrou o agente.
Ergui minha mão e acenei. — Passa, manda ver ou sobe? — disse, apoiando-me sobre meus quadris. Tinha de ir, de qualquer modo.
— Não me apresse, cara — ele falou.
O preso de confiança da carceragem saiu da primeira cela e atravessou o corredor. — Ei, Bunk, é melhor você ir. Aquele tira é um babaca.
— Eu vou assim que este cara decidir se caga ou desocupa a moita.

Del Ebersold e Sam Mahi já estavam no corredor com seus pertences pessoais nas mãos.
Meu adversário quis explorar a situação. Ele apertou suas cartas, como se estivesse olhando para elas.
— Bunker! — o agente gritou para o passadiço. — É melhor você mexer esse rabo ou não vai haver mais jogo de cartas no 11-B-1.
Eu me ergui e me inclinei por sobre os outros jogadores. — Você vai escolher se abandona suas cartas ou se chama a aposta... agora... ou eu... vou chutar essa sua cabeça filha-da-puta dentro de dois segundos. Não tente ficar em pé.
Ele jogou as cartas fora. Eu abocanhei o dinheiro que estava no monte e corri para a cela. Meus companheiros de cárcere tinham juntado os parcos apetrechos que eu levaria comigo. Enrolei o dinheiro bem apertado, cobri-o com vaselina, e enfiei no meu cu. Dinheiro vivo é útil em San Quentin.
Ebersold e Sam Mahi estavam esperando na porta da carceragem. Eu conhecia o irmão mais novo de Ebbie do reformatório, mas ele e Sam Mahi eu conhecera ali na prisão municipal. Teria notícias deles pelas décadas que se seguiriam.
O agente destrancou a porta.
— A aventura começa — disse Ebbie. Ele e seus irmãos já eram lendas no San Fernando Valley. Embora fosse praticamente iletrado, ele era um dos maiores contadores de histórias do mundo. O ritmo de sua fala era fascinante. Ele me deu uma piscadela e ergueu o polegar. Seríamos amigos por muitos anos sem um único desentendimento. Sam Mahi também seria meu amigo por vinte anos, mas, por ser amigo de todo mundo que tivesse algum status, a profundidade e o poder de sua lealdade sempre foram suspeitos. Não tinha inimigos, e um homem sem inimigos geralmente tampouco tem amigos verdadeiros.
Nós três nos juntamos à corrente de prisioneiros de todo o Palácio da Justiça, cerca de duas dúzias embarcando no trem-prisão, a rede que toda semana apanhava os peixes para as três prisões da Califórnia. Todos estavam no banheiro, vestindo quaisquer que fossem as roupas civis que usavam quando foram presos, as quais repousavam por vários dias no distrito e eram vestidas para o comparecimento ao tribunal. A maior parte delas estava puída quando eles chegavam à cadeia municipal. Seus trajes civis eram armazenados em cabideiros, comprimidos muito juntos, de modo que não ventilavam. Agora também cheiravam a mofo. Só um homem parecia elegante; vestia um terno de dupla abotoadura de *sharkskin* cinza. Um negro alto e belo de pele brilhante chamado Walter "Dog" Collins, era um condenado *junkie* para quem Ebbie me apresentou. Eu viria a conhecer Collins melhor na penitenciária. Parecia limpo porque estivera sob fiança até ser sentenciado.
Quando já estávamos vestidos, os agentes verificaram nossos nomes

na lista e nos acorrentaram em lotes de seis. Em dois grupos, lotamos o grande elevador de carga e fomos levados para o túnel no subsolo, onde placas indicavam MÉDICO LEGISTA e NECROTÉRIO MUNICIPAL. Um ônibus da chefatura de polícia nos levou por um breve quilômetro e meio até a Union Station, onde uma seção de reservados do Harvey House estava isolada por cordas. Hambúrgueres e batatas fritas tinham sido pedidos antecipadamente. Nós podíamos escolher entre café e Coca-Cola, servido por uma garota adolescente de rosto cheio de espinhas que estava realmente nervosa. Ninguém disse uma palavra, mas olhos ardiam através de suas roupas, narizes se inflavam e as fantasias foram brutais. Levaria anos até que qualquer um daqueles homens voltasse a sentir o cheiro de uma mulher.

O trem de prisioneiros era na verdade um simples vagão com ferro maciço soldado às janelas e uma gaiola de alambrado para a metralhadora em uma das extremidades. Era dezembro e anoitecia cedo. Caía uma garoa quando embarcamos. À medida que o fazíamos, um agente carcerário punha correntes de aço nas pernas da maioria, liberando-os, em seguida, do grupo de seis homens. Assim eles poderiam ao menos caminhar sozinhos entre as filas dos bancos até o toalete, no lado oposto ao da jaula da metralhadora. Ninguém jamais ficava fora de vista. Três, incluindo eu, usavam tanto correntes de aço nas pernas quanto algemas. Alguma autoridade tinha estipulado que recebêssemos uma segurança mais rigorosa. Isso fazia com que os outros prisioneiros nos olhassem com um cauteloso respeito.

O clangor profundo dos engates de ferro prenunciou um solavanco — e nós estávamos a caminho através da noite. Em segundos, o vagão se encheu com nuvens de fumaça de cigarros, pois quase todos acenderam um — mas depois o consumo foi mais moderado.

Ao longo da noite, o trem parou para outros homens sentenciados a San Quentin. Em Santa Barbara, embarcaram dois; em San Luis Obispo foram quatro. Fizeram-me sentar em frente ao guarda que estava na jaula da metralhadora para que ele pudesse manter os olhos em mim. Ao meu lado estava um homem chamado Ramsey, que já estivera na penitenciária antes. Parecia feliz por estar voltando. Gostava de falar sobre como eram as coisas lá e sobre o que faria quando chegasse. Dei corda a ele por uns momentos, mas logo concluí que era um mentiroso e o cortei.

A chapa de ferro para fora da janela tinha uma abertura de sete centímetros. Quando eu pressionava meu rosto contra o vidro interno, podia ver uma estreita fatia de paisagem. A maior parte do tempo era a escuridão do Estige, quebrada inesperadamente por uns poucos segundos de luz quando atravessávamos um vilarejo e o apito soprava seu alerta. *Clan-glan, clan-glan, clan-clan-clan-glan*, as rodas de ferro entoavam uma ladainha interminável. Por um momento os trilhos correram ao lado de uma auto-estrada. Eu me dei conta de que aquela era a mesma rota que eu havia tomado quando embarquei no trem de carga aos sete anos de idade.

A jaula da metralhadora estava bem atrás de mim. Eu podia inclinar minha cabeça para trás de encontro à tela de aramado. Do lado oposto à metralhadora, na direção do meu ombro esquerdo, ficava o toalete. Havia uma divisória separando-o dos assentos, mas estava aberta para o lado para que o guarda armado pudesse manter a vigilância através da janela de Plexiglas. Talvez eles tivessem medo que alguém pudesse dar descarga de si mesmo para a auto-estrada. Seria uma fuga e tanto.

Uma coisa que não escapava era o fedor. — Porra! — disse uma voz alta várias fileiras à frente. — Alguém morreu e está apodrecendo. Meu Deus!

A maneira como isso foi dito causou um riso abafado. Em meio à atmosfera de medo do desconhecido que estava por vir, havia um fermento de convivência.

A escuridão ainda reinava sobre a Bay Area quando o vagão de prisioneiros foi desconectado do trem e posto na balsa que atravessa o estreito entre Richmond e San Rafael. Do outro lado, embarcamos em um ônibus para o último quilômetro e meio até a prisão. Tinha parado de chover, embora as nuvens prometessem mais e o piso estivesse úmido quando estacionamos no portão externo. Oitocentos metros à frente estava a prisão propriamente dita. Um conjunto gigantesco de celas estendendo-se para a esquerda ao longo da orla da península. A silhueta de uma enorme torre fora da costa lembrou-me algo saído da Idade Média. Era a Torre de Vigilância nº 1, o arsenal da prisão.

Fora do ônibus, um velho prisioneiro negro, vestindo uma capa de chuva amarela e um chapéu impermeável, esperava ao lado do primeiro portão, feito de alambrado sobre rolamentos. O guarda em uma pequena guarita ligou para dentro, e então fez um sinal para que o negro abrisse o portão. Quando estávamos entrando, ele sorriu e sacudiu sua cabeça num arremedo de comiseração. Uma boa olhada em seu rosto me informou que ele tinha pelo menos setenta anos.

O próximo portão também era de alambrado, mas por cima tinha um rolo de arame farpado tingido de marrom pela ferrugem. A Torre de Vigilância nº 1 monitorava o ônibus enquanto ele fazia uma meia circunferência e parava a poucos metros de um edifício mais antigo. Vários guardas esperavam. O espaço entre o ônibus e o chão era muito alto para pernas acorrentadas, por isso, assim que cada peixe parava na porta, um agente penitenciário removia a corrente e deixava-o bater com os pés no solo. O peixe caminhava entre os guardas da prisão até o portão de entrada. As correntes das minhas pernas foram removidas; as algemas permaneceram.

Quando dei um passo para dentro, um guarda estava dizendo para cada homem: "Olhe onde pisa." Nós estávamos atravessando um portão para pedestres recortado em um portão maior, para veículos. O portão menor tinha uma soleira de vários centímetros de altura. Apesar do aviso, o homem à minha frente tropeçou e quase caiu. Isso me deixou alerta.

Além do portão existia um túnel de cerca de vinte metros de extensão. Do lado oposto havia uma grande porta de aço que emoldurava uma porta menor, a qual tinha um pequeno postigo. Um guarda estava sentado ali, olhando através da janelinha e abrindo a porta para pessoas autorizadas. Os portões nunca eram abertos simultaneamente.

Bancos estavam fixados ao longo de ambas as paredes laterais. Próximo à outra extremidade havia uma porta aberta à esquerda. Um letreiro dizia: RECEPÇÃO E SOLTURA. Os recém-chegados estavam sendo conduzidos através dele. Dentro havia três fileiras de bancos já ocupadas, exceto por uma vaga. Atrás de mim o sargento parou os novos moradores:

— Vamos fazer isso em dois grupos. O resto senta ali.

— Tirem as roupas até ficarem com a bunda de fora. Se quiserem mandar suas roupas para casa, terão de pagar por isso. Se quiserem doá-las para o Exército da Salvação, joguem-nas naquele cesto de lavanderia.

Quase todos, incluindo a mim, jogaram suas roupas no cesto de donativos. Voltamos para os bancos, todos completamente nus, uns brancos como barriga de peixe, outros marrons como nozes, uns gordos, uns magricelas, uns fracos, outros musculosos como panteras.

O sargento posicionou-se na nossa frente.

— Calem a boca e escutem! — ordenou. A maioria ficou em silêncio, mas alguns no fundo continuaram a cochichar com seus companheiros.
— Calem a boca aí. Vocês podem aprender alguma coisa se escutarem.

— Ei, *sarja*, eu ouvi você falar isso cinco anos atrás.

— Ouça novamente — Esperou até que a sala estivesse em silêncio e começou — Todo mundo aqui já pensou em fugir. Tão logo embarcaram, já estavam pensando se poderiam achar uma saída.

"Existe a possibilidade de vocês escaparem. De poucos em poucos anos, perdemos alguém de dentro dos muros. Estou aqui há dezesseis anos e vi três sumir daqui de dentro. Fora dos muros, é fácil."

"Onde quer que vão, nós trazemos todos de volta. Temos somente um que ainda está fora. Ele era do Equador. Fugiu há cerca de onze anos."

"Mas deixem-me dizer uma coisa: ninguém escapa com refém. Vocês podem pegar a mim; vocês podem pegar o diretor. Porra, podem pegar até a filha do diretor..."

— Ele não tem filha — disse uma voz.

— Se ele tivesse uma filha... se vocês pegarem sua esposa... *ninguém* vai abrir o portão. Não importa o que aconteça, *ninguém* sai com um refém. É contra a lei abrir o portão em uma situação que envolva reféns. Se o governador *ordenar* que o portão seja aberto, ninguém vai obedecer.

No fundo da sala, uma porta de aço se abriu. O pronunciamento foi interrompido e cabeças se voltaram. Um tenente ossudo com cicatrizes profundas de acne entrou, acompanhado por dois agentes da correcional.

Os guardas esperaram enquanto o tenente foi até a frente para conferenciar com o sargento.
— Bunker está neste grupo? — perguntou o tenente.
Levantei minha mão — Sim, senhor.
Eu havia aprendido a dizer "senhor" havia muito tempo.
— Venha até aqui.
Nu e envergonhado, andei de lado pelo corredor formado por outros corpos nus e fui até a frente.
O tenente estava desconcertado. — Você é Bunker? — perguntou com uma nota de incredulidade em sua voz.
— Sim, senhor.
— Você conhece o capitão Nelson?
— Ah, sim. De Lancaster.
— Bem, agora ele é capitão aqui.
O tenente me olhava de alto a baixo. Eu era um magrelo sardento de dezessete anos e pesando cerca de 65 quilos.
— Você não parece durão — disse ele, quase como se pensasse alto.
— Eu não sou durão. Caras durões estão na sepultura — era um ditado de presidiários. Eu tinha ouvido na cadeia municipal... e ouviria com freqüência na penitenciária, nos anos que se seguiriam.
— Você não vai ser um criador de casos, vai?
— Não, senhor.
— Isto aqui não é jardim-de-infância. Esta é San Quentin.
— Eu sei, senhor — Meu treinamento na escola militar algumas vezes era útil.
— Vá sentar. Fique longe de problemas.
Quando voltei, minhas bochechas cobertas de penugem estavam vermelhas. Tentei fazer um olhar duro. Fiz com que meus olhos parecessem cruéis para os homens nus que olhavam para mim mas evitavam meu olhar. Se alguém tivesse me fitado nos olhos, teria perguntado imediatamente por que ele estava encarando. Se a resposta soasse errado, perguntaria se ele estava procurando encrenca. Se não gostasse da resposta que se seguiria, eu o acertaria imediatamente. Talvez ele caísse, talvez não, mas de qualquer maneira minha chegada à penitenciária seria notada. Tivera aulas de sobrevivência na prisão desde minha primeira viagem ao abrigo juvenil, aos dez anos. Embora os homens na prisão pudessem respeitar a sagacidade e a inteligência, era a violência que tinha o poder. Se procurar a ajuda das autoridades era um pecado mortal não importava o que acontecesse, daí seguia-se que cada homem — freqüentemente com a ajuda de amigos — tinha de proteger a si mesmo e construir seu próprio espaço no mundo hobbesiano atrás das grades. Éramos despidos das máscaras de classe, família, dinheiro, roupas. Não havia indenização legal para agressões ou insultos.
Quando o tenente saiu, um preso arrastou um cesto de lavanderia

para o meio do piso. Estava cheio de macacões brancos dobrados, tamanho único, bolsos costurados para que nada pudesse ser introduzido neles — e também pares de meias e chinelos.

Enquanto ainda estávamos nos vestindo, detentos escriturários começaram a tomar nossas impressões digitais, fazendo cada dedo rolar sobre um cartão, depois o polegar em cheio e também os outros quatro dedos. Cada novo interno tinha quatro cartões: FBI, Sacramento, Departamento Correcional e o da própria prisão. Isso tomava um longo tempo. Quando a tomada de impressões digitais acabou, fomos fotografados de frente e de perfil, segurando uma placa. CALIF. DEPTO. CORRECIONAL, com data, nome e número. O meu seria para todo o sempre A20284. O homem à minha frente era A20283 e o que estava atrás de mim, A20285. Era uma marca atribuída ao acaso. Cada registro de minha vida na prisão teria o rótulo "A20284 Bunker". Um dia ele estaria na capa da *Harper's*, mas isso seria décadas depois da manhã chuvosa em que A20284 se tornou meu primeiro nome.

Eu tinha acabado de tirar o retrato quando o mesmo tenente, com os mesmos dois guardas, apareceu. Trazia uma folha de papel, um tipo de cadastro. Depois eu reconheceria aquilo como uma ordem de reclusão. Pressenti seu propósito, por isso não fiquei surpreso quando ele olhou para mim, disse alguma coisa para os guardas e todos os três vieram em minha direção.

No caminho para fora, o tenente quase pedia desculpas: — Eu não ia trancar você. Isto veio do próprio capitão. Você vai ficar trancado até ele poder falar com você.

Levaram-me da Recepção e Soltura através do túnel e passando pela porta interna para o mundo de San Quentin. A primeira visão que tive me deixou paralisado. Aos meus pés havia um jardim formal de cerca de um acre. Era entrecruzado por calçadas. Mesmo em um descolorido dezembro ele era impressionante. Se algumas partes estavam estéreis por causa do inverno, outros lugares tinham vistosos crisântemos vermelhos e um tapete de amores-perfeitos amarelos e negros. Eu lembrava de alguém ter me contado sobre ele: o Jardim Bonito, como o chamavam.

De frente para o jardim, à direita, havia uma enorme mansão vitoriana. Algum dia ela devia ter abrigado o diretor, agora era o Escritório de Custódia. Uma varanda percorria sua frente, com duas portas e um guichê de atendimento onde os passes eram fornecidos.

Não cruzamos o jardim. Pegamos a esquerda ao longo da base do prédio do qual acabáramos de sair. Ela servia como um muro com uma passarela percorrendo toda sua extensão. Um guarda com uma carabina caminhava acima de nós, olhando para baixo a fim de dar cobertura, se necessário. Aquela passarela conduzia a outras espalhadas pela prisão. Era projetada para que homens com rifles pudessem se distribuir por quase todo lugar dentro dos muros sem precisar descer para o solo.

Atravessando o jardim a partir da mansão havia um conjunto de celas de cem anos de idade. O telhado era de folhas de metal corrugado. O segundo e o terceiro pisos eram passadiços feitos com ripas de madeira, com um pequeno espaço entre elas. As pesadas portas de ferro maciço tinham postigos de observação no nível dos olhos. As portas das celas eram fixadas com grandes barras de ferro às dobradiças e fechavam-se sobre lingüetas, de modo que um grande cadeado que pendia de uma corrente podia ser batido para fechá-las.

Para atingir os passadiços era necessário contornar o edifício dos anos vinte. Era chamado o Velho Bloco Espanhol. Havia uma cerca com arame farpado no topo. Um sargento grisalho abriu o portão e recebeu o papel do tenente.

— Ele estava sendo procurado?

— Sim. Acabou de descer do trem.

— Está começando rápido, garoto — disse o sargento, olhando para mim por cima de um charuto espremido entre os seus dentes. — Venha.

Destravou um portão que dava para os degraus que conduziam aos passadiços que contornavam o edifício. Ele mostrava o caminho, eu vinha atrás e o tenente nos seguia. Os dois guardas esperaram embaixo. No segundo passadiço, o sargento contornou o lado que dava para o jardim e para a mansão além dele. As portas de ferro maciço tinham fendas de observação no nível dos olhos. Alguém que estivesse dentro podia esticar quatro dedos para fora, nada mais. Olhos espiavam de uma ou duas delas. Quando passamos por uma das portas, uma voz chamou: — Ei, sarja, deixa eu falar com você um minuto.

— Na volta — disse o sargento.

Na última cela, ele tirou uma grande chave que servia para um grande cadeado. Removeu-o e retirou a barra de ferro. Usando outra chave, abriu a porta de aço.

A entrada era um arco arredondado de cerca de um metro de espessura, feito de tijolos. Mais tarde eu descobriria que os tijolos e o cimento estavam apodrecendo. Um diligente prisioneiro com uma colher poderia cavar seu próprio caminho para fora, ou pelo menos para a próxima cela, que era o que dois amantes fariam.

— Entre — disse o sargento.

Entrei e a porta de ferro chocou-se contra o batente de aço, vedando toda a luz, exceto a nesga que vinha através da fenda de observação. Os olhos do tenente pareciam riscos quando ele olhou para dentro.

— Você tem dois baldes aí dentro — disse ele. — Um tem água para beber; o outro é para você cagar e mijar. Não acho que você vá confundir os dois. Vão trazer roupas de cama depois da contagem. Relaxe.

Seus passos faziam barulhos enquanto se afastavam. Parei junto à porta enquanto meus olhos se ajustavam à escuridão quase total. Eu podia ver o perfil de um catre do Exército dos Estados Unidos pendente, datado de cerca de 1917, com um fino colchão que pendia com ele. O bloco de celas fora construído antes do advento da eletricidade, de modo que a precária fiação chegava por um conduíte que atravessava o teto. Fios dependurados sustentavam uma lâmpada nua de quarenta watts. Ela se acendeu quando eu a rosqueei mais apertado. Sua claridade era rala; mas, afinal de contas, havia pouco para ver. O velho catre tinha perdido as molas de um dos lados, de modo que quando eu o estiquei aquele lado afundou. Arrastei o colchão para o piso. Eles me enxergariam bem o suficiente quando olhassem pela fenda. Dormir na cama estava fora de questão.

Encostado na parede dos fundos estava um balde com um jornal dobrado em cima. Ergui o jornal e coloquei-o imediatamente de volta sobre o balde. O outro recipiente era o da água. Era um galão sobre o qual havia um livro com a capa arrancada. A lata continha um litro de água, o livro era *The Fountainhead*, de Ayn Rand. Tirando isso, a cela estava vazia. Ouvindo algo do lado de fora, fui até a fenda para olhar. O grupo de peixes com o qual eu tinha chegado deslocava-se em cardume pelo jardim. Sumiram de vista. Cruzando o caminho, eu podia ver prisioneiros vestidos de azul indo para a varanda da mansão e para a janela que me lembrou um guichê de banco. Era, como eu viria a saber, o Guichê dos Passes. Se alguém tivesse uma visita, tinha que pegar seu passe naquela janela. Se tivesse uma consulta médica, ela era marcada pelo Guichê dos Passes. Contornaram o jardim para chegar ali. Só pessoas livres e presos sob escolta usavam as calçadas que cortavam o jardim. Alguns iam da janela para o portão de saída, enquanto outros retornavam e saíam de vista. Alguns vestiam brilhantes capas de chuva amarelas; outros usavam bonés de presidiário de aba longa e colarinhos erguidos. Alguns passaram perto e gritaram para alguém em uma cela próxima à minha. Se tentavam enrolar, o guarda armado sobre o portão de saída os enxotava.

Uma sirene soou. Era um sinal que fazia condenados e guardas acelerar o passo. A sirene anunciava a contagem principal para o fechamento das celas. Dentro de alguns minutos, nenhum prisioneiro estaria visível. Era hora de deitar para ler. Graças a Deus alguém deixou um livro, um de que ouvi falar na colônia penal agrícola. A primeira página havia se perdido, mas esse era um obstáculo menor. Dentro de um minuto eu estaria enredado na história de Howard Roark, arquiteto de gênio e integridade que permaneceu só e sem se curvar sob o fardo das mediocridades que mordiscavam seus calcanhares, odiando-o por não transigir com seus ideais. Mais ainda que com Howard Roark, fiquei encantado com o editor de jornal que havia aberto à força seu caminho para a riqueza e o poder e que tinha uma cobertura com teto e paredes de vidro, de modo que quando abria as cortinas podia fazer amor sob as estrelas e sobre a metrópole. Logo me dei conta de que aquele era diferente de qualquer outro livro que eu havia lido, e isso me fazia virar mesmerizadamente as páginas. Percebi por minha própria conta, sem ter lido nenhuma crítica literária, que os personagens não deviam ser considerados pessoas reais. Todos representavam idéias de algum gênero: o indivíduo idealista, o altruísta que queria destruir o indivíduo que ousava erguer-se sozinho, sem aderir obedientemente ao enxame.

Uma chave na fechadura me fez ocultar o livro sob o colchão. Talvez a leitura fosse proibida ali, pensei. Um guarda manteve a porta aberta e um prisioneiro apareceu carregando uma bandeja de aço inoxidável. Parou no batente da porta e eu a peguei das mãos dele, o cardápio-padrão de toda instituição, que consistia de espaguete encharcado, vagens cozidas demais, três fatias de pão com margarina branca (a lei proibia os fabricantes de usar corante amarelo para fazerem-na parecer manteiga), uma sobremesa de tapioca de San Quentin e um caneco de aço inoxidável com café fraco — tornado mais fraco pelos detentos cozinheiros, que o roubavam e vendiam. Era comestível, mas longe de ser apetitoso.

— Bem — como dizem alguns ex-condenados —, eles me trataram melhor do que eu os teria tratado — Comi tudo, menos as vagens. Eram vagens enlatadas, cozidas até derreter.

Do lado de fora, sobre o passadiço, uma chave pesada bateu contra um cano e uma voz berrou — Hora da contagem!

Era o momento de ficar em pé onde pudesse facilmente ser visto. Uma sombra apareceu. — Vamos ver uma das mãos — disse uma voz. Introduzi meus dedos até o punho na fenda. Passaram dois guardas, cada um contando para si mesmo. No final eles comparavam os números. Se fossem os mesmos, a contagem era comunicada ao Controle. As chamadas passavam pelas solitárias, corredor dos condenados, hospital e pelo rancho. Quando cada unidade e o total estavam certos, uma sirene dava o sinal de que estava tudo em ordem.

Aconteceu de eu estar olhando para fora da fenda. Um minuto após a sirene, uma torrente de guardas começou a fluir pelo Jardim Bonito em direção ao portão de pedestres. Era o turno do dia deixando o serviço.

Voltei para *The Fountainhead*, o arquiteto heróico, o editor cínico, a colunista que casara com o editor mas amava o arquiteto. Grande parte da minha infância e juventude tinha transcorrido assim, trancado em uma cela com um livro. Muito mais do que a maioria, o que eu pensava a respeito do mundo era a impressão do que eu havia lido, preenchendo o vazio normalmente reservado para a família e a comunidade.

Uma chave girou na fechadura. Dois guardas entraram com dois cobertores cinzentos e uma fronha contendo um *kit* para recém-chegados. Continha vários itens: uma escova de dentes, um pequeno envelope de papel marrom com pó dentifrício, um aparelho de barbear de três peças e duas lâminas Gillette *finas*. Trazia um toco de lápis apontado (na verdade, um lápis cortado ao meio), duas folhas de papel pautado e dois envelopes selados. Havia também um livreto: *Depto. Correcional,*

Regras e Regulamentos. E finalmente havia um formulário: "*Solicitação de Correspondências e Visitas*". Éramos autorizados a apresentar dez nomes, excluindo os advogados que constavam do registro.

Quem eu deveria pôr na lista? A sra. Wallis, certamente. Al Matthews não. Ele tinha desistido. Dr. Frym, sim. Ele conhecia o psicólogo-chefe de San Quentin — e para onde quer que eu fosse pediriam relatórios psiquiátricos. Minha tia Eva, sim. Meu único contato com meu pai, ela me contaria como ele estava passando. Pensar em meu pai naquele asilo deprimente fazia meus olhos lacrimejar. Pelo menos ele não saberia onde eu estava. E quanto a minha mãe? Devia incluí-la na minha lista? Ela poderia me mandar uns poucos dólares e isso tornaria a vida mais fácil em San Quentin, mas a triste, simples verdade era que eu não sentia nenhuma afeição por ela. O Estado da Califórnia havia me criado. Minha mãe tinha outro marido e outro filho, tinha uma vida decente, embora insossa. Eu era um resíduo de sua juventude. O ponto decisivo foi não poder perdoá-la por ter contado para a corte do Juizado de Menores que ela não conseguia me controlar. Aquilo acabou com o último vestígio de afeto. Eu parcamente a conhecia, e aquele era o momento de acabar com a farsa de mãe e filho. Seria melhor para ela ficar excluída, também. Deixei seu nome fora do requerimento. Alguns meses mais tarde, o capelão protestante me chamou e disse que ela havia escrito para o diretor, que mencionara o fato a ele. Disse-lhe que não queria nada com ela. Quando tentou me convencer do contrário, disse-lhe para se preocupar com seus próprios assuntos.

Havia mais alguém? Não. Vozes me invocaram até o postigo. Lá embaixo, as gotículas da neblina eram capturadas por poderosos holofotes. Condenados com seus colarinhos erguidos e livros sob os braços caminhavam penosamente em filas, com suas cabeças abaixadas enfrentando o vento, certamente voltando da escola noturna. Da última vez que eu estivera na escola, tinha dez anos de idade. No reformatório, esperava-se que nós freqüentássemos a escola por meio período, mas eu estava sempre na solitária por um motivo ou outro, por lutar com outro garoto ou com o Homem. Não podia fazer isso ali. Aqueles muros haviam engolido homens mais duros do que eu. Ninguém me mandaria para a Broadway por ser problemático demais. Ninguém era tão durão. Sem que ninguém me contasse, eu sabia que qualquer um que fosse embrutecido demais para se controlar era simplesmente morto, de uma maneira ou de outra. Aquilo não era um curral de bebês como outros lugares onde eu estivera. Ali era San Quentin. A questão era: quanto eu poderia ser diferente? Nós não escolhemos realmente o que somos, a não ser dentro de certos limites. Ainda olhando através da estreita fenda na porta a chuva que caía passando pelo facho de luz sobre a prisão, fiz uma promessa: iria alimentar minha fome de conhecimento. Faria com que aquele período servisse a mim enquanto eu o cumpria.

Ainda estava lendo quando ouvi o lamento de um trompete soprando o "toque de silêncio" de algum lugar próximo. Por um momento, achei que fosse sonho ou alucinação, mas era real, as longas, tristes notas sopradas através da penitenciária de San Quentin. Um minuto depois, a luz da cela foi apagada de algum outro lugar.

Mais tarde, o facho de uma lanterna me acordou. Um guarda estava fazendo a contagem. Quando ele se foi, eu ainda estava deitado no chão, olhando para a abertura estreita. Podia ver uns centímetros de céu noturno e uma única estrela brilhando. Era hipnótico. Lembrei de um livro que lera no reformatório: *O Andarilho das Estrelas*, de Jack London, a história de um homem em uma cela de San Quentin como aquela, talvez exatamente a mesma que eu ocupava. Tinha sido posto em uma camisa-de-força, aquele homem de espantosa, inflexível força de vontade. Fixou sua mente em uma estrela e de algum modo projetou-se através do espaço e do tempo para viver outras vidas. Isso era real ou acontecia apenas em sua mente? Não lembrava qual das alternativas, ou se isso era esclarecido. Não parecia importar para o tema da história, que era o de ele poder escapar de seus tormentos usando sua mente.

Pensar em *O Andarilho das Estrelas* me deixou excitado. Conhecer a história faz qualquer pessoa enxergar melhor a vida. Como poderíamos saber onde estávamos se não soubéssemos onde havíamos estado antes? Agora eu estava na *Big House*, como a chamavam nos filmes. Quanto tempo ficaria ali? Até dez anos, era o que dizia o estatuto, seis meses a dez anos, uma sentença realmente indeterminada. A idéia do máximo era impensável, mas a diferença entre três, quatro, cinco ou mesmo seis anos era muito tempo indeterminado. Condenados geralmente sabiam a média a ser cumprida antes da condicional, mas eu nunca estive na média pelo julgamento das autoridades. Além do mais, sobreviveria até lá? Homens morriam na prisão, principalmente os que eram ímãs que atraíam problemas. Se o passado é um prólogo, eu pertencia à categoria dos ímãs. O medo gelava a minha barriga e só se resolveu em meu coração quando eu finalmente adormeci naquela primeira noite chuvosa em San Quentin, A20284 Bunker, E.H.

O PESADO RUÍDO DA CHAVE GIRANDO me botou simultaneamente desperto e ereto. Um preso preenchia a porta.

— A bandeja — disse ele, estendendo a mão.

Apanhei a bandeja da noite anterior e entreguei a ele. Ele saiu e um segundo detento me entregou outra bandeja. O café-da-manhã era mingau frio e um ovo frito gelado. Na verdade, estava tostado até o ponto de apresentar uma crosta castanha embaixo, enquanto a parte de cima estava crua, de modo que dizer que era um ovo frito seria um erro. Misturei a parte fluida com o mingau, envolvi a parte torrada em um pedaço de pão e fiz toda a gororoba descer com o café fraco e morno.

Ainda era cedo demais para que houvesse muita atividade em torno do Jardim Bonito e da Varanda do Capitão, na velha mansão do outro lado do calçamento. Voltei para Ayn Rand. Howard Roark explodira seus próprios edifícios porque suas plantas haviam sido modificadas. Embora estivesse do lado dele, achei um pouco exagerado.

Portas de ferro estavam sendo abertas no passadiço, o som se tornando mais alto à medida que elas ficavam mais próximas. A minha finalmente se abriu. Um guarda entrou.

— Quer esvaziar esse balde de merda e receber água?

— Claro, chefe — Peritos tinham me ensinado a fazer a "dança dos baldes" para o Homem.

Apanhando a lata d'água em uma das mãos e o balde de merda na outra, virando meu rosto para longe do último, dei um passo para fora da cela, no passadiço. A manhã depois da chuva era ensolarada; isso fez com que eu desviasse meus olhos para o lado. Abaixo de mim e à minha esquerda eu podia ver vários condenados perambulando enquanto se esforçavam para não chamar atenção. Eles caminhavam em uma direção por cinco ou seis metros, depois giravam e faziam o caminho inverso, tentando se misturar à corrente de prisioneiros que ia e vinha. Demorar-se atrairia mais facilmente o olhar do guarda armado sobre a passarela acima do portão de pedestres. Os condenados tentavam falar sub-repticiamente com alguém à minha direita.

De cada cela saía uma figura, e cada uma carregava sua lata d'água e seu balde de merda. Tive que esperar enquanto um prisioneiro varria o lixo de sua cela para o passadiço, onde a maior parte caía pelos vãos para o solo lá embaixo. Estava sem camisa e seu corpo musculoso era marcado por tatuagens azuis. Quando virou a cabeça, vi sobrancelhas pinçadas, olhos sombreados e lábios rubros. Seus jeans eram absurdamente justos. Era uma bicha caricata que parecia um zagueiro. Ele recuou para sua cela e me deixou passar. Foi então que eu ri interiormente.

De outra cela saiu um chicano pequeno com olhos de gazela, belo e vistoso como um modelo. Depois vi duas outras paródias femininas, camisetas amarradas na altura do peito.

Senti um desfalecimento momentâneo, como se tivesse levado um soco no estômago. O capitão L.S. (Red) Nelson havia se vingado por eu ter arrancado sua máscara de gás e esmurrado suas bochechas. Ele me pôs na Ala das Bonecas.

O enfraquecimento foi inundado por uma fúria cega.

— Caralho! — gritei, brandindo o balde de merda em um amplo arco. Aquilo se chocou contra a parede e salpicou vários maricas com mijo e bosta. Eles gritaram e dispararam pela passarela em direção ao fundo. Um ou dois saltaram para suas celas e fecharam as portas. Os presos que

caminhavam embaixo detiveram seus passos e simplesmente olharam.
— Eu não sou ralé! — gritei. Ser rotulado de tal maneira era ser confiscado de qualquer posição social. Era ser um objeto sem virilidade. Só molestadores de crianças e dedos-duros tinham lugar mais baixo na hierarquia da prisão. Era terrível! Era mentira!
Ouvi o clique-claque de um cartucho sendo engatilhado na câmara de disparo de um rifle. O guarda na plataforma de tiro havia se deslocado pela passarela. Estava a cerca de cinqüenta metros. No solo próximo ao jardim, um grupo de condenados aumentava rapidamente. À exceção de mim, o passadiço estava deserto, embora um veadinho mais à frente estivesse espiando pelo canto do seu corredor.
Um guarda apareceu no final do passadiço. Parou a uma distância segura.
— O que está acontecendo?
— Ei, eu não sou uma porra de um vadio, cara!
— Quem disse que você é vadio?
Um segundo guarda apareceu na plataforma de tiro.
— Atire! Caralho! Vá em frente e atire! Eu não vou ficar aqui.
Um sargento apareceu no final do corredor. Tinha um grande bigode branco e a face da experiência. Veio em minha direção lentamente, mantendo cuidadosamente a distância necessária para ficar fora do alcance do balde. Antes que eu pudesse me mover para seu campo de ação, os dois guardas na plataforma de tiro teriam acrescentando alguns pedaços de chumbo ao meu peso corporal.
— Fique calmo, garoto. Ninguém disse que você é um vadio.
— Eu estou aqui... com os vadios. Eu não vou ficar aqui. Vocês vão ter que me matar antes.
— Podemos fazer isso — disse outra voz. Um tenente vestindo um uniforme amarrotado aproximou-se pelo outro lado. Estava mais próximo, mas em frente a uma porta aberta e pronto para se esquivar para dentro caso eu brandisse o balde. Tinha uma pistola de gás na mão.
— Agora ponha esse balde no chão e volte para sua cela.
— Para que vocês todos possam sapatear em cima de mim.
— Ninguém vai fazer isso.
Lá de baixo as vozes gritavam: "Não faça isso!"; "Não acredite neles!"; e assim por diante.
— Não sou fruta... não sou bicha... não sou vadio... e não vou ficar nesta porra de lugar. Estou cagando para o que vocês vão fazer.
— Es-espere aí. Você entendeu errado. Essas duas primeiras celas não estão na Ala das Bonecas. São solitárias.
O sargento também tinha se movido para mais perto pelo outro lado, mas ainda mantinha uma distância segura.
— Você está na condição de recluso à solitária até ver o capitão.
Quando olhei para o sargento, o tenente se aproximou sorrateiramente.

— Cuidado! — gritaram os condenados lá embaixo.
Voltei o rosto para o tenente bem no momento em que ele estendeu seu braço e atirou o gás lacrimogêneo bem na minha cara. A carga explosiva era um cartucho de escopeta, mas em vez do projétil havia gás lacrimogêneo. Aquilo me cegou instantaneamente. O impacto jogou minha cabeça contra a parede.
Eles caíram imediatamente sobre mim, um punho sobre o estômago, uma toalha em volta do pescoço. A toalha foi torcida. Cortou o suprimento de sangue para o meu cérebro e em poucos segundos eu afundei em uma negra inconsciência. Esse tipo de estrangulamento pode matar muito rápido se a pressão for mantida, mas se for aliviada, o fluxo sangüíneo retorna e a consciência volta.
A porta da cela estava fechada às minhas costas quando ressuscitei. Quis chorar, mas meus olhos já estavam em chamas. Eu já havia engolido gás lacrimogêneo antes, mas isso não tornava as coisas mais fáceis. Pelo menos aconteceu fora da cela. Se tivesse ocorrido dentro dela, durante dias as partículas de gás seriam agitadas sempre que eu me movesse. Sabia pela experiência que era melhor ficar deitado e esperar o efeito passar, e foi isso exatamente o que eu fiz.
Ainda ardia, mas já era suportável uma hora depois, quando uma chave bateu na porta e olhos apareceram na fenda.
— O capitão quer ver você. Não cause problemas quando abrirmos a porta.
A chave girou, a porta se abriu e eu levantei, meus olhos ardendo mais à medida que meus movimentos agitavam as partículas.
Em um grupo coeso, três guardas e eu, descemos as escadas dos fundos, atravessamos o portão e cruzamos o jardim até a varanda. Em uma porta havia a inscrição: "GABINETE DO CAPITÃO", e a porta ao lado dizia: "DIRETOR ADJUNTO, CUSTÓDIA".
O tenente gesticulou para que eu esperasse enquanto ele entrava. Seu nome, iria descobrir, era Carl Hocker. Era chamado de Falcão e já se tornara uma lenda em San Quentin. Como tenente do pátio, tinha mais poder que os outros tenentes. Um dia ele iria se tornar diretor da Prisão Estadual de Nevada, em Carson City, o único presídio americano a sancionar o jogo.
Um dos guardas que me vigiavam falou para o outro — Aí vem o diretor.
De fato, pela calçada que dava para a varanda chegou um homem vestindo um terno de executivo. O guarda na plataforma de tiro seguia-o de cima. Cumprimentou os guardas e eles disseram — Bom dia, diretor — Ele deu uma olhada em mim e atravessou a porta para o Gabinete do Capitão.
— Esta é a primeira vez que eu o vejo dentro dos muros — disse um guarda.

— Ele esteve aqui dentro um mês atrás.
— Sim... quando o governador veio fazer uma visita.

Era verdade, como eu iria aprender, que o diretor quase nunca estava entre os muros da prisão que ele supervisionava. Diretores adjuntos, o capitão e seus tenentes controlavam o mundo do lado de dentro das paredes. O diretor de San Quentin lidava com Sacramento e a burocracia do Departamento Correcional.

Um minuto depois o tenente Hocker abriu a porta e acenou para mim.

O capitão Nelson estava atrás da escrivaninha. O diretor Harley O. Teets estava sentado a seu lado, enquanto o tenente Hocker ficou de lado um pouco atrás de mim, de onde poderia me conter caso eu tentasse alguma coisa.

— Aqui está ele — disse Red Nelson para o diretor Teets. — Um dia... não mais que um dia... e ele já está causando problemas.

— P-p-por que você me pôs com as bichas? Pensei que você estivesse tentando pôr um rótulo de veado em mim.

Nelson fez "tsc-tsc" e balançou a cabeça.

— Você explodiu antes de saber o que estava acontecendo. Eu o pus lá até que pudesse falar com você.

— Você não havia me dito isso.

— Eu não tenho que te dizer porra nenhuma... prisioneiro!

— Está certo. Você não tem mesmo. Mas se não diz nada, como eu posso saber o que você está fazendo? Como você se sentiria?

Atrás de mim, Hocker riu, e até mesmo o diretor Teets pôs a mão sobre a boca para esconder o riso.

Red Nelson sempre foi cioso da sua imagem. Queria que todos soubessem que ele era um homem severo — mas também um homem justo.

— Não abra sua boca — disse. — Apenas escute por um minuto.

Concordei com a cabeça.

— Eu teria motivos para trancar você na segregação por um ano ou dois depois deste incidente. Nós somos obrigados a enviar relatórios a Sacramento sobre o gás lacrimogêneo. Quase chegou a ser um incidente sério. Com os seus antecedentes, ninguém iria questionar. Eu não vou fazer isso... não desta vez. O diretor Teets e eu conversamos sobre o caso. Nós vamos lhe dar esta única chance. Vou colocar você no pátio com a ficha limpa. Na primeira vez que causar problemas, você vai apodrecer no buraco. Entendeu?

Balancei a cabeça. — Entendi — Senti alívio. Eu estava indo para a população geral. Isso também me fazia sentir medo, pois a população geral de San Quentin — o pátio, como era chamada — era um território desconhecido povoado por homens perigosos.

Red Nelson olhou para o diretor Teets. — Vamos qualificá-lo como de custódia máxima, por enquanto.

— Parece bom — disse o diretor; depois olhou para mim. — Você é só um garoto. Pode arrumar sua vida, se quiser. Se não quiser, se nos causar problemas, nós saberemos lidar com você; isso eu garanto. Ninguém é durão demais para San Quentin...
— Ninguém que nós conhecemos — acrescentou o tenente Hocker.
Red Nelson escreveu algo em um formulário e assinou. Colocou-o de lado e o tenente Hocker apanhou.
— Vou deixá-lo sair depois da chamada para o trabalho.
— Ótimo — disse Red Nelson.
O tenente Hocker fez um sinal com o dedo. — Vamos.
Eu o segui para fora até a varanda que dava para o Jardim Bonito. Em uma hora estaria no Pátio Principal. Assim entrei em San Quentin, o mais jovem condenado daquele tempo.

6

TIQUE-TAQUE BATEM AS HORAS, 1952, 1953, 1954, 1955

Sobrevivi aos últimos anos de minha adolescência em San Quentin. Joseph Welch calou a boca de Joe McCarthy[1] (esses assuntos passavam despercebidos no universo da prisão), Willie Mays apanhou milagrosamente a bola alta lançada por Vic Wertz para as profundezas do Polo Grounds (o que chamou a atenção, pois apostar no beisebol era uma grande coisa naquele tempo) e quando eu atravessava o Pátio Principal muitos condenados me cumprimentavam, acenavam a cabeça ou manifestavam reconhecimento de outras maneiras.

Eu vivia duas vidas, uma no interior da cela, das quatro e meia da tarde às oito da manhã, e a outra no Pátio Principal ou em qualquer outro lugar entre os muros. Naqueles dias, os presos tomavam conta do lado de dentro da prisão. Todas as manhãs, quando a porta da cela se abria, eu corria para fora em busca de aventuras. Pouco antes de eu chegar, o engenho de juta havia sido completamente incendiado, diminuindo a oferta de empregos da prisão. Eu era um dos trezentos sem trabalho. Estar sem emprego era praticamente um adeus à possibilidade da condicional, mas eu me envolvera em encrencas demais para receber uma, mesmo que trabalhasse sete dias por semana em três empregos. O comitê de condicional tinha uma política formal de nem sequer discutir uma libertação condicional para internos que tivessem cometido alguma infração disciplinar nos últimos seis meses. Em 1954, eu havia acabado de sair da segregação por uma peleja em que minha mandíbula fora talhada da têmpora até o lábio (sangrou pra caralho), de modo que não tinha nenhuma chance iminente de receber condicional.

---

[1] Joseph Nye Welch foi o advogado que representou as Forças Armadas dos Estados Unidos nos processos movidos pelo senador Joseph McCarthy, famoso por empreender uma caça às bruxas de cunho anticomunista. (N. do T.)

Eu apostava em todos os eventos esportivos, exceto as corridas de cavalos. O quadro de apostas era muito difícil de acertar, e quem sabe o que um cavalo vai fazer ou o que o treinador vai querer que ele faça em uma determinada corrida? Não, não, cavalos não. Eu apostava em lutas de boxe (as mais fáceis, exceto quando dois pesos-pesados negros estavam envolvidos), futebol americano universário e profissional, e na liga de beisebol (a mais difícil), e às vezes algum jogo da Liga da Costa Oeste, se fosse transmitido pelo rádio e eu precisasse de algo para ouvir nos fones de ouvido, na cela. Em 1954, eu já havia deixado de ser um metido e um durão. Metidos e durões tinham altas taxas de mortalidade: às vezes eles podiam assustar a pessoa errada. Meus amigos eram numerosos, em uma variedade de *tips* como eram chamados na época. Hoje seriam chamados de *gangs*. A maioria dos durões e dos criadores de caso eram meus amigos, mas em 1954 comecei a perder contado com eles para me aproximar dos verdadeiros ladrões e vigaristas profissionais. Eles eram respeitados, mas evitavam problemas principalmente ficando restritos ao seu grupo. Tinham os melhores empregos da prisão, com diversos benefícios adicionais. Paul Allen, por exemplo, foi designado para a cozinha — mas era o cozinheiro do corredor da morte. Os condenados à morte, que existiam em menor quantidade e eram executados mais rapidamente naquele tempo, eram muito mais bem alimentados que os prisioneiros da fila do refeitório, ou pelo menos um cuidado muito maior era tomado com a preparação. O cozinheiro do corredor da morte, como benefício adicional, era autorizado a fazer sanduíches de carne e ovos para amigos ou para vender. Outro camarada trabalhava na lavanderia, por isso ele fornecia roupas bem cuidadas, jeans e camisas engomadas e passadas. Mas o melhor de todos era o emprego no consultório odontológico. Naquele tempo, os presidiários faziam limpezas e obturações simples. Extrações eram para os dentistas. Jimmy Posten, um arrombador de cofres com cara de criança, era assistente do dentista-chefe. Ele tinha seu próprio consultório odontológico no horário de almoço. Usando ouro coletado das extrações, preparava moldes para pontes e coroas, tratamentos não fornecidos pela instituição. Acumulou centenas de pacotes de cigarros e uma soma considerável de dinheiro, que era contrabando. Eu o visitava no trabalho algumas vezes por semana. Uma vez cheguei quando ele estava separando meio quilo de maconha. No final dos anos sessenta, quase todas as prisões eram inundadas com todas as variedades de drogas e era possível até mesmo manter o "hábito" durante o cumprimento da pena, mas no início dos cinqüenta, drogas de verdade eram raras. Ficar chapado se limitava a bebida caseira, noz-moscada (ela deixa você chapado cerca de três horas depois de tomar uma colherada) e inaladores de Wyamine, que tinham algum tipo de anfetamina na composição, itens que um guarda podia comprar e transportar em sua marmita. Um inalador de Wyamine custava cinqüenta e nove centavos na Thrifty e era vendido a cinco dólares no pátio. Era um evento raro conseguir meio quilo de erva. Senti-me como um membro da elite quando Jimmy separou uma parte para mim.

Em 1954, eu havia me aposentado da minha breve carreira de boxeador, com três vitórias e três derrotas em seis assaltos no período entre o final de 1952 e 1953. Conservei um armário com luvas, protetor bucal e sapatilhas de boxe, e ia freqüentemente ao ginásio durante o dia para treinar ou visitar amigos designados para trabalhar no local, que cobria o extenso piso superior da velha Fábrica e era dividido em seções: boxe, halterofilismo, luta greco-romana, além de uma quadra de *handball* e uma sala com algumas mesas de pingue-pongue e aparelhos de TV. Cada seção tinha um escritório próprio, o ponto, como era chamado pelos dois ou três presos designados para ele.

O salão de boxe tinha o aspecto e o cheiro de todos os ringues — uma mistura de sangue, suor e couro. Nas paredes havia pôsteres de lutas da Bay Area e altos espelhos para boxe sombra. A atividade era regulada pelo ciclo de três minutos de trabalho para um de descanso das lutas de boxe. Um timer tocava o sino automaticamente nessa seqüência. Quando comecei, os *speed-bags* soavam como metralhadoras e os pesados sacos de pancada produziam baques altos e saltavam em suas correntes. Lutadores grunhiam e expiravam quando lançavam um golpe. Isso comprimia automaticamente o estômago em seu momento de maior vulnerabilidade: quando os braços estavam estendidos longe do corpo.

Havia dois ringues de boxe, um para treinamento e instrução, outro para a luta propriamente dita ou para fazer luvas com outro lutador. Quando o gongo tocava novamente, tudo parava. Os lutadores recobravam o fôlego e os treinadores davam advertências e instruções.

Um detento controlava o departamento de boxe, distribuindo os equipamentos para o treino e decidindo quem iria lutar, de acordo com as várias planilhas organizadas diversas vezes ao ano. Nesse emprego, o prisioneiro tinha de ser ao mesmo tempo durão e diplomático.

Se o ginásio estivesse tedioso, eu podia visitar a barbearia, que na época ficava no Beco da Navalha. Havia cerca de vinte e cinco cadeiras de barbeiro, cinco para negros. Dois amigos meus, Don "Saso" Anderson e "Ma" Barker, tinham uma cadeira no canto. Quando saíram, assaltaram um banco em Reno e Saso acidentalmente baleou Ma no peito. Eles dirigiram durante horas pela mata. Ma recusou-se a ver um médico e morreu.

Às quatro da tarde, o Pátio Principal ficava cheio conforme os prisioneiros marchavam sobre os degraus de concreto desgastado, vindos das fábricas, da marcenaria e do Estaleiro de Limpeza da Marinha. Quando quatro mil vozes eram aprisionadas pelo cânion formado pelos imensos pavilhões, faziam um bramido como o do mar.

Quando as sirenes apitavam, filas se formavam do lado de fora de cada pavilhão. Para indicar que alguém era ou tinha sido um amigo íntimo, a frase comumente usada era: "Eu formei fila com ele". Negros eram segregados nas fileiras e nos refeitórios. Eu tinha muitas amizades e era bem recebido em diversos *tips*, incluindo o de Joe Morgan, que tinha sido transferido de Folsom enquanto aguardava a liberdade condicional. Duas décadas mais tarde, ele se tornaria o *caudillo* da máfia mexicana, mas mesmo em 1954 já era uma lenda. Meu status foi valorizado pelo fato de sua comitiva guardar lugar na fila para mim. De todos os homens que eu conheceria nos vinte anos seguintes, Joe Morgan era de longe o mais durão. Quando eu digo "o mais durão", não significa necessariamente que ele poderia derrubar qualquer um em uma luta. Joe só tinha uma perna abaixo dos joelhos. A outra tinha sido decepada a tiros pelo departamento de polícia em East Los Angeles, quando ele tinha dezoito anos. Ainda era bom com os punhos, mas sua verdadeira dureza estava em seu coração e em sua mente. Não importava o que acontecesse, Joe encarava sem reclamar e freqüentemente conseguia rir. Falarei dele mais à frente.

Quando todas as fileiras já haviam entrado, o Pátio Principal estava deserto e os corredores das unidades de celas ficavam cheios, soava o sinal para o fechamento das celas. As travas de segurança se erguiam, todos abriam as portas das celas, davam um passo para dentro e as fechavam. Em um instante os corredores ficavam limpos de condenados e as travas de segurança desciam.

Ao longo de cada corredor caminhavam dois guardas, cada um usando um contador manual — *clic, clic, clic, clic, clic, clic, clic* —, e ao final eles comparavam suas contagens e repassavam-nas a um sargento no telefone do pavilhão: — Seção D, corredor um, quarenta e seis; corredor dois, quarenta e nove; corredor três, cinqüenta e um...

O sargento passava a contagem para o sargento da sala de controle, que tinha um painel que ocupava toda uma parede, com etiquetas inseridas em fendas para todas as celas, todos os leitos do hospital e até mesmo para o necrotério, pois se alguém morresse o corpo era contado até ser expedido. Os números eram comunicados por telefone a Sacramento, o destinatário final do resultado da contagem de quantos homens estavam em San Quentin. A não ser que houvesse um problema, o processo todo, do fechamento até a constatação de que estava tudo certo, levava de doze a quinze minutos. O problema mais comum era um bloco de celas registrar a falta de um homem enquanto outro tinha um a mais. O sinal de que estava tudo certo não soava até que a questão fosse resolvida. Se alguém estivesse realmente faltando, passariam umas duas horas até que a abertura para a refeição começasse. Era pouco freqüente, apesar de ao longo do tempo eu ter visto várias fugas ou quase fugas de dentro dos muros. Mais comum que uma tentativa de fuga propriamente dita era alguém se esconder por estar com medo de outra pessoa ou endividado. Eles sempre eram encontrados e colocados na solitária; era uma maneira de ser trancafiado sem ter que ir até o Homem para pedir proteção, o que impunha um estigma definitivo sobre a masculinidade de alguém.

Depois da refeição da tarde, geralmente poucos minutos depois das seis da tarde, os que podiam sair à noite eram conferidos nas listas: ginásio noturno, escola, coral. Os demais eram trancados.

Eu preferia a cela. Se carecia dos poderes mentais do *Andarilho das Estrelas* de Jack London, tinha a página impressa para me guiar através de miríades de eras e incontáveis vidas. Conquistei o leste europeu com Ghengis Khan e estive ao lado dos espartanos contra os persas em um lugar chamado Termópilas e, graças a Emil Ludwig, vi a arrogância de Napoleão destruir o Grande Exército nas neves da Rússia. Bruce Catton me escoltou pela Guerra Civil americana. Embora fosse um leitor voraz desde os sete anos, não tinha discernimento ou senso de valor literário. Um livro era um livro até Louise Wallis me dar uma assinatura da edição de domingo do *New York Times*. Ela chegava na quinta-feira seguinte, tão grossa que quase não passava pelas grades. Levava duas noites para ler, ainda que eu pulasse a maior parte. As resenhas literárias atraíam mais minha atenção, e embora os novos livros comentados fossem inacessíveis, as resenhas e colunas falavam de outros autores e livros: Thomas Wolfe, John Dos Passos, F. Scott Fitzgerald, Faulkner, Hemingway. As prateleiras da biblioteca tinham *The Titan*, *The Genius* e *An American Tragedy*, de Theodore Dreiser. De Thomas Wolfe, li *You Can't Go Home Again*, e as palavras formavam uma sinfonia em prosa diferente de tudo o que havia lido antes. As descrições dos EUA de Wolfe, a velha Penn Station que "aprisionara o tempo", e os poemas em prosa em que ele descreve a nação empoleirado na divisão continental comoveram-me a uma dor que beirou as lágrimas.

Meu dia de ir à biblioteca era sábado. Era-nos permitido emprestar cinco livros a cada vez. Eu tentava ler todos os cinco em sete noites, assim poderia retirar mais cinco. Não era um leitor veloz, mas tinha seis horas por noite e meia hora pela manhã. Às vezes, se estivesse arrebatado, como com *O Lobo do Mar*, voltava para a cela depois do café-da-manhã.

Lia ficção e não-ficção. Livros de psicologia tinham grande demanda. Era um tempo em que um ato criminoso era uma evidência *prima facie* de anormalidade psicológica. Terapia de grupo ganhava impulso. Frenologistas de idéias avançadas viam a prisão ideal como um verdadeiro hospital e queriam que todas as sentenças fossem de um dia a perpétua, dependendo de quando o indivíduo fosse "curado". Para alguns casos, e eu estava entre eles, a junta da condicional determinava psicoterapia. A idéia de que a pobreza era um solo fértil para o crime nunca era discutida. Eu admitia que alguma coisa estava errada. Imagine completar vinte anos em uma prisão de rocha cinzenta após uma infância em escolas de crime. Só um autêntico cretino não se perguntaria por quê. Seria eu simplesmente mau? Certamente havia feito coisas ruins, e umas poucas que me faziam sentir péssimo ao relembrar, e Deus sabe que coisas terríveis tinham sido feitas contra mim — em nome da sociedade ou de quem quer que fosse. Sofri espancamentos e tortura em um hospital público. Tive uma mangueira de incêndio apontada para mim através das grades quando tinha treze anos e passei a noite sobre o concreto molhado, por isso peguei pneumonia. A quantidade de socos e pontapés que tinha levado de figuras autoritárias ao longo de minha breve existência estava além da conta. Declarara guerra contra a sociedade ou era a sociedade que havia declarado guerra contra mim? As autoridades se perguntavam se eu era louco, e eu também. Não no sentido comum; eu não tinha delírios ou alucinações. Satisfazia o critério clássico para o que era então considerado um criminoso psicopata (hoje chamado de sociopata): uma pessoa de fala sã, mas de comportamento insano. Era insano desafiar o mundo inteiro, ainda que o mundo tivesse começado isso. No jargão dos analistas, eu tinha um ego permeado pelo id e um precário superego, que é algo como a consciência ou um dispositivo adaptado a um carro para impedi-lo de ir muito rápido. Os livros diziam não haver tratamento, embora fosse comum isso se extinguir em torno dos quarenta anos. Minha esperança era usar minha inteligência para governar meus impulsos. Sabia que alguns sociopatas eram muito bem-sucedidos e também sabia que pessoas espertas não cometiam crimes de rua. Ninguém conseguia uma mansão em Beverly Hills arrombando cofres. Prometi que seria tão esperto quanto me fosse possível no dia em que caminhasse para fora dos muros de San Quentin. Sorveria todo conhecimento que estivesse à minha disposição. Planejei jamais cometer outro crime, mas quando Goose Goslow me contou como descascar um cofre ou construir um dispositivo que me permitiria abrir um buraco em um cofre de chão, que é difícil de arrombar, também sorvi esse conhecimento, da mesma forma como escrevia palavras que não conhecia e depois as procurava no *Webster's Collegiate Dictionary* que Louise Wallis me mandou.

Ela me escrevia, não toda semana, nem mesmo todo mês, e quando o fazia pareciam ser vários fragmentos de carta que ela tivesse começado mas não concluído. Ela as misturava em um envelope e as mandava juntas. Escrevia bem e sua sabedoria me influenciava. Podíamos esquecer nossas misérias quando nos interessávamos por outra pessoa. Ela me escreveu à bordo do *Queen Mary* e de Saint-Tropez, descrevendo o azul incomparável do Mediterrâneo. Naquele tempo eu começava minhas cartas para ela com "Querida Mãe", e sentia um forte laço filial. Ela me disse que eu estava destinado a uma vida maravilhosa e que faria tudo que pudesse para ajudar-me a me ajudar. Eu não fazia idéia do que queria, a não ser que sentia ao mesmo tempo uma fúria de experimentar a vida e uma penetrante ânsia por conhecimento. O trato de Fausto teria me tentado: dê-me conhecimento e leve minha alma, pois conhecimento era Deus, de qualquer maneira. Em uma ocasião, evitei esfaquear alguém que merecia, porque tinha sonhos com o mundo que Louise me oferecera lá fora.

Certa noite, em 1953, uma mola se quebrou do mesmo modo que tinha acontecido na solitária. Novamente, pus o colchão no piso. Como as celas de San Quentin tinham apenas um metro e meio de largura e três de comprimento, deitar no colchão erguido de encontro à porta da cela certamente me deixaria visível aos guardas que passassem. Na verdade, meu travesseiro ficaria apoiado contra as grades. Eu usava meus fones de ouvido, escutando um programa de música suave patrocinado pela American Airlines. Isso abafava as tosses e maldições e descargas dos sanitários, os rudes sons de uma carceragem às escuras.

Quando me dei conta, um porco, como todos os guardas eram chamados, estava me sacudindo através das grades. Fachos de lanternas dançavam sobre mim. Dois guardas estavam no corredor, um deles com uma prancheta, o que significava que estavam verificando cela por cela, que haviam contado e recontado e agora estavam procurando onde estava o corpo faltante.

Estavam com raiva, acusando-me de atrapalhar a contagem. Tentei mostrar-lhes a cama quebrada. Isso não causou impressão alguma. Finalmente, disse-lhes que não queria ouvir "diálogos socráticos ou as orações de Cícero".

Eles partiram e eu voltei a dormir.

Pela manhã, no pregador de roupas preso às barras da cela, havia um passe datilografado em vermelho: "Corte disciplinar, oito da manhã". Depois do café, apresentei-me ao Escritório de Custódia, onde alguns outros esperavam a corte disciplinar. Geralmente, era o capitão ou o diretor adjunto, mas naquela manhã quem estava em serviço era o segundo-tenente, A. J. Campbell. Tinha a face vermelha e inchada e o nariz azulado de um alcoólatra e era conhecido por seu temperamento vitriólico e seu pavor dos detentos. Jamais foi visto no pátio. Campbell estava realmente mal-humorado naquela manhã. Fui acusado de bagunçar a contagem e usar linguagem profana contra o oficial que havia tentado me dar conselhos. Declarei-me não culpado, expliquei sobre a mola da cama e repeti minha frase sobre Sócrates e Cícero. Fiquei surpreso por ter sido intimado. Na pior das hipóteses, achava que poderia receber trinta dias de perda de privilégios. Em vez disso, Campbell disse que estava comunicando o assunto ao comitê disciplinar integral e me colocando em isolamento.

Isolamento! A tranca. A indignação transbordou, e, quando ele olhou para cima e deu um riso sarcástico dizendo alguma coisa sobre Cícero, minha revolta superou meu bom senso. Agarrei a borda da mesa e a ergui. Ela começou a adernar; gavetas caíram no chão. Ele começou a berrar por ajuda. Mais um esforço e ela veio abaixo. Ele conseguiu se afastar para o lado e saltar, mas gritava de pavor.

— *Socorro*! *Socorro*!

O guarda da escolta saltou sobre minhas costas com um golpe sufocante. Outros guardas vinham de todo lugar. Meu Deus! O que eu tinha feito?

A jornada rumo ao isolamento passou pelo Pátio Principal, atravessou portas de ferro cruzando a rotunda do Pavilhão Norte, atravessou outro portão de alambrado reforçado e uma porta de ferro para outra rotunda. À direita estava a porta de ferro verde para as celas do pernoite dos condenados, aonde aqueles que seriam executados pela manhã eram levados na noite antecedente. À esquerda ficava o elevador para o isolamento e o corredor da morte.

Achei que o elevador pararia entre os andares para que eu levasse porrada. Era o procedimento padrão que se seguia a um ataque contra um guarda. Nada estava acontecendo. Os três guardas que estavam comigo acharam o que eu havia feito engraçado.

Quando o elevador parou, descemos em uma plataforma que dava para outro portão de alambrado e uma porta de ferro. O portão de alambrado só podia ser destrancado pelo lado de fora, a porta de ferro, pelo de dentro. Um rosto apareceu em um postigo, em seguida a porta se abriu.

— Ah, Bunker, você não aparece por aqui há alguns meses — disse o oficial Zeke Zekonis, apelidado Dipper Shaker[2] pela maneira como nivelava a concha quando servia a comida.

A escolta aguardou enquanto eu fazia a dança rotineira de me despir para a revista. Estávamos na área de serviço frontal. Através de um conjunto de grades cobertas com aramado eu podia ver o corredor da morte. Alguns daqueles homens destruídos, gordos pelo excesso de comida, pálidos pela carência de luz solar, estavam fora de suas celas. Reconheci dois deles, Caryl Chessman e Bob Wells. Nenhum deles havia sido sentenciado à morte por assassinato, embora Bob Wells tivesse matado um homem em uma briga de facas na prisão. Ele era uma lenda dos presídios muito antes de eu ir para o abrigo juvenil. O *The San Francisco Chronicle* publicara um artigo afirmando que ele era o homem mais durão de San Quentin. Foi sentenciado à morte por espancar um guarda com uma escarradeira, fazendo seu olho saltar da órbita. Wells foi sentenciado de acordo com a Seção 4500 do Código Penal da Califórnia. O júri não fazia idéia de que, uma vez que o considerassem cul-

---

[2] Batedor de concha. (N. do T.)

pado pelo ataque, a sentença de morte seria obrigatória. Bob ficou no corredor da morte por muitos anos. Walter Winchell tinha vindo em sua ajuda mobilizando "de costa a costa e todos os navios do mar...".

Chessman eu conhecia vagamente de minha incursão anterior ao isolamento.

Eles caminhavam pelo intervalo entre as celas. Quando se aproximaram da frente, Chessman me reconheceu e parou.

— Ei, Bunker, aí está você novamente.

— É o que parece.

— Sim — ecoou Zekonis. — Ele virou a mesa de Campbell em cima dele.

Bob Wells: — O quê? A.J. Campbell! — Ele explodiu em uma gargalhada e exibiu um desfiladeiro onde vários dentes estavam faltando, quebrados até a gengiva por um cassetete.

Chessman: — Essa foi uma *péésssima* idéia.

— Eu não estava pensando com muita clareza.

— Acho que não.

— Acabe com isso, Bunker — advertiu a escolta. Não disse nada para os homens atrás das grades e da tela de aramado. O que podiam dizer para homens que aguardavam uma viagem para a câmara de gás?

Vestindo cuecas brancas, fui escoltado até o outro corredor, passando por celas de onde homens me observavam, alguns deles me cumprimentando quando passava. Alinhados no chão próximo à parede externa de barras ficavam os colchões dobrados. Eram tirados às oito da manhã e devolvidos às oito da noite. Um ou dois anos antes de eu chegar, o diretor Clinton Duffy havia encerrado a prática de fazer os prisioneiros em isolamento parar no *ponto*, um círculo de quarenta centímetros pintado de vermelho, das oito da manhã até a contagem da tarde. Conversas eram então proibidas, e ainda são.

Zekonis parou em frente a uma cela vazia e girou a chave, depois fez um sinal para que o tira que estava mais perto puxasse a barra de segurança. Depois que eu arrastei o colchão para o corredor, a porta se fechou e a trava de segurança desceu. Lá estava eu novamente. Merda!

Esperava que o comitê disciplinar, geralmente encabeçado pelo capitão ou pelo diretor adjunto, me desse vinte e nove dias de isolamento (o máximo permitido) e me designasse para o regime de segregação por seis meses ou perto disso. O capitão Nelson e o diretor adjunto Walter Dunbar estavam em Sacramento aquele dia, por isso o gerente presidiu o comitê. Deram-me dez dias, o que me poria de volta ao pátio na segunda-feira seguinte. Aguardei aquela saída do mesmo modo como aguardaria minha saída para a sociedade, a não ser pelo fato de que não sabia quando a última aconteceria.

Tudo que nos era permitido levar ao isolamento era um pente, uma escova de dentes e uma Bíblia de Gedeão, que eu estudava sempre que ia para a tranca, não em busca de Deus, mas do saber secular presente em suas páginas, como: "Não falarás aos tolos, pois eles desprezam a sabedoria". E "É melhor morar em um minúsculo recanto do sótão do que em uma ampla morada com uma mulher briguenta".

Na manhã de quinta-feira, o capitão Nelson e o diretor adjunto Warden Dunbar percorreram o corredor. Estavam comutando as sentenças de isolamento. Naquela tarde, todos foram liberados, exceto um negro que fora apanhado com um punhal... e eu. Perguntei a Zekonis o que estava acontecendo. Ele me explicou: — Santo, Perkins e Barbara Graham vão ser executados amanhã. Eles querem que Barbara desça para uma das celas de pernoite. Santo e Perkins estão vindo para cá... bem aí em frente.

A lei da Califórnia determinava que os que estavam prestes a morrer pelo gás cianeto deviam ser afastados dos outros prisioneiros condenados na noite anterior à execução. No andar de baixo havia duas celas para o pernoite de condenados, uma ao lado da outra. Os chamados "últimos passos" não passavam de cinco degraus. Ao lado da primeira cela havia uma porta de ferro pintada com o verde ubíquo de San Quentin. Um metro à frente estava a porta para a câmara de gás octogonal, também verde. Barbara Graham, a puta drogada que fora sentenciada com Jack Santo e Emmett Perkins, havia sido transferida da única prisão feminina da Califórnia oito ou nove meses antes. Fora mantida no hospital da prisão durante aqueles nove meses, provocando os detentos através de uma nesga de janela. Na hora da contagem, quando toda a prisão estava fechada, ela foi transferida para uma das celas do andar de baixo.

Da ala em frente, eu podia ouvir Santo e Perkins sendo transferidos para as duas primeiras celas, a trava de segurança se erguendo, a ressonância do aço contra o aço quando a porta do corredor se abria e se fechava, o alto *clic-CLAC* quando a grande chave girava na fechadura da cela. Vozes, palavras ou frases entrecortadas: "... telefone aberto", "a noite toda", "advogado", "governador...".

A barra de segurança desceu, o portão externo fechou ruidosamente e as vozes ficaram mais distantes. Podia ouvir debilmente o elevador, e tinha certeza de que nenhum guarda me ouviria.

— Ei, Santo! Jack Santo! — chamei. — Emmett Perkins!

— Sim. Quem está aí?

— Um detento que acha que vocês são uns merdas, seus filhos-da-puta!

— Vá se foder, babaca! — gritou um deles, e o outro acrescentou — Vagabundo de merda.

— Falem isso amanhã à tarde... há, há, há... — eu realmente os desprezava. Além do assassinato de uma velha senhora em Burbank, que supostamente guardava um baú de dinheiro do filho *bookmaker*, pelo qual todos os três foram sentenciados à morte, Santo e Perkins tinham matado um comerciante do interior e seus cinco filhos, recheando o porta-malas com os corpos. O comerciante estava carregando seu dinheiro da cidade de Nevada para Stockton ou Sacramento. A imolação de crianças inocentes me deixava doente. Conheci assaltantes armados que mataram pessoas que haviam tentado sacar armas ou saltar sobre eles, e, embora a sociedade os tivesse julgado, eu não o faria. Esta era a primeira lei da vida, sobreviver. Eles arriscaram sua escolha e pagaram por isso. Mas aquilo era um sacrifício de inocentes, cinco crianças e um comerciante — por cerca de dois mil dólares. Meu Deus.

— *Vocês merecem morrer, seus filhos-da-puta*! — gritei, e em poucos segundos ouvi chaves tilintando e o rangido de solas de borracha sobre o concreto polido. Eu estava supino sobre o piso com a Bíblia de Gedeão quando o guarda na passarela de tiro olhou para dentro e seguiu caminho. Deve ter pensado que o bramido partiu de Santo ou Perkins, em frente. Eles tinham mais motivos para gritar que eu. O outro cara, o do punhal, estava em uma das três últimas celas; elas tinham portas à prova de som a cerca de um metro das grades. Por algum motivo eles me colocaram a dez ou doze celas da entrada.

O tira armado voltou e se dirigiu ao fundo. Ele também vigiava a ala dos condenados.

— Ei, detento! — Jack Santo chamou em uma voz mais suave. Tinha que ser para mim. — Sim — disse. — O que você quer?

— Você é um detento, não?

— Não sou guarda, pode ter certeza.

— Então por que não cuida da própria vida?

Olhei para fora e vi o tira armado na frente da minha cela. Não ousei responder. Conversar me daria mais cinco dias. Como que enfatizando o risco que eu corria, o tira balançou significativamente a cabeça e agitou um dedo admoestador. Jack Santo que se fodesse. Dizer a ele o que eu pensava não valia mais cinco dias no isolamento. *Pensei*, no entanto, sobre sua observação a respeito de cuidar da minha própria vida. Cuidar da própria vida era a regra número um para um sentenciado. Significava o que o termo dizia: cuidar dos seus próprios negócios; preocupar-se com seu próprio crime, sua própria sentença, sua própria punição. Não ver nada; não ouvir nada e, acima de tudo, não dizer nada. Se Cristo não conseguiu achar um só entre uma multidão de cidadãos comuns para atirar uma pedra em uma pecadora, onde, em um universo de criminosos, ele seria achado? Aqueles três que morressem sozinhos. Ainda assim, eles davam má reputação aos ladrões.

O tilintar de uma campainha anunciou o elevador, e um momento depois ali estava o chocalhar do carrinho da refeição. Ainda que fosse só para dois de nós, Zekonis bateu a concha para nivelá-la e riu quando eu balancei a cabeça. Outros guardas apanhavam toda a comida que cabia na concha e a despejavam no prato de papelão. Por que diabos ele se preocupava com quanto espaguete um detento ia receber? Achei que não valia a pena reclamar.

Quando Zekonis me entregou o prato, disse — Chessman mandou dizer alô.

— Obrigado, Zeke.

Aprendi que até mesmo a amizade de um cão sarnento era melhor do que ter um inimigo, um exemplo eficaz da sabedoria dos presídios.

Guardei uma caneca de espaguete e uma fatia de pão. O sabor era melhor quando estava frio, tarde da noite. No pátio, eu comia pouco, mas ali, sem nada mais para fazer e com as refeições assinalando a passagem do tempo, estava faminto a maior parte do dia.

O isolamento era sempre silencioso e deprimente, a luz mortiça de fora das celas, as sombras angulosas e recortadas pelas grades verticais, barras horizontais e pela malha do aramado. Quando escurecia, pressionando minha bochecha esquerda de encontro às barras, podia espiar em diagonal a frente do corredor. Era possível ver um Sentinela da Morte sentado em uma mesa desmontável encostada nas grades da passarela de tiro. Tinha um telefone e um rádio, café e Camels. Dizia-se que momentos antes de chegar a hora de ir o médico do presídio dava a você a chance de escolher entre uma dose de morfina ou uma dose dupla de *bourbon*. Não sabia se isso era verdade, mas uma vez, quando vi o armário de entorpecentes aberto no hospital, havia uma garrafa selada de I.W. Harper's.

Depois que o elevador voltou, a porta externa se abriu e um carrinho rodou para dentro. Trazia refeições para dois homens extintos. Eu podia ouvir as panelas sacolejando, e logo vieram os poderosos aromas de bife, cebolas e de um forte, delicioso café. Sua raridade o tornava mais intenso. Porra, o que eu não daria por um bife com cebolas e café fresco. Por outro lado, eu não ia querer comer aquela refeição. Eles podiam comê-la, mas não iam digeri-la e cagá-la antes de eles próprios se tornarem carne morta.

Qual seria a sensação de ser atado a uma cadeira e deixado para morrer? Ninguém podia responder *isso*, mas eu conheci dois jovens que fugiram de uma colônia penal juvenil e foram apanhados no norte, talvez em Portland, e, quando dois agentes da colônia agrícola os estavam levando de volta, eles de alguma maneira os sobrepujaram e mataram. Sentenciados à morte, estiveram no corredor por quase dois anos antes que a Suprema Corte da Califórnia confirmasse a condenação mas revertesse a sentença de morte. Em vez de apelar integralmente do caso, o advogado distrital da cidadezinha deixou que o juiz os sentenciasse à prisão perpétua. Quando eles estavam no pátio, perguntei a um deles como ele se sentiu e o que pensou. Era um tempo em que as execuções aconteciam regularmente. Bobby me disse: — Cada vez que eles pegam um cara no andar de baixo e o *levam*, você morre com ele na hora, e a cada noite que se segue. Eu cheguei ao ponto em que estava tão conformado com a idéia que preferia que eles me matassem em vez de continuar aquele jogo — Eu podia sentir nas vísceras o que ele estava dizendo.

Agora eu estava passando a noite com homens que esperavam a execução. O elevador chegou e partiu; as portas externas no corredor bateram ao abrir e ao fechar. Palavras foram trocadas. O padre veio e foi expulso. O ponteiro dos segundos avançava lenta mas inexoravelmente, e os outros ponteiros se moviam com a mesma implacabilidade. A meia-noite chegou e se foi.

Barbara Graham estava no andar de baixo. Al Matthews assumira seu caso poucas semanas antes. Conseguiria salvá-la? Talvez. Muito poucas mulheres eram postas para morrer, nenhuma durante minha estadia, embora levassem um homem a cada sexta-feira às dez da manhã; ou pelo menos parecia ser toda semana. Até pelo efeito negativo que isso teria, os detentos no pátio raramente sabiam quem estava sendo executado ou o que ele tinha feito, a não ser que fosse algum caso que chegasse às manchetes. Eles sabiam sobre Jack Santo, Emmett Perkins e Barbara Graham. Ex-condenados com múltiplos assassinatos e uma garota sexy, isso atraiu sua atenção. O imbecil que foi antes deles tinha sido executado por espancar um molestador de crianças que puseram em sua cela na Cadeia Municipal de Fresno. A cabeça da vítima bateu contra a armação do beliche. Sua família uivava como *banshees* e o pobre Red não tinha um tostão. O advogado que designaram para ele era apelidado de Slim Corredor da Morte, portanto sabemos o que seus clientes pensavam dele.

Ainda que os sentenciados não soubessem quem estava sendo executado ou o que a pessoa havia feito, sabiam que alguém estava indo. Era sempre às dez da manhã de sexta-feira. O dia da câmara de gás. A luz vermelha se acendia no topo do Pavilhão Norte. Quando tudo voltava ao normal, a luz verde brilhava contra o céu.

Demoraram a devolver nossos colchões. Eram quase dez da noite quando dois guardas e um sargento puxaram a trava de segurança e destrancaram as celas do isolamento, uma por vez, para que pudéssemos sair e carregar nossos colchões de volta para dentro. Quando passei pelo sargento, disse-lhe que precisava de papel higiênico.

— Eu trago na contagem.

A contagem seria uma hora mais tarde. Dava para esperar.

O colchão era sensivelmente confortável após quatorze horas sobre o concreto. Tentei ler a Bíblia, mas o inglês arcaico da época do rei James exigia mais concentração do que eu podia reunir naquela noite. Fiquei ouvindo o som apagado do rádio do lado de fora das celas dos assassinos extintos e as idas e vindas dos oficiais. Mais uma vez eu estava só com meus pensamentos, uma situação em que me encontrei muito mais vezes que a média das pessoas. Aparentemente, passei uma quantidade extraordinária de vida meditando em um calabouço. Quase todo mundo que eu conhecia tinha cumprido alguma pena ou estava cumprindo, enquanto uma pessoa comum não somente jamais havia sido detida como sequer *conhecia* alguém que houvesse estado na cadeia, muito menos em uma prisão estadual. Dirigir para a sra. Wallis por Beverly Hills para visitar seus amigos e cuidar de seus negócios havia me permitido olhar para um mundo que eu nunca havia imaginado antes. Ela viera da Sixth com a Central, um lugar tão imundo quanto qualquer outro em Los Angeles. Eu experimentei pessoalmente a diferença entre ser rico ou pobre. Conjurei a lembrança da Piscina de Netuno em San Simeon sob as chamas do crepúsculo. A essa altura eu já havia lido *A Era dos Magnatas* e *Cidadão Hearst* e sabia que *Cidadão Kane* tinha falhado em captar a verdade cintilante de William Randolph Hearst. Meu Deus, por que não recebi cartas como aquelas para jogar? Ainda assim, se eu olhasse pelo ponto de vista de que todas as coisas são relativas, o que de fato são, minhas cartas eram melhores do que as da maior parte do mundo. Se me faltava a vantagem de uma família rica, pelo menos eu tinha o privilégio de ser branco. Eu era americano, e não natural de alguma república bananeira empobrecida. Onde aquilo iria acabar? Não tinha idéia. Talvez acabasse esperando o chamado dos executores. Se alguém me assustasse e eu achasse que ele fosse perigoso, tentaria atacar primeiro. Podia perder meu controle e apagar alguém semi-acidentalmente, como o que aconteceu com Red. E se algum parceiro de crime enlouquecesse e matasse alguém durante um golpe? Toda essa merda podia acontecer...

Invadindo o silêncio vinha o som do elevador. Parecia mais alto porque havia menos ruído de fundo. A porta externa abriu. Vozes. Palavras indecifráveis. O tinido da porta que dava para o corredor. Olhei para fora. De fato, a trava de segurança fora erguida, seguida um segundo depois por um girar de chave em uma das celas da ala em frente. Um dos membros do dueto de condenados estava indo para algum lugar. Isso requeria autorização do diretor. Houve o mesmo estrépito, batida e movimento de chave, em seqüência inversa. Qual deles estava deixando o lugar? Para onde?

— *Não acho que ele esteja indo tomar uma vacina* — disse eu em um meio murmúrio, então ri alto do meu humor negro. Dei uma risada que soou como um asno zurrando ou um psicopata. Ouviria apenas uma coisa semelhante ao longo dos anos: a gargalhada de Joe Morgan.

O tira armado se aproximou, uma sombra entre dois conjuntos de barras e a tela de arame.

— O que há de tão engraçado, Bunker?
— A vida... Ei, quem eles levaram?
— Santo. Para ver seu advogado.
— Espero que sejam más notícias.
— Não está torcendo para o seu time?
— Ô caralho, ele não está na porra do meu time. Eu desceria a alavanca para os dois.
— E quanto a Barbara?
— Não estou certo quanto a isso. Ela é bem bonita.

— Você está trancado há muito tempo.
— Nem tanto tempo assim. Só dois anos.
— Eu ficaria louco se passasse dois anos sem boceta. Você brinca com aquelas bichas?

Sacudi a cabeça.

— Claro que não! — Era verdade, mas também era mentira. Uma ou duas das jovens bichinhas afeminadas realmente pareciam garotas bonitas, com bundas atraentes nos jeans apertados. Eles eram "elas" para todo mundo. Até onde eu sabia, eles eram realmente mulheres. Mas aqueles um ou dois que poderiam me seduzir eram propriedade de terríveis matadores. Até questões raciais se tornarem o principal motivo para assassinato na prisão, a maneira mais fácil de ser morto em San Quentin era mexer com o *veadinho* de alguém.

Dentro de uma hora, Santo retornou. Quando o portão do corredor se abriu e a barra de segurança foi erguida, ouvi Emmett Perkins: — O que aconteceu?

A resposta foi abafada pelo som da porta da cela sendo batida e trancada. A trava de segurança desceu. Então ouvi algo que me fez duvidar por um momento: suspiros, lágrimas soluçantes. Então a voz de Emmett veio novamente, com o gelo do aço: — Seu fracote filho-da-puta! É melhor você morrer como um homem ou eu vou cuspir em você da cadeira ao lado da sua.

Uau!

Então ouvi uma terceira voz, mas as palavras eram baixas demais para que eu pudesse decifrar. Era o porco Sentinela da Morte.

O elevador subiu novamente, e as portas e portões se abriram. Vozes audíveis vindo das primeiras celas, eu me comprimi contra as grades e espiei o corredor o melhor que pude. Conseguia ver sombras de figuras recortadas pelo brilho ofuscante do holofote sobre as duas jaulas. Já havia desistido e tinha ido dar uma mijada quando ouvi alguém atrás de mim. Voltei minha cabeça. Era o diretor Teets. Caralho.

— Como tem passado? — ele perguntou. Atrás dele estava alguém de sua comitiva. Diretores sempre têm uma comitiva. Ninguém jamais vê um deles sozinho.

— ...Bunker — falou um deles, contando a ele quem eu era. Ele se aproximou das grades. Nesse momento eu já tinha dado uma boa chacoalhada e abotoado minhas calças.

— Tenho uma carta da sra. Wallis — disse ele. — Ela vai estar em São Francisco no mês que vem. Quer visitar você, mas vai estar ocupada durante os horários de visita.

Eu devo ter erguido os ombros de uma certa maneira ou grunhido um som de fracasso. Se ela estaria ocupada nos horários de visita, o caso estava encerrado.

O diretor falou — Não desanime. Talvez nós possamos arranjar um esquema.

— Isso seria realmente ótimo.
— Fique tranqüilo.
Ele foi para a cela silenciosa no fundo do corredor e um guarda abriu a porta externa. Veio a mesma pergunta. — Como tem passado?
Não consegui ouvir a resposta. O diretor Teets falou — Fique tranqüilo.
Um momento depois eles passaram pela minha cela. Teets fez um leve aceno. Não os ouvi passar pelo portão. Agora eu tinha pensamentos desconfiados. O que ele quis dizer com talvez nós possamos arranjar um esquema? Seria possível que quisesse dizer que eu e ele poderíamos fazer um esquema? Seria uma solicitação para me tornar um dedo-duro?
Parecia improvável. Obviamente ele quis dizer um "esquema" com *a* sra. Hal B. Wallis. O criador de estrelas de Hollywood, assim chamavam Hal Wallis. Ele gostava mesmo de criar seu roseiral de Belezas Americanas platinadas. Se para isso tivesse de colocá-las num filme com Burt ou Kirk, ele também o faria.
Eu estava tão excitado com a possibilidade de uma visita que fiquei andando para a frente e para trás, sem pensar nos dois homens na primeira e na terceira celas, embora na periferia da minha atenção estivesse atento para o que eles diziam. Meu foco se deslocou quando ouvi a música no rádio em frente às suas celas. Era o som ligeiramente sacaroso patrocinado pela American Airlines. Tocava nos fones de ouvido no pavilhão de celas porque era bom para dormir. Eu o ouvia pelas suas propriedades tranqüilizantes. Mas por que raios eles o estavam escutando? Se gostassem de algo, seria Patsy Cline ou Hank Williams. Ambos eram *country* até o caroço. Esse foi um quebra-cabeça cujas peças eu jamais ordenaria, pois caí no sono. Ao pensar nisso mais tarde, concluí que eles estavam esperando pelos boletins de notícias a cada meia hora. Uma petição por *habeas corpus* tinha sido protocolada em uma Corte Distrital da União. Com a petição, havia uma moção pela suspensão da execução até que a corte decidisse se ela teria mérito. Como o mundo inteiro esperava que eles morressem, a decisão do juiz chegaria mais rapidamente pelo rádio do que o diretor conseguiria percorrer o trajeto vindo de seu escritório.
Fui rudemente acordado por um grito de Jack Santo.
— Me deixem falar com o governador! Eu vou contar sobre uns assassinatos não resolvidos... assassinatos que não cometemos. Eu sei quem apagou os dois Tonys! E Bugsy! Tem um monte de coisas que eu quero contar para alguém. Sei quem foi que matou os dois garotos em Urbana em 1946.
Sob os lamentos, como contraponto, ouviam-se as vis blasfêmias de Emmett, atiradas com desprezo contra seu parceiro de crimes. Desavença entre ladrões. Dessa vez era verdade mesmo.
Uma vertigem me tomou. Senti-me como um bobo em um carnaval selvagem. — Papel higiênico! — gritei com toda a força dos meus pulmões. — Papel higiênico! Preciso limpar minha bunda! Ei! Papel higiênico!

O primeiro sargento de plantão apareceu do lado de fora de minha cela.
— Bunker, o que você está gritando?
Senti-me culpado. Era o sargento Blair, um dos seres humanos mais gentis que já encontrei na minha vida. Ele já havia trabalhado em San Quentin por mais de vinte anos e permaneceria por quase vinte anos mais, e em todo esse tempo escreveu apenas um relatório disciplinar. Ele não era servil; não era um fanático religioso. Era simplesmente um cara legal quando jovem e continuaria legal quando ficasse velho.
— Desculpe, chefe... mas eu preciso de papel higiênico. Que vocês querem, que eu rasgue minha camisa e limpe o rabo com ela?
— Não. Eu vou conseguir um pouco. Você agüenta as pontas, não?
— Claro, chefe. Vou agüentar. — Que mais eu podia fazer? Eu era o único prisioneiro no corredor. Qualquer perturbação só podia vir de mim, e a maioria dos guardas seria menos tolerante que o sargento Blair.
Durante a longa noite de espera, sentei apoiado contra as grades da cela. Cochilei uma ou duas vezes, apenas para ser posto em alerta com algum som no corredor, uma chave socando alguma fechadura e a voz do capelão, que eu reconheci embora não pudesse entender o que ele falava. Ouvi Perkins dizer "Caia fora daqui, seu papa-hóstia filho-da-puta!". Embora eu tivesse de bom grado acionado a chave para ambos, sentia um respeito relutante por Perkins, que enfrentava sua mortalidade com coragem (muito mais do que eu teria demonstrado), enquanto Santo era um vira-lata chorão e desprezível. Podia ouvir seus suspiros de tempo em tempo.
Logo a alta janela do lado de fora do corredor começou lentamente a se tornar cinzenta e o nascer do sol fez as barras lançar sombras através do piso de concreto polido. O elevador subia com freqüência à medida que os oficiais traziam as derradeiras palavras de negação das cortes. A manhã estava brilhando quando o elevador chegou pela última vez. Eu podia ouvir muitos guardas no corredor. Os condenados seriam algemados e postos em imobilizadores. Os guardas apertavam bem cada um deles, de modo que não pudessem fazer nada além de seguir em frente. Até o elevador, através do aço verde da rotunda, cruzando outra porta de ferro, eles passariam por Barbara Graham. Ela estava na cela do pernoite dos condenados. Naquela manhã não haveria um cortês "primeiro as damas".
Adeus, rapazes, seus porcos matadores de criancinhas... Matar uma ameaça, um inimigo, por vingança e por vantagens, pelo menos era possível entender. Mas assassinar cinco crianças sem nenhum outro motivo que não a perversão... adeus e vão para o inferno, e tomara que nem Lúcifer, o Grande Satã, queira vocês.
O facho de luz solar sobre o chão tinha se deslocado quase até o alambrado. O guarda armado andando atrás da tela de arame lançou sua sombra através dela para o concreto do lado de fora da minha cela. Desviei meus olhos da rica poesia do Cântico de Salomão.

— Eles já foram. Ela conseguiu demorar mais — disse ele.
— Que tipo de demora?
— Não sei. Demora para a execução — Deu as costas e desapareceu. Normalmente ele teria continuado com suas solas de crepe por todo o caminho até a frente, mas naquela manhã eu era o único presidiário em isolamento. Bem, que porra... de volta para o Eclesiastes. Ali há sabedoria que supera o tempo. *"As palavras que saem da boca do sábio são misericordiosas, mas os lábios de um tolo o devorarão..."*. Se não aprender a seguir esta sabedoria, você é mesmo um tolo.

UNS DOIS DIAS MAIS TARDE, QUANDO usufruía de minha hora diária para andar de um lado para outro, uma chave bateu contra o portão frontal. Pensei que fosse um sinal para retornar a minha cela até que vi o portão aberto e um tira, o grande Zeke Zekonis, com seu quepe virado displicentemente para o lado, parado lá e acenando para que eu me aproximasse. Apontei para mim mesmo, incrédulo. Ele balançou a cabeça. Fui até lá, ainda que cautelosamente. Talvez eles estivessem esperando no canto, querendo me dar uns belos chutes por ter virado a mesa sobre um tenente.

Quando me aproximei do portão, Zekonis me estendeu uma revista dobrada. Eu me perguntei por quê. Meu primeiro pensamento não foi que ele a estivesse entregando para mim. A não ser pelo bom e velho Gedeão, ler era *interdito* na solitária.

— Tome — disse ele, dissipando a dúvida. — Foi Chess quem mandou.

Referia-se a Caryl Chessman. Balbuciei meu surpreso agradecimento. Zeke não era conhecido por fazer favores a detentos, mas tinha feito aquele. Não era o mesmo que contrabandear armas ou mesmo drogas, mas era contra as regras e podia arranjar-lhe uma suspensão.

Esperei até que as bandejas da refeição da tarde fossem recolhidas e os colchões retornassem; então abri minha revista *Argosy*. Uma revista masculina, tinha vários milhões de leitores. Estava na capa, a matéria de destaque. Caryl Chessman, o notório *Bandido da Luz Vermelha* de Los Angeles, havia escrito um livro: *Cela 2455, Corredor da Morte*, que estava agendado para publicação em poucos meses. A *Argosy* trazia o excerto do primeiro capítulo. Saltei para ele sem demora.

Embora o livro todo, que eu leria em breve, fosse sobre a vida de Chessman, o primeiro capítulo contava como um condenado chamado Red era posto para morrer na câmara de gás. Começava com a contagem da noite anterior. A prisão inteira estava trancada; era quando os condenados eram transferidos para a cela de pernoite do corredor da morte. Primeiro ele recebeu um traje novo completo, incluindo a cueca.

Foi algemado às grades antes que o portão se abrisse. Circundado estreitamente por quatro ou cinco guardas e um tenente, Red foi autorizado a, começando pelo fundo do corredor da morte e caminhando para a frente, dizer suas despedidas aos outros que esperavam para morrer. Seus pertences pessoais já haviam sido distribuídos ou embalados para serem mandados para casa. Conduziram-no para o elevador e através da porta verde até onde ele passaria a noite.

As palavras escritas por Chessman me levaram passo a passo até a morte de Red, às dez da manhã. Red tinha uma fotografia do presidente Eisenhower. Quando deu o primeiro passo para a câmara de gás, entregou-o a um guarda e disse: "Ele não pertence a este lugar". As pastilhas de cianeto foram mergulhadas no ácido sulfúrico, e o mortífero gás cianídrico o envolveu.

Não podia julgar a escrita, mas era tão real para mim que meus batimentos cardíacos se aceleraram. Claro que, como leitor, eu tinha a vantagem de estar onde estava, não longe daquela realidade. Li novamente, e embora não estivesse treinado para um julgamento crítico, era impossível ficar mais estarrecido. Um detento tinha escrito aquilo, um detento que eu conhecia, e fora publicado em uma grande revista de circulação nacional, não no *San Quentin News*. O livro sairia em breve. Escrever um livro era como ser um mágico, ou mesmo um mago, ou um alquimista que tomava a experiência, real ou imaginada, e usava palavras para trazê-la à vida sobre uma página impressa. Tenho muitos defeitos, mas a inveja não está entre eles. Ainda assim, ardi de inveja naquela tarde na solitária de San Quentin.

O entardecer se tornou escuridão. As luzes ganharam força. Zekonis veio buscar a revista antes de largar seu turno. Se estivesse mais ao fundo do corredor, poderia falar com Chessman através da ventilação, mas ele estava em uma extremidade, em um dos lados, e eu estava na extremidade oposta, do outro lado. Podia ouvi-lo, ou pelo menos sua máquina de escrever. Ela fazia seu barulho noite adentro. A única vez que se calou foi enquanto Santo e Perkins faziam a vigília da morte.

Sons vindos de baixo marcavam a passagem da noite; passos e vozes ecoavam contra os cânions formados pelos edifícios. Prisioneiros voltavam a encher os pavilhões de celas para a noite. Logo o som do "toque de silêncio" iria soprar através da prisão. A sombra do policial armado passou do outro lado da tela de arame e das grades de ferro. A máquina de escrever de Chessman parou. Por que foi ele quem escreveu um livro? Ele estava no corredor da morte. O livro não mudaria isso. Se fosse eu, poderia mudar minha vida.

De repente, com a força da revelação, falei em voz alta — Por que não eu?

A idéia foi tão súbita e intensa que eu saltei do colchão e imediatamente senti uma vertigem e agarrei as grades para me apoiar.

Tão rapidamente quanto o pensamento me veio, ri da minha própria presunção. Como eu poderia escrever qualquer coisa que merecesse publicação? Estava na sétima série na última vez que freqüentei a escola. Leitura voraz era um jogo bem diferente de escrever. Escritores iam para Harvard ou Yale ou Princeton.

Mas Chessman não tinha ido para Harvard. Ele foi para a Preston School of Industry, a mesma escola em que eu estive. Se ele podia escrever um livro, por que eu não podia? Houve detetives que disseram que eu era como Chessman. Pelo menos eu não tinha a pressão de uma sentença de morte. O tempo estava do meu lado — e o desejo. Preferiria ser escritor a estrela de cinema, presidente ou juiz da Suprema Corte, todas profissões que estariam vedadas para mim, de qualquer maneira. Fui dormir pensando nisso.

Acordei e essa foi a primeira coisa em minha mente.

* * *

QUANDO SAÍ DO BURACO, ESCREVI para Louise. Agora não só eu abria as cartas com "Querida Mãe" como ela assinava com as mesmas palavras. Eu lhe contei que queria me tornar um escritor. Será que ela me mandaria uma máquina de escrever?

Claro que ela mandaria. Era uma Royal Aristocrat de segunda mão. O estojo era coberto com um pesado material impermeável, e tinha teclas diferentes de todas as que eu havia visto. Aparentava ser novinha em folha.

Um prisioneiro atendente do Departamento de Educação me trouxe um manual *20th Century* de datilografia. As lições eram página a página. Antes de mais nada, coloquei uma pequena tábua sobre a privada da cela e acomodei a máquina de escrever em uma banqueta. Decorei o teclado. Uma vez que consegui isso, larguei o livro. Praticar era tudo o que eu precisava. Quando o vaso sanitário e a banqueta ficaram dolorosos demais para minhas costas, um detento da carpintaria fabricou uma mesa do tamanho exato para sustentar a máquina. O espaço entre o lado do beliche e a outra parede tinha menos de meio metro, considerando que a largura total da cela era de um metro e quarenta. Mesmo assim, era melhor sentar na beira do beliche para datilografar do que ficar curvado sobre o vaso sanitário.

Em vez de simplesmente começar com *"era uma vez"*, vendi sangue para pagar um curso por correspondência na Universidade da Califórnia. Isso foi no breve período em que a sociedade acreditou que a educação era um caminho para a reabilitação. As primeiras lições eram sobre gramática e estruturação de sentenças, que eu nunca cheguei a entender, e isso transpareceu nas minhas notas. Mas, quando começaram as lições de escrita propriamente dita, todas as notas eram "A" e o instrutor, provavelmente um estudante de pós-graduação, inundou-me de comentários laudatórios. Quando o curso acabou, eu me fiz sozinho ao mar da palavra escrita: "Era uma vez dois garotos adolescentes que foram roubar uma loja de bebidas...".

Não tive nenhum curso de escrita criativa, nenhum mentor. O único escritor que eu conhecera, além de Chessman, era um jornalista bêbado no Camarillo State Hospital. Ele estava escrevendo um livro na enfermaria onde trabalhava. Para adquirir algum senso do que estava fazendo, assinei a *Writer's Digest*. Talvez eu aprendesse alguma coisa com seus muitos artigos sobre "como fazer...". Comprei muitos dos livros anunciados. O mais útil deles era de Jack Woodruff (acho que era esse o nome), pois aconselhava você a desenhar a cena mentalmente e simplesmente descrever o que via.

Na biblioteca, encontrei antologias e livros de crítica literária, com os quais aprendi uma coisa aqui, outra ali. O *Diário de um Escritor*, de W. Somerset Maugham, deu-me algumas dicas. Pelo menos eu me lembro dele. Se eu extraía um pedacinho de aconselhamento que pudesse me ser útil, o livro já valia a pena. Primeiro tentei contos curtos, mas o bibliotecário era também o censor, e o Departamento Correcional tinha normas contra escrever sobre crimes, próprios ou alheios. Eu não podia ofender nenhuma raça ou religião, ou criticar oficiais da prisão ou a polícia, ou usar linguagem vulgar — entre outras coisas. Além disso, tinha de vender meio litro de sangue para pagar a postagem. Tinha muito dinheiro de prisão (cigarros) e mesmo dinheiro vivo, mas ele tinha que ficar na minha conta. Decidi aprender meu ofício escrevendo romances. Eu só teria que lidar com o censor uma vez ao ano ou perto disso, e decidiria o que fazer quando tivesse acabado.

Levei cerca de dezoito meses para terminar o livro. Senti como se tivesse chegado ao topo do Everest quando escrevi a palavra: "Fim". Ao invés de passá-lo pelo censor, que o teria rejeitado e poderia confiscar o manuscrito, um amigo meu fez o seu chefe, o dentista, transportá-lo para fora. Contrabandear um livro para fora da prisão não é nada imoral. O dentista o mandou para Louise Wallis. Ela o entregou para alguns amigos cultos lerem. Todos disseram que eu tinha talento. Apesar de alguns momentos de esperança não fundamentada, eu sabia que ele jamais seria publicado. Escrevi para aprender meu ofício. Ainda tenho o manuscrito. Minha esposa disse que se ela tivesse lido teria me aconselhado a desistir. Mas é notório que os tolos mergulham de cabeça, por isso eu comecei meu segundo romance. Nunca imaginei que levaria dezessete anos e seis romances rejeitados para que o sétimo fosse publicado. Perseverei porque tinha consciência de que a escrita era a minha única chance de criar algo, de escalar as paredes do poço escuro, alcançar o sonho e repousar ao sol. E, tendo lido até aqui, você deve ter percebido que a perseverança é um traço fundamental da minha natureza. Levanto-me de cada golpe tantas vezes quantas meu corpo obedecer à minha vontade. Ganhei muitas lutas porque não desisti, e também levei algumas porradas memoráveis por não saber quando desistir.

7

À ESPERA DA CONDICIONAL

Quando eu já havia cumprido quatro anos em San Quentin, Louise Wallis contratou um advogado recomendado por Jesse Unruh, conhecido como "Big Daddy" na política californiana. O advogado conversou com pessoas de Sacramento sobre a possibilidade da condicional. Em quatro anos eu estivera na solitária meia dúzia de vezes e tinha duas vintenas de boletins disciplinares. Era um recorde muito pior que o da maioria dos detentos, mas bem melhor do que se poderia esperar de alguém com meu histórico. Envolvi-me em diversas altercações, mas só umas duas chegaram ao conhecimento dos oficiais. Além de ser talhado da têmpora até o lábio por um companheiro de cela que eu andara provocando, fui esfaqueado no pulmão esquerdo por uma rainha protegendo seu valete. Nem sequer o vi chegar. Em outra ocasião, fui suspeito de esfaquear outro detento. A vítima recusou-se a me identificar, por isso o capitão me deixou sair da solitária. Ele me advertiu de que estava de olho em mim e de que um único deslize me poria na tranca por um ano, seguida de uma transferência para Folsom.

Nada do que fiz foi realmente sério, considerando quanto eu era impulsivo e explosivo aos dezoito anos, quando comecei a andar pelo Pátio Principal. Se não tivesse Louise Wallis me escrevendo do *Queen Mary* e de Saint-Tropez, descrevendo o incomum azul do mar, dizendo-me que vida boa eu poderia ter, podia ter acirrado minha guerra contra a autoridade — a guerra que o mundo declarara contra mim quando eu tinha quatro anos. Em todos os lugares onde estive, alguma autoridade me disse: "Aqui nós vamos dobrar você". Disseram isso no abrigo juvenil, nas várias escolas correcionais e no reformatório de Lancaster. Não consigo contar quantas surras levei — pelo menos vinte, três das quais foram realmente selvagens. Gás lacrimogêneo foi lançado sobre meu rosto por entre as grades; mangueiras de incêndio me arrastaram pelo chão e me jogaram contra paredes. Passei uma semana nu, em total escuridão e a pão e água quando tinha quinze anos. Quando estive no Pacific Colony, aos treze, fui atado por uma longa correia a um bloco de concreto de cinqüenta quilos envolvido em um cobertor. Tinha de arrastá-lo para cima e para baixo em um corredor besuntado de parafina durante doze horas por dia. Reagi e eles me esmurraram e pisotearam até meu rosto parecer um hambúrguer — e um médico que falava com sotaque não fez nada. O hospital declarou que eu não era louco e me devolveu para a escola correcional. Podiam me fazer gritar e implorar por piedade, mas tão logo me recuperava rebelava-me novamente. Expulsaram-me da escola correcional; eu era destrutivo demais.

Em San Quentin, porém, disseram que me matariam se eu esfaqueasse um guarda e que chutariam meus miolos para fora se eu desse sequer um soco em um deles. Também sabia que não seria expulso dali. Sem Louise Wallis e as esperanças e sonhos que ela representava, podia ter ignorado suas ameaças e intensificado minha rebeldia. Não estaria nem aí. Mas agora eu me importava. Queria sair. Tinha mais a meu favor do que qualquer um que eu conhecesse. Consegui até passar seis meses de boa conduta quando fui para o comitê de condicional. Embora não soubesse disso durante anos, o psiquiatra da prisão deu parecer contrário à minha condicional. Mas a sra. Hal Wallis tinha mais influência. Em fevereiro, as autoridades superiores fixaram minha pena em sete anos, com vinte e sete meses em condicional. Isso queria dizer que me restavam seis meses, supondo que conseguisse ficar livre de encrencas.

MEMORIAL DAY[1]. COMO TODOS OS DIAS, este foi anunciado muito antes do amanhecer pela algazarra estridente de passarinhos, pombos e pardais nos beirais do lado de fora do pavilhão das celas. Nenhum galo jamais cantou tão cedo ou tão alto, embora os detentos continuassem dormindo. Então vinha a abertura antecipada das celas, quando os guardas deixavam sair os homens que trabalhariam antes do turno principal. Nos dias de semana, eu estava entre eles. Durante meu último ano e meio, trabalhei na equipe madrugadora da lavanderia, mas nesse dia não. Era feriado.

Acordei quando os detentos encarregados das chaves começaram a destrancar as celas. Usando grandes chaveiros, eles podiam abrir cada fechadura andando rapidamente — *clac, clac, clac*, o som ficando mais alto à medida que os homens das chaves chegavam mais perto em outro

---

[1] O Memorial Day é a última segunda-feira de maio nos EUA, quando se homenageiam os soldados mortos em guerra. (N. do T.)

corredor, depois sumia quando eles passavam e aumentava novamente quando um deles chegava a outro corredor.

O copeiro do corredor, então, derramava água quente através das grades para dentro de galões colocados perto delas. As celas só tinham água fria, e as latrinas usavam água da baía.

Da minha cela eu podia enxergar entre as grades externas. Estava luminoso e ensolarado lá fora, mas apesar disso levei uma jaqueta. Era sempre sensato pegar um agasalho ao sair da cela em San Quentin. São Francisco podia estar luminosa e ensolarada enquanto o Pátio Principal era ventoso e frio.

Um sino soou, seguido religiosamente pela torrente esfarrapada dos detentos do corredor cinco deixando suas celas e batendo as portas. Uma enxurrada de lixo se derramava enquanto os homens a chutavam galeria abaixo. De tempos em tempos, os jornais e outros resíduos que caíam traziam potes de café instantâneo ou de manteiga de amendoim embrulhados neles, que explodiam ao se chocar contra o concreto, fazendo voar estilhaços de vidro. Uma voz gritou: — Se eu descobrir quem fez isso eu vou foder... vagabundo! — Ninguém respondeu. Passariam outros quinze minutos até a abertura seguir seu caminho pela segunda galeria. Foi então que eu levantei e me vesti. Arranquei mais uma folha do calendário. Faltavam sessenta e poucos dias; agora não me lembro exatamente quantos.

Como era o Memorial Day, haveria uma luta de boxe no pátio menor, à tarde. Fazia dois anos que eu não lutava, mas meu antigo treinador, Frank Littlejohn, tinha me pedido para substituir alguém que ele treinava porque estava com medo que o homem batesse forte demais. Por que não? Seriam só três rounds. Puxei uma caixa de baixo da cama e tirei as bandagens suadas e manchadas de sangue que eu usava enroladas nas mãos, e também meu protetor bucal e as sapatilhas de boxe. Era inacreditável que não houvesse aranhas dentro delas, considerando quanto tempo tinham ficado na caixa de sapatos.

Tão logo o som de passos lá em cima diminuiu, mais uma trava de segurança se ergueu e outra galeria de condenados veio para fora com mais um dilúvio de lixo. Juntei o que ia levar para o Pátio Principal. Além do equipamento de boxe, pus um pacote aberto de cigarros por dentro da minha camisa para pagar uma dívida de jogo. Os malditos Yankees haviam perdido na noite anterior. Qual era o adágio da minha infância, nunca aposte contra Joe Louis, o Notre Dame ou os Yankees de Nova York? Besteira! Peguei um livro que ia devolver para meu amigo Leon Gaultney: *Ciência e Sanidade*, de Alfred Korzybski, o fundador da semântica geral. Para ser franco, tinha exemplos demais com equações matemáticas, que desligavam meu cérebro como se fossem interruptores. Pensava que semântica fosse uma disciplina importante para entender a realidade, mas preferia os livros de S.I. Hayakawa e Wendell Johnson.

Pensei em levar as páginas do novo livro para mostrar a Jimmy, Paul e Leon — mas decidi que já estava carregando coisas demais. Teria de levar coisas que iam ficar comigo o dia inteiro.

Estava à espera quando a segunda galeria foi liberada. Dei um passo para fora, fechei a porta da cela e aguardei até que a trava descesse. Nos últimos tempos, alguns ladrões costumavam entrar e sair correndo das celas para pegar coisas se o ocupante se afastasse antes da trava de segurança baixar.

Os cerca de dois mil condenados das quatro seções do Pavilhão Sul caminharam até as escadas que conduziam à rotunda e para a porta de ferro que dava para o refeitório. Como de costume, a comida mal chegava a ser comestível. O cardápio era a prova de que entre as palavras e a realidade repousa um abismo. Consegui engolir aquele café-da-manhã, mingau de aveia e um pãozinho de canela duro com manteiga de amendoim. O pãozinho foi amaciado no café morno. Mandei a comida para dentro e saí para o pátio.

O Pátio Principal já estava cheio. O Pavilhão Sul comia por último. Ao passar pela porta do refeitório, mergulhei em uma parede de som produzida por quatro mil homens numerados, todos bandidos encarcerados, condenados por assassinato, roubo, estupro, incêndio premeditado, arrombamento, venda de drogas, compra de drogas, compra e venda de mercadorias roubadas, todos os crimes previstos pelo Código Penal da Califórnia. A multidão era mais espessa próximo à porta do refeitório, pois, embora um guarda dissesse para todo mundo que saía se afastar, eles tendiam a andar três metros e parar para acender cigarros e cumprimentar amigos. Enquanto me espremia entre eles, certificava-me de dizer "Com licença... com licença", caso me esfregasse ou esbarrasse em alguém. Condenados podem ter as bocas mais sujas do mundo, mas, ao contrário das imagens exibidas no cinema e na televisão, são melhores que os nova-iorquinos quanto a certas delicadezas. Entre os homens numerados havia sempre alguns poucos com traços de personalidade paranóide. Um jovem valentão negro saído direto do gueto não apenas deixou de se desculpar como ainda falou "Sai da frente, babaca" para um cara branco bem magrelo que era prisioneiro na Califórnia a pedido de Utah, onde já havia matado outro detento. O "babaca" incubou aquilo por quase um mês, até que se aproximou por trás do valentão enquanto ele comia, sentado no refeitório. A faca o deixou paralisado do pescoço para baixo. Já não era mais tão durão. Os provérbios da prisão incluem: "todo mundo sangra"; "qualquer um pode te matar". Num lugar onde qualquer um pode ter uma grande faca, boas maneiras são a regra do dia — mesmo que venham acompanhadas por vulgaridades. Pense nisso.

Além da multidão concentrada havia mais espaço. Contornei o pátio em sentido anti-horário, procurando meus amigos. Primeiro, dirigi-me para a cantina dos detentos. Apenas condenados que já estavam na fila da cantina, uma série de janelas que lembravam os guichês das pistas de corrida, podiam cruzar a "linha de chegada" vermelha, dez metros à frente. Acima de nós havia uma passarela com um carabineiro olhando para a multidão embaixo dele. Vi muitos homens que conhecia, mas nenhum dos que eu procurava naquele momento. Estava ao mesmo tempo seguro e alerta, pois, se tinha muitos amigos, também tinha minha cota de inimigos. Não queria me aproximar deles inesperadamente; podiam pensar que eu estava tentando fazer um ataque surpresa.

Fora dos portões do Pavilhão Leste, vi as duas duplas de *bookmakers* de San Quentin. Sullivan e O'Rourke eram os apontadores de apostas irlandeses; Globe e Joe Cocko, os apontadores chicanos. Cada dupla trazia as páginas verdes de esportes do *Chronicle*, conferindo os resultados das corridas do leste. Esperando nas imediações estavam os apostadores de cavalos. A maioria era de jogadores compulsivos, e alguns eram muito bons. Tinham muito tempo para estudar os páreos.

Caminhei entre a parede do Pavilhão Leste e as mesas de dominó. Os jogos estavam quentes e disputados, os dominós de plástico soavam alto quando eram batidos sobre a mesa. Duplos seis abriram a partida.

O próximo jogador tinha um seis-três. Bateu com ele sobre a mesa. — Deu quinze.

— Vou para trás da casa esperar que o jogo mude — disse o próximo homem, jogando um seis-dois sobre o seis.

Cada jogo era controlado por um detento que fazia o rateio, coletando dos perdedores e pagando os vencedores. Eu sabia jogar, mas não tão bem a ponto de apostar. Tinha saído caro demais tornar-me um jogador de pôquer de primeira classe para acabar me envolvendo com dominós. Aqueles eram alguns dos melhores jogadores de dominó do mundo. Jogavam desde a abertura matinal até o fechamento da tarde. Jogavam até mesmo debaixo de chuva, segurando jornais sobre suas cabeças se faltasse outra proteção contra a água.

A parede do Pavilhão Leste interceptava a porta da rotunda do Pavilhão Norte. O Pátio Externo do Pavilhão Norte era o primeiro a receber os raios cálidos do sol ao amanhecer. O Pátio Principal geralmente era frio pela manhã. O concreto parecia aprisionar o gelo da noite até que o sol estivesse alto. A maioria dos negros se reunia naquela área. Embora cada raça tendesse a se congregar entre os seus, havia pouca tensão ou hostilidade racial evidentes. Isso mudaria na década seguinte.

Não estava procurando por ele, mas vi Leon Gaultney parado com dois outros negros, um deles Rudy Thomas, o campeão de pesos-leves da prisão. Rudy tinha talento para ser um campeão mundial. Infelizmente, era um viciado. Com eles também estava o campeão de pesos-pesados, Frank, que cumpria pena por ter matado um homem com um único soco. Ele e eu éramos formais um com o outro. Uma vez ele ameaçou quebrar minha mandíbula, e eu disse que iria esfaqueá-lo pelas costas. Estava blefando, confiante em que ele iria recuar, o que de fato fez.

Rudy Thomas e eu éramos amigos, mas creio que ele suspeitava que todos os brancos eram racistas em algum grau. Para dizer a verdade, se acontecesse um conflito racial, eu era branco e iria lutar, mas não achava que ninguém fosse melhor ou pior que nenhuma outra pessoa por causa da raça.

Então ali estava Leon. Leon Gaultney. Por toda minha vida eu tive uma quantidade incomum de amigos próximos. Homens americanos raramente têm amigos masculinos realmente próximos, do tipo que podem ser chamados de irmão. Eu tive pelo menos uma dúzia, ou duas vezes isso, e dezenas de chegados. Leon estava entre a primeira meia dúzia, e por algum tempo foi meu melhor amigo. Não lembro como nos conhecemos. Durante meu primeiro ano, ou perto disso, eu era inibido demais para ter um negro como amigo mais próximo. Tinha muitos amigos negros, caras que eu conhecia do abrigo juvenil e do reformatório até chegar ali, em San Quentin — mas não eram amigos íntimos. Não andava pelo pátio com eles. Agora, no entanto, tinha reconhecimento e status suficientes, apesar de ter apenas vinte e um, para que ninguém pensasse nada, e mesmo que pensassem não diriam coisa alguma. Além disso, por meu intermédio, Leon conquistou amizade e respeito de muitos prisioneiros brancos de alta posição. Jimmy Posten tinha conseguido um emprego para Leon na clínica odontológica. O dentista-chefe não assinava uma autorização de emprego para ninguém sem a aprovação de Jimmy. Leon era o único negro trabalhando lá. Não era por causa do racismo; era porque só se dão os melhores empregos para os amigos.

Leon tinha exatamente um metro e oitenta de altura e pesava oitenta quilos. Tinha um aspecto comum e nunca vestia roupas engomadinhas. Era quando falava que se via como ele era singular. Todos os traços da pronúncia negra comum tinham sido apagados para dar lugar a um enunciado preciso. Ele me disse que estudara Clifton Webb e Sidney Poitier para desenvolver sua fala e praticado pela leitura em voz alta de James Baldwin e outros. Nos três anos que Leon já havia cumprido, ensinou a si mesmo a língua espanhola bem o suficiente para traduzir Shakespeare para o espanhol e vice-versa. Também se tornara passavelmente fluente em francês e italiano e estava estudando árabe. O único adorno de sua cela monástica era um esboço a lápis de Albert Einstein. Leon foi o homem mais inteligente que encontrei na prisão. Poucos daqueles que conheci na escola correcional podiam ser chamados de inteligentes. Não era a amplitude ou a profundidade de seu conhecimento que impressionavam tanto. Tenho certeza de que eu era mais extensamente letrado. Ele raramente lia ficção, enquanto eu acreditava que nada explora melhor as profundezas e a escuridão da mente humana do que os grandes romances, e mesmo uma obra mediana pode lançar um raio de luz sobre fissuras desconhecidas. Dostoiévski faz com que você entenda os pensamentos de jogadores, assassinos e outros melhor que qualquer psiquiatra, incluindo Freud.

Quando me aproximei, cumprimentei Frank e Rudy e dei um tapinha nas costas de Leon. — O que está rolando? — perguntei.
— Vi seu nome na tabela do boxe — falou Rudy.
Confirmei. — Sim. Frank me pediu para entrar. Ele disse que Tino Prieto iria machucar Rooster.
— Quando foi a última vez que você calçou as luvas?
— Não sei. Acho que há cerca de um ano.
Rudy sacudiu a cabeça e olhou para o céu.
— Ele também pode machucar você. Está velho e um pouco barrigudo, mas tem umas trinta, trinta e cinco lutas profissionais. Olhe para o rosto dele.
— Eu sei... mas que se foda, sabe como é. Eu tenho uns cinco ou seis quilos a mais que ele. Na verdade ele é peso-leve.
— Está em boa forma e você, porra, com toda de certeza, não está.
— Agora é tarde.
Leon interrompeu. — Vamos lá. Littlejohn quer ver você no ginásio.
Era pouco mais de nove horas. O portão acabara de ser aberto para que os detentos pudessem descer os degraus de concreto para o pátio inferior. A primeira luta não começaria antes da uma da tarde. A minha seria a terceira contenda. Não teria que responder ao gongo até pelo menos uma e meia.
Fiz que sim com a cabeça, então perguntei a Rudy — Eles vão trazer aquele peso-leve de Sacramento? — Esperava-se que Frankie Goldstein, um empresário do boxe que ia freqüentemente a San Quentin para as lutas, para arbitrar e, simultaneamente, ver se havia algum talento na prisão, trouxesse um adversário peso-leve para uma exibição de boxe com Rudy, que passara por todos os que subiram no ringue com ele. Treinei com ele no ginásio quando tinha ambições secretas de ser a grande esperança branca. Jamais consegui plantar um soco cheio. E quando ele me acertava um golpe mal dava para vê-lo chegando.
— Ele ficou de trazer o cara. Vamos ver.
Fiz um gesto de despedida para Frank; ele acenou impassivelmente a cabeça em resposta.
Leon e eu nos afastamos.
— Quando você tiver acabado esta tarde — disse ele —, tenho uma coisa para a gente ficar chapado.
— Vamos agora. O que é?
— Ei, eu não vou deixar você trincado e depois te mandar para o ringue. Vai ser espancado até a morte e não vai nem notar.
— Melhor assim.
— Não se você tiver o cérebro virado no avesso. Às vezes uma porrada terrível pode fazer isso.
— Estou vendo que você tem uma enorme confiança em mim.
— Acho que Jimmy Barry armou para você... por causa daquela coisa do ano passado.

Aquela coisa do ano passado foi uma luta entre Leon e Jimmy. Ocorreu quando eu já conhecia Leon, mas antes de nos tornarmos amigos. Eu estava treinando, lutando com o reflexo em frente a um grande espelho, quando alguém disse que uma luta de verdade estava em curso. Eu tinha que ser um dos espectadores. Estava acontecendo na quadra de *handball*, do outro lado do ginásio. Quando cheguei lá, Leon e Jimmy estavam lutando. Jimmy era vinte anos mais velho e dez quilos mais leve que Leon; além disso, Leon era um bom meio-pesado amador. Jimmy, no entanto, tinha sido um peso meio-médio bem classificado no *ranking*. Era o organizador das lutas; administrava o departamento de boxe. Também tinha má reputação e fama de dedo-duro. Bons detentos evitavam-no tanto quanto possível, mas era difícil conseguir isso totalmente por causa de sua posição. Ele controlava o departamento de boxe. Distribuía todo o equipamento. Ninguém tinha um armário designado para si ou recebia sapatilhas e protetor bucal a não ser por intermédio dele. Ele fazia as lutas, decidindo quem lutaria contra quem.

Cerca de uma dúzia de presos estava em pé fora da quadra de *handball*, olhando a luta. Leon estava forçando a ação, tentando contra-atacar depois de um *jab* e aplicar um gancho no abdome — mas Jimmy desferia o *jab* e bloqueava o gancho. Nenhum deles causava qualquer dano, até que Leon deu um direto usando o ombro e lançou Jimmy para trás, de encontro à parede. Isso o fez arfar enquanto lutava para recuperar o ar expelido. Sem aviso, pelo lado, o "garoto" de Jimmy saltou sobre as costas de Leon e tentou golpeá-lo na face ou no olho com uma caneta esferográfica.

— Tirem ele de mim! — gritou Leon.

Para minha grande vergonha, eu hesitei. Leon e eu não éramos tão próximos quanto iríamos nos tornar, mas éramos amigos. Além do mais, ele era um prisioneiro íntegro e Jimmy Barry era um conhecido dedo-duro. Porém ele era branco e Leon era negro. A diferença racial me fez dar uma pausa de dez segundos. Então avancei porta adentro para o interior da quadra de *handball* e gritei — Tirem ele! — Jimmy Barry olhava para mim por cima do ombro de Leon. Antes que eu pudesse passar pela porta, alguma outra pessoa os separou, e outro detento avisou: — O Homem está vindo! — Tudo se dissipou antes que a patrulha chegasse. Ele sentiu a eletricidade e o ar pesado, mas não tinha idéia do que acabara de acontecer. Todo mundo se afastava em volta dele, como se fosse uma pedra no meio de um rio. A desorientação estava escrita em seu rosto. A caminho do pátio, vi-me andando ao lado de Leon. — Obrigado — disse ele. Segurava um lenço sobre a bochecha. Estava sangrando levemente da perfuração causada pela esferográfica. Haveria uma nota de sarcasmo? Talvez ele não soubesse que eu estava entre os espectadores. Isso era irrelevante. O que importava para mim era que eu havia fracassado em agir de acordo com os valores que eu próprio me impunha.

A luta na quadra de *handball* ocorrera mais de um ano antes. Foi desde então que Leon e eu nos tornamos amigos íntimos. Ele era respeitado pelos detentos brancos. Estes ainda eram cerca de setenta por cento da população da penitenciária. Havia pouca tensão racial. Se houvesse um desentendimento entre prisioneiros de raças diferentes, isso diria respeito apenas a eles e, talvez, a seus amigos próximos. Leon também era conceituado entre muitos jovens negros, especialmente os de Oakland e São Francisco.

Os meses se passaram. Fui para o comitê de condicional e consegui que uma data fosse estipulada. Poucas semanas depois disso, tive uma altercação com dois dos mais durões condenados negros de San Quentin: Spotlight Johnson e Dollomite Lawson. Qualquer um deles podia me arrebentar sem muita dificuldade. Ambos eram homens encorpados, potentes — e feios como o pecado. Na Cadeia Municipal de Los Angeles, os carcereiros punham Dollomite em uma carceragem para "endireitar as coisas". Ele batera a cabeça de um homem contra as grades e o matara. Spotlight morava no Pavilhão Leste, mas eu não sabia em qual das galerias. Dollomite vivia na galeria quatro do Pavilhão Sul. Ele não esperaria que eu saísse da cela primeiro. Sairia para o pátio onde ele e seu parceiro poderiam me grampear juntos. Em vez disso, eu furaria Dollomite no momento em que pisasse fora da cela. Ele jamais se lembraria da abertura antecipada. Era um brutamontes estúpido, iletrado. Infelizmente, era um brutamontes estúpido e iletrado muito durão. Em um ambiente primal ao qual ele se adaptava perfeitamente. Mas eu conhecia meus meios, também.

Durante a noite, remoí o problema, às vezes enfurecido, às vezes sentindo uma dor por dentro, pois aquela seria, quando muito, uma vitória de Pirro. Ia me custar pelo menos mais seis ou sete anos, mesmo que eu não o matasse. Não valia a pena.

Às dez e quinze, os prisioneiros começaram a retornar das atividades noturnas. Enquanto seus pés soavam nos degraus, alguns passavam por minha cela.

Leon apareceu e parou.

— Alguém me disse que você teve umas diferenças com o cabeção e seu colega. Está tudo resolvido?

Eu hesitei. Queria contar tudo a ele e procurar sua ajuda, mas meu próprio código, pessoal e perverso como poderia ter sido, dizia que eu tinha que cuidar dos meus próprios problemas. Eu disse — Não está totalmente acabado — e assim que as palavras escaparam para o ar eu me senti culpado.

Um guarda no final da galeria levantou as travas de segurança. Os presos que estavam à espera entraram em suas celas. Leon ficou sozinho no passadiço.

— Onde você deveria estar agora?

— Já estou indo, chefe — falou Leon. — Vejo você pela manhã — disse para mim.

Logo começou o *clac-clac-clac* de cada uma das celas sendo fechada, e o *clic-clic-clic* mais baixo dos guardas pressionando o contador que traziam.

Parecia que eu tinha ficado acordado a noite toda, mas devo ter dormido um pouco, pois, quando o guarda bateu nas barras e dirigiu o facho da lanterna para meu rosto, isso me fez acordar. — Bunker... abertura antecipada.

— Já entendi.

Dez minutos depois a trava de segurança se ergueu e o guarda abriu minha porta. Quando saí, outras duas figuras estavam no passadiço.

Era verão e já havia claridade quando o capataz da lavanderia conduziu a tripulação das suas máquinas de lavar através do Pátio Principal, vazio a não ser por umas poucas gaivotas e pombos. A equipe das lavadoras era totalmente branca, a das centrífugas (grandes máquinas que espremiam o excesso de água girando em alta velocidade) era toda negra, e a equipe das secadoras era chicana. Cada uma tinha que cooperar com as outras para ter seus trapos limpinhos. As passadeiras a vapor eram divididas eqüitativamente. O chefe dos condenados era negro.

Assim que entramos no edifício, fui até meu esconderijo e peguei minha faca. Media ao todo quarenta centímetros, com seu cabo enrolado em fita isolante. Era uma faca Arkansas em forma de espeto, uma ponta afiada que se alargava bastante. Eu a conservava atrás de uma grande máquina de lavar, perto de onde minhas botas de borracha esperavam sob um banco. A lâmina desapareceu no cano de minha grande bota de borracha.

A manhã toda eu passei olhando paro relógio. Às 7h44, disse ao capataz que não me sentia bem e ia ver o médico.

Era uma manhã luminosa e uma caminhada muito longa atravessava o pátio menor, degraus acima até o Pátio Principal. Os primeiros detentos dos Pavilhões Oeste e Norte começavam a deixar o refeitório. Quando entrei no Pavilhão Sul e subi as escadas, a galeria cinco estava descendo. Bom. Dollomite ainda estava em sua cela. Na terceira galeria, dobrei o corredor em frente às celas. À minha frente estava Leon, parado diante da cela de Dollomite. Leon me viu e gesticulou com sua mão abaixada ao lado da perna: caia fora.

Parei e dei meia-volta. Um minuto depois, Leon veio em minha direção. — Vamos — ele disse, conduzindo-me escada abaixo.

— O que há? — perguntei. Estava mentalmente preparado e, por estar pronto, fiquei contrariado por ter que adiar.

— Está resolvido — falou Leon. — Na verdade eles não querem problemas. Estão cheios de dedos, também. E acham que você é louco... e ser conhecido como meio maluco é uma vantagem por aqui.

Leon tinha salvo minha condicional e provavelmente me salvara também de uma sentença adicional por agressão ou mesmo assassinato. Era um grande débito, tornado ainda maior por minha anterior hesitação em ajudá-lo. Era realmente meu amigo. (Devo acrescentar entre parênteses, especialmente para condenados que venham a ler isto, que tal amizade jamais teria início em San Quentin depois da primeira metade dos anos sessenta, quando o conflito racial começou.)

MAS ERA O MEMORIAL DAY E EU ESTAVA para sair em condicional na primeira semana de agosto. Enquanto Leon e eu caminhávamos em direção ao ginásio, 'Frisco Flash, uma figura pequena e magricela, apareceu e chamou Leon para um lado. A conversa foi breve.

Leon voltou balançando a cabeça. — Estou fodido. Não devia ter dado aquilo a ele.
— Dado o que a ele?
— Fumo e pílulas. Ele estava vendendo para mim. Você conhece Walt, Country e Duane, não?
— Sim... desde que me considero gente.
— Eles pegaram algumas das vermelhinhas dele e reclamaram que eram adulteradas. Ferraram ele.
— Deixe-me falar com eles.
— Não quero lucro, mas gostaria de ter meu investimento de volta.
— Não se preocupe. Eu cuido disso — Eu achava que não teria problemas. Todos os três eram amigos com algumas obrigações para comigo. Mudei de assunto: — Littlejohn vai precisar de alguém para trabalhar meu *corner* com ele. Está disposto?
— Claro. Eu estanco o sangue.
— Adoro sua confiança. Mantenha a toalha a postos caso estejam me matando.

Subimos as escadas para o andar de cima da Velha Fábrica. Era onde ficavam os cadafalsos quando ainda enforcavam condenados na Califórnia. O primeiro andar era dividido entre oficinas e parte do segundo andar era ocupada por uma capela católica. Dois outros andares eram espaços vazios, com o ginásio no alto. A Velha Fábrica fora construída na base de uma colina à margem do Pátio Inferior. Até recentemente, para atingi-lo era necessário percorrer a aléia, passando pelos corredores que davam para as oficinas de manutenção, e depois galgar cinco lances de escada fixados do lado de fora do edifício. Depois que Popeye Jackson (que acabaria assassinado nas ruas de São Francisco) golpeou alguém com uma machadinha e um guarda mais idoso teve um ataque cardíaco enquanto corria degraus acima, uma rampa foi construída do alto da colina até a porta do ginásio. Isso tornou mais fácil controlar o tráfego de pedestres entrando e saindo; além disso, os guardas podiam chegar mais rapidamente.

Paapke, o guarda havaiano de cento e trinta e cinco quilos, ficava na entrada da rampa, confrontando os cartões de identificação com uma lista. Como me conhecia, acenou para eu entrar sem fazer a consulta.

O departamento de boxe estava silencioso. O gongo que soava em uma seqüência de três por um minuto tinha sido desligado. O constante som de *staccato* dos *speed bags* estava ausente, assim como a batida de socos fortes descendo sobre o saco de pancadas. As conversas eram incomumente baixas enquanto os gladiadores se preparavam para a batalha e os treinadores corriam para cima e para baixo com apoio e conselhos. O pagamento pelas lutas eram duas fotos tiradas durante cada embate. Frank Littlejohn era esperado ali com seus dois campeões, Rudy Thomas e Frank.

— Ei, nos encontramos de novo — disse Leon para Rudy e Frank. Depois para mim: — Vou embora. Te vejo na luta.

Concordei e perguntei a Rudy — Onde está Littlejohn?

Rudy indicou a entrada do escritório do organizador das lutas, num canto do departamento de boxe. Feito de divisórias, tinha um escritório com janelas de vidro e uma sala dos fundos com uma abertura por onde equipamentos entravam e saíam. Também era um espaço privativo, onde ninguém podia ver o que acontecia. Quando fui naquela direção, vi Country Fitzgerald e Duane Patillo sair pela porta. Country era um vigarista conhecido que castigava impiedosamente os otários. Ele havia tomado as drogas de 'Frisco Flash. Duane era o músculo sempre que músculos fossem necessários, um autêntico branco durão saído de Compton, e Walt era o eterno conspirador em torno deles.

Mudei de direção para interceptá-los. Pararam, expressões afáveis. Éramos amigos.

— Ei, aquele bagulho que vocês pegaram do 'Frisco Flash. Aquilo pertence ao meu amigo Leon. Ele não quer o valor que vocês dizem que pagaram, qualquer que seja ele, somente o que investiu. E vocês não precisam pagar agora se não tiverem. Estabeleçam uma data por conta própria.

— Cara! Aquilo não era do Flash?

Assegurei-lhes que não.

— Nós não temos agora.

— Quando vocês podem conseguir?

— Provavelmente semana que vem.

Isso me pareceu razoável, e eu estava certo de que Leon iria concordar. Era mais uma questão de salvar a cara do que o valor envolvido.

— Vou dizer a ele — falei.

Como é comum na Bay Area no começo do verão, a neblina da manhã foi dissipada pelo sol e a tarde se tornou quente e radiante. Quatro mil e duzentos prisioneiros estavam no pátio inferior. O boxe era um grande evento em San Quentin. Muitos lutadores tinham saído de trás das grades. Sempre que os campeões estavam na região, eles visitavam San Quentin. As paredes do departamento de boxe tinham suas fotos autografadas: Archie Moore, Bobo Olson, Rocky Marciano. A maioria dos quatro mil e duzentos homens estava em pé em volta do ringue e do tablado, mas os visitantes do mundo livre e uns vinte detentos importantes estavam sentados em cadeiras dobráveis ao lado do ringue.

Nesse dia estavam para acontecer oito embates, três preliminares e cinco pelo campeonato da prisão nas várias divisões de pesos. Eu estava na terceira preliminar, supostamente de pesos-médios. Na verdade, eu pesava uns poucos quilos a mais, cerca de setenta, e meu oponente era de fato um peso-leve, com sessenta quilos.

O primeiro embate foi um par de pesos-pena tendo sua primeira luta no ringue. É verdade que eles haviam lutado muitos assaltos no ginásio; treinadores tinham martelado neles o que fazer — mas quando receberam a eletricidade gerada pela multidão, esqueceram o que haviam aprendido. Descreviam círculos cautelosamente, punhos erguidos, como se dançassem. Um deles atirou um ensaio de *jab*; o outro lançou um punho direito que aterrissou em cheio. Ambos começaram a balançar os braços como moinhos de vento, cabeças abaixadas, braços chicoteando, atingindo muito pouco o alvo com algum efeito. Os detentos adoraram isso. Gritavam e batiam palmas e se curvavam de rir. A decisão foi um empate.

Prestei pouca atenção à segunda luta. Estava me soltando, fazendo aquecimento, movimentando-me. Uma súbita massa lá embaixo foi em direção ao ringue. Virei-me para olhar. Um dos lutadores estava sentado no chão, uma das mãos segurando a corda de baixo. Tentava usá-la para ficar em pé.

O árbitro deu um passo à frente, acenando ambos os braços sobre a cabeça. A luta estava encerrada.

— A um minuto e nove segundos do primeiro round...

Littlejohn estava amarrando minhas luvas, deixando-as bem apertadas. Deus, aquilo dava uma dor de cabeça. Se eu tivesse que levar um soco, preferiria um punho desnudo a luvas de boxe.

A vítima do nocaute passou por mim, suas pernas ainda trêmulas, seus olhos vidrados, o treinador em seu ouvido: — Porra! Eu disse para você prestar atenção naquela direita alta.

Leon subiu os degraus até a beira do ringue e afastou as cordas para que eu pudesse me enfiar por entre elas. Fui até a caixa de breu e fiz um pequeno sapateado para que as solas dos meus sapatos raspassem a resina. Isso evitaria que meus pés escorregassem sobre a lona. Quando me virei, meu adversário estava esperando para usar a caixa de breu. Eu era maior e mais jovem, mas em seu rosto estavam gravadas quarenta e duas lutas profissionais, a maioria nas imediações de Tijuana. Eu já estava tenso. Agora meu estômago se revolvia também.

De volta ao *corner*, Littlejohn me disse: — Mantenha a distância; avance sobre ele. Use o *jab*. Você tem um bom *jab*.

Frankie Carter, o árbitro, chamou-nos para o centro do ringue.

— Vocês conhecem as regras. Separem-se quando eu mandar. Protejam-se o tempo todo...

Enquanto o árbitro dava as instruções, olhei para meu oponente, não com o olhar de intimidação popular em muitos esportes atualmente. Na verdade, eu o estava examinando. Era mais baixo que eu, mais atarracado, com cabelos negros e ralos. Seus braços eram curtos, o bíceps forte mas nada notável. Seus antebraços me fizeram lembrar Popeye. Era coberto de tatuagens em nanquim azul, feias e definitivas. Eram uma marca.

Enquanto estava ali parado, tinha a sensação consciente do calor do sol sobre meus ombros nus.

Voltamos para nossos *corners*. O gongo soou e a luta começou, três rounds, cada um com três minutos de duração. Como minha forma era precária, planejei ser cuidadoso no primeiro assalto, *jab* e recuo. Se ele me pressionasse, iria me conter e conservar minha energia. Esse era meu plano.

Fiz um círculo, lancei um *jab* — e recebi em cheio sobre o olho esquerdo um golpe alto de direita. Isso fez com que luzes explodissem no meu cérebro. Merda! Tentei segurá-lo e ele atingiu meu corpo com um *uppercut* que quase ergueu meus pés acima da lona. *Uuuf*! Percebi que estava com sérios problemas. Consegui dar um *clinch* e imobilizar seus braços. Quando o árbitro disse "Separar", ignorei a ordem. Ele teve de me forçar a soltar.

De algum modo, consegui atravessar o primeiro round. Fiquei feliz quando o gongo soou. Quando caí sobre o banco, olhei para o outro lado do ringue. Meu oponente se manteve em pé enquanto falava com seu treinador. Estaria rindo?

— Dê um *jab* nele! — continuou dizendo Littlejohn. — Use sua direita para mantê-lo afastado. Dê porrada nele. Mexa-se e golpeie... mexa-se e golpeie... Como está o seu gás?

— Ok... dá pro gasto.

O árbitro se aproximou. — Mais alguns segundos.

Leon molhou meu protetor bucal e o colocou de volta em minha boca. O sino tocou. O segundo round foi melhor que o primeiro. Minhas pernas estavam melhores e eu conseguia me mover, mover, mover — e, quando meu adversário ficou impaciente, parei e lancei um *jab* em seu rosto. Lancei um *jab*, recuei e dei um duro gancho em seu estômago. Seu "uuuf" revelou que eu o havia machucado. Eu dançava como Fred Astaire.

Eu estava ganhando o round até os últimos trinta segundos. Subitamente, como o ar saindo de um balão, meu gás acabou. Minhas pernas se transformaram em chumbo. Ele veio para cima de mim e eu tentei desviar do golpe e me afastar. Minhas pernas desobedeceram ao comando. Elas se cruzaram e eu tropecei em mim mesmo, vacilei e quase caí. Ele me bateu nas costelas, abaixo do coração. Doeu. A seguir vieram dois golpes no rosto, ambos lançando luzes coruscantes em meu cérebro. Instintivamente, tentei segurá-lo. Meus braços estendidos permitiram que ele golpeasse em cheio. Outro relâmpago. Porra!

O sino tocou. Graças a Deus. Onde estava o *corner*?

— ...saindo bem — disse Leon, tirando meu protetor bucal.

Littlejohn esfregava minhas pernas. — Continue o que está fazendo. *Jab* e segura. *Jab* e segura. No instante em que ele falava, lembrei que foi assim que Joey Maxim derrotou Sugar Ray Robinson em uma noite sufocantemente quente de Nova York, no Yankee Stadium. Robinson venceu todos os assaltos até o décimo terceiro, então desistiu no *corner*, por exaustão e desidratação. Perdeu mais de dez quilos nos treze rounds. Por que pensei naquilo? Quem sabe?

O sino tocou.

Lembro pouco do terceiro round, exceto que ele durou três horas. O árbitro o teria interrompido se eu não continuasse avançando — e Tino Prieto continuasse me batendo até seus braços se exaurirem. Um hora, quando parei no meio do ringue, meio encurvado, algo parecido com um touro esperando a estocada final, ouvi Littlejohn gritar — O *jab*! Use o seu *jab*!

Dei um passo atrás, olhei sobre meu ombro e disse bastante alto — Ei, Frank, eu usaria se pudesse. Não consigo!

Littlejohn fechou seus olhos e balançou a cabeça em descrença. Leon sorriu.

Os condenados próximos ao ringue riram mais uma vez. Enfiei meu queixo em meu ombro e mantive minha mão direita alta, meu cotovelo bem dobrado e avancei para os golpes de Prieto, mexendo minha cabeça de um lado para outro. De tempos em tempos eu jogava um gancho demolidor de esquerda, que acertou apenas uma vez, e mesmo assim tão alto que só despenteou seu cabelo e nada mais. Ninguém que não tenha estado lá pode imaginar quanto tempo demorou para um round de três minutos.

Quando o gongo final soou, quatro mil detentos estavam pulando para cima e para baixo e gritando. Eu mal consegui chegar até meu banco.

— Levante. Acene! — disse Littlejohn.

— Você está louco? Vai ter que me carregar para fora desta porra de ringue. Se eu algum dia voltar a calçar outro par de luvas de boxe...

— Temos um veredicto dividido — disse o apresentador. — O árbitro Frankie Carter apontou vinte e nove contra vinte e oito para o *corner* azul. Os dois juízes, Willy Hermosillo e Frank Washington, marcaram vinte e nove contra vinte e nove. A luta é um empate pela maioria dos votos.

Um empate! Um empate! Inacreditável. Eu estava tão surpreso e excitado que superei minha exaustão e fiquei em pé. Consegui acenar para a multidão e abracei Tino Prieto. Ele pareceu desnorteado e devolveu meu abraço sem entusiasmo. Mais tarde, eu vi os cartões de pontuação. Dois juízes tinham marcado empate no primeiro round, dez a dez; deram o segundo round para mim por dez pontos a nove e o terceiro para Prieto pelos mesmos dez a nove.

Quando desci os degraus do ringue, Rudy Thomas estava sorrindo.

— Não sabia que você boxeava tão bem — disse ele.

— Desespero — respondi. — E nunca mais eu coloco outro par de luvas de boxe, acredite em mim.

Mais tarde, no ginásio, meu oponente saiu do chuveiro. Eu estava penteando meus cabelos em frente a um pia e ele teve de passar por trás de mim. Nossos olhos se cruzaram pelo reflexo. — Lutou bem — disse ele.

— Você também, cara.

— Estou até feliz por não ter vencido.

— Do que você está falando?

— Agora não tenho que me preocupar que você tente me esfaquear.

— Cara, eu não faria isso.

— Eu sei — ele sorriu, um dente faltando, e seguiu seu caminho.

Terminei de pentear meu cabelo, sentindo dores por toda parte e pensando sobre o que ele dissera. Seria paranóia? Claro que sim, mas também era uma advertência para mim. Eu estabelecera deliberadamente a reputação de ser um pouco maluco. O propósito disso era manter os outros afastados, como fazem as listras brancas do gambá. Mas se alguém acreditava que eu poderia esfaqueá-lo depois de uma luta de boxe isso poderia prejudicar meu propósito. Se alguém acreditasse que eu era maluco a esse ponto e nós tivéssemos uma discussão, ele poderia me esfaquear em um movimento preventivo. Tudo que eu queria era que isso não acontecesse nos dois meses seguintes. Depois disso eu estaria de volta às ruas de Los Angeles.

Mais tarde, durante o fechamento das celas para a contagem principal, curvei-me para arrumar meu beliche e um raio de dor partiu de minhas costelas. Quando saí para a refeição da noite, pedi ao sargento do pavilhão para ser levado ao hospital. O detento enfermeiro que estava de plantão cutucou a costela e eu recuei. Ele achou que estivesse quebrada, mas isso não era o suficiente para chamar o oficial médico daquele dia para dentro dos muros. Entretanto, um detento mais velho estava sentindo uma forte dor no peito e veios de dor desciam por seu braço esquerdo. Um possível ataque cardíaco era o bastante para trazer o oficial médico do dia. Levou uma hora até que ele chegasse vestindo calção e camiseta. Graças a Deus o prisioneiro com dores no peito não estava tendo um ataque cardíaco. Quando o médico veio até mim e descobriu que eu sofrera os ferimentos no ringue de boxe, murmurou alguma coisa sobre ignorância — mas pediu um raio-X e descobriu uma trinca. A costela não estava separada. Desde que eu a mantivesse imóvel, ficaria curado. Isso foi conseguido com uma folha de adesivo branco recoberto por bandagem ao redor do meu tronco. Quando um guarda me escoltou de volta para a cela eram cerca de dez e meia. Tive de aguardar no Escritório do Sargento para ser revistado, enquanto à minha volta, prisioneiros refluíam da liberação noturna. Eles subiam as escadas e paravam em frente às suas celas para o trancamento.

Walt chegou, me viu e se aproximou. — Porra, cara, seu olho...

— Já sofri coisa pior. Tudo isso estará curado quando eu caminhar para fora do portão.

— Quanto tempo falta?

— Sessenta e dois dias e uma noite. Aquele negócio com o Leon está acertado?

— Sim, está acertado.

Havia algo em sua voz que contradizia suas palavras.

— Ei — eu disse. — Ele só quer o que investiu.

— Sim, bem, *ãhnnn*, nós conversamos sobre isso. Vamos dar para aquele *crioulo* o que nós achamos que ele tem a receber. Se não gostar, ele que vá tomar no cu.

As palavras foram um tapa na minha cara. Cada uma delas bombeava mais rubor em meu cérebro. Quase engasguei e tive de limpar a garganta. Enquanto isso, o sinal do fechamento soou e os detentos que ainda estavam longe de suas celas começaram a se apressar. Consegui sair do engasgo — Eu não sei o que ele quer... mas deixe-me dizer isto: se não ficar tudo certo e houver algum problema, eu estou apoiando aquele *crioulo*... por todo o caminho até a câmara de gás, se for necessário. Pense nisso; vejo você amanhã.

Um guarda apareceu na porta da ala e lançou o facho da lanterna sobre nós.

— Hora de entrar. Mexam-se.

— Estou esperando a revista — falei.

Walt desapareceu na escada para sua galeria.

Eles me contaram no escritório do sargento. Quando a contagem acabou, um guarda me escoltou até minha cela.

Foi uma noite ruim, sem sono. Não consigo imaginar que muitos leitores tenham passado a noite pensando que poderiam ter que matar alguém com uma faca — ou serem mortos da mesma maneira — quando o sol se erguesse. Isso não proporciona um sono tranqüilo ou qualquer tipo de sono, embora eu deva ter cochilado por um momento ou dois durante a noite. Minha costela trincada latejava; além disso, meu olho inchado estava quase fechado. Contei os dias que me restavam em San Quentin. Sessenta e um. Estava louco, deixando que minha boca me lançasse em outra tempestade de merda? Eu podia ter sido mais diplomático. Não tinha que lançar uma ameaça logo de cara. Ainda assim, ele tinha sido um babaca, referindo-se a Leon como um *crioulo*. Havia uma porção de *crioulos* em volta, falando alto, grosseiros, ignorantes — e uma porção de

crioulos brancos, também. Pensando nisso, Walt era iletrado e ignorante. Um prisioneiro comediante entregou a Walt uma caixa de fósforos, oferecendo um pacote de Camels se ele conseguisse ler o anúncio em seu rótulo. Walt olhou, jogou a caixa de fósforos no chão e disse — Vá se foder!
— Provavelmente ele odiava Leon duplamente por ser tão bem educado.

Não importava. Eles fizeram suas declarações; e eu também, apesar de estar agora atormentado pela apreensão. Queria ir para casa. Não tinha percebido o que estava à minha espera até que conheci a sra. Hal Wallis. Agora ela assinava suas cartas como "Mamãe" e eu sentia que ela *era* Mamãe. Ela queria abrir portas para mim; queria que eu ajudasse a mim mesmo. Arranjara um emprego para mim no Lar McKinley para Meninos. Ficava na esquina da Riverside Drive com a Woodman. Aquilo iria se tornar um gigantesco *shopping center*, ancorado por duas lojas de departamentos, mas isso seria duas décadas à frente. Agora era uma casa em estilo rústico para meninos. Louise Wallis era sua mais importante benfeitora — e minha também. Graças a ela eu teria uma chance de alcançar meus sonhos — ou pelo menos teria essa chance até a manhã chegar. Parecia um repetição de poucas semanas antes, quando Leon intercedeu por mim. Ele salvou meu rabo, de um jeito ou de outro, de ter meus miolos esmagados ou de ser imputado pelo crime de esfaquear um ou ambos os meus inimigos. Como eu podia ter entrado quase na mesma situação? Era porque eu tinha conversado originalmente com eles e dito a Leon que estava tudo bem. Eu me coloquei no meio daquilo, e era responsável. Ainda me sentia culpado por não ter puxado instantaneamente o vagabundo de Jimmy Barry para longe de Leon, e me sentia em débito porque ele salvara minha condicional quando ficou entre mim e a dupla dinâmica de Spotlight e Dollomite. Deus, eles eram horríveis.

Desta vez eu não deixaria Leon na mão, disso não havia dúvida — mas, porra, eu queria sair. Tinha sido precipitado com minha resposta. Por que tinha de me declarar quando Walt me contou como eles pretendiam pagar — ou não pagar? Eu podia ter jogado melhor e saído para planejar algo em vez deste confronto do tipo duelo-ao-nascer-do-sol. Pelo menos eu devia ter ido conversar com Leon antes de ameaçar matar pessoas. Para um cara esperto, eu certamente era um idiota algumas vezes. Ainda assim, não havia mais caminho de volta sem ter de pôr meu rabo entre as pernas.

Pelo menos tinha me comportado de modo a poder me olhar no espelho. Meu mundo era de machos, com algumas regras que pertenciam ao Código da Cavalaria. Foda-se. O que quer que acontecesse, aconteceria. Os primeiros pássaros estavam começando a piar. Logo teria início a abertura da manhã.

Eu esperava completamente vestido quando o facho da lanterna examinou a cela e uma silhueta chamou suavemente — Bunker.

— Pronto, chefe.

Dez minutos depois, dei um passo para a galeria e fechei a porta da cela. No corredor em frente, outra figura estava se vestindo. Desci a escada até o Refeitório Sul. Quando entrei, em vez de pegar uma bandeja e entrar na fila, caminhei até o meio, contornei por trás dos bufês e entrei na cozinha. Outros presos designados para o serviço do refeitório chegavam para o trabalho, atravessando a cozinha até um vestiário onde eles punham as roupas brancas de cozinheiro, ou pelo menos um avental branco. Em vez de entrar no vestiário, segui por um corredor de portas duplas até a sala dos legumes. A equipe dos legumes, oito chicanos, estava descascando batatas que jogavam em grandes panelas de água. Olharam sem nenhuma expressão quando eu passei por eles e abri a porta dos fundos para a plataforma de carga atrás da cozinha. A cozinha tinha seu próprio pátio com halteres. Havia um muro em um dos lados. O muro dava para o Pátio Inferior do lado oposto. Um policial armado com carabina vigiava ambos os lados. Tinha uma rota de patrulha que o mantinha longe do pátio da cozinha. O outro lado do pátio tinha uma cerca além da qual havia uma área que dava para o Pavilhão de Honra Oeste, onde os detentos podiam ir e vir de suas celas das seis da manhã até as onze da noite. A cela de Leon ficava no quinto corredor dos fundos. Ele havia mudado para o pavilhão de honra algumas semanas antes. Eu o ajudei a carregar sua mudança.

Uma dupla de detentos calçando botas de cano alto, pesados aventais de borracha e luvas grossas usava mangueiras de pressão para limpar latas de lixo. Fingi interesse por aquilo até que o porco armado virasse suas costas para ir em direção ao outro lado. Então pulei a cerca. Fez algum barulho, mas o vigilante não iria ouvi-lo.

Atravessei o pátio do Pavilhão de Honra até as grandes portas de ferro que davam para a rotunda do edifício. Puxei uma das portas o suficiente para ter certeza de que ela estava destrancada. Hesitei em abri-la. Do outro lado da rotunda, já dentro do pavilhão de celas propriamente dito, ficava o pequeno Escritório do Sargento. Durante o dia detentos iam e vinham livremente, mas talvez ele reparasse em alguém entrando àquela hora da manhã. O sol já estava alto porque era verão, mas a fileira principal ainda não tinha iniciado a abertura para o café-da-manhã.

Enquanto eu me debatia sobre o que fazer, a porta da rotunda foi empurrada pelo outro lado. Três detentos saíram.

— Onde está o meganha? — perguntei.

— Está lá nas galerias — respondeu um deles.

Deslizei para dentro, atravessei a rotunda e caminhei ao longo do pavilhão de celas sob a projeção da segunda passarela. Na escada dos fundos, subi dois degraus de cada vez. Quando cheguei ao topo, fiz uma curva em volta do canto. Leon morava meia dúzia de celas à frente. A porta estava aberta e Country estava encostado no batente. O que estava acontecendo? Eu estava a apenas três ou quatro passos de distância, as celas tinham um metro e quarenta de largura. Ver Country me surpreendeu. Parei. Minha face devia ter a expressão estranha que o animal humano assume em tais situações. Minha mente havia se concentrado em esfaquear esse homem, mas eu não tinha uma faca. Tinha planejado procurá-la depois de falar com Leon.

Country reagiu com surpresa. — Bunk! Você mora aqui agora?

— *Nah*. Ainda estou na lata de lixo.

Leon veio até a soleira da porta. — O que há? — Estava vestindo calções brancos e uma camiseta; seu cabelo estava em pé como se fossem molas, o que me teria feito rir em outro momento.

— Eu queria falar com você — disse.

— Espere um minuto enquanto eu enrolo este baseado — ele tinha uma revista aberta sobre o beliche de cima. Sobre a revista havia um saco de folha de alumínio de Topper, um tabaco vagabundo que antes era fornecido para os detentos da Califórnia. A situação parecia mais de sociabilidade que de confronto. Leon terminou de enrolar o baseado e entregou-o a Country.

— Tenho que ir nessa — disse Country. — Até breve.

— Sim. Certo.

Country se afastou.

— O que o traz aqui a esta hora do dia? — perguntou Leon.

Contei rapidamente a ele o que tinha acontecido, o que Walt dissera e o que eu respondera, e que isso tinha sido no último trancamento de celas da noite passada.

— Country apareceu quando eles abriram a cela esta manhã. Perguntou quanto eu tinha perdido e jogou na minha mão. Sem discussão — Leon segurou algumas notas. — O que você acha?

— Quem sabe? Walt não podia ter dito nada desde que eu falei com ele. Ainda está em sua cela agora.

Leon pareceu confuso. — Eu apostaria que Walt estava falando por conta própria, sabe o que eu quero dizer? E não acho que ele esperasse a sua reação. Estava só contando vantagem — Leon riu. — Ele não sabia que você estava falando sério.

— Acho que sim. Você tem o suficiente para me arranjar um baseado?

— Claro.

Enquanto esperava, concluí que Leon estava certo. Country tinha decidido pagar tudo. Passei uma noite em claro desnecessariamente, preparando-me para a violência assassina. Senti como se um peso de uma tonelada tivesse sido tirado dos meus ombros. Não ia perder minha condicional e passar dois anos na segregação.

Nunca mais falei com Walt novamente. Anos depois, quando ele já havia morrido (em um acidente durante uma perseguição policial em uma auto-estrada), soube que ele havia conseguido mandar um recado para Country por intermédio de um preso enfermeiro que veio até sua galeria para entregar medicamentos a outro detento. O enfermeiro largava o turno à meia-noite e morava no Pavilhão de Honra Oeste, em uma cela próxima à de Country. Eles tinham planejado desovar Leon. Nunca pensaram que eu pudesse estar envolvido, porque eram brancos e meus amigos. Além disso, todos os três eram bastante durões. Duane, sozinho, podia me derrubar rapidamente em uma briga. Mas também achavam que eu era louco — e criar problemas com um psicopata com uma faca na mão não era o que eles tinham em mente. O que eu fiz por um amigo negro na metade dos anos cinqüenta foi algo que eu jamais teria sequer considerado uma década mais tarde. Quando fiz isso, uns poucos poderiam ter murmurado "Amante de negro", mas não alto o suficiente para chegar aos meus ouvidos. Acabaria aí. Mas, quando a guerra entre as raças estava a pleno vapor, seria como um tutsi ter um amigo hutu, e vice-versa. Na época em que Martin Luther King Jr. foi assassinado, a segregação racial era absoluta em San Quentin. E ainda continua quase a mesma três décadas mais tarde.

8

A TERRA DO LEITE E DO MEL

No verão de 1956, fui solto de San Quentin sob condicional. Louise Wallis arranjou para que eu retirasse uma passagem no escritório da United Airlines na Union Square, em São Francisco. Ainda era o tempo dos aviões de passageiros propelidos a hélice e de baixa altitude, por isso, enquanto eu cortava a luz da tarde sobre o Vale de Salinas, podia ver a sombra do avião correndo entre os padrões geométricos de campos verdes e castanhos abaixo de mim. Havia casas brancas de fazenda, todas envolvidas por grupos de árvores. Tudo parecia tão ordenado e ausente de pessoas. Pensei nas histórias de Steinbeck, que minavam desta terra relativamente despovoada. Se ele pôde encontrar *As Vinhas da Ira*, *A Leste do Éden* e *De Ratos e Homens* ali, minha mirrada habilidade para a escrita deveria ser capaz de achar histórias nos lugares onde eu havia estado e das pessoas que eu tinha conhecido. A leitura me ensinou que a prisão era o crisol que dera forma a vários grandes escritores. Cervantes escrevera grande parte do *Dom Quixote* numa cela de prisão e Dostoiévski era um escritor medíocre até ser sentenciado à morte, ter a sentença comutada poucas horas antes da execução e então ser mandado para a prisão na Sibéria. Foi depois dessas experiências que ele se tornou um grande escritor. Há dois mundos onde os homens são despidos de todas as máscaras e se pode ver seu íntimo. Um deles é o campo de batalha; o outro é a prisão. Longe de qualquer dúvida, eu tinha farta matéria-prima; a questão era meu talento. Louise contou-me que amigos seus haviam lido meu manuscrito e dito que era impublicável mas promissor. Senti-me grande simplesmente por tê-lo acabado, mas quando o li um ano depois parecia patético, embora eu visse melhora entre o primeiro e o último capítulo. Tinha aprendido algo em trezentas páginas. Agora eu estava quase cem páginas adentro de meu segundo romance e esperava que houvesse melhora significativa.

Queria realmente ser escritor, embora ainda não tivesse todas as minhas esperanças e sonhos investidos nisso. Quem poderia saber o que iria encontrar no mundo exterior? Talvez fosse me sentir diferente acerca de tudo. Eric Fromm me tornara consciente de um aspecto de minha natureza: eu tinha fome de transcendência.

Enquanto provava um *bourbon* e uma 7Up e via a sombra do avião lá embaixo, investindo sobre o terreno, muitas coisas passaram por minha mente. Eu estava livre. Tinha ido para San Quentin aos dezessete e agora estava fora aos vinte e dois. Entrara na idade adulta atrás dos altos muros da prisão. Quando pesava mentalmente minhas capacidades e responsabilidades, parecia-me óbvio que eu tinha mais a meu favor que qualquer um que eu conhecia. A sra. Hal Wallis assinava suas cartas com: "Amor, Mamãe". Ela me ajudaria a me ajudar. Do que mais eu precisava? Nunca ouvi falar de ninguém sendo solto sem receber um pacote de roupas civis — exceto eu. O agente de campo da condicional mandou um recado dizendo que ela cuidaria do meu guarda-roupa. Também providenciara um apartamento para mim, embora não tivesse divulgado o endereço, porque não queria que eu o passasse para meus colegas de prisão. Tudo bem, pois, embora tivesse muitos amigos, somente manteria contato com um ou dois, e podia mandar-lhes o endereço depois que estivesse livre.

Mesmo sem a sra. Hal Wallis, ou qualquer outra coisa, eu estava confiante em minhas capacidades. Num teste que comparava os resultados a uma classe de pós-graduação em ciências humanas de Harvard, eu me equiparava aos cinco por cento mais avançados; além disso, tinha habilidades com que eles jamais sonharam. Tinha um conhecimento da vida que muitas pessoas nunca adquiriram e nunca teriam necessidade de adquirir. Mas sabia ter enormes defeitos, também, emoções e impulsos desprovidos do controle interno que aprendemos com os pais e com a sociedade. A maioria das pessoas obedece à lei não por medo das conseqüências, mas porque aceitaram as crenças como suas próprias. Minhas crenças eram baseadas no que eu tinha aprendido do submundo e da cadeia. Jamais teria seguido o exemplo de Raskolnikov e feito uma confissão espontânea de assassinato por razões de consciência. Durante anos após ter lido *Crime e Castigo*, pensava que Dostoiévski estava errado a esse respeito — até que vi dois homens que conhecia razoavelmente bem, homens que eu pensava que fossem condenados barra-pesada, confessando espontaneamente assassinatos para os quais não havia evidências contra eles. Isso nunca teria acontecido comigo. Pra começar, eu não era um matador, embora houvesse momentos na prisão em que eu teria matado em defesa própria. Não teria fugido. Não era vingativo, nem sentia remorsos pela maior parte das coisas que tinha feito. Acreditava que se podia aprender com o dia de ontem, mas jamais apagá-lo. Se tivesse pensado demais em meu passado, havia uma grande chance de me tornar insano. Já fizera demais, e demais havia sido feito contra mim.

Ademais, tudo isso era simplesmente agir como um esquilo engaiolado, correndo dentro de uma roda. Leon me deu o único conselho que importava. — Você não é normal, mas também não é louco. Depende de você cometer outro crime. Fazer isso ou não é tudo o que importa.

Era verdade. Eu era diferente. Como poderia ter sido qualquer outra coisa após ir para o abrigo juvenil aos dez, para o reformatório aos treze e para San Quentin aos dezessete? Jamais veria o mundo ou me comportaria como um membro da burguesia, não importava quanto desejasse. Ansiava por experiência e sabedoria, não por uma vida medíocre de mudo desespero. O melhor que eu podia esperar era um ajustamento marginal, mas isso era tudo de que precisava. Dependia de mim não me arriscar a outra sentença de prisão por cometer mais um crime. Enquanto conseguisse evitar isso, nada mais importava. Eu tinha cérebro. Tinha Louise — e, quando o avião deixou as montanhas e a Bacia de Los Angeles apareceu lá embaixo, tive grandes esperanças.

Anoitecia quando aterrissamos. Em vez dos túneis elevados que se encaixam no avião, naqueles dias nós ainda descíamos na pista de pouso e atravessávamos o campo em direção a uma cerca de alambrado, atrás da qual ficavam as pessoas que esperavam a chegada. Vi Louise a certa distância — suas roupas brancas e cabelos louros destacavam-na; além disso, ela pulava entusiasticamente para cima e para baixo e acenava. Isso me fez sorrir e sentir um surto de afeição. Eu era um ex-condenado de sorte; não havia outra maneira de definir.

Ela me encontrou no portão e me abraçou ardorosamente, depois me empurrou para trás e me olhou de cima a baixo.

— Vamos providenciar aquelas roupas — disse ela. — Amanhã.

— Amanhã eu tenho que ver o oficial de condicional.

— Não, não. Eu cuidei disso. Ele virá vê-lo em poucos dias. Vamos.

Quando nos voltamos para abrir caminho entre a multidão, notei que ela estava acompanhada por um jovem de dezesseis ou perto disso. Apresentou-nos enquanto nos dirigíamos para o estacionamento. Seu nome era Mickey, e era seu motorista vindo do Lar McKinley para Meninos, que estava me dando um emprego.

— Você vai ter um quarto no McKinley e o apartamento para onde estamos indo agora. Aqui está — ela me entregou uma chave presa a um chaveiro com uma medalha religiosa de São Francisco. — Abençoada pelo papa — disse ela. — Quando formos à Europa, vou levar você para conhecê-lo.

O apartamento ficava em cima de uma garagem para quatro carros atrás de uma casa de dois andares em estilo vitoriano, à margem do Hancock Park. Ela havia construído a casa antes de conhecer Hal. Seus pais tinham morado no apartamento sobre a garagem. Era diferente da maioria dos apartamentos, pois a casa ficava em uma esquina, a entrada para carros dava para a rua em frente à casa, um muro corria a seu lado, a porta do apartamento ficava sobre uma escada que contornava o canto a partir da entrada para carros e isso tornava difícil ver que era um apartamento de garagem.

Louise e Hal tinham acabado de comprar a propriedade de Joan Bennett e Walter Wanger na Mapleton Drive, em Holmby Hills. Walter Wanger estava em profundas dificuldades financeiras naquela época. *Joana D'Arc* de Ingrid Bergman havia fracassado nas bilheterias e Wanger passara alguns meses na Prisão Municipal de Los Angeles por balear Jennings Lang (que mais tarde se tornaria o cabeça da Universal Studios) no estacionamento. Tinha sido por causa de Joan Bennett. O resultado final foi a necessidade de vender a casa tão rapidamente quanto possível. Louise disse que a comprou pelo valor do lote, noventa mil dólares. O valor da casa naquela época era de cerca de duzentos e cinqüenta mil dólares. Trinta anos mais tarde, quando Hal Wallis morreu, a mesma casa foi vendida por seis milhões e quinhentos mil dólares.

Na época em que fui solto, Louise ainda residia em sua propriedade de Van Nuys. A casa havia sido desapropriada por *interesse público* e ia ser usada por uma escola. Embolsou o que podia ser considerado uma fortuna em 1954, mas por uma propriedade de vinte acres ela recebeu o valor de uma casa média ao sul do Ventura Boulevard nos dias de hoje. Havia-me escrito sobre isso. Teria um longo prazo para se mudar, pelo menos um ano ou dois.

Estava excitada quando subimos os degraus e abrimos a porta do apartamento. Era um apartamento de um quarto, talvez setenta e cinco metros quadrados, elegantemente projetado. Era baixo, claro, por estar em cima de quatro garagens. A porta no alto dos degraus abria para a sala de estar. Tinha janelas com vista para os sicômoros da rua e para a casa em frente, de um lado. A outra vista era para a parede branca de um novo prédio de apartamentos. Proporcionava privacidade absoluta. A sala de estar era muito confortável e também de bom gosto. O sofá e a poltrona estofada tinham revestimento cinza; as paredes eram de um laranja queimado ou alguma cor parecida com essa que eu não consigo nomear. Sobre uma parede havia duas pequenas aquarelas em molduras decoradas. Eu ficaria sabendo que os artistas eram bastante conhecidos. O que dominava a sala a partir de um canto era uma grande escrivaninha antiga decorada. Sua madeira cheia de nós brilhava em cores profundas, escuras.

— Eu tinha isto e não sabia o que fazer com ela — disse Louise. — Então, aqui está. — Ela chegou mais perto, confidencialmente: — Vale quarenta mil dólares — ela piscou. Não sabia por que ela tinha piscado, mas simplesmente sorri quando ela o fez. Ela me mostrou o resto.

O banheiro e a cozinha ficavam um em frente ao outro em um corredor estreito. Era um modo inteligente de usar o espaço. Depois do banheiro, o corredor se abria para o quarto. Era adequado — muito mais amplo que qualquer cela em que eu tenha vivido, mas talvez menor que uma cela coletiva. Tinha janelas refinadas, daquelas com molduras de madeira, vidros pequenos e um ferrolho que podia ser girado, ao longo de um lado e da retaguarda. A mobília do quarto era simples e cara, disse-me Louise. Viera da residência de Wanger. O closet era de parede inteira. — Nós vamos pôr algumas coisas aí dentro amanhã — falou ela. — Livre-se disso — acrescentou, apontando para minhas roupas.

Comecei a protestar. As calças de flanela cinza e o blazer podiam ir a qualquer lugar, naquele tempo e agora. Eram de boa qualidade. A etiqueta dizia: HART, SHAEFFNER & MARX. Não era um Hickey-Freeman, mas era excelente.

— Têm bom aspecto, não têm?
— Sim, mas vieram da prisão.
— Eu também.
— Eu sei, eu sei. Mas, por mim, livre-se delas.
— Claro.

Ela abriu uma porta francesa que dava para o recanto do café matinal, no final da cozinha, perto da escada dos fundos.

— Bem, o que achou? — perguntou ela.

No momento em que a pergunta foi pronunciada, visualizei uma nova máquina de escrever portátil Royal sobre uma escrivaninha do quarto, ao lado de uma janela que dava para a piscina. Estava literalmente sem palavras, uma reação inédita para mim. Lágrimas minaram de meus olhos. Como eu poderia fracassar? Como poderia magoá-la? Ela tornara o sonho real para mim. Não estava me entregando o mundo em uma baixela, mas me ajudaria a ajudar a mim mesmo. Abriria portas, embora eu não tivesse idéia de que portas fossem.

— É melhor você escrever algumas coisas *ali* — disse ela.
— Eu vou — falei com toda sinceridade, embora os meses futuros fossem revelar uma sinceridade vazia. Queria mesmo dizer aquilo, mas o apelo de luzes brilhantes, carros velozes e mulheres de doce aroma e com longas pernas era demais para mim. Transcorreriam décadas antes de eu passar uma noite em casa sem estar encarcerado. Dormiria quando estivesse cansado e comeria quando tivesse fome — e cada dia fora da prisão se expandiria até explodir com possibilidades de aventura, depois dos primeiros poucos meses de aclimatação.

Tarde da manhã seguinte, ela chegou com Bertha Griffith, que eu havia conhecido antes de ser preso. Mesmo naquela época, seu marido era uma figura fantasmagórica, devastada pela paralisia, músculos faciais convulsos e movimentos distorcidos. Era um diretor de cinema mudo aposentado que tinha apanhado sífilis de uma jovem atriz quinze anos antes que os antibióticos pudessem curá-lo. Tive vontade de perguntar como ele estava, mas senti que isso seria indiscrição e mantive silêncio.

Usando a longa perua Chrysler branca de Louise, rodamos poucas quadras até o Miracle Mile. As fachadas de estabelecimentos extravagantes e lojas de departamentos davam para a Wilshire. A área de comércio era planejada tendo os automóveis em mente, pois tinha grandes estacionamentos atrás das lojas. Tinha um gosto consideravelmente melhor que o dos gigantescos *shopping centers* do futuro. Naquela época, essa faixa da Wilshire era considerada o terreno mais caro do sul da Califórnia.

Começando pela obra-prima *art-déco* da Bullocks-Wilshire, seguimos rumo ao oeste, fazendo compras para o meu guarda-roupa. Ela me comprou de tudo. A traseira da perua tinha altas pilhas de caixas da Bullock's, Desmond's e Silverwood's. Em uma loja de departamentos, um vendedor extasiado acompanhava Louise com uma cadeira. Quando ela parava e sentava, ele empurrava a cadeira para baixo dela. Ela sussurrou para mim: — Sou Lady Wallis, lembra? — Com seu impecável terno de gabardine branca era impossível esquecer. Interpretar Lady Wallis era um de seus maiores prazeres na vida. Era uma cena saída de vários filmes e tornada real. Eu estava maravilhado e agradecido. Era tamanha munificência que eu sentia um desconforto culposo. Ainda assim, sem sombra de dúvida, eu pegaria tudo aquilo — e agradecido.

Em Beverly Hills, fomos ao Oviatt's, o mais elegante costureiro clássico do sul da Califórnia naquele tempo. Os ternos de Hal eram feitos ali. Ela fez com que tirasse minhas medidas para dois ternos, um de lã azul-marinho (— Se não tiver mais nada, você tem este — ela instruiu), o outro de flanela branca leve. Era macio e suave entre meus dedos. — Vão pensar que você é Gatsby — disse ela.

Gatsby era ótimo, mas muito improvável. Gatsby era muito irreal. Embora eu achasse que Fitzgerald escrevia tão bem quanto qualquer outro romancista do século vinte, Gatsby estava tão distante da verdade quanto Fu Manchu. Era delicado demais para ser o que a história contava. Podia ser um ladrão de casas, mas definitivamente não era um gângster. Faltava-lhe a força de vontade para submeter homens durões ao seu comando pelo simples carisma. Falhava também em outro teste; era fraco demais para uma fêmea.

— Eu estive em vários filmes adaptados de seus contos e livros — disse Louise.

Isso é algo que nunca verifiquei. E hoje eu apenas repito o que ela disse, que é como uma memória honesta deve ser. Naquela época, eu me perguntava como eles podiam reproduzir as nuances dos personagens de Fitzgerald em filmes mudos, ou em qualquer filme, para dizer a verdade.

Da Beverly Hills das casas de dois andares, jardins e fontes, e muitos telhados vermelhos, por volta de 1956, cruzamos Beverly Glen para o San Fernando Valley. A cerca de um quilômetro e meio da residência Wallis ficava a Escola McKinley para Meninos. Tinha em torno de cento e vinte garotos, de cinco anos até o colegial, e muitos rapazes que tinham mais de dezoito mas ainda não estavam prontos para partir e continuavam como empregados. Tinham um edifício só para eles. Em 1956, os meninos da McKinley eram predominantemente brancos, mas havia uma coleção liberal de garotos de cor e mexicanos, os termos operantes e aceitáveis daqueles tempos. A maioria vinha de lares de abusos e alcoolismo, alguns eram enviados por agências de assistência social e uns poucos vinham do juizado de menores. Houve uma vez em que tentaram me pôr ali. No estacionamento eu tive um acesso de fúria de tal ferocidade maníaca que quem quer que estivesse olhando pela janela do prédio da administração decidiu não me aceitar. Senti-me maravilhoso, naquele momento. Ia conseguir ficar com meu pai em seu quarto mobiliado, dormir na cama de armar no canto por pelo menos mais duas semanas. O rosto de meu pai ficou escarlate; veias saltaram em sérias cristas. Ele estava contendo sua raiva. Eu havia atingido a perfeição em ser expelido daqueles lares e escolas que eu odiava; agora eles nem sequer me aceitavam.

Não muito mais tarde, deixei de ser preocupação das agências de assistência social para me tornar problema do sistema judicial de menores.

Louise virou para fora da Riverside e atravessou um túnel de árvores que dava para um estacionamento. Estava cheio de automóveis, mas a única pessoa visível era um menino de oito anos com calção de banho andando ao longo da calçada em frente ao estacionamento. Assim que seus pés nus tocaram o cimento quente, começou a dançar e pulou para o gramado. Desapareceu na esquina de um prédio de alvenaria de dois andares. Tomamos o mesmo caminho. Antes de contornarmos o edifício, ouvimos som de água e vozes excitadas incentivando: — Vai! Vai! Vai!

Quando dobramos a esquina, vimos a piscina olímpica e um torneio de natação estava em curso. Um homem de cabelos brancos de sessenta anos separou-se de um grupo de adultos próximo à piscina e veio nos cumprimentar. Era o sr. Swartzcoff, o superintendente. Foi ele quem me ofereceu um emprego para satisfazer os requisitos da condicional. Embora fosse muito mais fácil para um ex-condenado naquela época, em que empregos eram em geral mais abundantes, ainda havia um estigma, por isso eu estava tentando interpretar o sr. S., como era chamado pelos meninos e também pelos funcionários, pois queria saber se a oferta tinha sido feita espontaneamente ou porque a sra. Hal Wallis era a principal benfeitora do Lar McKinley. Na verdade, contratar-me não custaria nada a eles. A sra. Wallis passou-lhes um cheque com o montante do meu salário e deduziu-o imediatamente de seus impostos como donativo à instituição de caridade. Se ela pagasse os impostos depois, isso lhe teria custado muitas vezes o valor, pois o imposto declarado posteriormente era cerca de quinze por cento superior ao retido.

O sr. S. era suficientemente afável, mas foi a efusiva sra. S, sua esposa, que me fez sentir à vontade e me mostrou a casa. Eu não começaria a trabalhar até a segunda-feira seguinte. Embora não houvesse realmente nenhuma vaga para ser preenchida, com cento e vinte garotos havia muito o que fazer. Algumas vezes eu olharia a piscina, embora cada garoto da McKinley soubesse nadar como um peixe depois do primeiro mês de verão. Levaria os garotos a consultas com médicos, dentistas e assistentes sociais.

Meu quarto ficava em cima da cozinha. Era bastante grande e tinha uma sacada que dava para a entrada de carros e para o caminho do refeitório. Podia ficar ali nos dias de trabalho e em meu apartamento nos fins de semana.

Descarregamos os vários pacotes e sacolas de compras com as marcas DESMOND'S, BULLOCKS e SILVERWOOD'S e os empilhamos no chão ao lado da cama, sem escondê-los, mas tornando-os imperceptíveis, como de hábito. Entregaram-me a chave e eu ri quando a coloquei na fechadura e a girei. Era a primeira porta que eu tinha lembrança de trancar. Parecia engraçado — mas muitas coisas têm parecido engraçadas para mim e sem graça para a maioria dos outros.

Era hora de um almoço tardio, e dobrando a esquina e descendo a Woodman por cerca de um quilômetro ficava o portão da fazenda Wallis. Perguntei-lhe por que era chamada de fazenda, e ela me respondeu que assim eles podiam pagar o cozinheiro, a governanta, o chofer e o jardineiro como empregados de fazenda e não como criados.

Saímos da Woodman e fizemos uma reverência para o sólido portão verde que já estava se abrindo. Era familiar, embora inteiramente novo. Era certamente mais vívido depois que cinco anos de San Quentin poliram as lentes da minha percepção. As rosas eram uma orgia de cores, e, quando caminhamos do carro para a porta da frente, um sussurro de brisa soprou o doce perfume até mim. Meu Deus, era bom estar livre.

Durante o almoço Louise me contou sobre o sr. e a sra. S., de como ela sentia carinho por eles e do bom trabalho que eles faziam na McKinley.

Depois do almoço, Bertha foi embora. Louise estalou os dedos com uma lembrança súbita. — Você vai precisar de algumas outras coisas. Venha comigo.

Ela me conduziu degraus acima até a suíte de Hal, onde surrupiou abotoaduras de ouro e safira de um iate clube classudo nas Bahamas e um alfinete de gravata com um diamante de meio quilate. Ia pegando um dos três relógios mas colocou-o de volta no lugar.

— Não, eu vou comprar um para você — disse.

Peguei os presentes, mas senti uma vaga culpa. Não esperava coisas materiais. Ela sempre havia indicado que queria me ajudar a ajudar a mim mesmo, e era isso que eu esperava e desejava. As roupas e o apartamento eram generosidades e eu os apreciei — mas aquilo com que eu estava contando era que ela fizesse apresentações e me abrisse portas.

No caminho da saída ela parou no closet de Hal, que tinha seis metros de comprimento por trás de painéis de espelhos corrediços. A prateleira sobre os cabides estava tomada por suéteres embalados em sacos plásticos. Ela puxou vários deles.

— Você gosta de casimira? Aqui está.

Era uma simples gola em V azul-marinho, mas a etiqueta dizia: BERGDORF-GOODMAN, e a sensação era a incomparável maciez da casimira.

Ela estava cantando quando descemos a escada. No Salão Azul, pegou um cigarro de uma caixa e um fósforo de cozinha de outra. Em vez de usar a lixa ela passou o fósforo pela parede. Acendeu, mas também deixou um longo risco na pintura.

— Que diabo, isto agora pertence à secretaria de educação.

Levou uns poucos segundos para que eu entendesse a piada e risse, embora seu humor e meu riso tivessem tons de tristeza, pois aquele Monterey Colonial com seu terreno sombreado e gramados exuberantes tinham a beleza serena do claustro. Como ela sempre fora histriônica e bem-humorada, aconteceriam repetidos incidentes bizarros durante vários meses, antes que eu percebesse que algo estava errado.

O PROCEDIMENTO PADRÃO PARA QUEM está sob condicional é visitar o escritório de condicional — agora conhecido como agente de condicional — no dia posterior à soltura, quando lhe dão o restante do seu "dinheiro do portão". Eu estava fazendo compras com Louise no dia seguinte à minha libertação; então veio o fim de semana, por isso foi só na segunda-feira que encontrei meu oficial, um homenzinho com cabelo escovinha e bigode fino. Mesmo esse encontro não foi no escritório dele. Foi na Fazenda Wallis, no Salão Azul, comigo sentado ao lado de Louise Fazenda Wallis — no largo descanso de braço de sua poltrona estofada, meu outro braço estendido no alto do espaldar. Ela interpretou a dama graciosa tão bem quando Katherine Cornell. Ele e sua esposa gostariam de conhecer o estúdio?

— Não numa daquelas visitas guiadas. Eu vou levá-los para trás das cenas. Você tem esposa e filhos?

Ah, sim, ela brincou lindamente com ele. Não era manipulação com segundas intenções. Isso o fez se esquecer de mim. Tinha mais de cem pessoas em condicional sob sua supervisão e podia vigiar muito poucos. Eu queria ser ignorado, e essa pareceu ser a mensagem que ele me deu quando o acompanhei até seu carro. Ele parou e olhou a casa de cima a baixo e ao redor da propriedade.

— Bem — disse laconicamente —, estou bastante certo de que não vou pegar um jornal e ler que você foi apanhado em um tiroteio com a polícia de Los Angeles.

— E quanto a um automóvel? Posso dirigir?

— Se você tiver habilitação.

Apertamos as mãos e ele partiu contornando o círculo e seguindo a estrada até o portão frontal. Senti-me ótimo. Um carro. Eu ia ter um carro — assim que conseguisse uma carteira de motorista. Eu estava gingando e saltitando e dando socos no ar quando voltei para dentro da casa.
Louise me viu e começou a rir. — Sentindo-se ótimo, hein?
— Não podia me sentir melhor. Ele disse que eu podia dirigir... se tivesse uma licença.
— Estive pensando sobre isso. Você consegue passar num exame de motorista?
Tive dúvidas e isso transpareceu. Tinha participado de pegas com carros roubados e de umas duas perseguições em alta velocidade que acabaram em acidentes, mas além de saber o que significavam o vermelho e o verde dos semáforos, eu era totalmente ignorante das leis de trânsito.
— Não importa — disse ela. — Pensei nisso. Nós vamos lhe dar algumas aulas. Quando tiver uma licença você vai precisar de um carro. Nada novo ou vistoso, mas eu separei algum dinheiro da desapropriação da casa. Tenho que reinvestir quase tudo ou entregar para o governo. Impostos, você sabe. Nós podemos ficar mais e mais ricos — na verdade, nós temos que ficar mais e mais ricos ou o governo toma tudo.
— Para mim parece que você está se saindo bem nisso.
Ela riu de um jeito que me deu a sensação de um abraço afetuoso.

* * *

NA SEMANA SEGUINTE, COMECEI a trabalhar no Lar McKinley Para Meninos. Minhas responsabilidades, digamos, evoluíram. Em primeiro lugar, tinha que tapar buracos em diferentes lugares. Na piscina, meu trabalho era mais próximo de um espantalho que de um salva-vidas. Todos os garotos sabiam nadar, e qualquer um com dez anos ou mais nadava melhor que eu. Eu era encarregado de manter a ordem, reduzindo a bagunça ao mínimo e parando com a correria ao redor da piscina. Quando um ônibus carregado de meninos ia para algum lugar, por exemplo, o jogo beneficente do *Times* entre o LA Rams e o Washington Redskins, eu era o segundo homem, o que evitava que eles gritassem das janelas e se certificava de que ninguém havia se separado do grupo. Quando o curso de outono começava, eu tomava conta da sala de estudos três tardes por semana. Depois que consegui uma licença de motorista e um Ford conversível de quatro anos, meu principal trabalho era levar garotos para consultas com médicos, dentistas e psicólogos. Após um mês eu teria ganhado um concurso de popularidade como o membro da equipe de quem os meninos mais gostavam. Isso era, em parte, porque minha posição não exigia que eu impusesse muita autoridade, mas a principal razão era que eu tinha crescido em lugares como o McKinley, embora nenhum deles fosse tão bom. Sabia como era ser uma criança criada por estranhos, sem uma família para a qual apelar. Não podia preencher seu vazio, mas era amigo e conselheiro e nunca os julgava. Queria ajudá-los a encontrar suas bases na vida. Alguns deles eram difíceis de gostar, os lamuriosos e os chorões, e eu sentia vergonha por não gostar deles, porque eles tinham uma grande necessidade de atenção e de compreensão. Entre os cento e vinte havia um punhado que estava além de qualquer ajuda. A deformação mental já era muito grande. Dois deles arrombaram uma loja de equipamentos de som em Van Nuys e esconderam o saque no meu carro. Eu gritei — Meu Deus! Que cagada! — quando eles me contaram. Isso podia significar uma viagem de volta a San Quentin por violação da condicional. As autoridades de adultos me tratariam como um Fagin[1] do século vinte. Ainda assim, não aprovava a idéia de entregá-los à polícia. Embora não tivesse intenção de cometer outro crime, ainda aceitava inquestionavelmente a lei número um do criminoso: não alcagüetarás nem mesmo um alcagüete.

— Tirem aquela merda de lá — disse a eles. — Agora.

Naturalmente, foram apanhados no momento em que foram para a escola e começaram a exibir seu butim. Prendi meu fôlego, mas meu nome nunca foi mencionado. Eles já haviam estado com problemas antes, e dessa vez o sr. S. mandou-os para o abrigo juvenil e para o sistema judicial de menores. Isso me entristeceu porque parecia muito com minha própria infância, uma coisa levando a outra e, eventualmente, à prisão. Uma década mais tarde, dei de cara com um deles na penitenciária.

Ninguém no McKinley, a não ser o sr. e a sra. S., sabia que eu era um ex-condenado, nem do meu relacionamento especial com a sra. Wallis. Ela morava tão perto que era fácil para mim visitá-la. Quando queria que eu conhecesse alguém, ela mandava me chamar.

Hal havia partido, e por algum motivo tive a impressão de que ele estava em locação com *Sem Lei e Sem Alma*. O filho deles, Brent, era tenente da Marinha ou da Força Aérea, estabelecido no norte da Califórnia. Ele vinha para casa nos fins de semana, onde eu finalmente o encontrei em uma tarde calcinante do San Fernando Valley. Tinha um físico moderadamente poderoso. Treinara com pesos desde o início da adolescência. A julgar pelos livros enfileirados na parede de seu quarto, ele era obviamente bem-educado, letrado e interessado em idéias. Muitos de seus livros eram em espanhol. Louise disse que o havia perdido quando ele tinha cerca de vinte anos de idade. Levou-o com ela quando seguiu Hal a locais de encontro com amantes que ele mantinha de modo pratica-

---

[1] Personagem do romance *Oliver Twist*, de Charles Dickens, que treinava meninos para bater carteiras. (N. do T.)

mente flagrante. A reação de Brent, segundo ela, foi deixar de gostar de seu pai e se tornar frio para com ela.

— Ele tem uma couraça tão espessa quanto a de um navio de batalha — disse ela para mim. Tinha Ph.D. em psicologia e Louise achava que a escolha de sua profissão se devia à sua infância. Ele detestava intensamente a indústria cinematográfica, disse ela.

Quando o conheci, imaginei o que ela havia contado a ele sobre mim. Claro que ele sabia que eu havia estado na prisão enquanto ele estivera em um dos prestigiosos Claremont Colleges. Eu não sabia qual deles. Será que ele me via como um intruso?

Achei-o tão inescrutável quanto a imagem proverbial do asiático. Brent tinha tão boas maneiras que eu era incapaz de decifrá-lo. Sua cortesia eu esperaria encontrar em meio à aristocracia inglesa e não em um descendente da *nouveau riche* de Hollywood. Louise achava que isso se devia a ele ter sido criado por governantas européias. Tinha melhores maneiras do que as de qualquer homem que eu encontrara até então. Ele me apresentou à primeira cerveja importada que eu jamais vira, Heineken. Era definitivamente melhor que Lucky Lager e Brew 102, que os adolescentes dos setores mais pobres de Los Angeles bebiam para se embriagar. Que outra razão haveria para beber cerveja?

Quando ele me levou de volta ao McKinley em uma Mercedes 190 SL conversível, foi a primeira vez que eu embarquei em um carro esportivo. A emoção nas curvas e esquinas era uma sensação quase erótica. Parecia totalmente diferente dos outros carros. Era divertido. Queria um daqueles. Queria muitas coisas.

Embora ele tivesse sido gentil e amigável, eu não fazia idéia do que ele pensava ou como ele realmente se sentia. Não queria que ele achasse que eu estava explorando sua mãe. Jamais tiraria vantagem dela, embora fosse chegar um tempo em que eu desejaria ter feito isso. Queria que ela fizesse o que tinha dito desde o início: ajudar-me a ajudar a mim mesmo. Isso começou a mudar. Ela começou a me dar dinheiro muito além do que eu esperava ou desejava, e, quando eu tentava lhe dizer isso, ela me repelia: — Não se preocupe. Nós temos mais do que nunca sonhamos ter. Acabo de fazer dois milhões. — De fato, eles tinham acabado de adquirir a propriedade de um milionário em Chatsworth. Nela havia uma enorme casa, alojamentos para trabalhadores, estábulos e um hipódromo para os cavalos de corrida que Hal criava. Como era uma zona agrícola, Louise planejava cultivar alfafa e deduzir as perdas de outras rendas. Dois meses depois de lavrarem a escritura da propriedade, o zoneamento foi modificado, de forma que eles puderam subdividi-la em condomínios. O valor dobrou de dois milhões para quatro milhões de dólares. Quando você é rico, disse ela, você continua enriquecendo com muito pouco esforço, desde que não jogue intencionalmente o seu dinheiro fora. Como eu poderia protestar quando ela me dava algumas poucas centenas de dólares? Uma vez eu lhe devolvi mil dólares; no dia seguinte, eles chegaram no McKinley pelo correio. Sem pensar em outra coisa para fazer, pois certamente não iria jogá-los na rua, depositei-os em minha conta corrente. Teria em que usá-los; não havia dúvida sobre isso. Perto do fim do verão, encontrei Hal Wallis pela primeira vez. Furei um pneu a cerca de quatrocentos metros do portão da Fazenda Wallis. Telefonei para Louise e ela me disse para ir até lá e ligar para o Auto Club usando seu cartão de associada. Assim, não teria de pagar para rebocá-lo. Fiz a ligação, ela me deu seu cartão e eu estava me preparando para andar de volta para o carro a fim de esperar o caminhão de reboque quando ouvi a porta da frente se abrir, seguida por vozes masculinas.

Hal entrou, seguido por Brent e outro jovem que eu creio que gerenciava a verdadeira produção agrícola da Fazenda Wallis, que realmente cultivava alguma coisa em algum lugar. Eles vinham de uma exibição prévia de *Sem Lei e Sem Alma* e traziam maços de cartões de opinião da platéia.

— Como reagiram? — perguntou Louise.

— Acho que foi a melhor reação que eu já vi — disse Hal. — E eu já vi muitas ao longo dos anos.

Sem Lei era estrelado por Burt Lancaster e Kirk Douglas, ambos descobertas de Hal. Louise uma vez me contou que ele era parcamente educado e tinha maneiras deploráveis quando ela o encontrou pela primeira vez. Trabalhava no departamento de publicidade da National Studios, que se tornaria a Warner Brothers. Um dia, em um *set*, ela o viu de costas e pensando que era outra pessoa agarrou-o por trás. Eles se casaram e três anos depois ele era produtor executivo responsável pela produção da Warner Brothers, o mesmo emprego que Irving Thalberg tinha na MGM. A formação de Hal: datilografia e estenografia em uma escola de comércio em Chicago. Mas ele tinha dois talentos naturais. Poupava muitos milhares de dólares por meio de um infalível senso do que deveria ser cortado de um roteiro, sem ter que esperar até que estivesse na película. Também tinha perfeita noção sobre quem o público iria amar. Sua bastante medíocre autobiografia, *Star Maker*, que ele escreveria vinte anos mais tarde, fez pouco mais que listar seus filmes. Era certamente um magnata da Era de Ouro de Hollywood que merecia uma boa biografia, como Louise Fazenda Wallis.

Naquela noite, o sr. Wallis não reparou em mim. Eu o estudei, no entanto. Quando jovem havia sido belo, disse Louise, mas agora seu cabelo estava escasseando e ele o penteava para trás, o que deixava o seu rosto um tanto agudo. Tinha aparência comum, embora suas roupas reluzissem com o bom gosto a preço de ouro de um anúncio na *Esquire*. Era cordial, mas por um momento vi seus olhos desvelados. Ele via a vida em termos de manipulação e combate, então de que outra maneira um ex-condenado de vinte e dois anos poderia lhe parecer? Podia entender sua posição. Ah, bem, mas seria ótimo obter seus favores. Ele poderia abrir portas naquela capital do nepotismo, da oligarquia e dos bons contatos. Ser um sucesso em Hollywood exigia aptidões, mas ainda mais do que aptidões, exceto no meio técnico, exigia contatos. O modo mais fácil de ser uma estrela de cinema era ter pais que fossem estrelas, diretores ou produtores. Conforme os filhos das pessoas ligadas ao cinema cresciam, viam de perto como o jogo funcionava e conheciam os jogadores, pais dos amigos com quem eles cresciam. Havia sangue novo suficiente apenas para manter o ritmo da percolação.

— É melhor você ir — disse Louise. — Ou vai perder o caminhão do Auto Club.

Caminhei pela via de entrada até o portão eletrônico e daí ao longo do acostamento da Woodman em direção ao Chandler Boulevard, nomeado, acredito, em homenagem à família fundadora do *Times* de Los Angeles. Existiu uma época em que havia chácaras com laranjais e crianças cavalgavam seus cavalos pela beira da estrada, que não tinha acostamento nem calçadas. Agora os laranjais eram poucos, embora eu pudesse sentir o aroma de seus botões e de jasmins naquela noite. Tudo ali era conforme o Sonho Americano do momento: três dormitórios, dois banheiros, em um condomínio estilo rural. Uma canção popular proclamava a alegria de construir uma casa no San Fernando Valley.

Enquanto caminhava pelo acostamento, meus passos rangendo, faróis ocasionais refletindo-se sobre mim, grilos ressoando na noite, soube que Hal Wallis não se parecia nem um pouco com sua esposa. Ela me dissera que ele era um homem frio e impiedoso (casado com o Anjo de Hollywood), e qualquer pessoa fria e impiedosa tinha de ser muito desconfiada. Eram coisas que estavam juntas como a mostarda e o cachorro quente. Ao mesmo tempo em que eu queria ser um escritor e proclamava isso em bom som, naquele tempo queria especificamente escrever roteiros de cinema, e sobre isso eu mantinha silêncio. Se tivesse Hal Wallis como aliado... Tentaria trazê-lo em minha direção, mas havia o obstáculo da desconfiança hostil.

Quando me aproximei do carro, o reboque do Auto Club estacionou. O motorista mal podia acreditar que eu não soubesse trocar um pneu vazio. Isso não fazia parte do currículo da escola correcional, e eu não teria oportunidade de trocar um pneu em San Quentin, então, onde poderia ter aprendido? Foi uma explicação que eu guardei para mim mesmo.

HAL PARTIU DA CALIFÓRNIA PARA ALGUM lugar e Brent voltou para a base, a irmã de Hal, Minna Wallis, estava na cidade, mas via Louise poucas vezes. Minna nunca havia se casado e alguns em Hollywood, segundo Louise, falavam sobre seu possessivo incesto imaginário em relação a seu irmão. Ela havia conseguido o primeiro emprego de Hal no estúdio.

— Tinha ciúmes até de mim naquela época — disse Louise. Dizia-se também que Minna havia forçado um ator inglês, um pobre fac-símile de Ronald Colman, a ser seu amante em troca da renovação de seu contrato por Hal. Ela via Louise com pouca freqüência na rotina de um dia normal. Eu fui o único que viu Louise se deteriorar, mas por não ter convivido muito com ela até então e porque ela era, afinal de contas, uma palhaça profissional, atribuí muito do seu comportamento bizarro à sua natureza.

Uma tarde, fui visitá-la e a vi batendo em uma das paredes da casa com uma marreta. Tudo que pude fazer foi rir e balançar minha cabeça. Em outra ocasião, passamos duas horas fúteis dando telefonemas ao redor do mundo em busca de um padre com quem ela queria falar. Eram três e meia da madrugada na Áustria, onde ficava a base da sua ordem. Ele estava em algum lugar da Terra Santa, mas não tinham contato com ele. Mainás voavam pelo seu quarto e havia pequenos pontos onde a merda de pássaro atingira coisas que não podiam ser completamente lavadas. Esses lugares poderiam estar imaculados quanto ao resto, mas um traço das nódoas permanecia. — Eu só queria que esses filhos-de-uma-puta falassem alguma coisa — dizia ela.

Uma tarde, recebi um recado no McKinley para telefonar para a sra. Wallis. Ela estava excitada; queria que eu fosse para o jantar. Tennessee Williams estaria lá. Hal estava negociando os direitos de filmagem de *Orpheus Descending*, um drama que ele escrevera especificamente para Anna Magnani. Hal tinha um acordo de vários filmes com ela.

Cheguei usando camisa azul-marinho e gravata. Tennessee Williams usava um Pendleton xadrez em vermelho e preto, meio bêbado, com a barba por fazer e um perceptível odor corporal. No momento em que nos sentamos, ele estava totalmente bêbado. Na metade da sopa, falou que se sentia mal e pediu permissão para sair.

Todas as tardes de sábado, os últimos filmes eram exibidos no Salão Azul. Uma tela se erguia do chão e, do outro lado da sala, uma pintura descia para liberar a abertura de uma cabine de projeção. O projecionista era recrutado no estúdio. Quando Hal estava em casa, seus amigos vinham. Quando estava fora, o que acontecia na maior parte do tempo, os amigos de Louise eram os convidados. Eu gostava de me enlanguescer em uma poltrona estofada enquanto assistia Elizabeth Taylor correndo pela selva à frente de uma horda enfurecida de elefantes ou Jack Palance como uma estrela que era simultaneamente amada pela multidão e controlada pelo dedo dos magnatas do cinema. Uma sessão privada de cinema era uma maneira ótima de começar a noite de sábado, e nas incomparáveis noites de L.A. sempre havia aventuras a serem vividas até o sol ser erguer nas manhãs de domingo.

O VERÃO DE 1956 CHEGOU AO FIM. A única diferença era que as tardes no vale agora atingiam trinta graus em vez de quarenta. Fiquei longe da maioria dos ex-detentos e velhos amigos, mas meu voto de reabilitação nunca estabeleceu que eu pararia de fumar maconha. Isso exigia que eu mantivesse contato com meu parceiro de infância, Wedo. Quando fui vê-lo, descobri que durante meus cinco anos em San Quentin ele casara com sua namorada, tivera dois filhos e se convertera em um drogado que traficava nas ruas para manter o vício. Ele estava em observação por posse ilegal e sob fiança por um segundo caso. Dentro de um mês ele iria à corte ouvir a sentença e estava na cara que ele estava para ir ao lugar de onde eu acabara de sair.

Por intermédio dele conheci seu cunhado, Jimmy D., que era casado com a irmã da esposa de Wedo. Jimmy me conseguia maconha de boa vontade, desde que eu lhe desse um pouco e alguns dólares. Embora tivéssemos a mesma idade, meus cinco anos em San Quentin me davam status. Jimmy era magro, forte e bonito, mas descuidado com sua aparência e suas roupas. Uma vez eu lhe dei um terno caro. Ele o colocou no porta-malas do seu carro. Cinco meses depois eu o vi abrir o porta-malas. O terno estava lá, agora mofado e arruinado. Jimmy era preguiçoso demais para trabalhar e havia se tornado medroso demais para roubar. Uns dois anos mais tarde ele dirigia o carro de fuga enquanto eu assaltava um *bookmaker*. Quando eu saí, o carro tinha ido embora. Tive de fazer minha fuga a pé, entre becos e sobre cercas, em uma área que eu conhecia muito mal. Eu fugi, e, quando me confrontei com ele, disse que um carro de polícia tinha dado a volta na quadra e que os oficiais podiam prestar uma atenção especial a ele, por isso foi embora. Na época eu lhe dei o benefício da dúvida, mas, quando mais tarde ele amarelou a caminho de um golpe ("não posso fazer isso, cara; simplesmente não posso"), mudei meu julgamento sobre o episódio anterior. Usei isso como base para uma seqüência do filme *Liberdade Condicional*, duas décadas depois.

Eu não tinha nenhuma família próxima. Tinha alguns primos de segundo grau, embora não visse nenhum deles desde que meus pais se divorciaram, quando eram adolescentes e eu tinha quatro anos. Bob H., então com vinte e nove, dirigia um dos vários departamentos do Channel 4, a afiliada local da NBC. Era um homem bonito, que cantava bem, mas não bem o bastante; era ainda melhor pintor, mas de novo não o suficiente. Ou talvez ele pudesse ter tido sucesso em algum desses desafios, mas carecia de tenacidade suficiente para vencer. De qualquer modo, isso não era o que queria ser. Tinha se convertido ao catolicismo e queria ser padre. Não lembro por que isso nunca rendeu frutos. A princípio, pensei que ele fosse gay. Seus maneirismos me pareciam os de uma bicha na penitenciária. Como disse um detento, "eu nunca vi nenhum cara agir desse jeito". Depois de certo tempo, porém, cheguei a uma opinião diferente. Acho que Bob era assexuado. Psicologicamente, acredito que estava mais próximo de ser um gay do que um macho guerreiro, mas a idéia de sexo entre homens teria sido fisicamente repulsiva.

Bob tinha uma namorada, Patty Ann, embora fosse um romance estranho. Ele só a havia beijado uma vez. Ela era *sui generis*, pelo que me dizia respeito. Vinte e seis anos, elegante, bonita, bem-educada, alegre, inteligente — e virgem. Isso era algo que eu não ficaria sabendo durante algum tempo. Embora ainda fossem os caretas anos cinqüenta e ela fosse uma comportada garota católica, era difícil para mim acreditar que alguém de vinte e seis anos fora de um convento de freiras fosse virgem. Eu a conheci em uma tarde de sábado no Channel 4, onde foi encontrar o primo Robert a respeito de uma festa que ele daria naquela noite.

Patty Ann e eu tivemos uma afinidade imediata. No momento em que a festa acabou, passava muito da meia-noite. Caminhamos por Hollywood até o amanhecer, falando sobre todos os tipos de coisas. Ela nunca havia conhecido ninguém que tivesse estado na cadeia. Isso também era difícil de acreditar para mim.

Em uma semana, estávamos nos vendo regularmente, e qualquer que fosse a idéia que pudéssemos ter sobre um romance em seus princípios ficou rapidamente óbvio que éramos diferentes demais para qualquer coisa mais que uma grande amizade. No entanto, compartilhávamos um amor por livros e pela escrita. Ela me deu incentivo e conselhos. De todas as pessoas que conheci, acho que era ela quem tinha a melhor atitude perante a vida. Era tão alegre quanto qualquer um pode ser sem que seja psicótico. Ela trouxe benefícios para a minha etiqueta, e, quando eu começava a pensar ou agir da maneira ensinada pelo meu passado, ela beliscava minhas bochechas e dizia — Não, não, gatinho. Você não pode mais fazer isso. Agora você é um escritor — Ela sempre conseguia fazer com que eu me sentisse bem.

A sra. Wallis achou Patty Ann maravilhosa e nos deixou usar uma cabana no Sand & Sea Club, a mansão que Hearst havia construído para Marion Davies na praia de Santa Monica. Os pilares coloniais originais, de frente para o oceano, eram tão grandes quanto os da Casa Branca. A piscina, atravessada por uma ponte, era de mármore de Carrara. Muito da construção original se fora e um grupo de cabanas havia sido construído. Cada uma tinha um quarto de solteiro mais um banheiro e uma ducha, abrindo para um amplo terraço com vista para a areia e para o mar. Cada cabana tinha móveis apropriados para a praia: um sofá de bambu e almofadas impermeáveis, uma mesa com tampo de vidro em um recanto da sala, um gabinete com bar e closet. Também tinha uma mesa para jogar cartas. Ocasionalmente, eu interpretava o papel de escritor, transportando a mesa de jogo com uma máquina de escrever portátil para o terraço e então fazendo pose com um drinque longo enquanto olhava para as massas intocadas pela água correndo abaixo de mim. Para mim essa era uma maneira fantástica de ir à praia.

Enquanto isso, o comportamento de Louise se tornava mais irracional, embora eu ainda não visse quanto. Após dizer com antecedência que jamais havia realmente gostado dele, deu um broche de diamante e safira a Patty Ann. Eu não fazia idéia do valor, nem que Louise estivera dispensando suas jóias e outras posses quase que por bem ou por mal. Ela havia mudado em relação a mim também. Se um dia fora generosa mas sem excessos, dando ênfase em me ajudar a ajudar a mim mesmo, agora ela começara a me dar mais do que eu esperava, queria ou me sentiria bem a respeito. Eu negociei o Ford conversível por um Jaguar XK 120, planejando fazer os pagamentos por conta própria. Ela falou que eu era impaciente e para eu ir mais devagar e como era difícil pedir para alguém me ajudar quando eu chegava dirigindo um Jaguar. Ainda assim, quando fui fazer um dos pagamentos, descobri que o financiamento havia sido quitado. Foi ótimo, mas não era o que eu queria. Quando eu a pressionava sobre essas coisas, ela me dispensava e dizia que eu não precisava me preocupar. Era fácil fazer isso, mas eu sabia que era transitório. Não era uma mentira permanente atrás da qual eu pudesse me esconder. Mas parecia errado.

A consciência da gravidade da situação veio em uma sessão de cinema num sábado à noite. Geralmente eu jantava em sua casa quando era convidado para uma sessão, mas por alguma razão eu e Patty Ann comemos no Sportsman's Lodge, no Ventura Boulevard, que naquela época era razoavelmente novo e até refinado.

Quando chegamos a casa, o jantar já havia acabado também lá. Brent Wallis podia ser visto com um amigo chamado Henry Fairbanks. Três ou quatro irmãos católicos, professores da Notre Dame High School, que ficava próxima, esperavam pelo filme, além de uma jovem mulher da vizinhança com quem Brent havia crescido e seu marido, que trabalhava no Bank of America.

Quando chegamos ao Salão Azul, Louise estava bêbada. O paletó de seu terno branco desabotoado estava jogado nas suas costas. Aparentemente, uma jovem estivera protestando pela excessiva generosidade de Louise em entregar-lhes a hipoteca de sua casa, que ela detinha. A conversa se acalmou com a nossa chegada e porque todo mundo começou a se acomodar para ver o filme. O quadro que ocultava a cabine de projeção desceu, a tela ergueu-se do chão no lado oposto da sala e as pessoas começaram a ocupar seus assentos. Louise sentou-se no lado direito de um sofá no fundo da sala, sob a cabine de projeção. Ela acenou para que Patty Ann sentasse ao lado dela. — E você aqui — disse para mim, indicando o espaço do outro lado de Patty Ann. Minha atenção foi atraída por uma conversa em outro canto da sala, cujo conteúdo eu não me recordo. Então a voz de Louise, esganiçada pelo álcool, atravessou: —... pegue isto e case com ele. Ele precisa de você. Disse que queria que eu conseguisse Anita Ekberg para ele. Estava brincando, mas... Ele não quer uma atriz. Apenas pensa que quer uma atriz. Eles nunca vêem nada além do espelho. Ele precisa de uma boa garota. Ele vai ser rico... vou torná-lo o homem mais rico do San Fernando Valley. — Ela notou que eu estava prestando atenção e gesticulou para que eu olhasse para o outro lado — Isto é entre nós — disse ela. Em sua mão estava um anel com um diamante que eu teria tomado por falso se não estivesse sendo manipulado pelas mãos da sra. Hal B. Wallis. Tinha algo entre três e cinco quilates.

A campainha do interfone tocou e o projecionista avisou Louise que estava tudo certo. Ela disse para ele começar o filme.

As luzes se apagaram e o facho dançante de luz cinzenta cortou caminho através da fumaça de cigarros e lançou imagens na tela enquanto, simultaneamente, a música crescia. Fiquei grato pela anonimidade que isso me proporcionava, pois meu rosto estava crispado de embaraço e Patty Ann estava quase às lágrimas.

Enquanto os créditos desfilavam, Louise continuou em cima de Patty, repetindo a frase: — Faça essa pequena coisa por mim. Por favor, faça isso para mim — O som do filme abafava a voz de Louise. Ela apertou um botão no braço do sofá e o som sumiu, embora o filme continuasse rodando, silenciosamente, nas trevas. O único som era a voz bêbada de Louise litigando para que Patty Ann pegasse o anel e se casasse comigo.

Brent e seu amigo levantaram-se e deixaram a sala. Eu os segui até o *hall* de entrada. Não lembro o que disse, mas foi uma combinação de pedido de desculpas e isenção de responsabilidade. Tampouco me lembro da resposta de Brent, exceto que foi breve e cortês. Eles saíram pela porta da frente.

Retornei ao Salão Azul. O som havia voltado — graças a Deus, pensei — e só então Patty Ann saiu, seus ombros se sacudindo, os braços cobrindo seu rosto. Quando ergueu os olhos para ver onde estava indo (mesmo mortificada ela não queria se chocar de cabeça contra uma parede), pude ver duas trilhas de maquiagem dissolvida. Ela estava profundamente agitada e eu senti empatia por ela. Apesar disso, as manchas de maquiagem ultrapassavam de algum modo a angústia para se tornarem uma paródia de dramalhão novelesco. Nem a morte nem a cadeia estavam em jogo. Não era apenas dor, mas uma dor engraçada e, sem querer, comecei a rir.

Depois de vários segundos de lágrimas crescentes, ela subitamente estacou seus pés no chão. — Que vergonha, Ed Bunker. Você não sabe como confortar uma garota — Então ela também percebeu o absurdo da situação e começou a rir em meio ao choro. Afaguei suas costas e conversamos sobre voltar para o Salão Azul. Pela porta aberta que dava para o *hall* veio a luz cinzenta oscilante e a trilha sonora — mas só por um momento. Então o filme parou e a luz da sala se acendeu. Eu podia enfrentar a escuridão, mas o tipo particular de caos que parecia estar para acontecer não era aquilo para o que minha vida havia me preparado. E Patty Ann certa-

mente não merecia mais tormentos, não importava qual fosse o motivo.
— Venha; vamos embora — guiei-a até a porta.
Meu carro não estava longe da entrada da frente. Enquanto embarcávamos, a Mercedes conversível com Brent e seu amigo partiu. Estávamos bem atrás quando eles saíram pelo portão, mas quando viraram à esquerda eu virei à direita. Não queria que eles pensassem nem por um momento que eu os estava seguindo.

Dirigi dando voltas entre Beverly Glen e a Mulholland Drive, que corria pelo alto da linha de colinas ou pequenas montanhas, de Cahuenga Pass em Hollywood até a Pacific Coast Highway, acompanhando o oceano. A Mulholland era toda curvas e ziguezagues. Às vezes o San Fernando Valley era visível, aglomerados de luzes cercados de escuridão. Logo elas se tornariam um tapete até a próxima linha de montanhas. Falamos pouco. A cena no Salão Azul ainda estava em nós, talvez ainda mais em mim. Todo o comportamento cômico anterior de Louise agora estava ensombrecido de significados. Algo estava errado com ela, e a embriaguez foi só o catalisador que pôs isso a nu.

NA SEGUNDA-FEIRA DE MANHÃ EU telefonei para a Paramount e tentei entrar em contato com Hal Wallis. Ele estava fora da cidade e a mulher não me daria seu número sem que eu fornecesse detalhes sobre o que eu queria. Não estava preparado para fazer isso. Podia ter chamado Minna Wallis, mas não a conhecia. Por fim, liguei para a Clínica Hacker, em Beverly Hills. Sabia que Louise anteriormente havia feito terapia com o dr. Hacker. Ele ouviu minha história, mas sua resposta foi evasiva. Vários dias depois, o dr. Frym me ligou para dizer que eu tinha agido certo. Alguém contou a Hal, que voou de volta a Los Angeles e também chamou o dr. Hacker. O fato de eles terem contado que eu já os havia informado pode ter atenuado suas suspeitas contra mim. O dr. Frym enfatizou duas coisas: — Não aceite nenhum dinheiro dela e não beba com ela. Quando alguém tem tanto dinheiro quanto ela e começa a distribuí-lo ao acaso, eles acabam tirando-lhe os direitos.

Muitos dias mais tarde, sem nenhum aviso, ela deu entrada no Hospital Cedars. Naquele fim de semana, mudaram tudo o que havia na casa do vale para a mansão maior da Mapleton Drive 515, em Holmby Hills. O dr. Hacker pensou que a perda da casa do vale, que havia sido por muitos anos seu santuário contra a flagrante infidelidade de Hal, fosse parte do problema. Também naquele fim de semana, recebi uma mensagem no Lar McKinley para entrar em contato com o sr. Wallis. Ele queria me ver. A mudança estava em curso quando eu cheguei na casa. Ele me disse que ela havia distribuído uma soma considerável em dinheiro e todas as suas jóias: — Eu sei que você não pegou toda aquela quantia em dinheiro, mas e quanto às jóias? — Tudo de que eu podia prestar contas era o broche que ela havia dado a Patty Ann. Eu o recobrei e o restituí a ele no Hillcrest Country Club. A conversa durou poucos segundos, mas acabou com ele dizendo que talvez pudesse me ajudar.

Quando Louise deixou o Cedars, foi para a casa nova em Holmby Hills. Minnie e seu marido, que eram leais a Louise, foram substituídos por um casal contratado pela irmã de Hal. Quando fui visitá-la, tive a sensação de que eles estavam me vigiando. Antes eu sempre pensei que Louise e eu estávamos juntos em uma espécie de conspiração sem malícia. Agora, porém, ela havia claramente passado por algum tipo de colapso. O dr. Hacker ainda a visitava todas as semanas. Diante dessas circunstâncias, era impossível para mim conversar com ela como havia feito antes. Não podia acrescentar mais tensão àquela situação.

Eu tinha lhe dado o manuscrito semi-acabado de meu segundo romance, sobre um jovem viciado em drogas que se tornava um informante. Ele se perdeu com a mudança. Aquela não era uma família alheia a roteiros e manuscritos. Ninguém o jogaria fora sem pelo menos saber do que se tratava. Não tinha dúvida de que a perda se deveu à maldade de alguém, mas não havia nada que eu pudesse dizer ou fazer a respeito. O romance provavelmente era inútil para publicação, como foram considerados os meus quatro seguintes, embora o último deles logo fosse publicado na Inglaterra, e talvez nos EUA com alguns cortes criteriosos e mais polimento. Era como as histórias *noir* de um Jim Thompson, diferente do realismo dos meus outros trabalhos.

ESTAVA FORA DE SAN QUENTIN HAVIA cerca de um ano, e era hora de me mudar do Lar McKinley para Meninos. Devido à minha voracidade para a leitura e minhas aspirações para a vida literária, parecia razoável tentar um emprego no departamento de argumentos de algum estúdio. Louise pensava o mesmo, mas também achava que não seria apropriado para ela chamar Mervyn LeRoy. Minna Wallis, sendo uma agente, negociava com pessoas nos estúdios e faria as ligações, embora isso tivesse que ser feito por baixo dos panos na Warner Brothers, onde a simples menção de Hal Wallis faria Jack Warner ter um chilique. Um "analista de argumentos", ou "leitor", recebia um livro ou artigo e escrevia um breve parecer de não mais de uma página sobre sua viabilidade como filme, e depois uma sinopse de três ou quatro páginas da história. Deram-me *Uma Cruz à Beira do Abismo*, que a Warner Brothers já havia comprado, e com a ajuda de Patty Ann eu fiz o trabalho, que Louise leu e achou bastante bom.

Tinha passado por quatro estúdios quando o cabeça do departamento de argumentos da Paramount me disse que, embora Minna houvesse arranjado o encontro, também dissera que ela e Hal preferiam que ele não me contratasse.

— Não sei de que se trata — disse-me ele —, mas não pense que ela é sua amiga.

Quando cruzei o estacionamento até meu carro, tinha certeza de que fora ela quem pegou e destruiu meu romance inacabado. Nem sequer chegava a sentir raiva. Isso confirmava minha crença sobre a natureza humana. E o mesmo valia para a conversa mole de Hal sobre me ajudar.

Eu tinha um guarda-roupa de primeira classe e um Jaguar esportivo, embora fosse evidente para mim que ele era uma lata velha e que a revenda de carros usados tinha me enganado. Estava constantemente precisando de reparos, quase sempre dispendiosos. Eu tinha um cheque de dois mil e seiscentos dólares que Louise havia me dado e eu nunca havia sacado. Sabia como ela lidava com essas coisas. Um homem a quem ela havia estabelecido no negócio de prestação de serviços de manutenção, e que agora atendia vários edifícios no centro, era seu guarda-livros. Uma vez por mês ele vinha e cuidava de suas contas. Ele chamaria sua atenção para o cheque fora do comum, pois em 1956 isso equivalia a pelo menos dez vezes mais do que vale às vésperas do século vinte e um. Embora não fosse o resgate para libertar um rei pelos padrões da época, certamente era um montante que justificava uma discussão. Ela simplesmente o faria desaparecer. Isso eu sabia.

A embreagem do meu Jaguar se soltou. Saquei o cheque e me esqueci dele. Eu não o havia conseguido mediante algum subterfúgio ou trapaça. Ela o tinha dado a mim. E sua competência ainda não estava em questionamento na época, não que eu soubesse. Vou admitir uma leve sensação de desconforto antes de fazer aquilo, mas não o sentimento de ter agido errado.

Poucas semanas se passaram. Sem que se esperasse, ela foi para o Cedars e passou por uma operação de fígado "extremamente séria", como se expressou o dr. Frym. — Fígado é sempre uma cirurgia séria.

Telefonei para o Cedars e eles negaram ter alguma Louise Wallis ou sra. Hal Wallis ou qualquer Wallis ou Wallace ou Fazenda. Na época a telefonista era rude e irritadiça.

Considerei a possibilidade de ligar para todos os hospitais do sul da Califórnia, mas a lista era longa e as possibilidades demasiadas.

Ela estava internada com outro nome, claro. O nome de um personagem que ela havia interpretado em algum filme obscuro.

Ela telefonou para mim cerca de uma semana depois. Tinha sido uma operação arriscada, ou pelo menos foi o que me disseram, mas ela parecia forte e alegre.

Ficou no hospital mais uma semana, período em que os cheques das várias contas pessoais apareceram. Ela me contou imediatamente, quando lhe fiz a primeira visita durante sua convalescença na casa da Mapleton Drive, que Hal os tinha encontrado. Por um momento senti como se tivesse perdido algo — mas sabia que não perdera nada. Hal Wallis nunca ajudaria alguém a menos que pudesse tirar alguma vantagem, e isso era improvável, embora ele fosse ganhar um amigo leal, sem intenções gananciosas ou duplicidade no relacionamento. Eu teria apostado naquela época, e ainda hoje, que ele não poderia apontar para três homens e proclamá-los seus amigos sinceros.

Também ficou óbvio que eu não poderia mais contar ou conspirar com Louise. Ela havia me dado tanto que eu chegava a sentir dor, indo quase às lágrimas de gratidão pelo que ela havia feito, e só compreendia em parte, naquela época, que o seu maior presente foi deixar que eu olhasse para dentro da mansão a partir da latrina, e eu tinha conhecimento demais sobre muitas coisas para aceitar o futuro que o meu passado queria designar para mim. Talvez ela pudesse me ajudar algum dia no futuro, mas naquele momento eu precisava de um plano para minha situação presente. Obviamente eu não iria conseguir um emprego no departamento de enredos de um estúdio. Podia ter sido capaz de conseguir um trabalho de *office boy* no *Herald Express*, como era chamado o jornal vespertino de Hearst. Vaidade das vaidades, eu não podia ver a mim mesmo como *office boy*, obrigado.

Entretanto, precisava de algum tipo de emprego, tanto para acalmar o oficial de condicional quanto para conseguir meu sustento. Tinha roupas, um bom apartamento sem depender de aluguel, e um Jaguar esporte, mas não dinheiro vivo. Candidatei-me para um emprego de vendedor de seguros. Eles ficaram impressionados com meus modos e minha aparência, mas nunca mais ouvi falar deles depois que descobriram meus antecedentes.

Quando me dei conta da astúcia com que o comerciante de carros usados que me vendeu o Jaguar tinha me passado a perna, logo eu que pensava ser meio astucioso, decidi que esse era um jogo que eu devia aprender. Tornei-me vendedor de carros usados. Meu primeiro emprego foi com um negociante de Chevrolets no Wilshire Boulevard, em Beverly Hills. Eles contratavam qualquer um que entrasse pela porta. Pagavam só comissão, então com que se preocupariam? A idéia era vender para sua mãe e pai, irmão e irmã, amigos e amantes. Trazê-los para dentro e entregá-los a quem estivesse próximo. Em cerca de três dias eu compreendi que aquilo não levava a nada.

Depois passei uns dois meses em um comércio que vendia Nashes e Ramblers. Não lembro se o nome era American Motors ou outro qualquer. Era 1958, um ano terrível para a venda de carros, e o que nós vendíamos era o oposto dos iates com aerofólios traseiros então em voga. Fiz algum dinheiro, mas não muito. Aprendera, entretanto, o jogo.

Finalmente, fui trabalhar para o mecânico inglês que consertava meu Jaguar. Seu estabelecimento ficava na esquina da Segunda com a LaBrea. Ele consertava automóveis estrangeiros, especialmente ingleses, e vendia carros esportivos usados de todas as variedades. Era a época do Austin-

Healey, do Jaguar, do MG e das banheiras Porsche. Ele só tinha dois vendedores. Trabalhávamos em um horário que me agradou. Eu entrava ao meio-dia e ficava até as nove da noite. Nas últimas três horas eu ficava só. No dia seguinte, eu abria às nove e trabalhava até o meio-dia, quando o outro vendedor assumia. Então eu ficava livre até o meio-dia do dia seguinte. Tinha uso ilimitado do telefone, e qualquer pessoa podia me visitar para tratar de qualquer assunto na privacidade do meu minúsculo escritório com um pequeno ar-condicionado barulhento na janela. Podia vestir paletó e gravata, e não sujava as minhas unhas. Eram os conservadores anos cinqüenta, muito antes de qualquer um ouvir falar no grunge como opção de estilo. Mesmo os poetas *beatnik* eram limpos e estilosos, embora com uma elegância peculiar. Outro benefício adicional era que, nas noites alternadas em que eu fechava a loja, podia usar qualquer um entre as duas dúzias ou mais de carros esportivos no estacionamento. Uma banheira Porsche uma noite, um Austin-Healey, Jaguar ou Mercedes 190 SL na seguinte. O proprietário tinha uma Mercedes 300 SL com portas *"gull-wing"*, que ele me pedia para não pegar.

— Nem estava pensando nisso — disse a ele.
— E por que não? — ele perguntou.
— Está quase sem gasolina — Pois, embora a Richfield Premium custasse cerca de vinte centavos o galão, eu quase sempre pegava um carro cujo tanque estivesse cheio ou quase cheio.

Usando o jargão do submundo, um emprego de vendedor de carros demonstrava ser uma boa fachada...

9

O CORRER DOS FATOS

Ladrões profissionais reconhecem que jogar o jogo significa cumprir pena. Medem o sucesso não pela certeza de uma eventual prisão, mas sim pela extensão do eventual aprisionamento *vis-à-vis* a duração de uma fuga e quanto vivem bem antes de serem encarcerados. Embora a subcultura do ladrão profissional retratada em Dickens, Melville e Victor Hugo tivesse sido erodida primeiro pelo crime organizado do tempo da Lei Seca e suas guerras de gangues, ela foi destruída pelas drogas e seu submundo. Isso até hoje, quando as habilidades de um jovem criminoso limitam-se a atirar em alguém e traficar *crack*. Em 1957 ainda havia partidários suficientes para que eu pudesse encontrar gente honrada entre ladrões, arrombadores de cofres e lojas, pequenos vigaristas e punguistas. Meu primeiro oficial de condicional havia dito, aliás corretamente, que nunca se preocuparia em pegar o jornal da manhã e ler que eu abrira meu caminho a bala para fora de um supermercado ou de um banco. Tinha mais de cem casos, e os outros necessitavam de sua atenção muito mais do que o meu. Depois de seis meses sem causar problemas, não o vi mais. O único requisito era que eu mandasse relatórios mensais. Isso não provocava meu ressentimento contra as autoridades. Eu podia fazer isso.

Sem Louise Wallis o ramo do cinema se fechou para mim em 1957. O negócio era uma fração do tamanho que é hoje, e a chefe de uma das três maiores agências, irmã do fazedor de dinheiro número um da Paramount, ano após ano, havia demonstrado seu desapreço por mim. Ela até se desviou de seu caminho só para jogar sal na minha cauda e passar graxa sob os meus pés. Antigamente eu teria contado a Louise e nós teríamos planejado alguma coisa juntos. Agora isso era impossível. Ela estava sofrendo no limite da esquizofrenia — ou depressão clínica agravada pelo alcoolismo. Eu não podia ter certeza de que seu telefone não estivesse sendo monitorado "para seu próprio bem", e ir vê-la era como visitar alguém na cadeia. A idéia de escrever roteiros de cinema teria de esperar. Adotei a postura de que se não podia ter isso também não o queria. Afinal, não era meu verdadeiro ambiente. Sentia-me mais confortável no lado negro de Hollywood, entre garotas de programa, vícios e drogas e casas noturnas que brilhavam na noite.

O submundo dos ladrões, que é diferente do dos mafiosos, membros de gangues e contrabandistas, é cheio de provérbios e recomendações. "Se não pode com a prisão, não se meta a ser ladrão" é o mais conhecido. Outro é: "A coragem de um ladrão é diretamente proporcional à sua situação financeira". Ou: "Tempos cruéis criam homens cruéis".

Comecei com a vantagem de um apartamento classudo, um bom guarda-roupa e um Jaguar XK 120 esportivo, que ainda tinha *panache*, apesar de um pára-lamas amassado e um pára-choque frontal torto. Eu não estava sob pressão suficiente para cometer um pequeno golpe a fim de me livrar dos problemas. Muitos crimes são cometidos por causa de multas de trânsito ou pensões alimentícias. Eu não me confrontava com tais preocupações. Era dono do meu nariz. Pensando retrospectivamente, não consigo lembrar o momento em que decidi voltar para o crime como meio de vida. Estava simplesmente tentando dar um jeito de viver bem no mundo que eu havia encontrado.

Para encontrar aliados, fui para vizinhanças e *barrios* a leste do rio L.A., onde tinha amigos e alguma reputação e respeito. Em Beverly Hills um Jaguar era apenas mais um carro, ao passo que em East Los Angeles Jags raramente eram vistos. Como criminoso, você poderia dizer que eu era um faz-tudo mais do que um especialista — e havia crimes que eu me recusava a cometer. Eu não saqueava residências privadas nem roubava de velhos ou pobres. De qualquer modo, eles não tinham nada para se roubar.

Minhas vítimas preferidas eram as companhias de seguros, e procurava crimes não-violentos e lucrativos, embora desprezasse os vigaristas. Livros e filmes representam-nos bonitos, charmosos, inteligentes e simpáticos, mas a verdade é que, na maioria dos casos, vigaristas são desprezíveis. Eles são predadores dos velhos e fracos. Carecem de lealdade, pois vêem todos como otários em potencial. Eu gostava mais de assaltantes. A maioria era de idiotas agindo por desespero. Quando precisavam de dinheiro para pagar o aluguel ou uma multa ou tomar uns picos, tudo o que sabiam fazer era pôr uma arma na cara de alguém e dizer: "passe a grana". A maior parte dirigia à toa até que alguma coisa parecesse fácil, um mercadinho ou uma loja de bebidas. Então eles estacionavam na esquina e entravam, sem jamais saber o que iriam encontrar. Se estivessem fazendo isso regularmente em uma área, podiam muito bem cair em uma cilada, o cunhado do proprietário com a autoridade de uma escopeta ou um policial escondido atrás de uma cortina. Por fim, assalto era sempre um crime que a lei olhava com severidade. E sempre houve a lei das três condenações[1] para o roubo armado, ela era chamada de estatuto do criminoso habitual. Eu consideraria a possibilidade de um assalto, mas isso requeria uma quantidade substancial de dinheiro, uma chance minúscula de ter de atirar e uma situação em que fosse possível mascarar meu rosto. Jamais cometeria um assalto em que alguém pudesse apontar um dedo do banco das testemunhas e dizer "*é esse o cara*". Existem apenas duas maneiras de ser condenado por assalto. Uma é ser apanhado na cena do crime; a outra é se as vítimas fizerem uma identificação positiva diante do júri. A polícia, mesmo hoje, instruirá uma testemunha a fazer a identificação se eles tiverem certeza e a testemunha não. Eles dizem para a testemunha "Nós *sabemos* que este é o homem, mas se você não o identificar ele vai sair para roubar novamente". O único jeito de neutralizar isso é demonstrar a impossibilidade de uma identificação. Uma máscara de borracha de Frankenstein faz o serviço. Mesmo com o melhor dos planejamentos e toda essa proteção, ainda hesitei um longo tempo. Muitas coisas podiam dar errado. Havia muitos fatores x.

Entretanto, eu não tinha nada contra planejar assaltos e vendê-los para outros cometerem. Foi assim que tudo isso aconteceu.

Muito acima na North Main Street, no distrito de Lincoln Heights, endereço da cadeia municipal, do hospital geral e do abrigo juvenil, havia um bar que servia vinho e cerveja chamado Mama's. Mama Selino detinha a licença, cozinhava a mais deliciosa das macarronadas e amava os desordeiros que freqüentavam o lugar. Seu filho Frank, um Van Gogh frustrado, tocava o estabelecimento. Suas pinturas ocupavam cada superfície.

O Mama's era um ótimo ponto de encontro, mas Frank não era receptivo a novos negócios. Uma vez um freguês entrou por acaso em uma tarde quente e Frank estava em um dia pouco inspirado para a arte. Depois de dez ou quinze minutos, o freguês tossiu e tentou chamar sua atenção. Em vez de atendê-lo, Frank atirou uma garrafa de Heineken nele e o imbecil correu porta afora. Desnecessário dizer que a clientela do Mama's era muito limitada.

O Departamento de Polícia de Los Angeles, pela Divisão de Highland Park, sabia sobre o Mama's. Eles freqüentemente estacionavam em frente de uma barraquinha de cachorro quente do outro lado da rua. O proprietário narrava à polícia sobre as idas e vindas, até que uma noite a barraca de cachorro quente queimou até as cinzas.

Mama Selino viera de Salerno com seu marido em 1920, prosperando durante a Lei Seca até que ele foi fuzilado uma década mais tarde, deixando-a com dois filhos pequenos. Ela amava "seus garotos", não ape-

---

[1] A lei "three strikes and out", do estado da Califórnia, prevê que um criminoso, qualquer que seja a acusação sobre ele, receberá automaticamente prisão perpétua, caso seja condenado três vezes pelo júri. (N. do T.)

nas os filhos Frank e Rocky. "Seus garotos" incluíam os desordeiros e ladrões que ela alimentava a crédito com macarrão e ravióli. Eles a pagavam com juros quando davam um golpe. Frank, o filho mais velho, era tão durão quanto é possível. Ele e Gene "Dizzy" Davis cumpriram pena juntos em San Quentin por assalto. Seu segundo filho, Rocky, era um cidadão honesto e pagador de impostos que tinha uma pequena construtora. Frank agora não fazia mais nada além de pintar. O bar provia sua parca subsistência. A lei dizia que os bares tinham de encerrar o serviço às duas da madrugada. O Mama's algumas vezes permanecia aberto até o sol raiar.

Foi no Mama's que eu encontrei Dizzy Davis. Havíamos nos conhecido em San Quentin, mas nos falamos apenas uma vez ou duas. Ele era mais alto do que a média e bem-apessoado, com cabelos loiros e ondulados assentados rente ao crânio. Seu nariz era aquilino e seus olhos de um azul aquoso. Ele estava fora havia cerca de dois meses, após cumprir nove anos. Não tinha família, embora fosse um dos favoritos de Mama Selino. Alguém lhe dera uma pistola e ele andava assaltando pequenas lojas por dinheiro, para sobrevivência, o suficiente para um quarto de motel, refeições em um balcão de *fast food* e para sentar em um bar com um drinque em sua mesa. Pior de tudo, ele entregava a alguém metade do que conseguia apenas para que dirigisse para ele. O motorista pegava Dizzy duas ou três quadras à frente.

Tinha consciência da situação. — Eu me sinto um idiota — disse ele, mas não sabia o que mais podia fazer. Personificava algo que eu já notara sobre os criminosos. Muitos deles sabiam como um crime devia ser cometido, mas eram impulsionados pelo vento das circunstâncias a correr riscos que sabiam ser estúpidos. Não podiam esperar; não podiam planejar; precisavam de dinheiro *agora*. Na verdade, muitos deles não cometiam um crime até que se vissem em uma situação desesperadora. Deus sabe que muitos delitos têm sido cometidos para pagar uma multa de trânsito ou uma pensão alimentícia ou o agente de fianças.

Eu não era rico, mas tinha o suficiente para alugar para Dizzy um quarto mobiliado com pagamento semanal, daqueles com tapete gasto e com banheiro e chuveiros no final do corredor. Tinha uma pia no quarto que recebia litros de mijo. Certifiquei-me de que ele tivesse uns poucos dólares para comida e cigarros e prometi conseguir um bom golpe para ele. Ele me ouviu. Minha confiança *lhe* deu confiança.

Descobrir e planejar assaltos era relativamente simples. Eu procurava lugares que manipulavam dinheiro e onde o controle desse dinheiro estivesse sob a autoridade de uma pessoa. Isso foi antes dos cofres de trava dupla que os gerentes não podiam abrir sem os guardas do carro-forte, por isso os supermercados eram os melhores, embora casas noturnas e churrascarias também fossem boas alternativas. Eu simplesmente ficava dando voltas com o carro até ver algo que satisfizesse os requisitos preliminares. Então eu entrava e perguntava pelo gerente. Quando ele me era indicado, eu podia até abordá-lo a respeito de algo. Tudo o que eu queria era ser capaz de reconhecê-lo. Também tentava dar uma olhada onde o dinheiro era guardado, geralmente um cofre no escritório. Na saída, eu tomava nota dos horários do estabelecimento.

Quando o lugar fechasse, eu vigiaria a saída dos empregados. Invariavelmente, o gerente era o último. Observava em que carro ele entrava. Às vezes eu o seguia até em casa, mas não necessariamente.

Na noite seguinte, eu levava Dizzy e apontava tudo isso para ele. Na seqüência, ele simplesmente esperava no estacionamento, detinha o gerente ao chegar no carro e caminhava com ele de volta para o cofre. No primeiro golpe, um mercado em Burbank, eu fiquei estacionado do outro lado da rua e vi Dizzy fazer o gerente marchar pelo estacionamento e voltar para dentro através de uma porta lateral. Peguei vinte por cento. Dizzy e seu motorista dividiram os oitenta por cento restantes. Era um bom dinheiro, e eu fiquei de longe, nos bastidores. Quanto a provas contra mim, não havia nenhuma.

Esse plano foi bom para três golpes bem-sucedidos e um gorado. Dizzy pegou o açougueiro em vez do gerente. Tudo foi por água abaixo a partir daí. Ainda assim, três sucessos em quatro é uma boa porcentagem para um predador. Eu o perdi no final de uma tarde em Lincoln Heights. Vários camaradas estavam no estacionamento do Le Blanc's, na esquina da Griffin Avenue com a North Broadway. Muitos deles eram conhecidos ex-condenados; os outros eram italianos e gostavam de jogar, por isso eram supostamente afiliados às gangues da costa leste ou do meio-oeste. Um ou dois podem ter sido homens "plantados". Dizzy estava no grupo. Uma dupla de jovens oficiais uniformizados da Divisão de Highland Park dirigindo uma viatura passou pelo estacionamento e viu o grupo nefando. Os oficiais deram a volta na quadra e apareceram sem avisar: — Parados! Todos vocês!

Depois de poucos minutos verificando identidades para ter certeza de que ninguém tinha mandados pendentes, ou era procurado, e anotando todos os nomes, a maioria dos quais eles conheciam, os oficiais estavam prontos para partir. Mas um incidente acontecido um mês antes em El Segundo gerara ondas que mudariam muitas vidas. Dois policiais tinham parado um cara, e subitamente ele matou os dois. Nenhuma arma foi encontrada e eles não haviam anotado a placa do veículo logo que decidiram pará-lo, por isso não havia meios de rastrear o automóvel. Por muitos anos haveria um retrato falado em todas as cadeias e prédios públicos do suspeito de matar os tiras. Todas as centenas e milhares de detidos eram comparados com o retrato falado. Esta cena com Dizzy no estacionamento foi antes do caso *In re Cahan* na Suprema Corte da Califórnia e da decisão da Suprema Corte dos Estados Unidos no caso *Mapp vs. Ohio*, que estabeleceram que todos os recursos têm de ser tentados para fazer com que a polícia aja de acordo com a Quarta Emenda, o direito de as pessoas ficarem livres de "buscas e detenções injustificadas", incluindo a aplicação de penalidades civis e judiciais que os júris não poderiam impor. Depois de um século de futilidade, era tempo de tirar da polícia uma motivação para seu comportamento inconstitucional, i.e., as evidências que eles confiscavam, mais aquelas a que a ilegalidade primária os conduzia. Esse era o "fruto da árvore envenenada" (*Wong Sun vs. US*).

Mapp vs. Ohio ainda estaria uns dois anos à frente. Os policiais uniformizados decidiram dar uma geral em Dizzy. A arma que eles encontraram foi a evidência legal. Puseram-no em uma fila de suspeitos. Antes de eu o ter tomado sob minha proteção, além de lojas de bebidas e mercados de bairro, ele havia roubado o caixa de uma agência do banco Wells Fargo. O caixa esticou o dedo no banco de testemunhas e disse "é ele". O júri disse "culpado". O juiz disse "dezoito anos". *Sic transit gloria*, Dizzy Davis.

Embora eu mantivesse uns poucos golpes de reserva para vendê-los de tempos em tempos, meus dias de planejador de assaltos estavam essencialmente acabados. E não era sem tempo, pois eu tinha outra coisa em andamento. Um amigo dos irmãos Hernandez, em Tijuana, ia fornecer três jogos de documentos, principalmente carteiras de motorista do estado da Califórnia, acompanhadas de outras coisas, e uma centena de cheques-salário por mil dólares. Eu pegaria identidades com nomes comuns no México — Gonzales, Cruz, Martinez — cujas descrições eram "um e setenta e cinco, cabelos pretos e olhos castanhos". Minha primeira fornada de cheques foi na Southern Pacific. Montes de chicanos trabalhavam para a ferrovia. Um camarada que eu conhecia, chamado Sonny Ballesteros, achou três jovens voluntários das vizinhanças. Nós lhes demos três cheques por cabeça. Quando eles eram descontados e o dinheiro embolsado, eu dava a Sonny os noventa e um cheques restantes. Não sei que tipo de negócio ele fazia com eles, mas eu ficava feliz com o que tinha conseguido — e novamente estava fora de perigo. O esquema dos cheques funcionou três vezes; depois meu contato em Tijuana levou um tiro e ficou paralítico. Eu tinha dinheiro suficiente para muitos meses e outro plano.

A qualquer um que se sinta ultrajado pelos meus esquemas e minha aparente ausência de remorsos, quero dizer que só tinha de me justificar perante mim mesmo, o que é a única coisa que alguém tem de fazer. Em sua própria mente, nenhum homem faz o mal. Eu pensava, e ainda penso, que, se Deus pesasse tudo o que eu tinha feito contra tudo o que havia sido feito contra mim em nome da sociedade, seria difícil adivinhar para que lado a balança iria pender. Eu apenas roubei dinheiro e parei de fazer isso tão logo vendi um romance. Recusava-me a aceitar a posição à qual a sociedade relegava os ex-infratores. Preferia me arriscar a voltar para a prisão a aceitar um emprego em uma lavadora de carros ou uma carreira de auxiliar de cozinha. Não há nada errado com nenhum deles, mas não são para mim. Já ouvira contos heróicos em demasia e lutava para viver. Não tinha família para me reprimir com a vergonha e não devia nada à sociedade, pelo menos até onde eu sabia, e considerava que a maioria de seus integrantes merecia o que quer que lhes acontecesse. Eram hipócritas clássicos, proclamando as virtudes do cristianismo, mas vivendo, no melhor dos casos, de acordo com idéias mais antigas e mesquinhas e violando até mesmo estas se tivessem oportunidade e conseguissem reunir coragem. Não viviam de acordo com os valores e virtudes que professavam, explícita ou implicitamente. Não tenho escrúpulos quanto a roubar o dinheiro deles. Podem tê-lo conseguido legalmente, mas não por terem criado algo, feito algo construtivo, tampouco contribuído para o bem comum ou para a liberdade do homem ou qualquer outra coisa, exceto, talvez, sua família mais imediata. O Exército de Salvação e os franciscanos eram verdadeiros cristãos. Eles não estabeleciam seus domicílios nos maiores palácios do planeta, entre riquezas e obras de arte maiores que as de quaisquer museus da terra; eles estavam nas ruas tentando ajudar. Havia outros, cristãos de verdade, pessoas de boa-fé, mas eram uma minoria. Algo que me dava uma liberdade única era minha ausência de preocupação sobre o que podiam pensar de mim ou fazer contra mim. Eu estava mais preocupado com a verdade — e em ter tanta diversão e aventuras quanto pudesse. Do que eu gostava eu fazia até enjoar.

Toda manhã (na verdade, perto do meio-dia) eu saía em busca de aventuras. A Schwab's Drugstore, no Sunset, onde Crescent Heights termina e começa o Laurel Canion (e, diz a lenda, Lana Turner fora descoberta) servia um ótimo café-da-manhã no balcão. Ao lado ficava o Sherry's, um bar freqüentado por *bookmakers*, apostadores, gângsteres menores, poderosas garotas de programa e seus cafetões, embora ficassem ofendidos com o termo *cafetão*. Chamavam a si mesmos de empresários. Do lado de fora do Sherry's alguém armou uma emboscada contra o famoso gângster de Los Angeles, Mickey Cohen. Ele saiu sem um arranhão; seu guarda-costas foi abatido.

Fui levado ao Sherry's por uma mulher que usava o nome de "Sandy Winters". Crescida no subúrbio de Los Angeles, quando adolescente ela fora grandalhona e sem curvas. Seus amigos no colégio eram maconheiros e delinqüentes, alguns dos quais entraram para o crime de verdade. Seu namorado foi para o reformatório por roubo de carro. Enquanto ele estava fora, ela perdeu sua gordura infantil, revelando o corpo de uma corista de Las Vegas, com seios fartos, cintura fina e grandes coxas e quadris, mais para Jayne Mansfield que para Jane Fonda. E "se converteu", tornando-se a garota de programa de alto preço de um gigolô (desculpem, um empresário), mas ela era sua "filial" (garota número dois) e não gostava de entregar todo seu dinheiro a ele, ainda que ele lhe comprasse roupas da Bullocks e tivesse lhe dado um Cadillac Coupe de Ville — mas conservado o registro de propriedade com ele. O cafetão/empresário era do tipo que comandava pelo terror, embora tomasse o cuidado de não deixar manchas roxas em locais visíveis. Depois de poucos meses, Sandy fez as malas e foi para sua casa no San Gabriel Valley. Ela tirou uma cópia da sua "caderneta", um livro verde de registros com várias centenas de nomes e números telefônicos. Sinais em código ao lado de cada nome indicavam quanto cada um pagou, do que gostava, quando foi visto pela última vez — e algumas vezes as anotações avançavam pela margem. Entre os nomes estavam os magnatas da indústria cinematográfica e estrelas de cinema. Por que Mitchum se relacionaria com uma garota de programa? Porque não haveria repercussões, embora algumas putas tivessem recentemente fornecido material para o notório tablóide escandaloso da vez, o *Confidential*.

Sandy parou de receber clientes e começou a trabalhar como secretária, embora não fosse avessa a bancar a cortesã de fim de semana se alguém de quem ela gostasse quisesse comprar-lhe uns diamantes e envolvê-la em seus braços. Apesar de não ser a mais bonita das mulheres, tinha o andar mais sexy que eu jamais vi, e fazia a cabeça dos homens se virar por onde quer que fosse. Depois de um fim de semana em Las Vegas ou Nova York, ela invariavelmente voltava com outra peça de joalheria e o que equivalia ao salário de um mês para ser investido por seu corretor.

Sandy e eu fomos apresentados por Jimmy D., cunhado de meu parceiro de infância, Wedo, mencionado anteriormente. Ele estava aguardando uma sentença de prisão quando eu recebi a condicional. Agora ele se fora. Jimmy era casado com a irmã da esposa de Wedo. Embora tivéssemos a mesma idade, Jimmy tinha uma fração do meu conhecimento, acadêmico ou das ruas. Aos vinte e dois eu me graduara com honras após cinco anos em San Quentin. Jimmy conhecia jovens mulheres que gostavam de festas e de ficar chapadas e sabia onde fazer isso. Eu tinha o dinheiro e o Jaguar esporte, que estava rapidamente acumulando ruídos e amassados e tinha um farol que lançava um facho torto para o céu. Uma noite ele me ligou com excitação em sua voz: — Cara, eu vou te apresentar para essa tremenda potranca ruiva. Ela é muito boa... cara... ela gosta de ficar doida.

Isso foi antes de existirem cintos de segurança, quanto mais leis obrigando os cintos, por isso nós três nos espremos nos dois bancos da frente.

— Então, o que vamos fazer? — perguntei.

— É com você, *baby* — Jimmy falou para Sandy.

— Eu quero me abastecer — disse ela. — Liguei para o meu contato. Ele está esperando.

— Onde ele está?

— No lado leste... perto da Brooklyn com a Soto.

Nós estávamos na Sweetzer, bem ao norte do Santa Monica Boulevard na Sunset Strip. Passaria a se chamar West Hollywood quando recebesse estatuto de cidade, mas em 1957 ainda era uma "faixa" do território municipal, com três lados cercados pela Cidade dos Anjos e o quarto por Beverly Hills. Strip era sede da maioria dos clubes espalhafatosos, vícios e jogos. Uma puta presa em território municipal pagaria cem dólares de multa. Em Beverly Hills ela pegaria noventa dias da primeira vez e seis meses na segunda.
— East L.A. é muito longe — falei. — Conheço alguém a um quilômetro e meio daqui.
— Um fornecedor?
— Ã-hã... um amigo meu.
— Um traficante em Hollywood?
— Ã-hã.
— Deve ser o primeiro.

Era verdade. Até então, quem queria drogas ia para o leste, no mínimo para a Temple Street, encostada no Centro Cívico, ou para o Grand Central Market, na Third Street com a Broadway, onde traficantes aguardavam nas imediações com pequenos balões de drogas armazenados em suas bocas — como esquilos. Se a divisão de narcóticos saltasse da soleira de uma porta, o traficante simplesmente engolia.

Liguei para meu amigo Denis Kanos, o primeiro traficante residente em Hollywood, de um telefone público em uma estação de Richfield. Estava de saída, mas como estávamos muito perto ele concordou em nos encontrar no estacionamento de um Smokey Joe's, uma cafeteria que tinha hambúrgueres lendários, no cruzamento da Beverly com o La Cienega Boulevard.

Chegamos primeiro e saímos do carro lotado para esperar. Avistei o Thunderbird novo de dois lugares de Denis assim que fez a curva para entrar. Ele estacionou a alguma distância. Como não conhecia Sandy e Jimmy, Denis não tinha vontade de encontrar com eles, uma precaução de praxe para um traficante cauteloso. Enquanto eu me aproximava, ele olhava para Sandy atrás de mim.

— Porra, cara, aquilo sim é que é ruiva. Você não me disse o que ia querer.
— Só duas cápsulas.

Naqueles dias a heroína, pelo menos nas ruas de Los Angeles, era vendida em pequenas cápsulas de gelatina. Uma cápsula ainda era bem potente e dois não viciados podiam dividir uma, mas a prática de batizar com lactose estava começando. Cada mão por que ela passava dava mais uma batizada. Em uns dois anos elas seriam uma fração do que tinham sido e chegaria um tempo em que venderiam gramas em balões.

— Não pensei que você tomasse pico — falou Denis.
— Experimentei umas duas vezes. A sensação é tão boa que eu não quis brincar com isso. Dá para entender como alguém fica fissurado.

— É... e quando você faz uma viagem da boa, fica fissurado pelo resto da vida. Você *sempre* está com vontade.

Ele pescou duas cápsulas brancas, derrubou-as dentro de um celofane de maço de cigarro e enrolou a abertura. Elas derreteriam se eu carregasse na mão.

— Obrigado, D. Quanto eu devo?

— Talvez um favor no futuro.

— Porra, quem já ouviu falar de um traficante dando qualquer coisa de presente?

— Nós fazemos isso o tempo todo... especialmente para garotos... até que convertemos eles em viciados. Então fazemos eles virarem fregueses e roubarem a televisão da família — ele disse isso categoricamente, sua face inexpressiva; era sua idéia de humor.

— Pegou? — perguntou Sandy quando eu voltei.

Abri minha mão para que ela pudesse ver o pacote de celofane e nos acotovelamos novamente no Jaguar.

— Então, aonde nós vamos? — ela perguntou.

— Que tal aquele lugar na praia de que você me falou? — disse Jimmy.

Meu apartamento era mais perto, porém menos impressionante que a cabana particular que Louise havia me autorizado a usar no Sand & Sea Club, na praia de Santa Monica. Jimmy teve uma boa idéia, pois, embora nunca tivesse sido obcecado por garotas (ou sexo) com a mesma intensidade dos meus amigos adolescentes, nessa ocasião a serpente da lascívia me picaria — e ainda me pica agora. Eu queria abrir as pernas daquela ruiva até sentir dor no meu pau. Mas, embora não tivesse muita experiência nos jogos de sedução, sentia que Sandy ria de homens óbvios demais. Tais homens eram patos para serem manipulados e não respeitados. Uma puta é freqüentemente mais difícil de seduzir que uma mulher bondosa e temente a Deus, a não ser que o dinheiro esteja envolvido, quando o homem se torna um mané ou um cliente, merecendo apenas desdém. Era importante esconder quanto eu estava com tesão.

Como eu esperava, o estacionamento estava deserto e ninguém nos viu rasgar portão adentro e contornar a piscina até o local em que os degraus alçavam vôo para uma longa sacada que defrontava todas as cabanas. O estrondo e o zumbido das ondas ocultariam ainda mais nossa presença. Embora fosse autorizado a usar o local, não tinha a chave. Durante o dia, o gerente abria a porta para mim. Era uma porta corrediça de vidro, e eu a havia preparado para deslizar até ficar aberta sem precisar da chave.

Balancei minha cabeça quando chegou a vez do meu tapa. — Vou ver meu oficial de condicional amanhã. Acho que ele vai me testar com nalorfina.

— Você está em condicional? — perguntou Sandy. Foi com um novo interesse ou foi impressão de um novo interesse? Em certos mundos, em vez de um estigma, um tempo na prisão era motivo de respeito.

— Sim.
— Ele cumpriu cinco anos — falou Jimmy.
— Não foram bem cinco.
— Em San Quentin — acrescentou.
— Pensei que você fosse um garoto riquinho — disse ela.
— É o meu sonho, mas muito longe da realidade.
— Ele conhece Flip — falou Jimmy.
— Você conhece mesmo a lendária Yvonne Renee Dillon?
— Nunca vou esquecê-la.

Sandy riu e balançou a cabeça concordando.

Com as cortinas puxadas sobre as portas de vidro e o oceano beijando a praia e sibilando na areia, eles se aplicaram.

— Bom veneno — disse Sandy, sua voz engrolada e cheia de cascalho, ao mesmo tempo que esfregava seus olhos e nariz com as costas da mão.

— Bom mesmo — acrescentou, sua cabeça caindo lentamente sobre o peito, depois instantaneamente ereta. Estava lutando contra a letargia e sentindo a euforia que se espalhava pela totalidade do seu ser, físico e emocional. Era uma total ausência de dor. Não era hora de jogar conversa mole para cima dela ou mesmo de falar muito. Alguém cheio de "herô" prefere ficar parado em um lugar, tomando sorvete e fumando cigarros. Drogados são responsáveis por uma alta porcentagem de incêndios causados por cigarro. Durante a letargia eles queimam um monte de estofamentos. Mas eu podia ver quanto se sentiam bem, como se tornavam auto-suficientes naquilo, incluindo o ritual, e isso me assustava.

Sandy não queria mais conversa naquele momento. Saí para a sacada e fumei um Camel enquanto olhava para uma grande lua, baixa sobre o horizonte. O largo facho de luar estendia-se atravessando o oceano como um caminho sobre o qual se pudesse andar. O vento era suave e a noite confortável. Quando as ondas terminavam cada arrebentação e investiam sobre a praia, deixavam um padrão como uma renda branca, que durava poucos segundos antes de sumir quando a onda quebrada retrocedia.

Cenas como essa sempre dispararam uma saudade incipiente, ou talvez uma epifania, em mim. Mais do que com qualquer pessoa que eu conhecesse, gostava de ficar só com meus pensamentos em certas situações. Esta era uma delas; assim como viajar atravessando a escuridão, a cidade adormecida nas horas depois da meia-noite, quando tudo está quieto e deserto. Um bom baseado podia destrancar as portas da percepção. Fiquei desapontado porque Sandy se afundara no oblívio da heroína. Queria conhecê-la melhor. Sem dúvida o seu corpo, com seus seios altos e fartos e suas coxas grossas e bronzeadas, atiçou meu desejo, mas também havia sua personalidade. Jimmy me dissera que ela era como um dos rapazes. De certo modo era verdade; ela era uma mulher mais masculina que qualquer outra que eu tivesse conhecido, à vontade entre os mais rudes dos homens. Saber o que eles queriam, a lascívia primal que despertava nos machos, deu-lhe um poder de que ela tinha consciência, ainda que oculto sob ele estivesse o desejo de ser a pequena e indefesa fêmea que é cuidada, protegida e amada pelos homens. Às vezes ela pensava que isso era um achado, mas logo se revelava uma miragem, quando as máscaras eram tiradas e a face da verdade era exposta.

Esses *insights* viriam com o tempo, à medida que eu a conhecia melhor. Naquele momento ela me fez pensar em Flip, que eu não via fazia mais de cinco anos, embora certamente pensasse nela muitas vezes na escuridão da minha cela, lembrando como ela era, a pele de alabastro, a bunda perfeita, o modo como ela sabia trepar. Embora eu não pudesse alardear uma vasta experiência sexual, ela fazia todas as outras parecerem corpos flácidos que simplesmente se estendiam e abriam suas pernas. Naquele tempo o poder de sua beleza me intimidava. Depois de graduado por cinco anos no Castelo de Drácula, eu já não me intimidava por nada menos que uma escopeta doze a cinco centímetros da minha cabeça. Sobreviver cinco anos em San Quentin faz maravilhas para a autoconfiança.

VÁRIOS DIAS MAIS TARDE MEU telefone tocou. Sandy estava na linha.

— Peguei seu número com o Jimmy — disse ela. — Espero que não se importe.

— Não. O que há?

— Flip lembra de você. Ela quer vê-lo.

— Quero vê-la também. Que tal hoje à noite?

— Não. Ela falou quinta-feira. Não está muito bem no momento.

— O que há de errado?

— O cara com quem ela estava a mandou embora. Todas as suas coisas estavam no carro. Foi fazer a vida em East L.A. e alguém atirou um tijolo pela janela lateral e roubou suas roupas... todas as suas roupas. Vai ser duro ela trabalhar sem uma fachada.

— Para que ela precisa de um guarda-roupa para deitar primeiro e se levantar por último?

— Não precisa... mas tem que parecer ter vindo da Bloomingdale's para atravessar o *lobby* de um hotel de luxo para um encontro.

Sim, isso era compreensível. A diferença entre uma puta na esquina e uma garota de programa num apartamento de cobertura era freqüentemente não mais que uma fachada. Leve a primeira para um cabeleireiro, coloque-a sob uma lâmpada ultravioleta, vista-a com Neiman Marcus e instale-a num apartamento suntuoso — e seu preço pelos mesmos serviços passa de vinte dólares para duzentos dólares por vinte minutos e de duzentos dólares para dois mil dólares pela noite toda.

Em 1957, o Paramount Studios não se estendia até o início da Melrose Avenue, como agora. Ficava uma quadra antes, em uma rua chamada Marathon. Na rua estreita que passava entre a Melrose e a Marathon havia um prédio de apartamentos de três andares, em armação e gesso com um falso estilo Tudor. Cada apartamento do terceiro andar tinha uma janela que abria para uma escada de incêndio com vista para o portão DeMille, um marco daquele estúdio, pouco menos famoso que a logomarca com a montanha nevada. A janela dava para o oeste e recebia o pôr-do-sol em cheio.

Flip gostava de sentar na janela ao lado da escada de incêndio e beber uísque escocês durante a hora mágica do entardecer. Devia estar refletindo sobre como teria sido se ela não fosse tão decididamente inclinada para a autodestruição.

Quando Sandy mostrou o caminho através da porta da frente de seu apartamento, não dei uma boa olhada em Flip até que estivéssemos na sala de estar. Ela fechou a porta e virou-se para nós. Não creio que minha reação tenha sido visível, embora talvez a pele entre meus olhos tenha se contraído. A imagem idealizada da beleza perfeita e sexualmente poderosa se espatifou. Cinco anos de uísque e heroína haviam desfigurado a perfeita beleza sensual que Deus havia lhe dado. Seu rosto ainda era incomumente belo, e com um pouco de maquiagem ela ficaria deslumbrante, mas seu corpo mostrava a flacidez que vinha com os hábitos deletérios.

— Oi, docinho — disse ela. — Você cresceu. Aposto que já faz a barba.

Acho que fiquei vermelho; pelo menos meu rosto ficou quente.

— Eu não tenho muito tempo — disse ela. — Desculpe. Recebi uma chamada de última hora para um encontro. Um freguês habitual. Scott Brady.

— O ator? — perguntou Sandy.

— Ã-hã — disse Flip. — Espere aqui.

Uma escada à vista subia pela parede lateral até outro andar. O banheiro, o quarto e uma porta que dava para o corredor ficavam lá.

— É um bom lugar para uma garota trabalhadora — falou Sandy. Como eu não entendi, ela me explicou: — Isso organiza o tráfego. Um mané saindo pela porta lá de cima — ela indicou o alto da escada — não dá de cara com um mané entrando por esta porta — indicou a porta da frente. Então eu entendi.

Flip desceu os degraus. Havia penteado seus cabelos, mas não fez muito mais que isso e estava muitos níveis abaixo da minha expectativa por uma poderosa garota de programa.

— Olhe aqui — disse para Sandy. — Faça o favor de me dar uma carona até a casa dele.

— Nós não vamos ficar esperando por você — falou Sandy.

— Não... não... assim está ótimo. Eu volto por conta própria.

Scott Brady morava em uma pequena casa branca pousada sobre uma escarpa terraplenada em algum lugar do Laurel Canyon. Uma piscina cobria toda a propriedade não ocupada pela casa. Era um daqueles lugares onde você pode se apoiar na orla da piscina e olhar para baixo por sobre a vasta planície de Los Angeles ou do San Fernando Valley. Quando desembarcou, Flip me entregou uma tira de papel com seu telefone. — Ligue para mim. Eu vou preparar um bife com batata ao forno para você.

Quando dirigimos pelas curvas estreitas do Laurel Canyon em direção à Sunset Strip, Sandy caçoou de mim. — Porra, *baby*, parece que você fisgou a absolutamente fabulosa Miss Yvonne Renee Dillon de Palm Springs e Hollywood.

— A questão é: quanto ela traz encrencas? Não é à toa que a chamam de Flip[2].

— Ela pode ser Flip... mas ainda faz dinheiro. Sua agenda tem mais de mil telefones, e ela tem alguns fregueses regulares que não chamariam outra garota.

— Não... ã-ã... não sou gigolô. Na verdade, eu desprezo cafetões. Gosto de putas... mas não de cafetões.

— Alguns não são tão ruins. Eles cuidam de suas mulheres... não deixam que elas injetem todo o dinheiro em suas veias. Uma porção de garotas não consegue pegar clientes a não ser que estejam calibradas.

Podia entender. Estarem chapadas era um amortecedor contra a desagradável realidade de sugar a pica de um desconhecido.

— Eles têm muito dinheiro — falou Sandy — e não vão para a cadeia. Não com muita freqüência, pelo menos.

Enquanto essa conversa acontecia, minha atenção estava mais voltada para o piscar intermitente das luzes de freio do automóvel à nossa frente. O que ela dizia era registrado sem muita reflexão. Em algum momento dos dois dias seguintes, uma idéia me veio à mente: eu iria fazer aqueles cafetões me pagar por proteção. Iria, por assim dizer, bancar o Lucky Luciano e organizá-los. O mais importante era vender a idéia de que eles precisavam de proteção. Todos os tipos de coisa podiam acontecer se não estivessem protegidos contra vândalos e maníacos. Eles tinham *jukeboxes* e máquinas de vender cigarros que podiam cair ou sofrer um golpe acidental de marreta. Fulano não tinha um *nightclub* no Santa Monica Boulevard? Ele poderia pegar fogo. As esposas de seus clientes podiam receber um telefonema falando sobre seus maridos putanheiros.

---

[2] Flip, louca, irreverente. (N. do T.)

Os cafetões podiam sofrer um acidente em algum momento. Não valia a pena investir dez ou quinze por cento para se sentirem seguros e protegidos? Oitenta por cento de um bom dinheiro era melhor que cem por cento de nada mais que problemas.

Para que funcionasse, isso tinha que ser um *fait accompli*, um fato consumado, no momento em que ficassem sabendo. O primeiro movimento tinha que ser o xeque-mate em que me matar causaria a morte de todos que eles conhecessem. Na verdade, eles só tinham que *acreditar* que a minha morte resultaria em psicopatas que eles não teriam como identificar arrombando portas para chaciná-los com toda sua família.

Claro que eu não tinha essa capacidade. Era uma partida jogada por mim, amparado por um soco demolidor e uma boca que faria qualquer um acreditar que eu estava pronto para matar a qualquer momento. Meus olhos se reviravam, minhas mãos eram seguras, e eu dizia que queria que eles fossem para o... — e o cano de uma doze estava a três metros de distância. Ninguém jamais me falou — Vá em frente, babaca — Só Deus sabe o que teria acontecido em tal eventualidade.

Vários doidos de confiança estavam à disposição em Los Angeles. Eu podia recrutar sua ajuda. O problema era: poderia controlá-los depois? Talvez pudesse usar um dos rapazes de Joe Morgan para ficar de pé atrás de mim e parecer ameaçador.

A idéia da proteção ainda estava flutuando em torno da porção indecisa do meu cérebro vários dias depois, quando liguei para Flip para ver se sua oferta de bife e batata ao forno estava de pé. Aquela mesma noite estaria ótimo. Seis e meia? Legal.

Ainda estava escurecendo quando estacionei o carro no meio-fio e desembarquei. Flip estava sentada entre a janela e a escada de incêndio, copo na mão. Ela me viu e ergueu-o em uma saudação. Quando abriu a porta e eu entrei, ela me puxou para junto dela e me deu um beijo molhado e piegas. Então disse — Eu vou preparar um grande bife e depois nós vamos nos matar de tanto trepar — Ela cheirava a uísque e já estava bêbada. Depois que me serviu um drinque e completou o dela, a garrafa ficou vazia.

— Por que você não vai comprar outra garrafa enquanto eu cozinho? — disse ela. — Tem uma loja de bebidas bem na esquina com a Melrose.

— Claro — respondi. O mínimo que eu podia fazer era lhe comprar uma garrafa de uísque, se ela ia trepar comigo até morrer. Se o passado era um prenúncio, ela certamente era capaz de fazer isso.

Na hora em que acabou de preparar o bife, bem antes de a batata estar pronta, ela estava bêbada demais para transportar a carne da frigideira para o prato. O bife se soltou do garfo e caiu no chão espirrando gordura quente. Flip riu e eu me juntei a ela.

Quando ela se abaixou para juntá-lo, conseguiu fincar o garfo e já o estava erguendo; então perdeu o equilíbrio e caiu. Dessa vez a carne voou atravessando o ar. Se a primeira trapalhada foi engraçada, esta foi hilária.

— Eu não estava mesmo com fome — disse, estendendo a mão para ela. Ela estava bastante receptiva, mas logo percebi que também não a queria, não em uma embriaguez próxima do estupor.

Durante os dias seguintes, visitei Flip várias vezes, levando invariavelmente para ela uma garrafa de Black & White, que era o que ela gostava. Depois de ficar chapada, sua atividade favorita era falar. Dizia injúrias contra os cafetões para quem dera muito dinheiro antes de eles a descartarem. Com Flip fiquei sabendo da casa de praia que um deles possuía em Hermosa e da sociedade proprietária do Regency Club, ao norte de Hollywood. Eu tinha uma fotocópia da "caderneta". Isso foi antes da Xerox e, portanto, a cópia era em letras brancas sobre fundo preto, ao invés da impressão negra sobre papel branco. Uma tarde fomos tomar uma cerveja num bar do Santa Monica Boulevard e ela mencionou que um cafetão chamado Ritchie era dono da *jukebox*.

— Você sabe de outros lugares onde ele tem isso? — perguntei.
— Sim. Poucos.
— E quanto a máquinas de cigarro?
— Sim... pelo menos algumas. Por que você quer saber isso?

Por ser jovem e vaidoso, além de achar que ela os desprezava, contei-lhe sobre meu plano. Não tinha consciência de quanto ela os temia e também não fazia idéia de que ela havia lhes contado sobre mim até que estacionei em uma garagem subterrânea no Sunset Boulevard. Um par de capangas importados de Las Vegas estava à espera. Quando saí do carro, um deles gritou para que eu "aguardasse". Sem suspeitar de nada, esperei por eles — até que estavam a seis metros de distância e eu vi um deles tirar um par de socos-ingleses.

Saltei como se tivesse sido picado por uma vespa. Corri entre os carros, depois pulei sobre as capotas e continuei correndo por cima dos automóveis até uma janela parcialmente aberta. A perseguição esfriou, suas imprecações ameaçadoras soando em meus ouvidos.

— Melhor fugir, seu vadio de merda — é o epíteto de que eu consigo me lembrar. Embora não lembre exatamente o que disseram, sabia o que eles representavam. Flip ou Sandy havia me contado sobre os cafetões de Hollywood que tinham conexões mafiosas em Las Vegas.

Claro que fiquei assustado na hora. Socos-ingleses são armas terríveis. Quebram com facilidade os ossos do rosto. Mas, uma vez que saí pela janela e desci a rua, o medo deu lugar a uma estranha excitação. Não era raiva. Era um divertimento. Esse era o meu melhor jogo. Estava em um nível de excitação que acelerava meu metabolismo. Toda minha vida tinha me condicionado para tais situações. Eles iam pensar que haviam conjurado um demônio.

Caminhei até o Sherry's, na Sunset com a Crescent Heights. Entre os muitos personagens do submundo que freqüentavam o lugar havia

Denis Kanos. Ele não estava lá. Liguei para ele de um telefone público e disse-lhe que estaria caminhando pelo lado sul do Sunset Boulevard. Havia uma chance de que os dois capangas pudessem ir para o Sherry's.

Eu estava rindo quando Denis encostou no meio-fio e buzinou. Embarquei e nós arrancamos, para leste pelo Sunset em direção a Hollywood.
— Trouxe o berro? — perguntei.
Ele apontou para o porta-luvas. — Está aí.
— Ele pode ser rastreado?
— Não até nós. Conheceu Richard Eck?
— De vista.
Richard Eck tinha sido morto ao fugir de um arrombamento uns dois anos antes.
— Comprei isso dele. Acho que ele conseguiu em um saque.
O porta-luvas revelou uma pequena automática com o nome WALTHER escrito no cano. Sobre armas eu conhecia muito pouco. Aquela parecia leve o suficiente para ser carregada sem desalinhar minhas roupas, mas também parecia pequena e era uma pistola automática, por isso eu tinha dúvidas.
— Tem certeza que ela faz um estrago bom o bastante? — perguntei.
— Ah, sim. É a que os oficiais alemães carregavam na Segunda Guerra Mundial. Elas são caras.
— Eu vi alguém levar um tiro de uma pequena Beretta .25 e ela nem o retardou. Ele esmagou os miolos do cara que atirou.

Na verdade, eu não tinha presenciado o tiroteio infrutífero; era uma história que me foi contada em uma das sessões de bobagens do Pátio Principal.
— Não, não, ela vai dar conta.

Ajeitei-a no bolso do meu paletó. Bom. Entretanto, teria preferido um revólver calibre .38 ou .44. Automáticas eram melhores para quem fosse disparar vários tiros. Você podia simplesmente derrubar o pente e encaixar outro no lugar. Levaria uns dois segundos, presumindo que você tivesse um pente extra. Um revólver, porém, tinha de ser recarregado colocando as balas individualmente no tambor. Uma automática podia conter de oito a doze balas, um revólver cinco ou seis. Eu ainda preferia o revólver porque ele era muito mais confiável. Deixe uma pistola carregada em uma gaveta por uns dois anos e as molas podem enfraquecer e falhar ao empurrar um novo cartucho para a câmara de tiro. Elas tendem a engasgar. Fiz tiro ao alvo com uma Beretta 7.6 e isso aconteceu no segundo tiro. Eu nunca ouvi falar de um revólver travando.

Mantive silêncio sobre minhas preferências quanto a armas, grato por qualquer coisa até o momento. Poucos dias depois, comprei um Smith &

Wesson .38 de cano curto e deixei a automática alemã no apartamento de Flip. Quando a pressionei sobre tê-los alertado, ela admitiu e disse — Eles teriam mandado alguém cortar meu rosto. Você é louco, cara. Aquela merda de que você estava falando é coisa de cinema — Era evidente pelos seus padrões de fala que ela passara algum tempo com negros, embora acontecesse de seu último cafetão — e os muitos que controlavam as garotas de programa daquela época e lugar — ser branco.

Eu supus que eles pensariam que eu estava borrando minhas calças e me escondendo porque haviam importado alguns supostos músculos mafiosos de Vegas. Eram eles que tiravam suas idéias dos filmes. Em vez de me esconder, eu fui à caça. Embora pudesse ter usado os milhares de números telefônicos da caderneta para destruir seu negócio, isso teria sido uma vitória de Pirro. Se perturbasse os clientes e suas esposas, eu poria tudo abaixo — mas então eles não teriam meios de me pagar por proteção contra a extorsão, e assim por diante.

Não sabia onde moravam, mas conhecia um ponto para receber clientes, um apartamento na Sweetzer, abaixo da Sunset, usado pela filial de um cafetão. Conhecia a rotina, também. Essas garotas, ao contrário das putas de rua, fazem a maior parte dos seus programas durante o dia, em horário comercial. Seus clientes, homens que podiam pagar por garotas de programa de alto preço, não eram presos a uma escrivaninha ou a uma agenda. Ninguém moveria um músculo se esses homens saíssem por umas duas horas no meio da tarde. Seria mais difícil fugir de uma esposa à noite ou no fim de semana. Quase sempre uma garota de programa termina seu trabalho no começo da noite. Era quando o cafetão chegava para recolher o seu dinheiro. "Tudo o que ela faz pertence a ele" era o princípio cardinal do relacionamento entre puta e cafetão. Durante o dia, enquanto ela se vendia, ele jogava bilhar e exibia seus ternos Hickey-Freeman e anéis de diamante. Depois de mais um dia duro, ele apanhava suas mulheres e levava-as para jantar em algum dos melhores restaurantes da cidade, onde eles pareceriam qualquer coisa, menos putas com seus cafetões.

Foi durante essa hora de jantar que eu forcei a porta da cozinha do apartamento e entrei para esperar. Usei uma pequena lanterna em forma de caneta para navegar sala de estar adentro, onde sentei para esperar seu retorno, dando risinhos quando visualizava sua cara no momento em que acendesse as luzes e me visse sentado no sofá de sua sala.

O relógio batia. Eles pareciam estar fora por um longo, longo tempo. Finalmente, encontrei um armário e abri a porta. O pequeno facho de luz revelou um espaço vazio, nada de roupas. Hummm.

Varri a sala com a luz da lanterna e não podia acreditar no que estava vendo. Bati no interruptor ao lado da porta. Não havia dúvida. Era um apartamento mobiliado deserto. Eles haviam se mandado, e eu tinha de admitir que era porque o cafetão se antecipara a mim.

Nos poucos dias seguintes, passei muito do meu tempo no lado leste, em Lincoln Heights, East Los Angeles, Bell Gardens e outros distritos mais pobres, onde era mais provável encontrar ex-condenados. Eu tinha um aliado em quem confiava e ouvi nomes de homens que eu conhecia e que eram bastante durões, mas também difíceis de controlar. Eles iam querer arrebentar tudo, incluindo as mulheres, a maioria das quais eram muito mais bonitas que as *junkies* tatuadas que eram suas namoradas. Denis e eu discutimos sobre incendiar o *nightclub* e detonar algumas *jukeboxes*, mas essas coisas, em si, não atingiam meu propósito. Flip havia deteriorado meu plano quando o entregou antes que eu estivesse pronto para agir.

Sem que se esperasse, o cafetão número um morreu em um acidente automobilístico entre Palm Springs e Salton Sea. Ele e sua matriz (garota principal) avançaram sobre a outra pista e se chocaram de frente contra um ônibus Greyhound. Ainda que fosse impossível aquilo ser um assassinato, por todo o submundo de Hollywood sussurrava-se que eu os havia eliminado. De uma hora para outra, ficou impossível para os magnatas do cinema e outros clientes conseguir um encontro com uma garota de programa em West Hollywood. Os cafetões lotaram os Cadillacs com suas mulheres e deixaram a cidade. Sandy e Denis acharam isso hilário.

Mais ou menos nessa época eu tive uma de minhas experiências mais bizarras. Depois da meia-noite, em um dia de semana, meu telefone tocou. Eu estava morando em meu apartamento entre a Ninth e a Detroit. Flip estava do outro lado. Estava bêbada.

— Tenho que ver você, Eddie.
— É tarde, *baby*. Vejo você pela manhã — Eu desliguei.
O telefone tocou poucos segundos depois. Atendi.
— Se você não vier, eu vou me matar.
— Já estou chegando aí, *baby*.

Dirigi até seu apartamento à sombra da Paramount e estacionei na rua estreita em frente a ele. Quando toquei a campainha chamando seu apartamento, não houve resposta. Ela teria se matado? Eu duvidava, mas enfim... (De fato, ela cometeu suicídio três anos depois.)

Andando em torno do edifício, em um beco eu avistei uma janela que dava para o corredor, aberta uns poucos centímetros para ventilar. Ao lado havia um pesado tubo de calha galvanizado, forte o suficiente para que eu subisse por ele até a janela. Uma vez dentro, movi-me pé ante pé pelo corredor e escada acima, até o terceiro andar.

Ninguém respondeu à minha batida. Sem querer arrombar e acordar todo o edifício, desci as escadas e saí pela porta da frente, calçando-a com um jornal velho para que ficasse aberta. Em meu carro, peguei um pé-de-cabra, depois voltei para dentro e subi as escadas até o terceiro andar. No final do corredor, uma janela abria para a escada de incêndio, que avançava poucos centímetros sob a janela da sua cozinha. Uma pequena batida acompanhada por um tilintar de vidro e consegui alcançar o lado de dentro e soltar o trinco da janela. Através da moldura eu podia ver parte da sala de estar. Estava inundada por uma luz verde, que ela gostava de usar quando estava atendendo.

Na sala de estar, encontrei Flip sobre o sofá, vestindo uma blusinha preta desalinhada, desacordada e roncando. Eu a sacudi e abri um dos seus olhos.

— Onde está minha pistola? — Eu havia deixado uma arma ali alguns dias antes.

— Não machuque Michael.

— Michael! Eu não vou machucar o Michael.

— Não machuque Michael.

Merda. Então eu o vi, também desacordado, no começo da escada que levava ao quarto e ao banheiro no andar de cima. Ele estava de cueca e camiseta, um desses italianos que têm um tapete de pelos negros cobrindo seu peito e, em menor extensão, seus ombros. Era um amigo de Johnny Stompanato, que foi morto pela filha de Lana Turner. Michael trabalhava como *barman* em uma boate, a Playboy, uma quadra adiante na Melrose. Usava um topete com um caracol estilo Tony Curtis caindo sobre sua testa. Imaginava a si mesmo como um extraordinário sedutor de mulheres. Flip tinha dado uma "surra de boceta" nele, o que ela sabia fazer muito bem. Estava apaixonado por ela e, como era um garanhão italiano e um comedor, odiava isso — que ela fosse uma puta e que ele a amasse era difícil de aceitar, especialmente quando ela fazia o jogo duro de atormentá-lo. Quando o telefone tocava e Michael estava lá, ela olhava para ele enquanto contava para o cliente o que faria com ele na cama. Michael ficou bêbado e a estapeou. Ele chorou. Ela adorou isso, e depois eles deram uma grande trepada.

Não importava quanto eu protestasse, ela se recusava a acreditar que eu não machucaria Michael. Depois de sacudi-la algumas vezes para que ela acordasse, abandonei essa tática e decidi encontrar a pistola por conta própria. Quantos lugares havia para escondê-la em um apartamento tão pequeno?

O primeiro lugar que olhei foi atrás das almofadas do sofá onde ela estava deitada. Apalpando entre elas, senti alguma coisa e a puxei. Uma faca de açougueiro. Que diabo isso estaria fazendo ali?

Levei a faca até a cozinha e a pus em cima da mesa. Então comecei a procurar, e em cerca de vinte minutos encontrei a pistola em uma panela de pressão dentro do forno. Coloquei-a no bolso e fui para casa.

Dormi até perto das onze da noite, então passei uma hora ou mais tomando banho e me vestindo. Pela janela, vi o jornaleiro entregando o jornal vespertino, o *Herald Express*, para meu vizinho. Como sempre, abri a porta e saí para pegar o jornal. Sempre punha-o de volta quando saía para o meu dia, em algum momento da tarde.

Nessa época, Los Angeles estava caçando um dos seus costumeiros *serial killers*. Eles recebiam todos os tipos de nomes, como Caçador da Noite e Assassinos da Estrada. Dessa vez o matador fora rotulado como Predador de Hollywood. Ele invadia apartamentos de mulheres solteiras nos arredores de Hollywood e Hollywood Hills, geralmente cortando a tela de uma janela ou usando algum recurso semelhante para entrar. Matou pelo menos uma, pelo que me lembro.

Levei o jornal para o meu apartamento, servi-me com uma xícara de café quente e o abri. A grande manchete no topo dizia: "ENCONTRADAS IMPRESSÕES DIGITAIS DO PREDADOR". Embaixo e à esquerda da manchete havia uma fotografia em quatro colunas de uma faca de açougueiro. O artigo a seguir começava com: "Última vítima do Predador de Hollywood, a atriz/modelo Yvonne Renee Dillon...". Era difícil ler porque minhas mãos tremiam. Ali dizia que ela estava viva. Graças a Deus.

Fui imediatamente para a janela, e dentro de um minuto eu estava descendo a escada dos fundos com a camisa desabotoada e os sapatos nas mãos. Meu automóvel estava no meio-fio. Fiz uma pausa, escondido entre arbustos, tentando ver se ele estava sendo vigiado. Parecia tudo certo. Entrei no carro e arranquei. Para onde deveria ir? Segui pela Highland Avenue em direção à Hollywood Freeway. Em um semáforo eu olhei pelo espelho e vi um carro preto-e-branco da polícia encostar atrás de mim. Ou eles não tinham o número da minha placa ou não estavam prestando atenção. Quando a luz ficou verde, acelerei devagar, lutando contra o desejo de pisar fundo. Isso certamente atrairia uma atenção indesejada.

Alcançando a rodovia, decidi ir para leste em direção a El Monte. Tinha amigos lá. A Hollywood Freeway converteu-se na San Bernardino. Liguei o rádio. O principal assunto do noticiário era sobre as impressões digitais do predador terem sido encontradas na cena do seu último crime. Também mencionava que a polícia queria conversar com um ex-condenado. Imaginem a sensação de estar afundando que eu sentia em minhas vísceras. Pelo menos, meu nome não era mencionado.

No Valley Boulevard, próximo de Five Points, registrei-me em um motel de um dólar e cinquenta a noite, sem telefone nem ar-condicionado, então caminhei um quilômetro até onde Jimmy D. morava com sua esposa, filho e agregados, incluindo a irmã de sua esposa e suas duas crianças. O marido dela estava em San Quentin. Jimmy não estava lá. Sua esposa não tinha certeza de onde ele poderia estar; suspeitava que ele tinha ido ao *barrio* com Japo, o apelido de um chicano com feições vagamente asiáticas. Eu conhecia Japo desde o abrigo juvenil. Não contei minha situação para a esposa de Jimmy; o medo de que seu marido se metesse em problemas podia fazê-la chamar a polícia.

— Depois eu ligo para ele — disse, e então comecei minha marcha através do calor da tarde de verão de volta ao motel. À medida que meus pés chutavam nuvens de terra poeirenta a cada passo, eu alternadamente sentia pena de mim mesmo e ria do absurdo de toda aquela coisa. Quanto mais pensava sobre isso, menos provável parecia que eu fosse autuado como *serial killer* ou estuprador. Lembro-me mesmo de ter pensado que um dia escreveria sobre esses acontecimentos em particular. Proust eles não seriam, mas divertidos teriam de ser.

De volta ao Valley Boulevard, usei o telefone público de um posto de gasolina para ligar para Sandy. Ela atendeu com sua entonação melíflua de garota de programa, mas com um desafio desconcertante: — É o seu dinheiro — ela disse.

— Sou eu — falei, justificadamente certo de que ela reconheceria minha voz. Contei a ela rapidamente a situação. Quando acabei, ela disse — Meu Deus! Que loucura!

— Faça-me um favor. Ligue para Flip e descubra o que aconteceu. Não conte a ela que você falou comigo. Diga que leu no jornal. Eu ligo novamente em meia hora.

Quando voltei a ligar, Sandy já sabia da história. De manhã cedo, quando Flip e Michael acordaram de ressaca, ele começou a estapeá-la porque ela era uma puta e ele estava apaixonado por ela. Ela disse — Michael, Michael, depois do que eu passei para proteger você — Então mostrou-lhe a janela quebrada e disse que tinha sido estuprada. Ele correu para o telefone. Agora eu era suspeito de ser um estuprador em série e um assassino.

Durante dois dias fiquei escondido em El Monte, pensando no que devia fazer. Na verdade, estava menos preocupado com a possibilidade de ser indiciado por assassinato do que o assunto chegar até meu oficial de condicional. Eu tinha um bom oficial (o que iria mudar muito em breve), mas algo como aquilo podia levantar muita poeira.

Depois da primeira manchete, não houve mais histórias de jornal. Sandy me convenceu a falar com um rábula salafrário que era um de seus principais clientes. Ele telefonou para os detetives do departamento de homicídios. Todas as minhas preocupações foram a troco de nada. Na tarde do primeiro dia eles já haviam descoberto que aquilo era um embuste. Yvonne Renee Dillon tinha várias detenções por uma lei chamada vício indeterminado. Na época, o simples fato de ter um vício era contravenção na Califórnia, uma lei que a Suprema Corte logo declararia inconstitucional. Ela também tinha algumas detenções por prostituição. Estivera até em Camarillo. Eles não queriam nem mesmo conversar comigo e ninguém havia notificado o departamento de condicional. Então o drama desesperador acabou, não com um estouro, mas com um chabu.

OUTRAS AVENTURAS DO SUBMUNDO cruzaram meu caminho nos sete ou oito meses seguintes. Não me lembro mais com clareza da seqüência desses acontecimentos, nem mesmo quando eles sucederam em relação à história moderna. Acho que me lembro de estar parado do lado de fora da Broadway Department Store no cruzamento da Vine Street com Hollywood Boulevard, olhando através de uma vitrine para vários aparelhos de TV, todos sintonizados em um noticiário em que um som de sinos pulsava enquanto o *Sputnik*, da União Soviética, o primeiro objeto feito pelo homem a alcançar o espaço, orbitava a Terra.

Meu amigo Denis uma vez me ligou e disse que precisava de ajuda.

— E traga uma arma — acrescentou. Ao contrário da maioria dos meus amigos, ele era alguém que eu conheci depois de sair da prisão. Descendente de gregos, tinha uma beleza clássica. Era alguns centímetros mais baixo que o meu metro e oitenta descalço e tinha cabelos negros, nariz aquilino, dentes excelentes e pele com um leve tom oliváceo. Em Denver, onde seu pai tinha um restaurante, a polícia havia lhe dado um chega-pra-lá. Disseram-lhe que deixasse Denver permanentemente ou eles iriam enterrá-lo na prisão ou em uma cova e que, se não conseguissem endireitá-lo, iriam dar um jeito nele. Seguiu o conselho de Horace Greeley e foi para o oeste, estabelecendo-se como traficante de drogas, atividade em que permaneceria por todos os dias de sua vida, exceto quando estava na cadeia.

Então, lá estava eu, um .38 no bolso de trás da minha Levi's, seu cabo oculto pela barra de um casaco de *tweed* cinza-escuro, estilo Ivy-League esportivo. Tinha a fartura de botões das peças da Ivy-League.

Seu Ford Thunderbird vermelho de dois lugares com ornamentos brancos apareceu. Um automóvel esperando para estacionar impediu que ele disputasse uma vaga no meio-fio. Certifiquei-me de que a arma estivesse firme. Não queria que ela caísse no meio do Hollywood Boulevard às oito da noite. Deslizei entre os carros até a rua. Ele se curvou e abriu a porta do passageiro, e já estávamos rodando quando eu a fechei.

— Que manda, irmão? — perguntei. — Você não vai me meter em uma batalha de morte, vai?

— Não sei. Vamos ver.

Ele dirigiu para o sul na Vine e para leste na Fountain, passando pelo Cedars of Lebanon, onde eu nasci. Estacionou na Fountain e nós caminhamos até um beco e subimos uma escada externa até a porta de um pequeno apartamento sobre uma garagem. A porta era coberta com chapas de metal e tinha o tipo de tranca geralmente usada nas portas dos fundos das lojas de bebidas visadas por ladrões. Um negro baixinho de idade indeterminada, rosto chupado e exageradamente afeminado nos deixou entrar. O lado esquerdo de sua face estava repulsivamente inchado e arroxeado.

— Cara, estou tão feliz por ver você. Aquele crioulo de merda do Pinky — começou, depois fungou como se estivesse prestes a chorar.

— Eiiii, rapaz — falou Denis — pare com essa merda e me conte o que aconteceu.

— Ele comprou um grama, cara. Umas duas horas depois ele voltou com alguns outros crioulos filhos-da-puta, freqüentadores de sarjeta, e disse que a coisa não era da boa e que ele queria seu dinheiro de volta. Eu disse a ele que se era lixo por que, em nome de Maria, ele tinha injetado tudo? Ele falou que não ia nem discutir... queria seu dinheiro. Eu disse não e ele começou a me bater. Pôs uma faca na minha garganta e disse que ia levar tudo... grana... herô... tudo...

— O que ele levou, Dixie?
— Porra... ele levou tudo... tudo.
Denis sacudiu sua cabeça. — Porra, como é difícil fazer uns trocados. Sabe como encontrá-lo?
— Não sei onde ele mora, mas ele tem uma garota branca que trabalha como garçonete no bar daquele... ãhn... hotel... Roosevelt Hotel no Hollywood Boulevard. Uma vez tivemos que esperar ela deixar o serviço para que ele pudesse pegar grana para o bagulho. Aposto que você pode agarrá-lo através dela.
— Sabe o nome dela?
— Acho que é Elaine... uma loirinha baixinha com sotaque do interior.
— Vamos ver isso — Denis falou para mim.
— Ei, D., você pode fazer uma coisa para mim? Eu não tenho nem para um tapinha. Vou começar a passar mal de manhã.

Do bolso de Denis saiu um rolo de notas que poderia engasgar um cavalo. Isso foi antes da era dos cartões de crédito, quando o dinheiro vivo ainda era o rei. Denis separou um par de notas de vinte dólares e entregou-as a ele.

— Você sabe onde conseguir, não sabe?
— Vou ter que ir até o gueto.
— Melhor que começar a passar mal. Saia deste lugar assim que acordar de manhã.
— Você pode me botar uma onça na mão, para eu poder me agüentar em pé.
— Me ligue quando tiver se mudado. Vamos nessa.

Fomos para o Roosevelt Hotel, no Hollywood Boulevard, em frente ao Teatro Chinês com o mundialmente famoso *lobby* a céu aberto com as pegadas e marcas das mãos das mais famosas estrelas do cinema. O clube anexo à portaria do Roosevelt foi sede do primeiro Oscar, mas nas décadas que se seguiram o hotel desceu a ladeira; assim como o seu clube.

Denis estava um passo adiante de mim quando cruzamos o *lobby* em direção à porta aberta do clube. Quando a alcançamos, ele parou e eu esbarrei nele.

— Para trás — Ele se afastou da porta aberta.
— O que há?
— Ele está lá com ela.
— O cara que nós procuramos?

— Sim... Pinky.
— Você conhece ele, hein?
— Não exatamente. Eu o vi voltando do Dixie quando fui fazer uma entrega.
— Ele conhece você?
— Acho que sim.
— Será que ele o reconheceria?
Ele sacudiu a cabeça, mas de modo nada enfático.
— Deixa eu dar uma olhada nele — falei.
— Eu vou esperar em frente.
Ele saiu e eu entrei no bar. Era escuro e estava quase vazio. Dois homens estavam juntos em uma mesa; mais dois, ambos sozinhos, estavam empoleirados no balcão. Peguei uma mesa vazia perto da entrada e pensei comigo mesmo que Denis havia cometido um erro. Não havia nenhum negro ali.

A garçonete serviu bebidas para o par que estava na outra mesa, depois veio até mim. Um crachá dizia seu nome: ELLIE. Estava perto.

— Me dê uma dose de *bourbon* e misture outra com 7Up.

Ela balançou a cabeça e foi passar o pedido ao *barman*, então parou ao lado de um dos homens no balcão enquanto esperava pelo drinque. O homem sentado passou um braço possessivo em torno da sua cintura. Levantei-me, fui até o balcão e entreguei algum dinheiro para a garçonete.

— Aqui está. Eu vou até o banheiro. Volto já — O homem sentado virou-se para olhar para mim. Sua pele era no mínimo tão branca quanto a minha, e só mesmo nos EUA ele poderia ser considerado negro. No entanto, suas feições, especialmente o nariz largo e achatado, revelavam que algum de seus ancestrais havia tomado a Passagem do Meio para vir para a América. Ele dirigiu um olhar para mim por cima da garota. Pisquei, mas sua reação foi uma frieza oca.

Eu saí, mas, em vez de cruzar o *lobby* até o banheiro, segui para o pequeno corredor que dava para a porta que se abria para o Hollywood Boulevard. Pedestres passavam de um lado para outro; um ônibus de excursão vomitava turistas na fachada do cinema de cartão-postal no outro lado da rua. Olhei em volta.

Denis apareceu no batente de uma porta. — É ele mesmo — A calçada estava cheia de pedestres, a rua de carros — e uma viatura passou lentamente. — Não podemos fazer nada aqui. Muitas testemunhas. Vamos esperar ele sair e ver para onde vai. Talvez voltar mais tarde.

— Tipo às seis e meia da manhã — eu gostava de agir bem cedo pela manhã. Os otários costumavam se arrastar até a porta esfregando seus olhos nublados.

— Certo — disse Denis, e então — Olha! Quieto! — Foi suave mas incisivo. Congelei.

Uma figura passou por trás de mim. Cheiro de colônia masculina.

Denis o tinha visto se aproximando. Riu para mim. — Às vezes até um cachorro cego tem sorte. Venha.

Pinky andou ao longo da fachada do hotel e virou a esquina à direita, continuando pelo seu lado leste. Nós o seguimos a uma certa distância, longe o suficiente para que fosse pouco provável ele ficar desconfiado caso olhasse para trás. Eu estava indo em frente, mas meu coração não estava naquilo. Não era problema meu; eu não sentia raiva. Pinky era grande, também, provavelmente um metro e noventa e uns noventa quilos bem distribuídos. Sem dúvida, Denis e eu juntos acabaríamos com a raça de Pinky bastante rápido, mas também era provável que no mano a mano ele fosse mais forte que qualquer um de nós. Resumindo, acho que minha adrenalina ainda não estava sendo bombeada o suficiente.

Esperava que Pinky continuasse até o estacionamento atrás do hotel. Em vez disso ele avançou entre os carros no meio-fio e atravessou a rua em diagonal, depois entrou em um beco que corria paralelamente ao bulevar.

Denis estava à minha frente. Achei que ele ia parar e esperar por mim. Em vez disso ele apressou o passo e entrou no beco. Quando eu dobrei a esquina, Denis estava chamando — Ei, Pinky! Espere aí!

Pinky olhou para trás e parou. Embora seu rosto estivesse sombrio, seu corpo estava pronto para correr. Antes que ele pudesse se decidir, Denis já havia diminuído a distância entre eles. Parei poucos metros adiante.

— Sim, o que é? — Pinky perguntou.

— Eu não estou a fim de encrenca... mas você me deve uma grana.

— *Uma* grana? Quem é você, porra?

— Sou o filho-da-puta dono daquela merda que você roubou do pequeno Dixie.

— Não te conheço... e não tenho merda nenhuma pra conversar com você.

O desprezo hostil de Pinky fez minha raiva crescer. Com quem ele achava que estava brincando? Dei um passo à frente. — Você está realmente dificultando... as coisas, cara — Tive que segurar o fôlego no meio da sentença. Meu temperamento costumava interferir na minha conversa, causando uma semi gagueira que eu perdi quando fiquei um pouco mais velho e menos propenso à irritabilidade excessiva. Dei uma volta de modo que Pinky ficou cercado entre nós.

A cabeça de Pinky se voltou para olhar o fundo do beco escuro. Isso me fez dar uma olhada para aquele lado. Uma figura saiu de um carro que estava estacionado a trinta metros e começou a andar rapidamente em direção a nós.

— O que tá acontecendo, cara? — este novo personagem queria saber.

Eu estava mais perto dele. Era do tamanho de um zagueiro da NFL e superava o meu peso em cerca de trinta quilos ou mais. Tirei a arma do bolso de trás com a mão esquerda, usando meu corpo como escudo para que nenhum dos negros pudesse vê-la.

— Esses galinhos brancos filhos-da-puta tão querendo briga...
O grandalhão estava em cima de mim, esticando seu dedo sobre o meu peito. Eu podia perceber que ele era mais velho, com uma brilhante cabeça calva a não ser por um pouco de cinza em volta das orelhas. Ainda parecia um urso para mim. O beco estava escuro, e nenhum deles viu a pequena pistola preta em minha mão.
— Branquinho filho-da-puta — disse ele.
Não falei nada. Não era hora para falar. Levantei a arma junto do meu corpo e atirei da altura do meu estômago. Podia sentir o calor do disparo (e mais tarde encontrei chamuscados de pólvora em minha camisa) quando o cano cuspiu fogo. Apontei deliberadamente para baixo (não tinha a intenção de matá-lo) e a bala atingiu-o bem abaixo do joelho. Atravessou-o e lançou faíscas sobre o concreto. Ele gritou de dor, segurando sua perna e desabou sobre os joelhos. Dei um passo atrás. Queria estar livre o suficiente para atirar de verdade se ele avançasse sobre mim. Não fez isso. Virei-me para Pinky — Quer também? — Ele estava acenando suas mãos, sacudindo a cabeça e andando para trás.
— Quero minha grana, babaca — falou Denis.
Eu não queria nada além de me afastar daquela cena. Estava a uma quadra do Hollywood Boulevard. Para mim o tiro soou como um morteiro disparando.
— Vam'bora... vam'bora — eu disse. — Vamos cair fora daqui.
Denis e eu nos viramos e corremos. Quando alcançamos o carro, ele começou a rir. — Pensei que estávamos numa grande encrenca com aqueles negões. Esqueci que você estava com aquela ferramenta.
Denis nunca conseguiu reaver seu dinheiro. Pinky abandonou a área. Dez anos depois, em 1967, eu estava em Folsom e o negrão chegou no ônibus do Departamento Correcional. Reconheci-o imediatamente, um reconhecimento confirmado por seu andar manco. Enquanto ele ainda estava trancado na ala dos peixes, na quinta galeria do Bloco 2, eu me esgueirei até sua cela e falei com ele. Disse-lhe quem eu era e que não queria nenhum problema... mas que o mataria se desconfiasse por um segundo que ele queria vingança. Ele falou que aquilo estava esquecido; tinha uma condicional marcada para dali a sete meses — e Pinky era um dedo-duro, afinal de contas. Era um erro apoiar um dedo-duro, não importava sua cor. Isso me fez rir; sua atitude era a que todos os fora-da-lei deviam ter.

UM ANO TINHA PASSADO SEM UMA DETENÇÃO. Claro que durante nove meses eu não tinha feito nada além de fumar um pouco de erva. Não sentia as engrenagens que começavam a vibrar sob meus pés. A vida era excitante demais. A maré começou a se virar contra mim em uma típica noite de Los Angeles — que é sempre fresca, não importa quanto o dia tenha sido quente —, quando fui encontrar Joe Morgan no Clube El Sereno, na Huntington Drive. Uma boate em estilo antigo, com grandes reservados em couro vermelho, paredes com painéis de madeira e luzes suaves, era um ponto de encontro para os altos traficantes chicanos daquela época. Nessa noite a casa estava lotada de *angelenos* de vários tipos, todos atraídos pelo trio de Art Pepper. Pepper era talvez o melhor sax alto branco daquele tempo. Como seu ídolo, Charlie Parker, Pepper adorava *junk*, morfina, ópio, heroína... No jargão de um certo submundo, ele era um "fissurado louco para morrer". Mas certamente sabia tocar um saxofone.

O clube estava lotado e silencioso. Pepper estava soprando "Body and Soul". Ele conseguia tocar a alma do saxofone, e sua platéia estava arrebatada.

Claro que não inteiramente. O proprietário estava no fundo, ao telefone, e no reservado mais distante dois casais estavam rindo. Como não vi Joe, encontrei um espaço vazio no bar, e, quando o *bartender* chegou e se inclinou para mim, fiz o mesmo e pedi um Jack Daniel's curto acompanhado por *bourbon* e 7Up. Virei a dose e saboreei o drinque longo. Parecia um bom modo de beber na época.

Eu conhecia muitas das pessoas na sala. A garçonete era uma garota eurasiana de beleza exótica que era muito atraente. Também era inteligente e descolada. Eu estava muito interessado até descobrir que ela tinha dois filhos. Não estava preparado para isso, portanto o que por poucos dias tinha sido uma busca por prazer agora era um simples flerte por brincadeira enquanto ela servia os drinques. Jimmy D. estava lá com sua esposa. Ela deve ter apontado uma arma para a cabeça dele, ou pelo menos feito um escândalo dos diabos, para fazê-lo sair com ela. Ele saía sozinho; gostava de novas aventuras e de novas bocetas. Eu podia entender perfeitamente. Infelizmente, tinha duas crianças muito novas. Freqüentemente reclamava que a vida pesava uma tonelada, "... assim como a minha mulher...". Ele balançava a cabeça. Sua dor estava estampada em seu rosto.

Na extremidade frontal do balcão, Billy the Bouncer e Russian Al estavam em pé. Ambos estavam na casa dos cinqüenta, e nenhum deles cumpria pena fazia vinte anos. Eram exímios arrombadores de cofres, quando arrombadores de cofres eram os mais respeitados dos ladrões. É quase impossível condenar alguém por arrombamento, a não ser que seja apanhado em flagrante, e isso acontece muito raramente. Russian Al tinha ido para a prisão uma vez nos anos trinta. Ele estava hospedado em um hotel de terceira em frente a uma pequena loja de departamentos em Modesto. Entre a noite de sábado e a manhã de domingo, ele entrou na loja, abriu o cofre e pegou quase quarenta mil dólares, uma quantia fantástica para a época. Voltou para o hotel e trocou as roupas que usava por um terno caro. Quando saiu do elevador, dois detetives estavam na portaria investigando uma denúncia de tráfico de drogas no hotel. Eles viram Russian Al com suas roupas caras, pararam-no e perguntaram o que havia na pasta que ele carregava. Estavam procurando narcóticos, mas ficaram felizes com o que encontraram. Pegou nove anos por "arrombamento com explosivos", uma categoria especial de arrombamento. Um maçarico de acetileno tinha sido fundamental para enquadrá-lo no estatuto. Ele permanecera ileso por quinze anos.

Billy the Bouncer tinha cumprido uma sentença na cadeia municipal, pela contravenção menor de porte de ferramentas para arrombamento.

Senti o calor de dois drinques se espalhando. Isso pedia mais dois, novamente virando o primeiro e degustando o segundo. Enquanto isso, olhava a cada momento para a porta aberta ao fundo. Joe ainda não tinha aparecido quando o trio de Art Pepper terminou a primeira entrada e saiu para o estacionamento para um cigarro ou, mais provavelmente, uns tapinhas num baseado. Esperei mais de uma hora, e se fosse qualquer outro que não Joe Morgan teria saído meia hora depois. Com Joe, no entanto, era diferente. Eu devia a ele o mais elevado respeito.

Pepper estava a meio caminho da sua performance de "When Sunny Gets Blue", na segunda entrada, quando a garçonete foi até o bar, tocou meu braço e apontou para o dono do clube no fundo. Ele estava segurando o telefone, e, quando viu que eu olhei em sua direção, estendeu-o. Havia uma ligação para mim. Fui ver do que se tratava.

Era uma voz feminina. — Você é Eddie B.?

— Não sei. Quem é você?

— Big Joe me pediu para ligar para você.

— Sei. O que há?

— Eles vieram e o levaram.

— Ahh... quem... quem veio atrás dele?

— O FBI. Não me disseram o porquê. Quando o estavam levando embora, ele disse "Chame Eddie B. no clube e conte a ele". Então, foi o que eu fiz.

— Obrigado — desliguei. Os federais. Não tinha a ver com a operação de drogas de Joe. J. Edgard Hoover não deixava o FBI fazer prisões por entorpecentes; a tentação de se corromper era grande demais. Iriam se passar vários anos até que eu visse Joe novamente. Inicialmente, ele foi indiciado por roubo a banco, mas o governo nunca levou isso a julgamento. Não tinham provas. Em vez disso, mandaram-no de volta para a prisão por violar a condicional. A violação era por ter deixado o estado da Califórnia; tinham registro de que ele havia alugado um carro em Las Vegas. Mas esses eram episódios que se desdobrariam nos meses seguintes. Aquela noite eu só sabia que ele tinha sido preso.

Meio grogue por seis drinques em duas horas, fui para o meu carro, um Jaguar XK 120 ano 1955, com um V8 de Dodge Red Ram sob o capô, ao invés do motor *stock* de seis cilindradas do Jaguar. Os Jags daquele modelo eram longos, macios e bonitos. Infelizmente, ele tinha menos de três anos e já causava problemas com freqüência, inclusive naquela noite. A ignição girava, mas o motor se recusava a pegar e dar a partida. Abri o capô e dedilhei os fios, ainda que não tivesse a menor idéia do que estava procurando. Não encontrei nada que pudesse reconhecer.

O telefone público ficava em um corredor estreito que dava para os banheiros. Eu estava chamando o guincho quando Billy the Bouncer passou por mim a caminho de uma mijada. Na volta, ele parou e esperou que eu desligasse. — Precisa de uma carona? — perguntou.

— Sim... mas você sabe onde eu moro?
— Nas imediações de Hollywood, não?
— Perto da Wilshire e LaBrea.
— Nós estamos indo bem perto de lá... então, se você não quiser pagar a tarifa do táxi...

Uma corrida de táxi de onde nós estávamos até onde eu morava ia custar caro. Táxis não são economicamente viáveis no sul da Califórnia. O bonde levaria umas duas horas, primeiro para o centro; depois eu precisaria pegar um ônibus. Estava feliz com a carona.

Enquanto rodávamos pela cidade, eles me contaram que estavam indo para Beverly Hills para conferir um golpe.

— Não estamos fazendo nada — disse Al. — Só vamos olhar umas coisas.

Em Hollywood, paramos no Tiny Naylor's, um grande e brilhante restaurante *drive-in* na esquina do Sunset e da LaBrea, onde eu conhecia uma das garçonetes. Seu nome era Betty. Ela sairia do trabalho em cerca de duas horas, à uma da madrugada, e um amigo músico tinha lhe contado sobre uma *jam session* tardia entre a Forty-Second e a Central Avenue. Será que eu queria levá-la? Podíamos usar seu carro. Ficou decidido que eu voltaria em duas horas. Iria com Russian Al e Billy the Bouncer — eles não iam fazer nada aquela noite — e eles me deixariam ali no caminho de volta. Se chegasse um pouco mais cedo, podia sentar lá dentro e comer um pedaço de torta. O Santa Monica Boulevard era menos alegre do que hoje, mas as calçadas do lado de fora dos clubes estavam lotadas.

Beverly Hills não. Seu perfil era baixo, com quase nada acima de três andares, e havia uma aura de antiquada riqueza exibida pela arquitetura mediterrânea ou do sudoeste americano. Restaurantes eram poucos; casas noturnas, inexistentes.

Billy estava dirigindo. Ele dobrou em um beco atrás da Beverly Drive. No meio da quadra, entrou em uma área de estacionamento vazia e parou. Eles desembarcaram e eu permaneci no carro enquanto conversavam parados do lado de fora.

O brilho de uma lanterna iluminou o interior do automóvel quando seu facho evidenciou as duas pessoas. Eu me levantei e virei-me para olhar. Um policial. Que merda!

Então o relâmpago de medo desapareceu. Nós não estávamos fazendo nada.
— Virem-se. Venham aqui — ordenou o oficial. Reclinei-me para trás e fechei os olhos. O que quer que acontecesse, eu alegaria ser o bêbado no banco de trás.
A lanterna deu uma batida no vidro lateral; o facho incidiu diretamente no meu rosto. Eu podia ver o brilho através das pálpebras fechadas. Abri um olho de cada vez.
— Qu... que está acontecendo?
— Saia do carro.
Eu saí. — Qual é o problema, policial?
— Fique ali. Vamos conferir uns documentos.
Quando cada um de nós mostrou as identidades, Billy quis saber de que se tratava. Parecia que o policial, fazendo sua ronda, tinha nos visto entrar na via errada em uma alameda de mão única.
— O que vocês estão fazendo aqui?
— Tirando água do joelho — disse Billy.
— Eu não sei de nada — falei. — Estava dormindo no banco de trás.
— Vamos dar uma caminhada — disse o meganha.
Saímos da alameda para andar ao longo de uma rua. Meu impulso era de correr. Embora eu sempre tivesse sido notoriamente lento, o policial tinha uma barriga que me dizia que ele não era nenhum velocista, tampouco. Se eu corresse, ele teria de encarar um dilema: se me perseguisse, os outros iriam fugir. O que evitava que eu corresse era o fato de não ter feito nada.
Ele destrancou uma caixa telefônica e ergueu o fone. Esperamos até que um sargento veio e dirigiu de volta para a alameda. No caminho, o sargento perguntou o que nós estávamos fazendo lá. Eu disse que estava dormindo no banco de trás. Os outros repetiram o que haviam dito sobre tirar água do joelho.
O sargento iluminou com a lanterna em torno do carro. — Abra o porta-malas.
Billy destravou o porta-malas. O sargento direcionou a luz para dentro — e lá ele viu um maçarico de acetileno portátil, com alças para que pudesse ser carregado nas costas. Dentro de uma sacola havia uma broca e uma furadeira, uma serra que cortava em círculos, um pé-de-cabra, várias talhadeiras afiadas recentemente e uma pequena marreta, além de outras ferramentas.
— Vocês estão presos — ele disse, puxando sua arma. Agora era tarde demais para correr.
Tão logo fomos fichados, comecei a exigir uma ligação telefônica. O escrivão disse que eu teria que esperar os detetives para autorizá-la. — Não, não tenho. Eu tenho direito a uma ligação telefônica.
— Você tem direito de levar uma porrada.

Isso me silenciou temporariamente — mas assim que entrei na cela comecei a gritar — Quero dar um telefonema! — Cada um que passava em frente à cela ou ao alcance da voz me ouvia gritar por um telefonema. Eu tinha que sair sob fiança antes da manhã de segunda-feira, quando o oficial de condicional saberia que eu estava na cadeia e automaticamente emitiria um mandado por violação de condicional contra mim. O mais cedo que eu podia esperar pela soltura era depois que as acusações fossem lavradas, quaisquer que fossem elas. Se fosse condenado até por má conduta, era provável que eu voltasse para San Quentin como violador de condicional, e o comitê podia esticar minha pena ao máximo. A má conduta iria constituir uma violação de condicional, uma vez que eu estava em companhia de *meliantes conhecidos e pessoas de péssima reputação*. Tinha de conseguir um telefonema. Eu estava fichado por suspeita de arrombamento. Um advogado podia ir até um juiz com um pedido de *habeas corpus* e o juiz iria determinar uma ordem de apresentação de motivos e estabelecer uma fiança. Um agente de fiança ficaria com dez por cento como seus honorários, além de uma garantia que poderia ser até uma casa pelo montante integral. Aquilo seria caracterizado como má conduta, com uma fiança baixa na segunda-feira, mas eu não podia esperar até lá.

— Minha mãe tem trinta milhões de dólares e *eu quero dar um telefonema*! — gritei noite adentro.

Os detetives vieram no sábado de manhã, seu dia de folga. Chegaram a babar diante da chance de pôr os dois velhos e astutos arrombadores de cofre na prisão. Eles me chamaram primeiro, sabendo que minha história sobre estar dormindo no banco de trás era besteira.

— Você está sob condicional, Bunker; pode voltar rápido assim — e estalou os dedos. — Então? Você sabe que aqueles caras estavam começando a entrar numa daquelas lojas. Você nos ajuda e nós ajudaremos você.

— Eu gostaria... mas vocês não querem nenhuma mentira, querem?

Eles olharam um para o outro e depois para mim com olhos de desaprovação.

— Volte para a cela. Falaremos com você depois.

Enquanto me acompanhavam para a cela onde um carcereiro me deixaria entrar, eu lhes pedi na frente dele — Diga para este cara me deixar fazer uma ligação telefônica.

— Deixe ele dar um telefonema — falou o detetive.

O carcereiro assentiu enquanto abria a porta e batia atrás de mim. Vinte minutos depois, ele me levou até o telefone público.

— Vá em frente.

— Preciso de uma moeda.

— Você não tem moeda?

— Cara, vocês pegaram meu dinheiro quando me ficharam.

— Eu não fichei você. Eu não estava aqui.

— Como é que eu vou fazer uma ligação?
— Sem uma moeda, eu não sei.
Meu rosto estava em chamas quando ele me pôs de volta na cela. Eu oscilava um pêndulo emocional entre a fúria indignada e um raio de desespero.
Uma hora depois, um velho chicano, um preso de confiança vestindo uniforme cáqui com os dizeres "CARCERAGEM MUNICIPAL" estampados sobre ambos os joelhos, o bolso peitoral e as costas da camisa, veio pelo corredor do lado de fora das celas. Estava empurrando um esfregão.
— Ei, cara, *ese*!
O chicano olhou em volta para ter certeza de que nenhum carcereiro estava olhando. — Sim?
— Ei, cara, eu preciso de uma porra de moeda para dar um telefonema.
Ele fez uma expressão de dor. Estava dividido entre o medo dos carcereiros e o desejo de ajudar outro prisioneiro.
— Por favor, cara.
Quando alcançou minha cela, pôs um quarto de dólar sobre as barras e seguiu caminho.
— Carcereiro! Carcereiro! Minha mamãezinha tem trinta milhões de dólares e *eu quero fazer uma ligação!* — Pontuei o grito sacudindo o portão da cela tão forte quanto podia. Ela fez um estrondo muito alto.
— Cale essa boca aí, sr. Filho-da-puta-de-trinta-milhões-de-dólares.
— Vá se foder, e sua mãezinha também. *Oficial! Carcereiro! Eu quero dar um telefonema!*
No sábado à noite, os detetives começaram a nos chamar a partir de uma lista. Isso acontece quando muda o turno. Eles se encontram na sala de revista. Depois de conferir a lista e assinar os cartões, são informados sobre crimes recentes e outras coisas sobre as quais devem estar informados. Os detetives de roubos nos fizeram marchar escada abaixo e desfilar em frente aos plantonistas da noite. Nossos *pedigrees* foram anunciados. "... dois dos melhores ladrões de cofres da Califórnia... e este parece jovem, mas não se enganem. Este" — ele agitou várias páginas de papel amarelo — "é o seu prontuário..."
Fomos levados novamente quando o turno do dia chegou. Quando fiquei em pé embaixo das lâmpadas quentes, gritei — Eu vou dar um telefonema ou não?
— Eles não deixaram você fazer ainda?
— Não.
Quando nos levaram de volta, um carcereiro diferente me conduziu novamente para o telefone público. — Sirva-se — disse.
Quando dei um passo à frente e inseri a moeda, olhei para o rosto do carcereiro — a surpresa foi quase como uma placa de néon acendendo em sua cara. Liguei para o número privado de Louise, o do telefone do seu quarto.

— Alô — disse ela.

— Alô, mamãe, sou eu. Preciso de ajuda... — expliquei-lhe o que tinha acontecido e qual era minha situação. Não tinha ninguém mais para quem ligar. Disse-lhe o que tinha de ser feito e até lhe dei o telefone de um rábula que poderia cuidar daquilo.

Demorou até a noite de domingo para conseguir a liminar e estipular a fiança. Enquanto eu estava conversando com o agente de fiança, Billy the Bouncer estava falando com seu advogado. Ele não ia se incomodar com uma liminar. No dia seguinte eles seriam indiciados por má conduta e receberiam uma fiança proporcional. Era cerca de um quinto da fiança por crime que eu teria que recolher naquele mesmo dia. Ele não tinha um oficial de condicional para se preocupar. Ria com seus dentes estragados quando me contou que os detetives estavam bravos. Eles esperavam poder associar as ferramentas no porta-malas do carro com marcas de ferramentas de vários cofres arrombados. Infelizmente, todas as ferramentas haviam sido malhadas e afiadas. Estavam tão limpas que não tinham sequer impressões digitais.

— Porra, como é que elas podem estar no porta-malas de um carro sem terem sido tocadas por mãos humanas?

Saí andando para a noite de Beverly Hills, palmeiras sopradas pela brisa de Santa Ana. Louise me aguardava, sua presença era inesperada. Ela me conduziu até meu apartamento na Ninth com a Detroit. Contei a ela exatamente o que tinha acontecido e, segundo o meu ponto de vista, eu era a inocência personificada. Eu era, de fato, o bêbado no banco de trás. Quer ela tenha acreditado em mim ou não, sua voz e suas atitudes revelavam desapontamento, em parte por causa do problema e em parte porque eu tinha parado de vê-la: — Você foi ver Marion semana passada. Por que não foi me visitar? — De fato, uma tarde eu tinha parado na casa de Marion Davies e tomado um gim-tônica com ela. Ela bebia muito gim.

Pela liminar eu devia retornar à Corte Municipal de Beverly Hills em dez dias. Teria de estar lá às dez da manhã com o advogado. Marquei no calendário e esqueci aquilo. Tinha outras coisas em que pensar. Esse caso mixuruca podia ser adiado por muitos meses, muito possivelmente até eu estar livre da condicional. Então uma condenação por má conduta não teria conseqüências. Cumpriria de bom grado seis meses na cadeia se pudesse me livrar da coleira da condicional que estava me sufocando.

Conforme esperado, tudo de que eles podiam me acusar era de diversos tipos de má conduta. Em vez de entrar com uma alegação, entramos com uma moção de adiamento por um mês para estudar a detenção e os relatórios dos investigadores. Meu advogado, um velho que ensinava lei criminal e conhecia o juiz, mas era idoso demais para enfrentar guerras de tribunal e duelos de palavras, conseguiu nos arranjar um adiamento de cinco semanas para estudar os autos. O promotor objetou; ele era jovem e valente. O juiz o ignorou e firmou uma convocação para segunda-feira, às dez, cinco semanas depois. Provavelmente nós iríamos entrar com uma alegação de "inocente" e ter a data do julgamento marcada para noventa dias à frente. Mesmo que fôssemos a julgamento e o júri me considerasse culpado, durante a apelação de uma condenação por má conduta o réu tem direito absoluto a fiança. Uma apelação demoraria no mínimo dezoito meses. Em outras palavras, se tudo corresse mal, o mais cedo que eu teria de decidir entre fugir do país ou ir para a cadeia por poucos meses estava a mais de dois anos de distância. Isso era uma eternidade em relação ao ritmo em que eu estava vivendo.

LEVARIA MUITO TEMPO PARA EU CONTAR todas as minhas aventuras até os vinte e três anos. Como tinha lido *As Portas da Percepção* e *Céu e Inferno*, de Aldous Huxley, quando um artigo de revista trouxe uma matéria sobre cogumelos mágicos no México, aconteceu de eu ter nove mil dólares e a bem-disposta companhia de Bill D., irmão de Jimmy D. Tomamos a velha Rota 66 através do Arizona e do Novo México e viramos para o sul para cruzar por El Paso até Juarez. Dirigimos pelo México e, nas duas vezes em que fomos parados por soldados que nos pediram visto, pagamos cinqüenta dólares e seguimos em frente. Conseguimos alguns cogumelos com um índio. Foi uma viagem estranha. Três semanas depois, estávamos de volta a Los Angeles.

Também descobri Las Vegas. Sandy me levou lá da primeira vez, mas depois disso eu voltaria para ficar dois ou três dias, quase por impulso. Adorava apostar. Não, não era exatamente apostar, eu adorava jogar pôquer. Embora os cassinos daquela época parecessem a última palavra em opulência e *glamour*, eram praticamente insignificantes comparados aos gigantescos palácios da fortuna de hoje em dia. Gostava de cruzar o recinto do cassino e ouvir o chefe dos crupiês me dizer — Mesa aberta, sr. Bunker... — Eu tinha vinte e três anos de idade; isso me fazia sentir como um chefão.

Uma coisa engraçada aconteceu. Como já disse, eu tinha um Jaguar esporte. Meu seguro havia sido cancelado, por isso eu tinha um pára-choque batido e alguns outros amassados e peças tilintando; além disso, aquele era um mundo de problemas, mecanicamente falando. Meio brincando, disse a um rapaz que lhe daria duas latas de maconha se ele me arranjasse um carro que se parecesse com o meu. Na revenda de carros usados onde eu tinha a fachada de um emprego, aprendi que Jaguares têm seus números de série gravados em uma placa parafusada no chassi. O que era parafusado poderia ser desparafusado e parafusado em algum outro lugar — em um carro melhor, por exemplo.

Na manhã do domingo seguinte eu acordei no apartamento de Flip, próximo à Paramount, e por algum motivo liguei para meu vizinho que morava no apartamento de baixo na casa principal. O vizinho disse — Aquele garoto fez um barulho dos diabos quando trouxe o seu carro aqui na noite passada.

Meu carro! Em casa. — Espere um pouco — eu disse. Fui até a janela e olhei para a rua. Ali estava meu automóvel estacionado. O que o rapaz tinha levado não era meu.

Fomos vê-lo. Era uma duplicata impecável, incluindo os adornos no compartimento do estepe, na traseira. Em perfeitas condições, era uma jóia.

Meu problema era me livrar do carro velho. Com Flip me rebocando, fui procurar ajuda. Queria Jimmy D., que entendia do negócio de ferro-velho, e Jack K., que era mecânico e tinha acesso ao maçarico da oficina de seu pai. Eles podiam me ajudar a retalhar o Jag. Sua carroceria era de alumínio; Jimmy podia ficar com ela como sucata. Jack lidava com motores; ele poderia ficar com os seis cilindros do Jaguar, já uma legendária obra de arte. O motor do Jag era excelente; era todo o resto, principalmente a parte elétrica, que fazia com que ele se deteriorasse tão rápido durante tantos anos. Não sabemos quanto são bons atualmente; levará alguns anos. Eles se depreciam rapidamente.

O dia estava quente, o asfalto dos estacionamentos amolecia. Encontrei Jimmy e Jack juntos, saindo da penumbra refrescante de um bar. Estavam dispostos a encarar o trabalho. Jack foi buscar o maçarico de acetileno. Iríamos retalhar o Jag na oficina do sogro de Jimmy, que eu conhecia desde que fui apanhado dormindo na sua garagem após uma fuga da casa de custódia para menores. Sua filha mais velha era minha namorada na época. Agora ela era casada com um homem que estava na prisão, o qual tinha sido meu companheiro de fuga na juventude. A segunda filha era casada com Jimmy, e ele não gostava do casamento, exceto pelos dois filhos, que ele adorava. Tinha uma repulsa fisiológica pela rotina e era psicologicamente incapaz de chegar no horário em um emprego. Podia ficar em uma festa até as seis e meia, então como podia chegar no trabalho às oito? Desmontar um carro em uma tarde de domingo era outra conversa.

A casa com a garagem ficava em El Monte. Tinha um longo quintal, por isso o que estávamos fazendo não iria perturbar o churrasco da família. Faríamos um corte pelo meio do corpo do carro e o descascaríamos em duas partes. Enquanto Jack colocava os óculos de proteção e manejava o maçarico, Jimmy usava sua considerável massa muscular com um pé-de-cabra para perfurar e forçar.

Cada vez mais membros da família passavam pela garagem até o churrasco no fundo do quintal. Tudo podia ter ido bem, exceto que o maçarico ateou fogo ao isolamento de borracha, ou pelo menos derreteu-o tão seriamente que a fumaça fluiu por uma janela quebrada nos fundos da garagem e formou uma nuvem encapelada cruzando o quintal. A fumaça negra e corrosiva tomou a garagem também. Tivemos que erguer a porta para deixar o ar entrar. O vento soprou ainda mais fumaça pela janela quebrada para o quintal já cheio de italianos tossindo e engasgando.

Flip, vestindo shorts brancos, blusa branca e uma faixa branca na cabeça (lembrando Lana Turner em O *Destino Bate à Sua Porta*), parou na entrada da garagem e riu até chorar.

Logo a disputa começou: Jimmy ficaria com a carcaça de alumínio e Jack pegaria o motor, mas ainda não havia sido levado em consideração quem ficaria com o chassi. Disse-lhes para terminar de cortar e então nós decidiríamos.

Quando a carcaça estava totalmente descascada e tudo o que sobrava eram o chassi, quatro rodas e dois assentos, peguei as placas de licenciamento, a plaqueta que tínhamos desparafusado e as chaves do carro e abandonei a cena do crime com Flip.

Quarenta minutos depois eu parafusei a plaqueta com o número de identificação do veículo, número do motor e todo o resto no impecável XK 140 conversível preto. Gostava mais dele que do 120 porque tinha janelas que corriam. O 120 tinha painéis laterais que se encaixavam no lugar.

Para fazê-lo parecer normal, inseri a chave do velho Jag na ignição do roubado. Com um ligeiro movimento a chave girou e eu apertei o botão da partida, que era separado da chave. Ele deu a partida e começou a roncar, um som hipnótico para os entusiastas dos carros esporte, categoria na qual eu me incluía.

Poucos dias depois, descobri que Jimmy e Jack levaram o chassi com as quatro rodas e dois assentos — mas sem carroceria, sem pára-brisa, sem faróis e sem placas de licenciamento — pela San Bernardino Freeway, Interstate-10, e dirigiram-no até Riverside. Eles disseram que era a coisa mais veloz na estrada. Por algum milagre, a Patrulha Rodoviária não os viu para testar a velocidade que eles alegavam. Venderam o motor a alguém que o pôs em um barco.

Eu dirigi o novo Jaguar por cerca de um ano e ele acabou sendo confiscado sem que ninguém descobrisse que na verdade pertencia a um comerciante de automóveis de Van Nuys. Mesmo quando me tornei um fugitivo, pus placas de outro estado no Jaguar e continuei dirigindo por alguns meses. Uma noite, estacionei-o em uma das íngremes ladeiras secundárias nas imediações da Sunset Strip. Enquanto eu estava fora, os freios falharam e ele desceu ladeira abaixo até a porta da frente e o *hall* de entrada de um prédio de apartamentos. Tinha sido guinchado quando eu voltei. *C'est la vie*, Jaguar.

SANDY MUDOU-SE DE VOLTA PARA a Sunset Strip, para um lustroso apartamento na Sweetzer, entre a Sunset e a Fountain. Uma tarde, ela me telefonou e disse para eu ir até lá: — Alguém quer ver você.

— Quem é?
— Não. Não. Será uma surpresa.
Quando abriu a porta, ela disse — Você nunca vai adivinhar quem é.
Sobre o sofá da sala de estar estava Ronnie H. Sandy estava certa: nunca teria adivinhado. Não fazia idéia que ele tinha saído. Não o via desde San Quentin. Era da vizinhança de Sandy; ela o conhecera antes de ele ir para a prisão. Na verdade, tinha alguma amizade com a irmã dele, que mais tarde seria morta no deserto por um condenado foragido, sentenciado à morte, embora eu não consiga me lembrar se ele foi mesmo executado ou se conseguiu uma comutação quando a Suprema Corte decidiu pela inconstitucionalidade da pena capital da maneira como estava sendo aplicada. Ronnie H. tinha sido um bom detento, embora não um matador. No léxico da prisão ele era um *certinho*. Ria com a boca escancarada, exibindo a falta de um dente.
— Ei, Eddie B. Ouvimos dizer que saiu com tudo em cima para você, um Jaguar e tudo o mais.
Por trás da minha afabilidade havia ciúmes. Embora Sandy não fosse minha garota e, na verdade, nós não tivéssemos sequer ido para a cama juntos, eu sentia uma semente de ciúme, que aumentou quando ela me contou que Ronnie tinha montes de dinheiro por trocar cheques sem fundo e que eles iam fazer uma longa viagem juntos: — Sempre quis morar por uns tempos em Nova York.
— Isso é ótimo. Quando vocês partem?
Ronnie respondeu — Em uns dois dias. Vou pegar um dinheiro que estão me devendo.
Quando ela deixou a sala, ele baixou a voz: — Bill D. falou que você pode conseguir cheques de pagamento em branco. Eu preciso de alguns.
— Quantos você quer?
— Não sei... tantos quantos você puder conseguir, acho.
— Não, não acho que você queira *tantos* assim. Você só consegue sacar cerca de uma dúzia por dia.
— Terei algumas outras pessoas sacando para mim, também. Que tal cem... talvez cento e cinqüenta? Quanto isso dá?
— Que tal seis mil.
— Parece bastante justo.
— Certo... amanhã está bom?
— Sexta-feira.
— Eu os terei amanhã à noite. Você terá meu dinheiro?
— Ah, sim... claro... assim que eu vir esses caras que devem para mim.
— Não, não... eu não quero esperar.
— Não, você não vai ter que esperar. Se eu não os encontrar, pago você com outro dinheiro que tenho.
— Ok. Quando eu tiver os cheques, onde você quer que eu o encontre?
— Procure-me aqui na Sandy.

Enquanto voltava para meu carro, estava rindo de mim mesmo porque havia sentido algo pouco comum para mim, ciúme. Não sabia quanto queria Sandy até parecer que ela estava partindo.

Eu tinha uma dúzia de cheques da Southern Pacific Railroad e nove da Walt Disney, todos preenchidos. Não era o suficiente. Sabia onde conseguir mais, de uma oficina mecânica em South Pasadena. Era uma presa fácil; não tinha alarme contra roubo. Havia barras de segurança na janela dos fundos, mas elas tinham sido cortadas para encaixar um aparelho de ar-condicionado no parapeito. Usando luvas, é claro, entortei as barras, tirei o ar condicionado e pulei para dentro. Dentro de uns dois minutos, eu tinha um grande talão de cheques. Os cheques não estariam quentes até segunda-feira. Levaria um tempo até que eles constassem em algum tipo de lista negra.

Liguei para Sandy da oficina mecânica.

— Ei, *baby*, ele está aí? — perguntei.

— Saiu para algum lugar... Acho que foi ver aqueles caras a respeito da grana que devem a ele. Estará de volta em pouco tempo.

— Segure-o aí. Eu estou a caminho.

— Você já está com eles?

— Sim, madame.

Ainda estava escurecendo quando desci a rampa para a Pasadena Freeway, mas, quando saí da Hollywood Freeway para a Highland Avenue, as luzes da cidade penetravam na noite. Peguei a Highland até a Fountain, segui a oeste para a Sweetzer e encontrei lugar para estacionar no meio-fio.

O prédio de apartamentos datava do auge do estilo arquitetônico do sul da Califórnia, cerca de 1940. Era um estuque de dois andares coberto por um telhado vermelho. Para entrar a partir da rua era necessário passar por um portão que dava para um jardim murado com samambaias exuberantes e uma fonte.

Quando Sandy abriu a porta, informou-me que Ronnie estava no apartamento.

— Ele trouxe minha grana?

— Não sei. Fale com ele.

Estava na sala de estar, assistindo a um jogo de futebol na TV. Tão logo me viu, levantou-se. Soube, sem que ele dissesse uma palavra, que não tinha o dinheiro.

— Era para eles me encontrarem — disse ele.

— Ã-ã! Não! Isso é papo. Não tenho nada a ver com isso. Preciso da minha grana.

— Eu sei disso — ele falou. — Vou tirar seu pagamento desses cheques... a primeira parcela.

— Olhe aqui, Ronnie; você e eu nos damos bem... mas eu não cometo crimes de graça. Quero meu dinheiro amanhã, e quero cinqüenta dólares por cheque em vez de quarenta.

Ronnie concordou com a cabeça antes que eu terminasse.

— Claro, cara. Obrigado, cara. Porra, eu vou trocar alguns hoje à noite mesmo e entregar a grana a você — ele olhou para a porta do quarto onde Sandy fazia uma arrumação. — Você pode me arranjar algo para preencher os cheques?
— Não sei. Talvez.
— Vamos fazer algum dinheiro — ele disse. — Vou pegar meu carro, mas você dirige. Certo?
Estava bem para mim. Assim eu podia ficar de olho na minha grana. Fomos para o meu apartamento para datilografar um nome nos cheques. Foi então que eu descobri que Ronnie não tinha documentos falsos.
— Vamos usar minha identidade — ele disse. — Por que não? Quero dizer... que porra... eu vou ser um fugitivo de qualquer maneira. Qual a diferença entre uma violação de condicional e uma nova acusação envolvendo cheques?
Sua lógica fazia algum sentido. Eu não teria feito isso, mas a verdade era que ele podia ter de cumprir quase o mesmo período por passar cheques ou violar a condicional. Ele caiu pela primeira vez por assalto à mão armada. O comitê de condicional podia pensar que ele estava melhorando se voltasse por falsificação.
Quando voltou do primeiro mercado e me entregou o dinheiro, disse — Não conte a Sandy sobre isto.
— Sobre o quê?
— Sobre usar minha própria identificação.
— Ah... claro.
— Vou pegar o resto amanhã — falei.
— Sim, certo. Está indo bem, né?
Concordei. — É melhor você pegar todo dinheiro que puder... porque quanto mais você tiver, mais longe você pode ir.
— Tem razão. Nós vamos ter muito quando eu passar o resto destes papéis.

NA MANHÃ SEGUINTE, SOBROU PARA MIM fazer a mudança de Sandy do apartamento. O que não iria com ela estava sendo levado para a garagem da casa dos seus pais no San Gabriel Valley. Quando cheguei ao apartamento, ela estava tendo uma discussão acalorada com a senhoria, que se recusava a devolver a caução porque Sandy estava se mudando antes que o contrato expirasse.
— Vamos lá — eu disse, quase arrastando-a. Sandy era uma garota grande e, embora se vestisse como uma socialite, tinha crescido em ruas cruéis e não teria nada contra dar um soco no olho da senhoria. Eu não queria que isso acontecesse. Enquanto puxava Sandy para o carro, disse — Fique fria. A gente pega ela. Eu volto e limpo tudo — o que fiz várias

noites depois, carregando tudo que pudesse ser vendido, incluindo um tapete que, por si só, tinha duas vezes o valor da caução. A senhoria era uma vaca ranzinza, mas tinha bom gosto.

Depois de largar tudo, exceto duas malas, na pequena mas organizada casa de condomínio, fomos para outra casa em Alhambra. Era uma casa de madeira situada muito para dentro do lote e construída antes da Depressão. A entrada de carros sem pavimentação tinha dois sulcos da passagem de incontáveis veículos. Um dia ela tivera um gramado frontal; agora alguns retalhos de grama remanesciam, e era uma prática obviamente comum estacionar no terreno em frente à casa. Dois carros estavam parados ali. Não reconheci nenhum. O de Ronnie não estava lá, nem o de seu parceiro de crimes. R.L. estava no esquema das falsificações. Na verdade, ele devia me pagar o restante do dinheiro. Ele dirigia um velho Cadillac marrom conversível. Seu carro antecipava os estabilizadores da traseira, que em 1957 tinham evoluído para sua extravagância máxima.

Deixei Sandy saltar e dei a volta na quadra para estacionar. Era pouco provável que a polícia chegasse, mas era possível. Se estacionassem na frente, eu teria uma chance de fugir pela cerca dos fundos. Se isso acontecesse, não ia querer deixar meu carro. Era minha prática sempre estacionar a alguma distância quando estava fazendo alguma coisa errada.

Sandy estava sozinha na sala de estar quando eu entrei.

— Quem está aqui? — perguntei.

— A mulher de R.L. e uma adolescente — ela apontou para um arco que dava para a cozinha. Lá eu encontrei a esposa, chamada Charlie, e uma garota da vizinhança, chamada Bonnie. Charlie estava alimentando um bebê em um cadeirão. Empilhados sobre a mesa da cozinha havia sacos de mantimentos. Alguém estivera trocando os cheques. Deixar aqueles papéis em supermercados, que eram os lugares para convertê-los em dinheiro vivo, trazia como subprodutos várias mercadorias. Eu os daria à cunhada de Jimmy D., cujo marido estava em San Quentin. Ela poderia usar aquilo tudo, especialmente a comida de bebês.

O cumprimento de Charlie foi frio, e, quando perguntei o paradeiro de seu marido, ela fez uma careta e um som de desagrado.

— Não sei. Não me importo. Tome aqui — Debaixo de uma revista ela tirou um maço de notas. — Ainda devemos seiscentos para você — disse ela. — Pegue com ele.

Para Bonnie, fiz uma expressão destinada a ser uma reação bem-humorada à raiva manifesta de Charlene. Bonnie não correspondeu, e a um exame mais atento pude ver que ela estivera chorando.

O som de batida na porta de tela da frente me levou de volta à sala de estar. R.L. tinha retornado. Ele ria para Sandy com uma bêbada estupidez.

— Como é que você 'tá, sua grande, boa... — então ele me viu. — Ei, grande E.B. Porra, você se veste bem. Onde está aquele Jaguar fodido que você tem?

Charlene veio atrás de mim. — Bem...? — disse ela.
— Bem o quê...? — respondeu R.L.
— Você passou algum?
Ele balançou a cabeça. — Não vão aceitá-los de mim.
— Puto mentiroso — disse ela, então suspirou e voltou para a cozinha. R.L. olhou para mim como se eu fosse o juiz de apelações. — Não sei por quê, cara. Eu juro, não aceitam eles de mim.

Quinze minutos depois, paramos o Cadillac de R.L. em um estacionamento ao lado de um supermercado na Huntington Drive. Enquanto dirigíamos até lá, disse a R.L. exatamente o que fazer. Ele saiu e eu esperei. Cinco minutos depois ele dobrou a outra esquina e apressou-se em direção ao carro, balançando a cabeça mesmo antes de embarcar.

— Eu disse a você. Eles simplesmente não aceitam.

Era óbvio que ele apenas caminhara em volta do mercado sem entrar. Quando paramos no mercado seguinte, eu o acompanhei. Era um grande Safeway.

— Pegue um carrinho — eu disse.

Ele empurrou o carrinho e eu o enchi até em cima com mantimentos. Fui com ele para a fila do caixa. Quando ele estava a um comprador de distância do caixa, saí e parei na porta. Ele entregou o cheque-salário. O caixa chamou o gerente, que olhou sua carteira de motorista e visou o cheque. As mercadorias foram embaladas e carregadas novamente no carrinho enquanto o funcionário do caixa contava o troco e o entregava.

— Este foi fácil — disse R.L. quando voltamos para o carro.

Estendi minha mão.

— Ah, sim, eu devo a você — disse ele, entregando-me o maço de cédulas.

Acompanhei-o na mesma dança mais duas vezes, enchendo o carrinho, acompanhando-o até a fila do caixa e dando tapinhas nas suas costas antes de sair para o lado. — Rapaz, é mais fácil do que eu pensava — disse ele, enquanto me entregava o dinheiro. Era tudo o que ele me devia. — Vamos fazer mais uns dois antes de irmos embora.

No mercado seguinte, quando nos aproximávamos da entrada da frente, Ronnie H. saiu empurrando um carrinho de mercadorias.

— Não entrem aí — disse ele. — O gerente ficou *um pouco* desconfiado. Vamos voltar para casa.

Quando voltamos, eu tinha todo o dinheiro que me era devido. Tinha bolos de notas que faziam volume nos dois bolsos da minha calça e no bolso interno do meu paletó. Fui até meu carro e enchi-o com as mercadorias para doá-las. Ronnie estava descansando um pouco antes de sair novamente. Ele sabia que não faria diferença ele trocar dez cheques ou duzentos; ia cumprir a mesma quantidade de tempo quando fosse apanhado. Quanto mais ele trocasse, mais longe poderia viajar e mais tempo ficaria fora de perigo. *Dê-me dinheiro suficiente e será impossível as autoridades me pegarem*, proferiu.

Sandy ainda esperava no sofá. Ronnie olhou para ela e disse — Você é a mais esperta de nós todos. Está ganhando tudo sem fazer nada.
— Não — disse ela. — Eu não sou a mais esperta. Ele é — apontou com a cabeça para mim.
Eu estava na porta de tela. — Adeus e boa sorte para todos.
— Telefono para você amanhã — falou Sandy.
— Você está deixando a cidade.
— Ligo para você de onde estiver. Você vai querer saber como eu estou, não vai?
— Claro. Até mais tarde.
Fiz uma saudação para todos e saí para a luz do fim da tarde, cantarolando uma canção e estalando meus dedos. — Sou o rei de todas as coisas... tenho que fumar um baseado antes de ir embora.
Entrei no carro e acendi um daqueles baseados grossos chamados de bombas.

* * *

QUANDO O TELEFONE TOCOU, no final da tarde seguinte, eu sabia que era Sandy. Quando ergui o fone, disse — Oi, *baby*.
— Como você sabia que era eu?
— PES[3].
— Quer ir ao cinema?
— Claro.
— Pegue-me na casa da minha mãe.
— A que horas?
— Na hora em que você chegar.
Naquela tarde dirigimos até Pasadena, onde assistimos a Frank Sinatra interpretar um comediante da época da Lei Seca, Joe E. Lewis, em *Chorei por Você*. Parecia um bom filme, embora minha memória dele seja menos clara que a de outros que vi. Parei de acompanhar o filme enquanto pensava no corpo de Sandy ao meu lado. Eu fazia o jogo da espera, escondendo meu desejo por vários meses, certo de seu desprezo por um homem que ela pudesse controlar pelo desejo sexual. Agora ela estava pronta para ser minha mulher. A idéia era inebriante. Era a fêmea perfeita para mim, formada nas ruas mas educada. O fato de ela ter sido garota de programa era ótimo para mim. Não me servia uma garota certinha que, se eu fosse para a cadeia, entrasse na sala de visitas para cho-

---

[3] Percepção extra-sensorial. (N. do T.)

rar na vidraça. Eu queria uma parceira que pudesse seduzir o agente de fianças, e o fizesse, para me tirar. Ela era gostosa também, um e oitenta, com um corpo de virar a cabeça e cabelos ruivos e sedosos. Tinha o andar mais sensual que eu jamais vira em uma mulher, com pernas longas, bronzeadas e bem torneadas, embora suas coxas fossem mais grossas que o padrão de hoje — mas bem do jeito que eu gosto. Assim como a maioria dos homens.

Embora visões de tê-la sobre lençóis brancos com aquelas pernas bem abertas preenchessem minha mente, eu sabia que iria acontecer, mas não era o momento certo de trazer à tona. Uma porção de coisas é comunicada sem palavras.

— Nós podemos formar um grande time — ela disse e, depois de uma pausa, acrescentou isto: — A propósito, eu escuto bem... — Não disse nada; gostei muito do que ela falou, pois validava meu domínio no relacionamento. Por que contar a ela que a simples idéia de bater em uma mulher era um anátema para mim?

UMA SEMANA DEPOIS NÓS TÍNHAMOS um apartamento no Sunset Boulevard, perto da interseção com a Holloway Drive. Lembro-me de parar na sacada, chapado de maconha, olhando sobre a planície de luzes da cidade, com a voz de Ella Fitzgerald cantando o *The Rodgers and Hart Songbook*. Estava esperando Sandy para me aprontar para o jantar. O mundo inteiro se estendia aos meus pés. Eu era o rei de tudo o que via.

10

A MERDA ATINGE O VENTILADOR

O telefone tocou. Atendi.
— Alô?
— Edward Bunker.
Não reconheci a voz, mas sinos de alerta tocaram no meu cérebro. — Quem está chamando?
— Quem é? — ele perguntou.
— Eu perguntei primeiro.
Houve uma pausa. — Sou seu oficial de condicional... e ele está encrencado.
Merda! — Ele não está no momento.
— Quem é você?
— Vou dizer para ele telefonar para você — desliguei. Minha camisa estava molhada de suor.
O telefone tocou novamente. Deixei tocar.
Na manhã seguinte, pus um lenço sobre o fone, afetando um leve sotaque do sul, e chamei o oficial de condicional. Passaram-me para Harry Sanders.
— Recebi um recado de que você queria falar comigo.
— Sou seu novo oficial de condicional. Quem você pensa que é, dirigindo um Jaguar?
— Recebi permissão para ter um carro.
— Não encontrei nenhuma autorização *escrita* no seu arquivo.
— Bem, meu antigo oficial de condicional me deu autorização. Pode perguntar a ele.
— Ele não está mais aqui. Além do mais, ela deveria ser dada por escrito.
Não disse nada. O que poderia dizer?
— Você nem sequer tentou cumprir esta condicional.

— Eu tenho um emprego.
— Você tem um emprego de vendedor de automóveis. Isso é vigarice. Você deveria estar na cadeia agora com aquelas acusações pendentes em Beverly Hills. Não sei qual foi o diabo que deixou você sair.

Novamente, fiquei em silêncio.

— Venha para este escritório agora.
— Você vai me pôr na cadeia?
— Vamos decidir isso quando você chegar aqui.
— Só queria saber se devo levar escova de dentes e cuecas limpas.
— Você é um engraçadinho, além de tudo.
— Não, eu não sou... não mesmo.

Pondo o fone no gancho, considerei fugir. Na minha opinião, era melhor ser caçado que apanhado, e era óbvio que um novo dia tinha raiado na minha relação com a Divisão de Condicional.

Com grande apreensão, entrei no meu carro e dirigi até o escritório de condicional. Ficava no centro, no edifício comercial em cima do velho Million Dollar Theater. Uma vez que você entrava, a recepcionista tinha que destravar a porta para você sair. Os cubículos usados como escritórios ficavam ao longo de uma passagem estreita, muito parecida com uma imagem kafkiana. Uma porta se abriu, uma cabeça apareceu e uma mão gesticulou para mim.

— Pessoalmente, eu colocaria você na cadeia agora — foi a primeira frase de Harry Sanders. Ele estava em seus trinta anos, gordo e sem atrativos, com papadas penduradas sobre o colarinho. Elas vibravam quando ele mexia a cabeça. — Meu supervisor disse para esperar.

Eu tinha certeza de que o supervisor pensava que eu ainda estava sob a proteção da sra. Hal Wallis. Ele não ia fazer nenhum movimento brusco.

— Vou lhe dizer uma coisa — continuou Sanders. — Você vai arranjar um emprego diferente.

— O que há de errado em vender carros?
— Tentação demais... vigarice demais aplicada no público.

Quis argumentar, mas sabia que os jornais estavam tomados por um escândalo recente envolvendo H.J. Caruso, um dos maiores comerciantes de veículos do sul da Califórnia. Ergui os ombros e mantive minha boca fechada.

— E aquele Jaguar. Você vai se livrar daquele carro. Que porra você pensa que é, um homem em liberdade condicional dirigindo um Jaguar?

Baixei meus olhos em sinal de subserviência, mas em minha mente eu visualizava como gostaria de pegá-lo em algum lugar sem testemunhas. Quando voltei para o carro, percebi que minhas mãos estavam trêmulas. Como você deve saber pelo que já leu, não sou um homem de tremer com facilidade. Queria matar Sanders, pois sabia que, ao contrário da crença popular, assassinato é, talvez, o crime mais fácil de se cometer e sair livre, se o perpetrador seguir um roteiro simples. Primeiro, não confiar em ninguém. É um peso demasiado para outros carregarem, especialmente se estiverem em situação de negociar isso em troca da própria liberdade. Muitas pessoas parecem compelidas a confiar o segredo a alguém, pô-lo para fora. Assassinato pesa demais na alma. Não deveria, mas pesa. O segundo passo é achar um lugar em que possa encontrar a vítima sozinha, na entrada do carro, em um estacionamento ou em uma garagem subterrânea. Dê um passo à frente e atire, de preferência entre os olhos ou atrás da orelha; o coração também está Ok. *Tenha* certeza de disparar tiros mortais e de que ninguém possa identificar você. Descarte a arma onde ela jamais possa ser encontrada e certifique-se de que ela não será rastreada até você, caso a localizem. Então, este será um crime sem evidências ou testemunhas. Mesmo que a polícia acredite que você o cometeu, não há nenhuma prova que eles possam apresentar perante um júri. Se questionado, não minta. Não diga nada a não ser: "quero ver meu advogado". Diga isso para os policiais que o prenderem; diga isso para o escrivão; diga isso para os detetives que interrogarem você; diga isso para qualquer oficial de polícia que passar por você; diga isso para a enfermeira distribuindo medicamentos; diga isso para o faxineiro: "quero ver meu advogado".

Podia ter ido em frente com isso, mas não estava em mim cometer assassinato a sangue-frio. Em defesa própria, sim. Se alguém estivesse ameaçando minha existência, eu me livraria dele rapidamente. Harry S. poderia se encaixar nessa categoria, mas *poderia* não era suficiente para tirar sua vida, por mais desprezível que ela fosse. Eu tentaria superar isso, acatar o que ele dissera e tentar aplacá-lo. Isso era contrário à minha natureza, mas era a única chance que eu tinha de vencer. Minha condicional tinha nove meses e doze dias restantes. O Estado havia posto uma coleira em volta do meu pescoço quando eu tinha quatro anos e fizeram de mim um tutelado da corte. Desde então eu estivera sob liberdade condicional ou provisória. Se conseguisse superar aquilo, tinha esperanças de que ele passaria a ter outros casos para atrair sua atenção. Se pudesse agüentar por um ano, estaria isento da sentença e realmente livre.

Demiti-me da venda de veículos e arranjei um trabalho braçal no estúdio Disney, transportando cenários no pátio de trás sob o sol calcinante. Depois de duas semanas, não pude mais suportar e me demiti. O irmão de um amigo ex-condenado possuía um clube de *strippers* na Seventh, perto da área central. Ele me deu um fachada, preenchendo um cheque que eu devolvi, além de pagar os impostos deduzidos e o seguro social. O oficial de condicional desaprovaria o emprego no mês seguinte, quando eu mandasse meu relatório. Depois, eu simplesmente diria que não conseguia arranjar um emprego. Ele teria dificuldades para me pegar por violação de condicional por não trabalhar, depois de me fazer sair de dois empregos.

Outra coisa que incomodava Sanders eram mulheres. — Como você pode ter tantas namoradas? Quem são essas mulheres? — Ele queria vê-las. Fiz Flip visitá-lo usando o nome de Patty Ann.

Para cumprir sua ordem de me livrar do Jaguar, eu simplesmente o pus em nome de Sandy, com o correspondente recibo de venda. Ele queria saber quem era ela e, quando eu falei que era alguém que me procurou quando pus um anúncio de VENDE-SE na janela, ele requisitou seu nome e número telefônico. Não podia dizer que não os tinha. Quando contei a Sandy, ela disse — Que babaca! — exatamente minha opinião. Quando ele ligou dizendo que era oficial de condicional e quis saber sobre o automóvel, ela disse para ele procurar seu advogado. Em vez disso, ele ligou para o banco (pois o empréstimo teria de ser transferido), obteve informação sobre seu pedido de crédito, e telefonou para o produtor cinematográfico que respondia por Sandy quando ela precisava de referências. Sanders interrogou o produtor.

— Quem é essa garota? Você sabia que...

Assim que o oficial desligou o telefone, o produtor ligou para Sandy, querendo saber "quem é esse Edward Bunker?".

Ela o afagou verbalmente e o acalmou, mas no final da conversa ele ainda disse: — Não sei se vou poder continuar sendo sua referência para empregos. Deixe-me pensar sobre isso.

Tão logo ele desligou o telefone, Sandy já estava ligando para mim: — Esse oficial de condicional é louco. Sabe da cagada que ele fez?

— Nada mais me surpreende.

— Aquele sádico filho-de-uma-puta ligou para meu amigo produtor e... Ahhh, que merda! Duas vezes merda!

— Desculpe, garota. Realmente...

— Ah, que se foda. Já aconteceu. Não adianta chorar — ela fez uma pausa. — Quer saber de uma coisa? Acho que esse oficial de condicional tem algum tipo de frustração sexual... provavelmente não consegue trepar.

— Ele tem a bunda de um elefante.

Isso fez Sandy rir, mas não fez com que eu me sentisse melhor. — Esqueça ele — falei. — Onde você quer comer?

— Que tal o Captain's Table?

— Para mim está ótimo.

— Estarei pronta em cerca de quinze minutos.

Enquanto Sandy se vestia e se maquiava, pus *Ella Fitzgerald Sings Rodgers and Hart* no toca-discos e saí para a sacada para fumar um baseado e olhar a planície de luzes que começava a brilhar na noite que avançava. A música e a voz cadenciada e perfeita me vinham pela porta aberta. Sanders que se fodesse. Eu era o rei de todas as coisas — pelo menos o bagulho me fazia sentir assim — e minha cidade se estendia tão longe quanto eu podia ver. Eu estalava meus dedos no compasso da música e ria em meio ao crepúsculo. Cara, para um ex-detento de vinte e três anos criado pelo Estado eu tinha a vida segura pelos colhões. Deveríamos ir no meu Jag ou no seu Cad? Quantos ex-presidiários de vinte e três anos criados pelo Estado podiam fazer essa escolha? Olhando para trás, eu devia ter sido menos presunçoso.

Chegou o dia de me apresentar perante a Corte Municipal de Beverly Hills. A polícia havia me fichado originalmente por suspeita de roubo, um crime, mas tudo que puderam apresentar foram várias pequenas contravenções. Meu advogado, contratado por Louise, era um velho que lecionava em Loyola. Não era nenhum leão na corte, mas conhecia uma porção de gente no sistema judiciário. O juiz fora seu aluno. O promotor público encarregado do caso retiraria todas as acusações exceto a de má conduta por vadiagem — se eu me declarasse culpado. E eles não iriam apelar em nenhum momento se o juiz quisesse que eu pagasse só uma multa.

— Eles não poderiam estar menos incomodados com você. Querem os outros dois.

— Você garante isso?

— Não posso *garantir* isso, mas se o promotor não apresenta objeções eu conheço o juiz há muito tempo. Se formos a julgamento, ele poderá considerar você culpado de todas as acusações e lhe dar seis meses na cadeia para cada uma delas. Assim que considerarem você culpado, vão rescindir sua fiança, certo como o sol se levanta. Se alegar culpa, deixarão você solto até o dia da sentença... e se receber uma multa...

— Quanto tempo demora para sair a sentença?

— Seis semanas... dois meses... e você paga uma multa.

Com uma hesitação apreensiva, balancei a cabeça aquiescendo.

Em uma sala de júri deserta de espectadores, entrei com a alegação de "culpado" pela acusação de vadiagem. O juiz estabeleceu uma data para a audiência de probação e sentenciamento para dali a sete semanas. Ele referiu a matéria ao departamento de probação para um relatório.

No caminho para fora, o advogado apertou meu ombro e disse que iria telefonar para o chefe do escritório de probação.

— Não se preocupe com isso.

Não se preocupe com isso. Ele era algum louco? Tudo o que eu iria fazer era me preocupar, ou pelo menos esperava que fosse assim. Seis semanas, porém, estavam distantes daquela noite, e cada dia era uma experiência nova. Sandy sabia coisas que eu não sabia — sobre sexo e sobre como se divertir. Isso foi antes da era *hippie* e na aurora das roupas desleixadas, por isso éramos elegantes quando saíamos para jantar em restaurantes como Perino's, Romanoff's, Chasen's, Edna Earle's Fog Cutter e Don the Beachcomber's, e depois disso íamos ouvir Francis Faye no Interlude, acima do Crescendo. Pegamos Billie Holiday no Jazz City, no Hollywood Boulevard, perto da Western. Billie estava claramente sentindo o mal-estar da abstinência, por isso, durante o intervalo, quando ela foi para o banheiro das mulheres, Sandy a seguiu. Não haveria oportunidade para um pico, mas Sandy ofereceu-lhe uma cafungada — e quando ela cantou na entrada seguinte, sua voz estava rouca e profunda, em sua incomparável performance. É fenomenal a rapidez com que uma pequena cafungada de heroína leva embora a agonia da fissura e quase todos os outros tipos de dor. E o que não consegue tirar ela torna irrelevante. Seu braço pode ainda estar quebrado, mas por algum motivo isso não tem tanta importância. O mesmo vale para a angústia e a ansiedade. A droga instantaneamente embrulha seus problemas e os joga pela janela. Anula a dor e a oculta de tal forma que você se torna inconsciente da sua existência até que ela desapareça.

Depois que os clubes regulares fechavam, nós freqüentemente íamos para os clubes madrugueiros nas imediações da Forty-Second e da Central, onde o uísque que pedíamos era servido de bules para xícaras, as luzes eram suaves, a fumaça de cigarros era espessa e alguns músicos lendários vinham depois de suas apresentações normais para *jam sessions* que duravam até o amanhecer.

A audiência e o parecer de pré-sentenciamento correram bem. O oficial de probação estava atarefado e indiferente. Aceitou como verdadeiro o emprego de fachada que eu apresentei e havia, na verdade, algumas questões sobre meu envolvimento no esquema de arrombamento. Mesmo o boletim da polícia dizia que eu aparentemente estava dormindo no banco de trás quando o oficial se dirigiu para o carro. Depois de ler os autos da probação, meu advogado falou com o juiz, "de modo extra-oficial... e ele acha que isso requer algo como cem dólares ou cinqüenta dias...".

— Cinqüenta dias!

— Não... não. São cinqüenta dias se você não pagar a multa. Dois dólares ao dia.

Parei de me preocupar e continuei devorando meus prazeres hedonistas. Os dias corriam. Finalmente, chegou o dia marcado no calendário.

Eu tinha que me apresentar à tarde e estava atrasado. Não me lembro por quê. Lembro de encontrar meu advogado no corredor fora da sala do júri. Ele estava zangado: — Eles já chamaram você. O juiz estava pronto para expedir um mandado — enquanto falava, ele me conduzia pela porta da sala do júri. A sala não estava cheia, mas ainda tinha uma porção de assuntos a tratar. O juiz estava ouvindo os argumentos de outro caso, alguém pedindo uma redução de fiança. Meu advogado tinha dois assentos no corredor. Quando nos sentamos, ele me entregou alguns papéis.

— Jesus, por que você não me avisou?

Eu li: "Departamento de Correções, Condicional e Serviços Comunitários". Meu Deus! Era ele, minha *bête noir* com bunda de elefante. Li em fragmentos, minha mente disparada demais para que houvesse continuidade: "... o *Departamento de Polícia de Los Angeles suspeitou dele por dois assassinatos...*". Ele estava louco? Do que estava falando? Muito tempo depois eu iria concluir que ele estava se referindo ao fiasco do Predador de Hollywood — mas nunca descobri a que outro assassinato ele se referia. "... *envolvido em tráfico de drogas e exploração de prostitutas na área de Sunset-Beverly Hills...*" Se ele estivesse na corte e eu tivesse uma arma, ele seria baleado até a morte na frente do juiz, dos meirinhos, do promotor e de Deus todo-poderoso. Eu estava indo para a cadeia por causa dessa merda. *Assassinato*! Que porra era aquela? *Exploração de prostitutas*! Aquilo era loucura. Eu era o melhor amigo de uma puta. Eu *odiava* cafetões.

Se eu tivesse apenas sabido sobre aquilo...

— Vou mijar — disse, com a intenção de sair e não voltar mais.

— *O Povo contra Bunker*, número cinco seis nove seis traço cinco sete...

O juiz me deu noventa dias na cadeia municipal e os meirinhos se aproximaram e me levaram para a detenção ao lado da corte. Quando um meirinho abriu a porta, dei de cara com o fedor resultante da combinação de corpos sem banho com uma privada entupida. Como a maioria das detenções de tribunal, estava lotada. Todos os bancos estavam ocupados; assim como a maior parte do assoalho. Eu era de longe o mais elegantemente vestido. Todos os outros tinham vindo de algum distrito, onde dormiam durante dois ou três dias com o que quer que estivessem vestindo quando foram presos. Quase todos eram pobres e isso transparecia em suas roupas. Encontrei um espaço perto da parede, tirei meu casaco de pêlo de camelo e usei-o como travesseiro. Se minhas experiências passadas serviam de indício, haveria uma longa espera antes que fôssemos para qualquer lugar.

Por volta de seis e meia, os agentes penitenciários chegaram com as correntes. O ônibus esperava do lado de fora. De Beverly Hills, fomos para Inglewood pegar mais prisioneiros, e de lá para Long Beach. Passava muito da meia-noite quando fomos vomitados no velho Palácio da Justiça, na esquina da Temple com a Broadway. Uma nova cadeia central ocuparia o espaço de um depósito de lixo atrás da Union Station, mas isso estava a uns dois anos no futuro. Demorou dezoito horas para passar pelo processo de registro, a maior parte desse tempo gasta em esperas em algum lugar do edifício. A sala de visitas era usada depois que os visitantes iam embora, o mesmo valia para as detenções da corte no andar inferior durante a noite. Uma vez que um peixe era jogado no processo de desinsetização, nem mesmo Deus podia achá-lo até que saísse pelo outro lado, seu corpo grudento com o DDT borrifado depois de um chuveiro, vestindo uniformes da prisão, amarrotados e desalinhados, e carregando suas roupas de cama.

Era uma tarde de sexta-feira quando o juiz me sentenciou. Eram cerca de quatro horas da manhã de domingo quando o portão da carceragem se fechou atrás de mim. O corredor do lado de fora das celas era formado por colchões de parede a parede e quase todos corpos adormecidos. Um ou dois homens liam livros à luz que atravessava as grades externas vinda da passagem dos carcereiros. Eu consegui me esticar sobre o concreto sem um colchão e usando a roupa de cama como travesseiro. Apesar do desconforto, adormeci rapidamente. Tinha dormido menos de uma hora na noite anterior, e sobre o chão duro.

Em dias de semana, às quatro da manhã um agente carcerário com uma prancheta começaria a chamar nomes para a corte. Como era domingo, eram seis horas quando as luzes se acenderam e os presos de confiança da carceragem saíram da primeira cela e começaram a acordar os que estavam dormindo no corredor. Em toda a cadeia, as portas começavam a se abrir. Os corredores eram esvaziados de colchões e roupas de cama para que o café-da-manhã pudesse passar. Lutei duramente contra o peso incrível da necessidade de sono. O corredor ficou vazio rapidamente, enquanto os prisioneiros enrolavam seus colchões e os carregavam para dentro das celas. Ali não era a mesma coisa que a alta tensão, que sempre tinha lugar. Ali havia cinco homens para cada cela de dois lugares. Fui até o primeiro cubículo; os de confiança me designariam uma cela.

— Bunker! Eddie Bunker! — quem me chamou estava na entrada da primeira cela. Vestia uma regata azul que combinava com as tatuagens azuis em tinta da China que cobriam ambos os braços e cada um dos outros pontos visíveis de carne, incluindo uma linha em volta do pescoço com os dizeres: "CORTE NA PONTILHADA". Foi a barba cerrada, que não era permitida em San Quentin, que me fez franzir a testa, porque não o reconheci por alguns segundos. Ele percebeu a razão da minha testa franzida: — Jimmy Thomas, seu idiota!

Claro. Skinny Jimmy. Não o via havia muitos anos.

— Ei, cara, como está você?

— Estou lutando contra uma pena por assalto. Eu e Buddy Sloan. Traga suas coisas para cá — ele gesticulou para que eu entrasse na primeira cela. Não importava quanto o resto da carceragem estivesse lotada, a Cela nº 1 tinha apenas dois ocupantes para dois beliches. Ninguém sequer dormia no chão sem ser convidado — e eles me convidaram. Claro que, a essa altura, era impossível eu entrar em uma cadeia ou prisão da costa oeste sem conhecer vários (se fosse uma cadeia) ou muitos (se fosse uma prisão) dos ocupantes.

O outro preso de confiança da primeira cela apareceu na soleira, um metro e noventa e cinco de músculos enxutos e cabeça raspada.

— Conhece Bobby Hedberg?

— Claro que eu sei quem ele é — estendi a mão. — Eddie Bunker.

— Ouvi falar de você também... louco filho-da-puta.

— Não tão louco quanto você — Era verdade. Bobby Hedberg era um autêntico doido. Parecia são e racional quando conversava — sua fala tinha sentido —, mas fazia coisas tão selvagens que minhas aventuras ficavam menores em comparação. Se eu tivesse feito o que Bobby fez ao longo de sua carreira criminal, teria passado minha vida inteira na prisão, em vez de meros dezoito anos em três sentenças. Bobby era uma anomalia. Seu pai, R.B., em cuja homenagem Bobby havia sido nomeado por ser o filho mais velho, enriquecera construindo conjuntos habitacionais no San Fernando Valley quando a II Guerra Mundial acabou. R.B. era um rígido, severo católico irlandês, e todo mundo para ele era ou crioulo, ou cucaracha, ou carcamano seboso, ou judeuzinho, ou japa, ou inglês filho-da-puta puxa-saco do rei, ou bugre bastardo, ou um protestante de merda. Detestava todos menos o papa, mas desconfiava de João XXIII, por ser muito amaldiçoadamente liberal. Bobby era o filho mais velho, e partiu o coração de seu pai por se tornar um marginal. Bobby não era um garoto rico se aventurando do outro lado da estrada; era um cara durão e barra-pesada até o tutano. Ele faria coisas ultrajantes ao longo das duas décadas seguintes, na prisão ou fora dela. Perseguido certa vez pela Patrulha Rodoviária da Califórnia, ele forçou caminho pela fronteira entre o México e os EUA sob uma tempestade de balas e rendeu-se do outro lado. Outra vez, um oficial de condicional conseguiu trancar Bobby em um escritório no nono andar de um edifício comercial no centro. Ele jogou tudo pela janela para as ruas centrais, sua própria chuva de confetes feita de registros de prisioneiros. Terminou a cena arrancando o retrato de Ronald Reagan da parede e jogando-o também.

Fui visitá-lo uma vez em West Hollywood. Quando cheguei, o alto condomínio estava isolado por viaturas preto-e-branco da chefatura de polícia. Do telefone público mais próximo, liguei para ele. Como esperava, era Bobby que eles estavam cercando, embora neste momento não consiga me lembrar por quê. Sua voz estava engrolada por um barato de heroína. Falamos por poucos segundos e ele disse que tinha de sair. Meses depois, soube que ele havia empacotado tanta heroína quanta pôde reunir em camisinhas atadas com nós apertados e enfiou-as no seu rabo até começar a andar curvado. Depois tomou pico até chegar perto de uma overdose. Quando arrombaram a porta, ele estava inconsciente no meio do assoalho. Não sabia nem que tinha sido preso até acordar na ala dos prisioneiros do hospital geral.

Outra vez ele estava na cadeia municipal e conspirou com uma das garotas Manson para seqüestrar um cônsul-geral centro-americano a fim de forçar sua soltura. O FBI interceptou o complô, mas nunca o levou a sério. Eu teria recebido quarenta anos, Bobby pegou dois — e eles correram simultaneamente à sentença que ele estava cumprindo em San Quentin.

Bobby se aplicaria uma overdose fatal aos quarenta anos, mas isso seria no futuro. Quando nos conhecemos na cadeia, disse — Cara, ouço falar de você desde que fui para o abrigo juvenil.

A carceragem abrigava de quatro a cinco por cela, exceto nas primeiras três celas, que abrigavam dois, três e três, e os homens que as ocupavam distribuíam a comida, varriam e esfregavam o corredor, designavam celas e beliches — e mantinham a ordem a socos e pontapés. Mudei-me para a primeira cela com um colchão estendido sobre o piso.

Era um domingo vagaroso. Sem apresentações à corte, sem visitas, sem carrocinhas de vendedores oferecendo coisas, exceto o carrinho de jornais e revistas do Oscar. Oscar detinha a concessão na cadeia havia décadas; vender milhares de jornais e brochuras todos os dias tornara-o um homem rico. Dormi no beliche de Bobby durante o dia. Depois da contagem da noite, joguei pôquer para ter algo com que ocupar minha mente para que ela não ficasse remoendo meus problemas. Não havia nada que eu pudesse fazer a não ser me preocupar. Melhor me concentrar nas cartas que saíam do baralho.

Por fim, veio o encarceramento e o apagar das luzes. Dormi rapidamente para evitar pensamentos sobre a minha situação.

Tarde na manhã seguinte, fui chamado para fora da carceragem e disseram-me para ir à Sala dos Advogados. Enquanto passava pela conferência do agente carcerário em sua mesa, olhei à volta da sala e vi o agente de condicional. Caminhando por entre as mesas em sua direção, vi um brilho malicioso em seus olhinhos de porco e nos cantos de sua boca.

— Você sabe que está voltando, não sabe?

Balancei a cabeça, não confiando no que podia sair da minha boca. Era pura força de vontade o que me impedia de mergulhar por sobre a mesa e esmagar sua cara. Não eram as conseqüências que me incomodavam. Era porque em segundos eles se empilhariam sobre mim e me arrastariam para fora. Se tivesse pelo menos dois ou três minutos, eu o teria atacado. Teria sorte de conseguir quinze segundos, e isso não proporcionaria satisfação suficiente para compensar o espancamento que iriam me infligir, o isolamento na solitária e o adendo ao seu relatório da condicional. Na verdade, ele estava meramente confirmando o que eu já sabia. Era política padrão que qualquer pessoa sob condicional que fosse mandada para a cadeia por qualquer motivo fosse de volta para a prisão; então as autoridades reviam a matéria. Ninguém jamais foi reintegrado à condicional. Alguns homens cumpriram mais tempo por violação de condicional que pela condenação original. Eu estivera tentando manter a esperança apesar do que sabia. Isso estava acabado.

Quando atravessei de volta os corredores para a carceragem, estava resignado a rever o Pátio Principal. Agora minha maior esperança era que a papelada corresse rápido o bastante para que eu não tivesse que passar meses na cadeia municipal.

Quando cheguei à plataforma do lado de fora da carceragem, Bobby Hedberg estava me esperando do lado de dentro do portão. Trazia minha magra bagagem nas mãos. — Quem estava lá?

— O oficial de condicional — Apontei meu polegar para baixo; o gesto dizia tudo.

— Eles mandaram você arrumar suas coisas e ir para a fazenda.

— Para a fazenda.

— Sim. Bem à sua esquerda.

O agente que controlava as quatro carceragens daquele andar veio destrancar a porta para me deixar entrar. Bobby falou — Este é Bunker. Aqui estão suas coisas.

O agente abriu a porta e Bobby me entregou a roupa de cama.

Meia hora mais tarde eu estava em um ônibus da chefatura de polícia em direção ao norte, através do San Fernando Valley. Não usava algemas. A colônia penal agrícola era de segurança mínima. Enquanto o ônibus rodava, eu me dei conta de que a burocracia carcerária, que sempre necessitava de espaço na cadeia central, viu-me como alguém elegível para a fazenda. O oficial de condicional ainda não havia me posto sob detenção quando fui chamado a arrumar as coisas.

Quando o ônibus saiu da US-99 em Castaic e atravessou o portão para a fazenda, rezei silenciosamente para que não estivessem esperando por mim.

O ônibus encostou. Um sargento estava à espera. Ele chamou nossos nomes e designou cada um de nós para um alojamento.

— Bunker, alojamento onze, leito quinze.

Caminhei para dentro do alojamento, passei pela cama número quinze, saí pela porta de trás, aspirei minha coragem e saltei alto por sobre a cerca. Ela balançou, o som vibrando em sua superfície até alguma distância. Continuei escalando. Havia três fileiras de arame farpado no topo. Joguei uma perna sobre elas, as farpas enroscando em minha calça e sulcando minha carne. Não liguei e continuei fugindo, ignorando o corte. Era muito mais arriscado pular a cerca à luz do dia do que à noite. Qualquer agente que passasse, ou um dos supervisores das diversas equipes de trabalho operando constantemente na reserva, podia me avistar. À noite, a escuridão seria meu manto quando estivesse sobre a cerca. Infelizmente, não tinha a alternativa de esperar até a noite. O teletipo podia funcionar a qualquer minuto.

Joguei-me sobre a estrada de terra que corria pelo outro lado da cerca. Uma dor aguda se irradiou do meu tornozelo. Tinha-o torcido a ponto de mancar quando subi o primeiro barranco. Era uma terra árida e nua, com poucas plantas ressecadas do deserto. Quando cheguei ao cume, estava a uma altura suficiente para que qualquer um no complexo pudesse me ver. Tive sorte. Ninguém soou o alarme. Transpus o cume da crista pouco elevada e fiquei fora de vista. Agora as chances estavam a meu favor. Comecei a dizer para mim mesmo: "*Vou escapar! Vou escapar!*". Era uma ladainha que marcava meu passo. Longe ia minha depressão. Agora o que havia era a excitação. Em algum ponto do caminho, em um mês, dois meses ou dois anos, iriam me capturar. Isso eu sabia. Mas naquele momento era melhor ser procurado que apanhado. Melhor um fugitivo que um condenado. L.A., aí vou eu novamente.

11

EM FUGA

Se há um aprendizado para formar um fugitivo, comecei a cumpri-lo desde a primeira infância com todas as fugas de internatos e escolas militares. Aperfeiçoei essas habilidades nas escapadas do abrigo juvenil e da escola correcional. Eu supunha que as autoridades fariam o que era costumeiro com foragidos da condicional ou de instituições de segurança mínima, o que significa que eles simplesmente esperavam até que o fugitivo fosse parado por infrações de trânsito ou preso por alguma ofensa menor, para então prendê-lo. Na maioria dos casos, ele não podia conseguir documentos falsos. Não usava nenhum, ou apresentava os seus próprios. Tinha de mostrá-los e rezar. Eram os computadores que o agarravam. Ou então as autoridades recebiam um telefonema da vizinhança, se ele fosse para as imediações da casa de sua família. Fiquei surpreso quando eles empreenderam esforços para me pegar. Tentaram pressionar Sandy a me entregar. Quando ela se recusou a me trair (— Não sei onde ele está — disse ela. — Deixe-me chamar meu advogado.), prenderam-na por suspeita de roubo, na esperança de intimidá-la. Em vez disso, ela foi da subdelegacia de polícia para a instituição feminina Sybil Brand em um ônibus da chefatura, provocando assobios e apupos dos prisioneiros homens. Era a única mulher na jaula especial de aramado na frente. Vestia uma saia de couro justa e um suéter ainda mais justo (era a época de seios destacados por sutiãs elevados) e luvas de ópera.

O departamento de polícia ficou realmente furioso quando um advogado chegou duas horas depois com um mandado que estabelecia fiança para Sandy, acompanhado por um agente de fianças que a pagou. O verdadeiro efeito disso foi me tornar muito mais cauteloso do que teria sido de outra maneira. Minha identidade falsa resistiria a tudo, exceto uma verificação de impressões digitais. Na época isso só podia ser feito em um distrito policial. Levava três dias para voltar de Sacramento ou de Washington, a menos que houvesse um pedido de urgência anexado.

Um fugitivo, como qualquer outra pessoa, tem de se confrontar com a necessidade de garantir a sobrevivência. A Seguridade Social e o computador tornavam um emprego legítimo inviável, a não ser que se quisesse fazer algo como pastorear ovelhas em Montana. Do meu esquema anterior de passagem de cheques, ainda me sobravam alguns talões incompletos de cheques-salário. Eles já haviam esfriado nos meses que se passaram, e seria fácil encontrar pessoas dispostas a trocá-los. Era seguro e lucrativo.

Aluguei um apartamento em Monterey Park, uma comunidade do município de Los Angeles, a leste da cidade central. Os apartamentos tinham dois andares, com uma sacada circundando o andar superior. Eram distribuídos em forma de ferradura e tinham uma piscina no centro. Uma noite voltei para meu apartamento, girei a chave e abri a porta. Encarando-me estava uma dupla de detetives, um dos quais com uma arma. Instantaneamente, antes mesmo que ele pudesse falar, dei um giro para a direita e saí pela sacada.

— Pare! Pare! — alguém gritou quando alcancei o final da sacada e pulei o parapeito para o lance de escadas. Atingi-o de mau jeito e caí o resto do caminho até o chão, amortecendo a queda com as minhas mãos. Torci ambos os pulsos e esfolei a pele até a carne viva, algo que não percebi na hora.

— Pare! — ele gritou novamente. Ignorei a voz de prisão e segui para um muro baixo nos fundos.

Três tiros foram disparados, o último quando eu pulava sobre o muro. Vi-o produzir faíscas quando raspou o concreto. Tinha conseguido chegar ao estacionamento, mas ignorei meu carro. Ia demorar muito. Segui caminho e passei o resto da noite deitado entre os arbustos baixos em frente a uma casa, enquanto carros da polícia cruzavam a vizinhança de um lado a outro, as luzes de suas capotas piscando e seus holofotes iluminando entradas de garagem e outros possíveis esconderijos. Os arbustos onde me ocultei eram tão baixos que eu tinha de me comprimir contra o chão. Era um lugar tão improvável para um esconderijo que simplesmente passou pelo escrutínio.

Quando o céu se tornou cinzento com as primeiras luzes, começou a chover. Um dia eu sentira uma espécie de excitação em bancar o fugitivo, mas nesse alvorecer em particular eu era um foragido molhado e infeliz. Abandonaram a procura quando chegou a hora da troca de turnos.

Alguém havia me dedado. Talvez meia dúzia de pessoas soubesse onde eu estava morando, mas não tinha idéia de quem fosse o meu judas. Era possível que aquela pessoa tivesse confiado em alguém mais, e o confidente houvesse discado o telefone. Agora eu perdera meu carro, minhas roupas, minha máquina de escrever e outro rascunho parcial de minha segunda tentativa de escrever um romance. Tinha trezentos dólares encharcados no meu bolso. Usando cem, comprei um Ford 1946. Outros cem foram para uma pistola Colt .32 semi-automática e uma calibre .12 de cano duplo, mais uma serra para encurtar o cano e cortar o cabo. Parecia uma pistola de pirata do século dezoito, incluindo os dois cães. A última coisa que eu fiz foi alugar um quarto mobiliado perto da Seventh com a Alvarado, um quilômetro e meio a oeste do centro. Custava vinte pré-inflacionados dólares por semana.

Sem saber quem havia me alcagüetado, não confiava mais em nenhum deles, exceto em Sandy e Carlos Gutierrez, aliás Bonnie. Não fora Sandy; ela já havia ido para a cadeia em vez de me trair. Confiava em Bonnie simplesmente por sua integridade. Era um criminoso medíocre, principalmente porque não fazia nada a não ser que estivesse quebrado e desesperado por dinheiro. Na verdade, como eu disse antes, a maioria dos crimes são atos de desespero. Claro que a causa mais esmagadora de crimes desesperados era a necessidade de dinheiro para comprar drogas. Tempos duros fazem pessoas duras, e nada torna alguém mais endurecido que a dependência de heroína ou a loucura da ânsia por cocaína. Quando se começa a usar cocaína, nada, nem mesmo o êxtase religioso, proporciona o mesmo deleite, mas logo o desejo se torna obsessão, o barato vira uma ardente paranóia, e então é horrível, tanto quanto a depressão. O cão negro oculto no pó branco consome a totalidade da alma.

A maioria dos ladrões furta ou rouba apenas quando a pobreza se aproxima rapidamente ou já está ao alcance da mão. Tentei evitar esse erro. Quando eu era ladrão, essa era uma profissão praticada vinte e quatro horas por dia. Meus olhos estavam sempre procurando por dinheiro ou algo que pudesse ser convertido em dinheiro. Nunca possuí um Rolls-Royce ou mesmo um modelo mais vistoso de Mercedes, mas geralmente conseguia manter um gordo rolo de notas — se não uma conta bancária — e um ou dois cartões de crédito, ainda que fossem falsos ou roubados.

DEPOIS DE QUASE UM ANO FORAGIDO, quase me pegaram novamente, embora estivessem esperando meu camarada Denis Kanos. Nós estávamos indo encontrar duas irmãs gêmeas, cujo apelo para a fama foi terem feito uma foto de página dupla para a *Penthouse*. Ambas eram quase cadavéricas por consumirem *speedballs*. Íamos encontrá-las em um motel na Sunset, perto de Silverlake District. Embora Denis tivesse as virtudes da lealdade e da generosidade, que eu valorizo mais do que as outras, costumava ser a pessoa menos pontual que já conheci. Se fosse encontrá-lo às sete, podia chegar às onze ou à meia-noite. Parei de dar importância e prosseguia com meus negócios mesmo que ele estivesse atrasado. Naquela noite, porém, estava com ele. Deveria estar no motel por volta de cinco e meia. Como a escuridão já havia caído naquela noite de dezembro, eram 9h45 quando dobrei a esquina e vi várias viaturas com luzes girando brilhantes na capota. Quando passamos por elas, vimos as irmãs algemadas com uma policial feminina. Depois soubemos que a polícia havia feito uma tocaia no motel para pegar Denis. Esperaram e esperaram até cansarem de esperar, então chutaram a porta. A demora excessiva de Denis evitou que caíssemos em uma armadilha.

Duas semanas mais tarde, Denis e eu bancamos os detetives da polícia e prendemos um traficante de Compton. Foi um belo golpe.

Decidi deixar Los Angeles. Minhas únicas viagens para fora da Califórnia tinham sido as várias visitas a Las Vegas, que na verdade não era mais do que um subúrbio distante da Cidade dos Anjos, e a Tijuana, México. Queria ver Nova York e todo o país entre os dois oceanos.

Era fevereiro quando comecei a seguir para leste pela Rota 66, invertendo a seqüência da canção. San Bernadino foi a primeira parada, em vez da última. O Arizona parecia totalmente saído de outro mundo sob o crepúsculo, suas mesetas achatadas sobressaindo contra o laranja-ouro de seus topos, enquanto o púrpura profundo da noite escalava lentamente suas escarpas. Eu tinha de dirigir devagar o suficiente para apreciar a vista, pois as rodovias do Arizona de então eram um buraco quebrador de eixos atrás do outro.

A porção do Novo México da Rota 66 era igualmente tosca. Albuquerque tinha um trecho tomado por "pulgueiros", bangalôs esfarrapados, algumas cópias baratas de *haciendas* e um grupo de cabanas de índio em gesso sobre armação de madeira, algo que eu esperaria encontrar na Los Angeles da minha infância.

Passei uma noite em Albuquerque olhando a cidade. Nada me atraiu a ficar mais tempo, por isso, antes da primeira claridade, eu já estava na estrada, pé no acelerador. Passei sem parar através de uma faixa do Texas e entrei em Oklahoma City, e ela possuía uma beleza poderosa. Esbarrei em um músico de Los Angeles em uma cafeteria vinte e quatro horas, e ele conhecia algumas pessoas pela cidade, por isso fiquei três semanas antes de me mandar.

Devia ter ouvido a previsão do tempo, pois entre Oklahoma City e Joplin, Missouri, o vento aumentou e a neve começou a cair em diagonal sobre a estrada. Eu não tinha correntes e derrapei mais de uma vez. O frio começou a penetrar gradualmente, apesar do aquecimento do carro. O rádio dizia que estava nevando por todo o trajeto até St. Louis. Estava sozinho numa noite de tempestade gelada no meio dos EUA. Minhas roupas vinham do clima ameno do sul da Califórnia, onde um suéter e um paletó são tudo que qualquer pessoa precisa. Não tinha um cachecol, um par de luvas, um chapéu ou qualquer outra coisa parecida. Parei no acostamento e vesti outra calça, outra camisa e um suéter sobre tudo isso. Minhas mãos ainda estavam congelando no volante. Eu as alternava, mantendo uma delas ao volante enquanto a outra ficava entre minhas coxas. Agulhas de vento gelado penetravam por frestas no veículo que eu não sabia existirem. A estrada congelava em partes, primeiro sobre as pontes ocasionais, porque nelas o frio agia tanto por cima quanto por baixo. À frente havia sinais vermelhos e uma figura acenando com uma lanterna. O tráfego avançava a centímetros, passando por uma carreta gigantesca, cuja carroceria tinha dobrado e caído sobre a própria lateral. Havia vários carros de polícia com luzes piscando ao longo da estrada, e uma ambulância chegou pela direção oposta.

Diminuí ainda mais a velocidade, arrastando-me a vinte e cinco ou trinta quilômetros por hora, ficando tenso sempre que sentia que os pneus perdiam a aderência e o carro começava a patinar. Todas as vezes eles endireitaram. Eu tremia a cada centímetro do caminho.

Em Joplin, vi uma placa de néon vermelho: HOTEL, através da neve. Era um hotel barato em cima de um salão de boliche. Embora estivesse no quarto andar, podia ouvir o estrondo dos pinos se chocando embaixo de mim. Pelo menos o quarto era cálido, com um chiado de vapor quente, e tinha televisão. O último filme era sobre o antigo Egito, estrelado por Joan Collins, que era uma vaca cruel e ardilosa. Ela podia ter aprontado um ardil contra mim que eu não ia ligar, atraente daquele jeito.

A neve tinha cessado pela manhã, mas tudo estava branco. Saí para comer e comprar roupas mais quentes. Em uma J.C. Penney, a vendedora recomendou ceroulas. Eu pensava que só os velhos usavam ceroulas, mas comprei-as, e também luvas, um chapéu e um casaco pesado. Carreguei os pacotes de volta para o quarto e troquei de roupa.

Agora que estava mais agasalhado, queria conhecer Joplin. Tinha depositado a maior parte do meu dinheiro numa fresta da poltrona do quarto. Estiquei minha mão e apalpei. Sumiu! Não, não podia ter sumido. Apalpei novamente. Vasculhei o colchão, sabendo que era infrutífero mesmo enquanto o fazia.

O desespero deu lugar à minha fúria habitual. Lembrei-me da cara do recepcionista quando saí. Havia algo nela, algo imperceptível no momento, mas que agora eu reconhecia como uma confissão. *Tinha que dar um tiro nele*, pensei, imaginando minha satisfação diante de seu grito de dor quando eu baleasse sua rótula. Mas não podia fazer isso. Embora usasse pseudônimo, a licença do veículo era real. Isso podia levá-los até mim. Minhas impressões digitais estavam em todo lugar. Não, não iria baleá-lo, mas o puto certamente merecia levar um tiro — ou pelo menos experimentar uma surra completa.

Minhas armas estavam no porta-malas. Graças a Deus por isso. Onde quer que estivesse, Joplin, Chicago, Roma ou Timbuktu, podia sempre conseguir algum dinheiro se tivesse uma pistola. Não precisaria nem saber a língua. O cano da arma falava uma linguagem universal: *Me dá a grana*!

Grunhi um meio sorriso, enquanto por dentro queria chorar. Que azar.

Na escuridão do inverno, com luzes de Natal e enfeites tomando as vitrines, caminhei pelo centro de Joplin. Tudo estava fechado, exceto um cinema. Caminhei um pouco mais e cheguei até um banco. Ficava a umas duas quadras do hotel. Um assalto a banco! Meu Deus! Eles iam sepultar meu jovem traseiro se me pegassem roubando um banco. Mas eu precisava de dinheiro. Não podia arrumar um emprego. Não tinha sequer um número de previdência social. Além disso, não sabia fazer nada por que alguém fosse me pagar alguma coisa.

No meu caminho de volta ao hotel, a bilheteria do cinema estava acabando de fechar. As luzes da fachada estavam apagadas. O gerente estava contando o dinheiro com o caixa. Bati no vidro.

— Posso comprar um ingresso?

— Começou faz dez minutos.

— Não faz mal.

Ele acenou para que eu entrasse. Na oscilante luz cinzenta, perdi-me em uma história medíocre. Rock Hudson é um belo e conservador fazendeiro no Quênia, lutando contra um levante mau-mau. Em retrospecto, o filme parecia proclamar a visão racista dos fazendeiros europeus civilizados contra os "selvagens" mau-maus, que imolavam insensivelmente mulheres brancas e criados nativos leais com grandes facas chamadas *pangas*. Na ocasião, não analisei as implicações políticas ou históricas. Era apenas um enredo, e o ponto de vista era precisamente o esperado. Trinta anos depois, seria igualmente previsível, os valentes rebeldes contra o tirano racista. Abandonamos o clichê de Stepin Fetchit pelo clichê de Mr. T.[1], ambos estereótipos em lados opostos do espectro. Se outro filme fosse feito sobre os mau-maus, eles seriam os heróicos lutadores da liberdade contra o opressor branco. Mas pelo menos a fita me fez relaxar sem me obrigar a pensar.

De volta ao hotel, fiquei feliz por outro recepcionista estar em serviço. Caí no sono com facilidade.

Pela manhã, quando andei até o balcão principal, o recepcionista falou que eu estava devendo um dia. Disse-lhe que voltaria com o dinheiro e que ele devia deixar minha conta preparada porque eu ia fazer o *check out*.

Sem a pressão de estar quebrado, eu podia não ter colhões suficientes para assaltar meu primeiro banco. Mesmo assim, amarelei na minha primeira tentativa. Entrei e parei em frente ao balcão, afastado dos caixas, onde comecei a preencher uma guia de depósito. Olhei em volta, consciente do peso da pistola em meu cinto. Um homem vestindo terno esta-

---

[1] Stepin Fetchit, ator cômico da primeira metade do século XX, famoso por interpretar personagens negros estereotipados e com características degradantes. Mr. T., pseudônimo de Laurence Tureaud, ator negro famoso por estrelar a série de TV *Esquadrão Classe A*, nos anos 1980. (N. do T.)

va conversando com um executivo do banco; por algum motivo, pensei que fosse um tira. Amarelei e saí.

Uma hora mais tarde, fortalecido por três doses de Wild Turkey, andei de volta ao banco e para a mesa do gerente auxiliar e disse-lhe que era um assalto. Abri meu paletó o suficiente para mostrar o cabo da pistola. Para suprimir meu medo, falei com fúria, até que vi o pavor em seu rosto. Caminhamos para trás dos dois guichês e ele escavou as notas das gavetas e as pôs em um saco. Os caixas olhavam confusos, mas um deles entendeu o que estava acontecendo quando o gerente auxiliar me entregou o saco. Pude ver que ele queria dizer alguma coisa ou soar o alarme, então sacudi minha cabeça e pus minha mão dentro do paletó.

A distância até a porta da frente parecia esticar-se como uma estrada em uma pintura de Salvador Dalí. Então empurrei a porta e dei um passo para fora. Deus, o ar reanimador do inverno me pareceu maravilhoso. Caminhei pela calçada em frente à janela do banco. No final do edifício estava o beco, e quando eu entrei nele rompi em uma corrida a toda velocidade. Quando atingi o final, olhei para trás. Vazio. Ninguém estava me seguindo.

Ao entrar no *lobby* do hotel, sufoquei minha respiração pesada quando passei pelo recepcionista, dando-lhe um ligeiro aceno. Comecei a esperar pelo elevador, mas em vez disso subi pela escada atrás dele.

Com minha porta trancada, despejei o dinheiro sobre a cama e comecei a contá-lo. Chegava pouco acima de sete mil dólares.

Vinte minutos depois, estava dirigindo para fora de Joplin. Em um café a vários quilômetros da cidade, com grandes caminhões e suas cargas estacionados em frente, parei para o café-da-manhã, bacon e ovos mexidos. Sabia que estava no sul porque podia escolher entre batatas fritas e flocos de milho. Um jornal estava sobre o balcão: "JFK VAI PARA A LUA". Dei uma olhada na história. O belo e jovem presidente havia comprometido os Estados Unidos a mandar um homem à Lua e trazê-lo de volta à Terra dentro de uma década. O boletim do clima dizia que a tempestade de neve havia estacionado nas montanhas Ozarks. Também dizia que a vigilância nos acostamentos estava suspensa até que as rodovias estivessem livres de neve.

Mais tarde, enquanto eu acelerava pela linha negra da rodovia entre campos de neve branca, sentia uma exultação inicial; tinha conseguido assaltar um banco. Estava tão longe de casa que ninguém pensaria em mostrar meu retrato para as vítimas. Esse assalto entraria para os anais dos crimes sem solução, e o estatuto das limitações expirara décadas atrás.

Logo, entretanto, minha exultação deu lugar a algo parecido com melancolia. Não era culpa, pois minha experiência de vida diminuíra essa capacidade. Era tristeza, solidão e o desespero pelos meus dias. Era sempre uma questão de escolha, mas *como* era possível escolher, agora que havia o obstáculo. Fui obrigado a roubar o banco porque era um homem procurado, incapaz de trabalhar e sem nenhum dinheiro. Se pudesse conseguir a grana sem uma arma, o que era minha preferência, teria feito isso, mas não conhecia nada de Joplin e, se roubasse algo vendável, não teria onde vender. Parecia que as circunstâncias tinham me lançado em um funil que me obrigou a um assalto a banco. Que mais podia fazer? Desistir de mim mesmo. Sim. Certo.

Claro, olhando para trás, eu não precisava ter pulado a cerca da colônia penal agrícola. Podia ter esperado até me mandarem de volta para a cadeia municipal e embarcar no ônibus para San Quentin como violador de condicional. Isso era contrário à minha natureza. Era incapaz de me render sem uma briga. Tinha de lutar. Se não tivesse pegado aquela carona com Billy e Al para Beverly Hills naquela noite de verão, nada disso teria acontecido. Um cara certinho não conheceria uma dupla de arrombadores de cofres, ou, se conhecesse, não saberia o que eles eram. Eu não os teria conhecido se não houvesse estado em San Quentin. Se tivesse ido para Harvard, teria conhecido uma classe inteiramente distinta, mas isso foi vedado quando o broto se entortou com o vento da fortuna, ou da má fortuna, tanto tempo atrás. Tudo na vida se apóia sobre o que ficou para trás. Você faz isso ou aquilo porque, em dado momento, parece ser o que deve ser feito. Você é confrontado com isso ou aquilo por causa do que aconteceu em algum ponto da jornada de sua vida. O que aconteceu depende do que houve anteriormente. Quem pode discordar de que ninguém se ergue sobre o vazio ou o vácuo?

OS FACHOS DOS MEUS FARÓIS rasgavam a luz cinzenta à minha frente. Era um dia de inverno sem sol em que a hora podia ser tanto alto meio-dia quanto o entardecer. Trezentos quilômetros a nordeste a noite crescia e engolia a terra. *"Onward, onward, rode the six hundred."* Liguei o rádio e tentei sintonizar alguma música de que eu gostasse. A escuridão tornava a recepção mais clara. Talvez pudesse pegar Chicago ou St. Louis. O que eu recebia era *country* e *western*. Preferia *jazz*, *blues* e alguns clássicos, especialmente Mozart, porque era só o que eu conhecia. No abrigo juvenil e no reformatório, a maioria dos internos era de garotos da cidade, qualquer que fosse a cor de suas peles, e havia implicância contra garotos do campo, como caipiras otários. Na prisão, porém, o preconceito desaparecia. Os detentos mais durões que eu conhecia eram rebentos de pessoas do campo despejadas na Califórnia a partir do *Dust Bowl* do meio-oeste[2] durante a Grande Depressão dos anos trinta.

---

[2] O *Dust Bowl* foi um fenômeno de degradação do solo ocorrido no meio-oeste americano durante a década de 1930, que levou a um processo de desertificação de ampla região, cobrindo estados como Oklahoma, Kansas, Novo México e Colorado. (N. do T.)

Embora minha preferência quanto a cantores recaísse sobre um quarteto de mulheres negras: Ella Fitzgerald, Dinah Washington, Sarah Vaughn e Billie Holiday, quando a voz vibrante e cheia de lamento de Patsy Cline me veio pelo alto-falante, parei de vasculhar o *dial* e escutei. Tinha o que as outras tinham — alma.

Em algum lugar do Missouri, tomei o caminho errado. Encontrei-me em Cairo, Illinois, onde o Rio Ohio se junta ao poderoso Mississippi. Atravessei para o Kentucky. Meu carro começou a vazar óleo. Em um ponto a leste do Mississippi, comprei um recipiente de quinze litros e comecei a parar a cada cento e cinqüenta quilômetros para completar com mais um litro ou dois. O chassi ficou uma imundície e, quando saí de uma lanchonete, uma espessa poça de óleo cobria o solo. Mas enquanto eu continuasse completando o motor continuaria funcionando.

Estava a poucos quilômetros de Paducah, Kentucky, quando, de repente, o motor parou. Rodei até estacionar em um longo e suave aclive, do tipo que os grandes caminhões e carretas sobem no embalo se tiverem ganhado impulso suficiente. A última coisa que qualquer motorista quer é parar para uma espera estúpida ao lado de um automóvel enguiçado às quatro horas de uma madrugada gelada. Estava *frio*, mas agora eu tinha roupas quentes. O chão era negro e árido, mas nos locais onde ele era sombreado por arbustos e troncos de árvores havia retalhos brancos de neve. O ar era gelado e límpido — e o céu estava tomado por mais estrelas brilhantes do que eu jamais tinha visto. Uma estrela cadente descreveu um arco por poucos segundos e se foi. Tive um pensamento que voltei a ter muitas vezes desde então. Quanto da nossa idéia de Deus era sustentável, quando a minúscula bola de gude da Terra era, comparada com o universo, menor que um grão de areia da praia de Santa Monica? Se podíamos ver galáxias com um bilhão de sóis cada uma a dois milhões de anos-luz de distância, como seria possível que Deus falasse pessoalmente com Moisés e tivesse um filho chamado Jesus? A Bíblia tinha algumas verdades e intuições, sendo a mais óbvia delas "... tudo é vaidade".

Quando o sol se ergueu, uma *pickup* parou. O motorista me levou até um posto de gasolina que tinha um mecânico, na periferia de Paducah. Pensei que a bomba de combustível estivesse perdida. O mostrador exibia um quarto de tanque, mas o motor não estava recebendo nenhuma gasolina. Um guincho foi mandado para trazê-lo. Uma nova bomba de combustível foi instalada, mas o motor ainda não recebia gasolina. O mecânico introduziu um palito no tanque. Ele saiu seco. O problema não estava na bomba. Era o flutuador no tanque de gasolina que havia emperrado. Eu tinha certeza que o mecânico sabia do verdadeiro problema e tinha, por não verificar isso antes de instalar uma nova bomba, tirado vantagem de mim. Imaginava seu terror consternado se eu encostasse uma arma em sua cara e tomasse todo o seu dinheiro. Concluí que não valia o risco que traria a mim mesmo, por isso sufoquei minha raiva e paguei-o, lembrando o provérbio dos condenados que diz que, se você vai ser um otário, seja um otário calado.

Em Paducah, aluguei um quarto em um hotel residencial de três andares com paredes de tijolos. Custava cinqüenta dólares ao mês e era um estabelecimento respeitável. Seus residentes eram vendedores solteiros ou empregados em outros ramos. Um deles era um estudante de direito formado recentemente. Estava trabalhando na mais prestigiosa firma de advocacia de Paducah e preparava-se para o exame da Ordem. Outro era *bartender*. O hotel conseguiu que eu alugasse uma TV de uma loja de móveis próxima, que pertencia às mesmas pessoas que eram donas do hotel. Disse-lhes que era escritor, mas fazia mistério quando perguntavam o que estava escrevendo. Estava de fato trabalhando em meu segundo romance, o mesmo cujo manuscrito havia se perdido na mudança dos Wallis, e também em um diário de minha viagem como fugitivo, grande parte do qual eu mandei em cartas para Sandy, usando outro endereço. Um dos residentes comentou ter ouvido minha máquina de escrever quando chegou tarde em um sábado à noite.

Como eu nasci no sul da Califórnia, onde qualquer coisa mais velha que quarenta anos era definitivamente decrépita, Paducah era a cidade mais antiga que eu jamais vira. Paducah parecia toda tijolos escuros com abundância de ferro batido. Em uma boate perto do rio, conheci uma puta chamada Jetta. Ela era de Detroit, e seu homem estava cumprindo seis meses na cadeia local por aplicar um conto-do-vigário chamado "pombo caído". Ela conhecia a minguada extensão de vida intensa em Paducah — e ambos precisávamos de companhia. Eu lhe contei algumas coisas, mas não muito. Ela provavelmente acabaria me negociando por seu homem se soubesse a verdade. Contei-lhe que estava me escondendo de uma ex-mulher que queria pensão alimentícia para o filho.

— Eu pagaria — falei. — Mas não acho que o fedelho seja meu. O moleque parece mais com o maldito namorado dela.

Depois de uma semana, Paducah ficou chata. Eu tinha visto todos os filmes, alguns duas vezes, e por estar tão frio passava muito tempo em meu quarto. Trabalhei um tanto no que se tornaria o segundo de meus seis romances não publicados. Em Paducah, cometi outro erro causado por arrogância, que, como você sabe, é um dos meus vários defeitos de caráter. Mandei para o oficial de condicional em Los Angeles um cartão-postal: *"Que bom que você não está aqui. Há, há, há..."*. Postei um dia antes de deixar a cidade.

Planejava dirigir até Nova York, que sempre exerceu fascínio sobre mim. Eu a conhecia tão bem quanto era possível para qualquer um que não tivesse estado lá. Tinha lido as sinfônicas descrições de Thomas Wolfe da Penn Station e da Park Avenue — e das caminhadas noturnas pela cidade. Estivera no topo do Empire State Building com Cary Grant e Deborah Kerr em *Tarde Demais Para Esquecer* e no Harlem com *Outsider*, de Richard Wright. Sabia sobre o Cotton Club e o Fulton Fish Market. Nunca tinha visto uma peça ou musical da Broadway, mas sabia que poderia encontrar ambos perto da Times Square. Nova York era o lugar que eu queria ver mais do que qualquer outro.

Em vez de pegar uma estrada que desviasse para nordeste, acabei na US 40, seguindo direto para o norte rumo à Cidade dos Ventos: Chicago. Compreendi meu engano em poucas horas, quando vi a sinalização. Que diabo, não faria mal dar uma olhada em Chicago, também. Como foi que Sandburg a chamou: "*o matadouro de porcos do mundo...*"? Conhecia Chicago, também, de Nelson Algren e do grande romance de Willard Motley, *Knock on Any Door*, que me fez chorar tarde da noite na cadeia municipal, quando Nicky ("viva intensamente, morra jovem e tenha um cadáver bonito") Romano foi para a cadeira elétrica. Não lembro se ele viu seu filho antes de morrer. Foi uma história com a qual eu realmente me identifiquei. Seria bom ver também Chicago.

Pela manhã, aproximei-me pelo lado sul da grande cidade. Como nasci e me criei no sul da Califórnia, onde flores brotam o ano inteiro e os piores barracos são bangalôs de famílias solteiras com jardins na entrada, o lado sul de Chicago foi uma desoladora revelação. A neve recente havia se transformado em uma lama imunda misturada com salgema. Todos os edifícios pareciam ser de três andares e tijolos, com escadas de madeira e varandas anexadas nos fundos. Era uma pobreza diferente de tudo o que eu já havia visto. Queria sair de Chicago — mas acabei seguindo para o norte ao longo da margem do lago, e foi só quando me aproximei da Northwest University que percebi que aquele era o caminho errado para contornar o Lago Michigan. Teria que atravessar pelo Canadá para seguir para o leste por aquele trajeto.

Contornei e fiquei feliz quando entrei em Indiana, onde pela primeira vez naquela viagem comprei um mapa rodoviário. De Chicago para a cidade de Nova York a rodovia era ampla, plana e reta. A única vez que tive de parar foi na divisa estadual e para pôr gasolina — e óleo. Montes de óleo.

Nas imediações de South Bend, hospedei-me em um motel. Pela manhã, mais neve estava caindo, e havia um lago de óleo embaixo do carro. Ele se recusava a dar a partida. Descarreguei-o, removi as placas de licenciamento e joguei-as em uma vala atrás do hotel. Um táxi me conduziu até a estação Greyhound. O ônibus me levou para Toledo, cidade natal de meu pai, ou assim eu pensava, e ainda penso, embora não consiga lembrar de onde tirei essa idéia. Sabia que ele e minha tia haviam sido criados em Toledo, então admiti que também tinham nascido lá. Sabia, também, que meus ancestrais paternos tinham vindo da França no século dezoito e se tornado caçadores de peles na região dos Grandes Lagos, incluindo o Canadá. Existe uma grande Associação da

Família Bunker, cujos membros se reúnem anualmente vindos de todos os cantos dos EUA. Fiz uma assinatura do seu boletim informativo, mas aquela família Bunker veio de ancestrais anglo-saxões que se estabeleceram primeiro em Nantucket e em New Hampshire. Duvido que eu seja um deles ou mesmo que eles iriam me aceitar. Não sei nada sobre minha avó paterna, nem seu prenome, nem seu nome de família, embora *ache* que seu nome era Ida. Também *acho*, embora com mais convicção, que o nome de meu avô era Charles. Disseram-me que ele era capitão ou oficial de um navio a vela nos Grandes Lagos e naufragou quando meu pai era muito jovem. É um conhecimento precário sobre uma história familiar que poderia ser interessante, considerando como ela atravessa também a história dos Estados Unidos. Quando cheguei a Toledo, pensei sobre as histórias que ouvi a respeito da virada do século vinte, quando meu pai assistira à luta de Dempsey e Firpo. Firpo nocauteou Dempsey para fora do ringue. Foi uma das mais furiosas lutas de pesos-pesados de todos os tempos.

Fiquei em um motel em Toledo até que o clima melhorasse. Ainda estava frio, mas pelo menos o sol brilhava. Por um anúncio classificado no jornal de Toledo, comprei um Olds Rocket 88 1954, o carro da época. Quando a previsão do tempo anunciou dias ensolarados para o resto da semana, prossegui minha jornada. Agora tinha decidido que chegaria a Nova York na devida hora, mas antes disso aproveitaria meu tempo e daria uma olhada no campo. Queria ter feito isso desde o início em vez de queimar a estrada. Recentemente, havia lido *Stillness at Appomattox*, de Bruce Catton, e sabia que os maiores campos de batalha da Guerra Civil ficavam a poucas centenas de quilômetros. A Pensilvânia tinha Gettysburg. Queria ver aquilo. Queria ver muitas coisas. Tinha tempo e dinheiro, então por que não dirigir para onde ditassem meus caprichos?

Vi Cincinnati, depois cruzei o rio de volta para o Kentucky. Os EUA tinham belezas transcendentes em quantidade incalculável, mas o encanto sereno dos pastos do Kentucky, quilômetro após quilômetro de cercas brancas — imaginei criar cavalos sob árvores frondosas em pastos verdejantes, com uma casa de tijolos estilo colonial ou confederado no pano de fundo distante —, era o que aquilo significava para mim. Se pudesse escolher viver em algum lugar, essa área mereceria uma grande e boa olhada — mas também Paris, Londres, Capri, Martha's Vineyard, Roxbury, Connecticut, ou oito meses em Montana e quatro em Los Angeles. Ainda assim, eu amava as pradarias.

Memphis em junho era ótima, também, embora os dias estivessem começando a ficar um pouco quentes e pegajosos. As noites eram curtas, agradáveis e belas. Estava planejando ficar poucos dias, mas conheci uma garota em um Dairy Queen e permaneci quase um mês. Isso foi antes da revolução sexual e embora me beijasse e amassasse até eu ficar louco, não me deixaria comê-la. Achei que era hora de partir.

Prorrogava a ida para Nova York. Diziam que sua pior época era no meio do verão — quente demais, úmida demais. Os que podiam se permitir ausentavam-se nos meses tórridos.

Depois de poucos dias dirigindo pelo sul, passando uma noite aqui e outra ali, eu me vi em Fulton County, Geórgia, onde estacionei em um motel com caprichosos bangalôs de madeira dispostos em ferradura, com o espaço central pavimentado com cascalho. Não havia paisagem e o escritório era igualmente desnudo e excessivamente afetado. Quando o atendente ou proprietário ou quem quer que ele fosse surgiu do fundo, através da porta aberta eu ouvi ópera. Acho que era Wagner.

Muito depois do *check in*, dei uma volta de carro e passei por um minúsculo aglomerado de pequenos negócios — posto de gasolina, café e loja — a menos de um quilômetro e meio da estrada. Quando o sol começou a se pôr, dei uma caminhada para comprar algo para comer e um maço de Camels. Quando saí da loja de conveniências, um carro da polícia estadual passou com suas luzes piscando. Tomei a estrada e observei-o. As luzes piscantes se apagaram antes de ele chegar à entrada do motel e cruzá-la. Cacete!

Meu primeiro pensamento foi: *pelo menos, tenho meu dinheiro*. A verdade era que ele era tudo o que eu tinha. Roupas, carro, armas, máquina de escrever, tudo o mais estava no carro ou no quarto. Poderia recobrar alguma coisa, talvez as armas? Estavam todas no porta-malas do carro e eu tinha as chaves.

Comecei a descer a estrada, permanecendo nas sombras e mantendo meus olhos no ponto mais à frente onde podia ver os faróis. A cerca de duzentos metros da entrada do motel, dei uma guinada para o meio do mato. A folhagem estava úmida de orvalho, e o chão era irregular. Vi as luzes novamente, e, quando atingi a borda do matagal, pude ver dois carros da polícia estadual e homens uniformizados com chapéus de aba larga. Estavam na porta aberta do meu bangalô e em volta do meu carro. Um deles examinava o interior do automóvel com uma lanterna.

Era hora de fugir.

Na verdade, era hora de começar a me arrastar pela noite. Não fazia idéia de qual seria o potencial humano mobilizado para me capturar naquela área. Não via ninguém; entretanto, mantive-me longe das estradas tanto quanto possível. Passei por fazendas e atraí o latido dos cães. A cada par de faróis eu me escondia até que fossem embora. Pela manhã, desisti de me esconder e caminhei ao lado de uma estreita auto-estrada estadual com meu polegar para cima. Um negro em uma *pickup* me deu uma carona até um vilarejo cujo nome não consigo lembrar. Tinha uma parada de ônibus da Continental Trailways, com uma sala de espera e um café.

No guichê, perguntei os preços das passagens para Nova York, Miami e para Los Angeles. Uma mulher jovem informou os valores.

— Qual deles parte antes?
— Um ônibus para o sul parte em vinte minutos. Para Miami você tem que fazer escala em Jacksonville.
— Esse sai antes?
— Sim.
— Dê-me uma passagem de ida.
— Você quer mesmo ir para *qualquer lugar*, não?
— Como você adivinhou?
— Poderes mediúnicos.

Logo eu estava rodando para o sul. Achei que poderia descer na primeira parada e pegar outro ônibus que fosse pela mesma rota. Desci em Jacksonville, aluguei um quarto de hotel e comprei uma pistola barata. Na tarde seguinte, assaltei outro banco. Na verdade, eu tentei assaltar outro banco. Quando entreguei o bilhete para a caixa, ela me examinou. Notando que eu não tinha nenhuma arma à vista, ela se jogou fora do campo de visão e começou a gritar. — Socorro! Socorro! Socorro!

Mesmo que tivesse sacado minha arma e apontado para sua cabeça, jamais teria atirado — mas podia tê-la golpeado. Voltei-me, escondi minha arma e caminhei, girando minha cabeça com as sobrancelhas franzidas, como se eu também estivesse procurando a causa dos gritos.

Todo mundo estava olhando em volta. Meus olhos cruzaram com os de um homem jovem com terno de executivo atrás de uma mesa. Ele estava prestando atenção em mim. Se eu estivesse me movendo mais rápido, ele teria gritado e apontado o dedo. Em vez disso, ele hesitou — até que eu estivesse a dois passos da porta da frente. Minhas mãos estavam se erguendo para empurrá-la quando ouvi — Lá vai ele!

Empurrei a porta giratória e rodei-a até a calçada em uma corrida de vida ou morte, atravessando a rua em linha reta. Freios cantaram quando um motorista afundou o pé neles, seguidos pelo estrondo de carros se chocando. Segui em frente sem nem uma olhadela. No outro lado, dobrei a esquina e segui por uma rua lateral. Um beco passava atrás das fachadas das lojas. Na metade da quadra, olhei para trás. Em franca perseguição estavam três ou quatro estudantes de colégio. Puxei a pistola e disparei um tiro sobre suas cabeças. O líder parou. Os que estavam atrás se chocaram contra ele. Todos foram abaixo formando uma pilha.

Disparei outro tiro e eles fugiram. Depois da esquina do edifício, comecei a correr novamente. A parada de ônibus ficava a uma quadra e meia de distância.

Respingava suor por entre roupas encharcadas e lutava para respirar quando subi os degraus para dentro do ônibus. Quando fiz isso, pude olhar para a rua pela rampa de saída. Um carro de polícia passou correndo. Afundei em meu assento e fechei os olhos. Poucos minutos depois, meu corpo deixou claro que aquilo tudo tinha passado perto demais. Meus membros começaram a tremer e o medo que reprimi enquanto as coisas aconteciam me atravessou em ondas. Meu Deus, um ex-condenado foragido disparando tiros em um roubo a banco. Eles iriam me enterrar em Leavenworth. Teria cinqüenta anos quando me deixassem sair novamente.

12

DECLARADO LEGALMENTE INSANO

Embora ocasionalmente acrescentasse um assalto à mão armada à minha extensa carreira criminal, essa nunca foi minha primeira escolha entre os vários métodos de roubo. Armas de fogo criavam uma situação excessivamente volátil. Sempre havia a chance de que algo saísse errado. Armas tinham conseqüências explosivas. De modo similar, as autoridades consideravam assalto à mão armada muito mais sério que falsificação ou mesmo arrombamento de cofres. No final das contas, pode-se dizer que eu era, antes de mais nada, um ladrão de mercadorias. Não roubava casas, mas fora isso é possível afirmar que eu roubava qualquer coisa que pudesse vender. As melhores coisas eram cigarros e uísque, claro, e eu os roubei em abundância, mas também roubei um carregamento de motores de popa, dois mil pincéis (que vendi bastante rápido, acredite ou não), câmeras suficientes para encher uma sala, o estoque de uma loja de equipamento para mergulho e umas duas casas de penhores.

NUM FINAL DE SEMANA CHUVOSO, um velho ladrão profissional chamado Jerry e eu entramos numa boate no distrito de Rampart, em Los Angeles. Foi ridiculamente fácil entrar. A porta tinha alarme contra roubo, mas a janelinha acima dela, não. Jerry ergueu-me em seus ombros. Cobri o vidro da janela com fita adesiva, depois bati nele com o punho enrolado em uma toalha. O vidro quebrou sem cair. Arranquei a fita com o vidro grudado nela, exceto por uns dois cacos que caíram tilintando no chão.
    Segundos depois, pulei para dentro da boate, caindo delicadamente como um gato. Fiquei parado alguns segundos ouvindo meu batimento cardíaco; depois destravei a porta para Jerry entrar. A tempestade nos

dava cobertura. Jerry tinha um Buick Roadmaster. Tínhamos tirado os bancos de trás e enchemos cada centímetro de espaço com caixas de uísque. Também achei uma escopeta e outras coisas que valiam dinheiro. Na escrivaninha havia um talão de cheques. Destaquei várias folhas do final do talão e devolvi-o à gaveta. De uma casa de penhores eu podia pegar uma máquina de preencher cheques. Achava que o dono do bar não notaria os cheques faltando no fim do talão.

O proprietário de um clube de Hollywood estava esperando pelo uísque. Nós o descarregamos pela porta dos fundos em uma úmida tarde de domingo. Na manhã seguinte, levei o resto das coisas para um receptador que possuía um lava-rápido no Venice Boulevard, a um quilômetro e meio da região central de Los Angeles. Enquanto negociávamos preços seu telefone tocou. O receptador atendeu e seu lado da conversa eram grunhidos e monossílabos: — Ã-hã... Sim... Hum-hum... Sim. Certo. — Então ele disse — Conte para este cara — e passou o telefone para mim.

— O que há? — falei.

— Olhe aqui — disse a voz de um negro. — Eu estou na Western. Tenho todo tipo de mercadoria em um beco atrás de uma loja de eletrônicos. Não consigo fazer meu carro pegar e preciso de uma corrida.

— Onde você está? — Era na Western, na altura do setenta.

— Estou te dizendo, cara, é só serviço de táxi.

Não me custaria nada olhar e eu estava intrigado. Em retrospecto, aquilo era loucura, mas de tempos em tempos eu tinha fascínio por loucuras.

Na esquina da Western com a transversal que ele me indicou, um negro magricela com a expressão cadavérica de um viciado na fissura veio ao meu encontro. Ele me fez dar a volta na quadra e entrar no beco. De fato, oculta por um cobertor na vaga para automóveis atrás da loja, havia uma pilha de estéreos e televisores e uns mil LPs que podiam ser vendidos por um dólar e meio cada no mercado negro. Não era o Fort Knox, mas, como ele disse, era serviço de táxi.

Entrei no beco e estacionei, abaixando a placa quando desci do carro — para o caso de aparecer alguém. Começamos a empilhar a mercadoria na parte de trás do Buick, que ainda tinha os bancos traseiros removidos. Em menos de dois minutos, estávamos rodando.

O atravessador comprou tudo, exceto um sobretudo feminino. Era todo de casimira, a não ser pelo capuz e colarinho de *mink* e pela etiqueta. Esta dizia: "BULLOCKS". O atravessador ofereceu menos do que eu sabia poder conseguir de uma garçonete da Sunset Boulevard. Ainda que ela me desse menos, preferia deixar que ela o possuísse. Na verdade, se ela fosse amigável o bastante, eu podia dá-lo de presente.

Meu novo parceiro de crime, cujo nome eu não sei, estava simultaneamente suando, tremendo e bocejando.

— Você está *doente*, hein? — perguntei. O termo *doente*, nas ruas, significa doente por abstinência de heroína.

— Como um cão, cara. Você usa, cara?
Sacudi a cabeça. — Fumo um pouco de erva.
— Você me levaria até meu contato?
Impulsivamente, concordei. Na verdade, tive de levá-lo a dois contatos. O primeiro não estava em casa; o segundo queria saber quem eu era. Estávamos tão longe de uma área de brancos que podíamos até dizer que estávamos em Nairóbi.
Tinha escurecido quando eu o deixei em casa, perto da Manchester com a Western. Era um bangalô agradável em uma rua residencial. Entrei para usar o telefone. Queria avisar a garçonete que chegaria atrasado para que ela não marcasse outro encontro.
Enquanto estava na casa, alguém bateu à porta. A namorada do meu novo parceiro de crime foi atender. Ouvi vozes que tinham uma entonação nada amigável. Era hora de eu ir.
— Vou embora — disse ao meu comparsa, dirigindo-me à porta da frente.
Os recém-chegados eram, na verdade, uma dupla de jovens negros. Ambos tinham um metro e noventa ou mais. Quando me espremi entre eles e andei para a escuridão do lado de fora, pude sentir seus olhos me queimando.
Caminhei pela calçada e atravessei o portão, meu carro estava no meio-fio dez metros à frente. Quando o alcancei, ouvi o portão ranger. Olhei para trás. Os dois jovens negros estavam me seguindo. Entrei no carro e abri minha navalha assim que eles chegaram. Um deles deu a volta até o lado do motorista. Subitamente, ele introduziu a mão pela janela de trás e agarrou o casaco orlado de *mink*: — Esse é o casaco da minha mãe.
Assim que ele falou, entendi a coisa toda. Meu "parceiro de crime" tinha roubado um conhecido, alguém que suspeitou dele assim que o crime foi descoberto.
Ele tentou abrir a porta do motorista. Brandi a navalha e ele saltou para trás. Girei a chave e pisei no acelerador. O grande Buick patinou e queimou pneu.
Dobrei uma esquina e depois outra, enquanto isso olhava constantemente pelo retrovisor. Vi um par de faróis. Estavam me seguindo? Não sabia dizer. Fiz uma curva e pisei no acelerador.
De repente, o carro atrás de mim anunciou que era a polícia com luzes piscando na capota.
Lá vamos nós de novo. Afundei o acelerador até o chão e o carro deu um salto para a frente. O grito da sirene encheu a noite de L.A.
Eu tinha que largar o carro. Estava fora da minha área e não conhecia as ruas. Mas primeiro tinha que dobrar duas esquinas — e então abandonar o barco. Podia até imaginar a perseguição. O rádio estava aberto para eles e o carro em perseguição fazia um relatório da corrida: — Para

o sul na Budlong, virou a oeste na Forty-Third... Para o sul... — Outras viaturas policiais viriam se juntar à caçada.

Peguei uma rua secundária em direção a um bulevar com um semáforo à frente. Ambas as pistas estavam bloqueadas por automóveis à espera. Girei o volante para a direita, quase saltei sobre o meio-fio e a entrada de um posto de gasolina, pisei no freio e dei uma guinada. Minha traseira derrapou e esmagou-se contra uma placa de trânsito. Pela calçada, até o bulevar. Pé na tábua. O velocímetro disparou. Eles não estavam na esquina seguinte quando eu a dobrei. A meio quarteirão à frente, pisei nos freios. Os pneus cantaram e o carro derrapou até ficar imóvel. Antes que ele parasse, eu estava fora, correndo em linha reta através da rua e por uma entrada de garagem ao lado de uma casa. Atrás de mim a viatura dobrou a esquina. Teriam me visto? Não sabia responder.

Atravessei um quintal a toda velocidade, mãos estendidas. Antes de todo mundo ter lavadoras e secadoras em suas lavanderias, varais nos terrenos eram uma ameaça a fugitivos correndo pela escuridão. Uma vez choquei minha testa contra um deles enquanto corria a toda velocidade. Meus pés continuaram correndo e foram direto para o ar. Caí de cabeça, e tive sorte de não quebrar o pescoço. Eu me cortei até o osso, e sangue fluiu copiosamente sobre toda minha face. É assim que o rosto sangra.

Cruzando o quintal e saltando uma cerca que balançava sob o meu corpo, eu fugi. Atravessando o quintal seguinte, a entrada de automóveis e cortando a rua seguinte, rezando um grito silencioso para que outro carro não dobrasse a esquina naquele momento. Nenhum dobrou. Eu teria uma chance se eles se espalhassem como água em todas as direções a partir do carro abandonado.

Transpus um jardim em frente a uma casa e penetrei na escuridão de outra entrada de garagem. Tinha um portão. Quando tentei alcançar o trinco, um rottweiler deu um salto, tentando abocanhar minha mão, seu bafo quente em meu rosto. Merda!

Sem um momento de hesitação, retrocedi. Ia descer pela entrada da garagem até a residência seguinte. Saí e atravessei o gramado. Do outro lado da rua, de onde eu tinha vindo, surgiu um uniforme negro. — *Alto lá!*

Corri mais rápido.

Um tiro soou. A bala arrancou faíscas da entrada de carros à minha frente. Tentei correr ainda mais rápido. Diante de mim, outro portão. Por favor, Deus, nenhum cachorro.

Tentei saltar sobre ele. Meu pé enroscou. Fui ao chão. De cabeça. Meu pé ainda enroscado.

A lanterna bamboleante foi seguida, um segundo depois, por uma figura negra, ameaçadora. A Magnum .357 apontava para mim. — *Não se mova, porra*!

Outra figura vestindo uniforme preto, ofegando pesadamente, apareceu. Luzes se acendiam em ambas as casas. Um policial tentava abrir o portão enquanto o outro segurava a lanterna e a pistola apontadas para mim. — Fique parado aí.

Uma janela se abriu. — O que está acontecendo? — a voz tinha a entonação reveladora de um afro-americano.

— Assunto de polícia! Permaneça aí dentro!

Eles abriram o portão e me algemaram, então começaram a me empurrar e puxar ao longo da calçada. Outra dupla de tiras chegou. Eles estavam excitados e um tanto trêmulos pela tensa perseguição. Um deu um chute almejando meu estômago, mas eu consegui me virar e erguer o joelho o suficiente para bloqueá-lo.

— Sustar... sustar — disse um policial. Lembro-me disso claramente porque era um termo que eu não ouvia desde os tempos de colégio. *Sustar*! *Que merda é essa*? O motivo eram as testemunhas. Muitos dos vizinhos tinham saído em suas varandas para olhar. Era uma vizinhança de negros de classe média.

Um beco se estendia de uma rua a outra, portanto eles não precisavam me conduzir por toda a volta da quadra. Agora havia quatro tiras e mais dois investiram sobre o beco pelo outro lado, caindo sobre mim como atacantes de futebol americano.

— Ok, filho-da-puta! Vamos ensinar você a fugir, cabeção... seu bosta...

Sempre tinha sido questão de honra para os tiras dar porrada em alguém no final de uma perseguição. Fazia parte do jogo. Eu esperava por isso e não senti indignação, mas, na verdade, um pouco de gratidão, porque meia dúzia deles estava tentando meter o nariz ao mesmo tempo. Um enxame de corpos se arrastou pelo beco até a rua seguinte, onde várias viaturas policiais estavam estacionadas com as luzes piscando. O Buick estava atravessado no meio da pista com a porta do motorista ainda aberta. Um grupo de vizinhos estava no meio-fio. Eram todos negros, e entre outros ruídos ouvi uma voz dizer, surpresa — É um branco! Caralho!

Fui arrastado para a traseira de uma viatura policial. Um sargento chegou e abriu a porta. Tinham apanhado minha carteira. Ele estava segurando as três licenças de motorista com três nomes diferentes e de três estados diferentes. — Qual é o seu nome?

— Sou John McCone, ALTO. Tentei preveni-los...

— Preveni-los? De quê?

— Em trinta e seis, eu disse a eles que os japoneses iam bombardear Pearl Harbor.

— De que merda você está falando?

— Você vai me levar para Washington?

Outro policial chegou e deu uma espiada.

— Ele está chapado de alguma coisa. O porra pensa que é da CIA.

— Quem está ligando se ele for a Rainha de Maio? Vamos autuar ele logo para poder ir para casa.

Levaram-me para o infame distrito da Seventy-Seventh Street, onde fui o primeiro branco a ser autuado em dois anos. Bateram-me um pouco por ser branco. Agora eu estava dentro. Quando me autuaram, assinei a ficha como Marty Cagle, tenente, Marinha norte-americana, e dei meu ano de nascimento como 1905. O escrivão mostrou isso para o sargento.
— Deixa isso aí. Foda-se! — Ficharam-me como "John Doe nº 1".
Jogaram-me em uma cela. Não haveria jeito de conseguir uma fiança. Eu era um fugitivo e violador da condicional, inafiançável. Teriam de me arrastar de volta para a prisão. Haveria marcas de pneus por toda a rodovia. Sempre se perguntaram se eu era louco, desde que tinha dez anos de idade, por isso decidi que a partir daquele momento seria doido de pedra. Estava dada a largada. A bravata encobria um vazio interior beirando o desespero.

Alguém poderia pensar que uma situação como essa me faria subir pelas paredes. Em vez disso, uma invencível lassidão despejou-se sobre mim. Dormir é uma forma de fugir à depressão. Adormeci com o fedor do colchão da cadeia em meu nariz.

PELA MANHÃ, UM OFICIAL UNIFORMIZADO destrancou a porta da minha cela. Um detetive esperava para me interrogar na sala padronizada, sem janelas e com uma mesa e três cadeiras de encosto duro. Olhou-me com olhos frios e hostis.
— Sente-se, Bunker.
Já sabiam meu nome. Merda! Tinham removido todos os obstáculos, ou pelo menos foi o que eu pensei por um momento.
— Ele está morto — falei. — Eu sou o número cinco. Quem é você? — Enquanto falava, inclinei-me para a esquerda e olhei para o teto, movendo lentamente minha cabeça como se olhasse alguma coisa se arrastando através dele.

O rosto do detetive manteve uma impassividade calculada, mas seus olhos se apertaram de modo bem discreto, e ele olhou para o teto.
— Sabe quem eles são, não sabe? — perguntei.
— O quê?
— Os católicos. Eles estavam tentando pôr um rádio na minha cabeça, você sabe.
— O que eu quero saber é sobre os roubos. Nós encontramos estes cheques no seu quarto de hotel.
Quarto de hotel! Como eles...? A chave do hotel. Porra. Ela estava no carro.
— Não sei de hotel nenhum. É a igreja... São todos eles... tudo isso. Não está vendo?
Minhas palavras tinham uma estridência que fez com que ele parasse.

Concluiu que eu estava viajando de pó-de-anjo ou algum outro alucinógeno. Era um homem bonito, bem-vestido. Também tinha modos contidos. A maioria dos velhos detetives calejados já viu tantas fraquezas humanas que permanece impassível na maior parte do tempo. De muitas maneiras, um velho tira e um velho ladrão têm mais em comum do que qualquer um deles poderia ter com um iniciante de qualquer das duas doutrinas.

Ele interrompeu o interrogatório e me mandou para a cela. Tive de caminhar em frente a meia dúzia de celas. Cada uma tinha quatro ou cinco jovens negros. Era a época dos cabelos em estilo afro, que eles faziam usando um garfo de cabelos para afofá-los em um matagal espesso, quanto mais alto, melhor. Infelizmente, os escrivãos tiravam seus garfos de cabelo, por isso, depois de uma noite na cadeia, suas cabeleiras pareciam explosões descontroladas de incontáveis molas de relógio. Quando passei por uma cela, um deles disse em manifestação de descrença: — Homem, eles tão levando um cara branco lá para trás.

— Homens brancos também violam a lei — disse outro.

— Nunca vi nenhum na Seventy-Seventh.

O oficial de uniforme que me escoltava disse: — Não é um cara branco. Ele é um crioulo branco.

De volta à minha cela com pichações nas paredes e um colchão desnudo lustroso com o suor e o fedor dos ocupantes anteriores, afundei no poço da desesperança. Que vida. O que tinha feito para merecer aquilo? A pergunta respondia a si própria e eu ri do meu momento de autopiedade. Uma coisa era certa: ia dar-lhes um trabalho dos infernos antes que os portões de San Quentin se fechassem novamente às minhas costas.

No fim da tarde, com as luzes que passavam através das pequenas janelas gradeadas do lado oposto à cela ficando cinzentas, a porta de fora se abriu e dois pares de pés se fizeram ouvir, vindo pelo corredor. — Ei, cara... ei... ei... ei, seu filho-da-puta! — gritou um irmão no corredor. O carcereiro deixou de atender aos apelos. Esse carcereiro, um negro musculoso vestindo um uniforme negro do Departamento de Polícia de Los Angeles, ainda mostrava exasperação em seu rosto quando alcançou minha cela e a abriu. Atrás dele vinha um homem branco mais velho. Vamos chamá-lo de Pollack, porque seu nome era do leste europeu, acho. Tinha o rosto marcado e com vincos; ele tinha estrada.

Fui levado de volta à sala de interrogatório. Pollack, o detetive bonito, esperava por mim com alguns arquivos em frente a ele. Sentei.

— Seu agente de condicional diz que você está fingindo — falou o detetive.

— Cara... ele faz parte da igreja. Você não está vendo?

Isso fez seus olhos girar nas órbitas, e provocou um quase inaudível:
— Meerrda...

— Olhe aqui, Bunker — disse Pollack, puxando sua carteira e

extraindo dela um cartão. — Eu não sou católico. Sou luterano. Veja...
— estendeu um cartão de filiação religiosa.

Inclinei-me para a frente e dei uma olhada no cartão com grande seriedade, depois funguei. — Falsa — disse.

E por aí em diante. Perguntaram sobre o Gordo. *Onde eles conseguiram o nome dele?* Muitos meses mais tarde, lendo um boletim policial durante uma sessão da corte, soube que ele telefonou para o hotel e deixou seu nome.

NUMA NOITE ESCURA E BRILHANTE de luzes, levaram-me para a cena de um crime de arrombamento. Uma mulher que morava na casa ao lado tinha visto um carro encostar ao lado da porta dos fundos. Um homem saiu, disse ela, cruzou a calçada e entrou no carro. Ela estava a cerca de trinta metros de distância e viu-o de um ângulo parcial a partir dos fundos. Poderia me identificar?

Tive de sair do carro onde estava e parar em frente a ele. Um detetive ficou a meu lado, enquanto o outro trouxe a testemunha para o meio-fio, a cinco metros de distância. Não trocamos palavras, mas eu a vi sacudir a cabeça e erguer os ombros. Sem identificação. Não tinha sido eu, de qualquer forma. Eu estava dirigindo o carro naquele roubo.

Na manhã seguinte, o detetive e seu parceiro me levaram da cela na Seventy-Seventh até a Corte Municipal, em Inglewood, para atender a uma intimação. Lá eu seria confrontado com a acusação. Trancaram-me em uma detenção ao lado da sala da corte. Ela já estava cheia de outros recolhidos das ruas nos últimos dias. Todos eles iriam se apresentar ao juiz pela primeira vez.

Durante a espera, vesti-me apropriadamente. Amarrei sacos de tabaco à minha camisa como se fosse uma fileira de medalhas. Pus uma toalha sobre minha cabeça e amarrei-a com um cadarço. Tinha a camisa para fora e minhas calças enroladas acima dos joelhos. Para a corte, eu pareceria o idiota mais maluco que eles jamais viram, embora os agentes não fossem prestar atenção a isso. Já tinham visto muitos imbecis passar por eles.

Antes da corte se reunir, entramos no tribunal e sentamos nos bancos dos jurados. Era a corte de instauração. Ela fervilhava de atividade, com advogados e agentes de fiança, escrivãos e encarregados das prisões, e espectadores em abundância na platéia.

O atendente entrou e anunciou que a Corte Municipal da Cidade de Inglewood, Condado de Los Angeles, estava agora em sessão, o Meritíssimo James Shanrahan presidindo o tribunal.

Quando o juiz atravessou a porta, levantei da minha cadeira, gritando com toda a força de meus pulmões: — *Conheço ele! Ele é um bispo! Vejam a batina! Socorro! Socorro!*

Meirinhos vieram correndo, suas chaves tilintando; cadeiras foram derrubadas. Espectadores saltaram, alguns para ver, alguns para fugir. O caos reinava na corte.

Eles me carregaram para fora, berrando impropérios, pés se agitando. Até perdi um sapato que nunca mais foi devolvido.

Em um escritório adjacente, um jovem promotor distrital me fez algumas perguntas, como há quanto tempo eu estivera na cadeia. Uns cento e seis anos me pareceram apropriados. Depois de umas poucas perguntas mais e respostas similares, levaram-me de volta ao tribunal perante o juiz. Tinha um agente musculoso de cada lado. O jovem promotor distrital apresentou uma moção conforme a Seção 1367 do Código Penal da Califórnia. Com uma expressão vaga, não prestei atenção e olhei em torno do tribunal. Na verdade, a Seção 1367 do Código Penal da Califórnia interrompia os procedimentos e referia a matéria para um departamento da Corte Superior para avaliação de sanidade, a fim de determinar se o acusado está apto para enfrentar o julgamento. Embora não lide com questões de culpa ou inocência, pode levar em conta outras evidências.

Quando me conduziram para fora do tribunal, olhei para o belo detetive que conduzira a investigação. Ele estava sentado na fileira de bancos para dentro do cercado, e seu descontentamento estava largamente estampado em todo o seu rosto. Quis piscar para ele, mas isso teria sido um insulto excessivo e em algum momento no futuro ele podia ter que testemunhar. Além disso, que motivo eu teria para piscar? Eu estava enjaulado e ele estava livre. Toda minha maquinação poderia, quando muito, fatiar uma pequena fração do tempo em que teria de ficar aprisionado.

DEPOIS DA SESSÃO DA CORTE, ESTAVA entre os chamados para o primeiro ônibus de volta à cadeia. Era uma nova prisão, que tinha sido aberta enquanto eu estivera fora, e já era notória como um lugar onde os carcereiros quebravam cabeças e haviam matado mais de um prisioneiro. Lembro-me de um amigo, Ebie, me contar que um mexicano bêbado que estava sendo fichado jogou uma lata de lixo por uma janela interna. Eles o arrastaram dali. Mas foi quando eles estavam fora, em uma sala sem testemunhas, que o cara escorregou em uma casca de banana e quebrou a cabeça contra as grades. Fazia parte do etos criminoso esperar porrada como parte do jogo se fizesse certas coisas, principalmente ameaçá-los fisicamente, quer por palavras quer por atos. Em alguns lugares, abrir a boca podia fazer o pelotão de choque cair sobre você. Todos os locais de encarceramento tinham um, embora ele pudesse ser chamado de algo mais politicamente correto que pelotão de choque, algo como equipe de resistência.

Na Cadeia Central de L.A. não era preciso muita coisa para ser derrubado e pisoteado, talvez borrifado com gás lacrimogêneo e atirado na solitária — e talvez até acusado de um novo crime, pois a melhor maneira que eles têm de ficar livres após administrarem um espancamento feroz era acusar o detento de tê-los atacado. Era a palavra coletiva contra a individual.

O módulo onde me colocaram casualmente tinha células individuais. Quando as portas se abriram para a bóia, vi muitos rostos familiares passando pela fila do bufê ou sentados às mesas. A comida mal podia ser considerada comestível; eu conseguia forçar alguns pedaços para dentro, comer o pão e beber o chá quente e doce que era servido à noite. Vivia à base de laranjas.

Poucos dias mais tarde, chamaram-me para a corte às cinco da madrugada. Serviram-nos ovos no refeitório e nos mandaram descer as escadas para a "fila do tribunal". Nossas roupas civis eram-nos dadas, caso as pedíssemos, para comparecer à corte. Isso não importava para mim. Eu estava a caráter e o azul da cadeia ajudava.

A corte que ia julgar minha sanidade foi recrutada no hospital geral. Um agente da defensoria pública veio me entrevistar. Eu não fiz sentido para ele. O comparecimento perante a corte durou cerca de trinta segundos. O escriturário proclamou o caso. O juiz fez um exame em mim, a pobre, demente criatura com tiras de papel higiênico grudadas nos ouvidos, camisa vestida pelo avesso e com pacotes de tabaco presos como medalhas. Vira muitos doidos em seu tempo de serviço, e a figura diante dele era clássica. Como todos estipulavam, ele designou dois psiquiatras para conduzir um exame e apresentar um relatório.

Quando o agente da defensoria pública tentou conversar comigo, balbuciei coisas sem sentido. Ele desistiu e me desejou boa sorte. Embarcado no ônibus de volta à cadeia, devorava visualmente a noite da cidade, como sempre fazia em tais jornadas. Por isso hoje eu me lembro, como se tivesse acontecido ontem, de uma visão de trinta anos no passado: a porta aberta de uma cantina com o som de mariachis se derramando na calçada. O encarceramento pelo menos tem o aspecto benéfico de permitir que um prisioneiro veja o mundo com um olhar renovado, assim como os artistas.

No dia seguinte, fui chamado para a lotação dos que seriam transferidos para a velha cadeia municipal sobre o Palácio da Justiça. Fomos tangidos como gado para o curral. Quem era designado para qual prisão era determinado pelo local onde compareciam à corte. Aqueles mantidos na nova cadeia central iam para os tribunais periféricos em Santa Monica, Van Nuys, Pasadena ou qualquer outro local do vasto condado. Os que iam para a corte do Palácio da Justiça eram aqueles presos na região central da cidade; portanto, os negros eram a maioria dos transferidos.

Os agentes carcerários berravam e maltratavam os prisioneiros. Nós fomos comprimidos juntos — e eu me contive. Uns dois bêbados trêmulos estavam no ônibus.

Quando chegamos ao Palácio da Justiça, fomos levados para a área dos chuveiros. Era o mesmo lugar onde talhei o assassino Billy Cook, mais de uma década antes.

— Ouçam! — berrou um agente. — Fiquem só de cuecas e joguem suas roupas aqui — ele indicou uma cesta de lavanderia com rodas.

À medida que a roupagem externa saía, o fedor de corpos sem banho se manifestava. Eu respirava superficialmente pela boca, pensando que a espécie humana devia ter cheirado realmente mal até recentemente.

Todos se apressaram, exceto eu e um velho bêbado, tremendo pela idade e pelo efeito do álcool. Passando um mau bocado para manter seu equilíbrio enquanto se despia, ele vacilou e por reflexo estendeu as mãos para trás para se firmar, esbarrando inadvertidamente em um jovem negro. O rapaz se virou e viu um velho trêmulo.

— Velho nojento — disse o jovem. — Fique longe de mim, porra.

Usando ambas as mãos, ele empurrou o velho, que escorregou no piso e caiu duramente. Ninguém se moveu para ajudá-lo. Passaram por ele, jogaram suas roupas em um cesto de lavanderia e ficaram nus em fila. A pequena demonstração de ódio racial me irritou, mas não era da minha conta, de acordo com o código da prisão.

Fiquei para trás. Deixei todos os outros ir primeiro. Não estava com pressa para me vestir com outro conjunto de brim de cadeia. Tinha para todos.

— Mexa-se, homem; mexa-se — Empurrando-me por trás estava outro jovem negro. Era mais alto que eu, porém mais magro.

— Fique calmo. Nós chegamos lá.

Ele disse algo. As palavras eu não decifrei, mas a entonação foi hostil.

Sabia por experiência que jovens negros do gueto inspiravam, bufavam e peitavam antes de partir para cima, um tipo de dança masculina da intimidação. Enquanto ele estava inspirando, coloquei um gancho curto de esquerda para dentro do seu plexo solar. Seu grunhido foi de surpresa e de dor. Nenhum homem branco sabia lutar. Não era aquilo que haviam lhe ensinado. Desferi outro gancho de esquerda e errei, enlaçando meu braço em volta do seu pescoço. Desabamos sobre o chão de ladrilhos. Ele ficou por baixo.

Em segundos os agentes estavam lá, arrastando-nos para nos separar. Fomos mandados para a Sibéria. A Sibéria era uma carceragem de celas regulares despidas de amenidades, incluindo colchões, e privadas de todos os privilégios.

Era hora de acrescentar algo ao registro de insanidade: uma antiquada tentativa de suicídio para usar mais tarde, caso se tornasse necessário. Isso sempre ajudava. O bocal de luz ficava embutido no teto e protegido por arame para que o prisioneiro não pudesse alcançar a lâmpada. Quando trouxeram a comida, guardei o copo plástico. Enchi-o com água e joguei-o contra a lâmpada quente. Pop! Ela quebrou e eu consegui cacos de vidro afiados. Usando a manga da camisa como torniquete em torno do meu braço, fiz um corte sobre a veia saltada na parte interna do meu cotovelo. A princípio, eu estava hesitante. Pode ser simples fisicamente, mas não é mentalmente fácil cortar a si mesmo. A pele separou-se, expondo a carne branca e a veia. Ela levou vários cortes. Então se abriu e o sangue jorrou a cerca de um metro. Rapidamente, segurei o copo plástico e deixei o sangue fluir para dentro dele até cerca de três centímetros de altura. Acrescentei cinco centímetros de água. Então derramei aquilo lentamente sobre meus ombros e peito nus, até que cobrisse meu tronco. Depois comecei a girar e agitar meu braço. O sangue espirrou por todas as paredes e respingou pelas grades da cela. Isso fez uma imundície sangrenta. Finalmente, enchi parcialmente o copo com sangue e água e derramei para fora da cela, de modo que ele escorresse pelo chão do corredor.

— Ei, da cela ao lado! — chamei. — Olhe aqui... saindo pela porta.
— Caralho! Que merda!
— Chame o porco.

O sacudir de grades e a gritaria começou: — *Pu-líícia! Guarda! Socorro! Socorro! Homem ferido! Homem ferido!*

Em segundos, havia um coro de todas as celas.

Levou vários minutos antes que eu ouvisse os portões externos se abrir. A essa altura, eu estava estendido sobre a poça de sangue no chão. A cela parecia um matadouro.

O tilintar de chaves, então a voz alarmada: — Jesus Cristo! Chame o médico. Traga a maca!

A maca chocalhava ruidosamente quando eles chegaram às pressas. Enquanto me levavam passando por prisioneiros que olhavam através das grades, ouvia vozes: — Ah, cara, esse sujeito tá morto. — Merda, cara, que sujeira fodida. — O otário se matou.

Alguém proferiu um julgamento: — O babaca tem que ser fraco para fazer isso...

Elevador abaixo, ambulância adentro e túnel afora para uma corrida a grito de sirene até o hospital geral, muitos quilômetros além. Eles me costuraram, me lavaram e me levaram para a ala da prisão no décimo terceiro andar. Quando o médico me perguntou por que eu tinha feito aquilo, disse que a Igreja Católica tinha um rádio na minha cabeça e me mandou fazê-lo. Ele anotou isso. Obrigado, doutor.

A ala da prisão no hospital estava tão superlotada que os leitos transbordavam dos quartos e se alinhavam no grande corredor principal. Tarde daquela noite, descarregaram-me novamente na cadeia central. Fui posto em um quarto com três leitos na enfermaria da prisão, tornozelo esquerdo e mão direita acorrentados à cama. O leito do meio estava ocupado por um velho diabético. Perto dele estava um jovem chicano musculoso que tinha um dos pés algemado à armação da cama. Ele se sentou, balançando para a frente e para trás enquanto recitava seu rosário sem parar, às vezes inserindo Atos de Contrição. A enfermeira que distribuía os medicamentos disse que ele estava tendo uma reação ao pó-de-anjo. Ela me deu dois comprimidos marrons que eu reconheci como sendo Torazina. Fingi que os tomava.

Foi nesse quarto de hospital que eu vi algo tão grotesco que permaneceu impresso em minha mente como se tivesse sido gravado em água-forte.

— Jesus Cristo! — exclamou o velho diabético, e então saltou e começou a esmurrar e chutar a porta. Por um momento olhei para ele, depois voltei minha vista para o chicano no outro leito. Ele estava sentado, ainda se balançando e murmurando orações. A órbita de seu olho direito abria e fechava — mas não continha nada. O globo ocular espiava por entre os lençóis brancos da cama. Seu olho esquerdo oscilava para a frente e para trás abaixo do seu queixo, pendurado por uma espécie de tendão. Ele enfiara seus polegares em ambos os olhos para arrancá-los para fora da cabeça. Meu coração disparou e meus cabelos ficaram em pé. Era horripilante. Mais de um ano depois, voltei para a cadeia central e o vi ser levado para a corte. Estava totalmente cego, mas não retiraram as acusações. Ah, não, ele não ia se livrar tão fácil. Não sei se o mandaram para a prisão. Isso não me surpreenderia. Afinal, ele tinha roubado alguma coisa.

Quando o médico da cadeia veio falar comigo, disse a ele que o papa tinha assassinos esperando para me matar no Palácio da Justiça e que eu não podia ficar em uma cela com ninguém mais porque via luzes flutuando sobre suas cabeças. Tinha esperança de ser posto na carceragem "pinel" na própria cadeia central. Queria evitar o Palácio da Justiça, principalmente porque eles me mandariam imediatamente de volta para a Sibéria quando eu retornasse. Ele anotou isso no meu prontuário e me disse para não me preocupar; eu não ia voltar para o Palácio da Justiça.

Na manhã seguinte, precisando de espaço, outro médico me deu alta. Fui posto em uma seção de celas para um só homem na cadeia central. Isso foi muito conveniente!

Dois dias mais tarde, o carcereiro chamou — Bunker, arrume suas coisas! — Devia ser transferido para o Palácio da Justiça. Era uma transferência determinada pelos números; ninguém olhou nenhum arquivo. Quando o agente abriu minha cela e gritou para que eu saísse, fui até a frente. Ele estava no painel de controle, em uma jaula entre as grades, atarefadamente erguendo alavancas e chamando nomes. Outros prisioneiros estavam sendo transferidos ou chamados para ver seus advogados ou oficiais de condicional. Era um garoto com cara de criança, e tinham-lhe dito na academia que todos os prisioneiros eram mentirosos e vigaristas, uma escória querendo tirar vantagem dele. Por isso, quando me aproximei das grades e disse "Ei, chefe", que de acordo com minha educação era um sinal de respeito, ele pensou que fosse algum tipo de afronta e respondeu com hostilidade suspeitosa. Não foi receptivo quando eu

lhe disse que não devia ir para o Palácio da Justiça, de acordo com o médico da cadeia.
— Não diga isso para mim — falou ele. — Diga ao agente na cabine de controle no corredor.
Apertou o botão que fez abrir a trava para o corredor do segundo andar com um zumbido. Era extenso e largo. Prisioneiros tinham que caminhar ao longo da parede da direita. Ao lado da porta para a escada-rolante estava a cabine de controle. O agente estava sentado no alto, atrás do vidro reforçado, de modo a ter uma visão clara de tudo que acontecia no corredor.
Andei até a vidraça.
— Eles me mandaram arrumar as coisas para ir para o PJ, mas eu não devo ir.
— Não? Por que não?
— O médico disse...
— Diga isso ao agente que cuida da fila para o tribunal, no andar de baixo — ele me cortou.
Desci a escada rolante e segui a linha pintada no chão até a porta para o grande salão preenchido por jaulas, cada uma com cerca de um metro quadrado e meio, com uma placa sobre a porta designando um tribunal da periferia. Pela manhã, muito antes de o sol raiar, as jaulas eram lotadas com prisioneiros esperando para fazer viagens de ônibus. Era menos humano que os currais de gado nos pátios das ferrovias.
Era o fim da manhã. Os ônibus tinham partido e não começariam a retornar até o final da tarde, continuando durante a noite. As jaulas tinham sido varridas e abrigavam prisioneiros que iam ser transferidos para outras instalações, incluindo o Palácio da Justiça.
Um agente penitenciário estava sentado atrás de uma mesa que tinha listas de nomes em etiquetas plásticas coladas sobre seu tampo. À medida que os prisioneiros davam seus nomes, ele os encaminhava para as jaulas. Mesmo antes que eu desse um passo à frente e contasse minha história, sabia que o agente no módulo, que tinha me mandado para o da cabine, e o agente da cabine, que tinha me mandado para este, estavam fazendo um jogo: levar-me a dar mais um passo em direção ao ônibus.
— Eu não devo ir para o Palácio da Justiça.
— Qual é o seu nome?
— O doutor escreveu no prontuário médico.
— Qual é o seu nome?
— Bunker.
— Jaula Seis.
— O médico...
— Estou cagando para o médico. Vá para a Jaula Seis.
— Você não vai verificar com o departamento médico?

— Eu não vou verificar com ninguém. Entre na porra da jaula — ele ficou em pé para adicionar ameaça à sua ordem. A Jaula Seis ficava diretamente em frente à sua mesa. Dei um passo para dentro e ele bateu a porta.

— Escute, agente — falei. — Posso ver um superior ou um sargento?

— Não. Você não pode ver ninguém.

— Certo... mas deixe-me dizer o seguinte... eu não vou.

— Não vai! Você vai entrar naquele ônibus nem que eu tenha que acorrentar você e jogar lá para dentro.

Decidi que podia acrescentar mais insanidade aos registros. Estava carregando um pacote de cigarros vazio com minhas magras posses pessoais: pente, escova dental... e lâminas Gillette.

Desembalei uma lâmina nova, coloquei-a sobre as barras e tirei minha camisa e a atadura em torno do meu braço. Enrolei a manga em volta do bíceps, bombeei a veia, apanhei a lâmina e comecei a cortar. Foi muito mais fácil que com o pedaço de lâmpada. Dois talhos e o sangue jorrou. Mantive apertado o torniquete improvisado e ergui meu braço perto das grades. O sangue espirrou cruzando o espaço e começou a chover sobre as listas fixadas à mesa.

O agente não notou o que eu estava fazendo até que o sangue gotejou sobre sua papelada. Mesmo então, levou alguns segundos para ele acordar.

— Que diabo... — Saltou sobre os próprios pés. Tentou agarrar seus papéis, mas eles estavam grudados à mesa com etiquetas plásticas. Ele rasgou uma folha pela metade. O sangue se espalhava sobre o resto à medida que eu movia meu braço para mudar a trajetória.

O agente berrou por ajuda, e outros agentes vieram correndo. Enquanto procuravam a chave para abrir a porta, eu movia meu braço de um lado para outro, espirrando sangue em seus uniformes, o que os fazia gritar e xingar enquanto seus trajes de sarja verde-oliva absorviam meu sangue.

A porta se abriu e eles se precipitaram sobre mim. Devo admitir que só me bateram e chutaram poucas vezes. Esperava algo pior vindo da chefatura de polícia. Três ou quatro deles me carregaram, com o rosto para baixo, ao longo do corredor até a enfermaria. Vi o agente que afirmou que ia me acorrentar. — Eu disse a você que não ia — falei. Ele não respondeu nada, mas acho que teria fritado se alguém tivesse jogado óleo nele.

Uma hora mais tarde, eu estava de volta à ala hospitalar com os três leitos. Depois de uns dois dias, o médico me devolveu a uma cela regular. Dessa vez não havia dúvida de que eu não deveria ir para o Palácio da Justiça.

Os psiquiatras designados para me examinar vieram um de cada vez. Quando era chamado para uma sala de entrevista na área hospitalar, eu estava preparado. Sentava balançando-me para a frente e para trás, olhando-o com olhos rasos; então desviava os olhos para o chão. Ele me perguntava o que as vozes estavam me dizendo. Respondia-lhe que era muito sujo e que não podia repetir. Então eu perguntava se ele era católico. Quando ele me assegurava que não era, eu lhe contava que os católicos estavam atrás de mim havia anos.

— O que eles fazem?
— Você sabe o que eles fazem.
— Você não pode me contar?
— Eles falam comigo através do rádio e da TV... chamam-me com palavras sujas... dizem que eu sou bicha. Eu não sou uma bicha, porra.
— Claro que não.

Depois de cerca de dez minutos o exame acabou. Não havia desconfiança quanto ao meu fingimento porque, falando estritamente, as estipulações das seções 1367 e 1368 não previam absolvição por motivo de insanidade. Diziam simplesmente que eu não era competente para enfrentar o júri naquele momento. Assim que eu fosse considerado competente, seria levado a julgamento. Pessoas podem cometer um crime anos antes e serem sãs e responsáveis quando isso aconteceu, mas, quando presas e acusadas, podem estar totalmente sem juízo. Como pode um réu ser levado a julgamento, ou punido, estando louco?

O segundo psiquiatra era um negro *café-au-lait* com nome francês, provavelmente com ancestrais da Louisiana. Interpretei o mesmo ato, mas ele pareceu me observar mais de perto — então eu subitamente comecei a latir, virei a mesa e corri para fora da sala. Disparei pelo corredor, com os agentes atrás de mim. Eles me derrubaram e me arrastaram de volta. Sentei na cadeira tremendo. O psiquiatra encarregado do exame me contou sua decisão sem saber que o fez. Ele disse — Você pode voltar para o seu leito — Era um óbvio ato falho freudiano. *Leito* indica hospital, e é para lá que os doentes vão.

Ambos os psiquiatras disseram que eu era "um esquizofrênico paranóide crônico em fase aguda, sofrendo de alucinações auditivas e delírios de perseguição, que é e tem sido legalmente insano e mentalmente enfermo". Isso era ser tão louco quanto alguém consegue ser. De volta ao tribunal de sanidade, o juiz me considerou "insano dentro dos termos das seções 1367 e 1368 do Código Penal da Califórnia". Determinou que eu fosse admitido no Hospital Estatal de Atascadero até que fosse certificado como competente para um julgamento padrão.

Eu estava preparado para enfrentar julgamento imediatamente. Tinha minha defesa. Embora ser incompetente para comparecer perante o tribunal não significasse que alguém fosse insano no momento do crime, é uma evidência admissível que o júri pode considerar. Os oficiais que me prenderam testemunhariam, a não ser que mentissem, que eu tinha afirmado estar a caminho de Dallas com novas pistas sobre o assassinato de

Kennedy. Nos registros do distrito policial eu afirmava ter noventa anos de idade. Os investigadores teriam de testemunhar, novamente a não ser que mentissem, que eu havia declarado que a Igreja Católica tinha posto um rádio no meu cérebro. Os registros do hospital da cadeia tinham duas tentativas de suicídio e outros tipos de comportamento irracional. Finalmente, se os psiquiatras disseram que eu era insano duas semanas depois do crime, como poderia não ser insano quando o crime aconteceu, horas antes da prisão? Como poderia um júri não me considerar insano? Além disso, era altamente improvável que a promotoria fosse lutar com muita garra. Era um roubo de rotina. Além do mais, eu não ia realmente me chocar contra o sistema, pois levaria pelo menos de seis meses a um ano para eu voltar à corte, e não importava o que acontecesse lá, o comitê de condicional me levaria de volta para terminar de cumprir minha primeira sentença. Cumpriria três ou quatro anos, no mínimo, que era o que o delito merecia. Minha única vantagem era me livrar de outra condicional, e talvez pudesse escapar. Um hospital psiquiátrico não era uma prisão. Podia ter grades, mas não tinha torres de vigilância. Um amigo meu uma vez liderou uma fuga de Atascadero. Ele e vários outros usaram um banco pesado como aríete para atravessar uma porta dos fundos.

De uma coisa não me dei conta na época. Minha folha de ocorrências iria relacionar para sempre o seguinte: "Declarado Legalmente Insano". Qualquer um que visse aquilo sem saber da verdade esperaria encontrar um maníaco desvairado.

SITUADO NA METADE DO CAMINHO entre Los Angeles e São Francisco, o Hospital Estadual de Atascadero era tão próximo de uma instituição de segurança máxima quanto um hospital psiquiátrico pode ser. A maioria de seus pacientes estava sob internamento como agressores sexuais mentalmente perturbados, comumente conhecidos como pedófilos ou molestadores de crianças, e no idioma dos presidiários: papa-anjos. Eu tinha aprendido os valores dos condenados, e por esses valores um molestador de crianças é um verme a ser vituperado, cuspido e perseguido. Na prisão, qualquer coisa feita a um molestador de crianças é aceitável. Qualquer um mandado para a prisão por molestar crianças faz o melhor que pode para esconder o fato. Ninguém admite esse comportamento desprezível. A defesa habitual, que ouvi mais de uma vez, era que uma esposa vingativa tinha orquestrado uma falsa acusação.

Em Atascadero, a maioria de tarados papa-anjos olhava de cima a minoria dos ladrões declarados insanos. Eles eram doentes; nós éramos criminosos — era assim que eles viam as coisas. O toque de classe era o fato de que a instituição tinha uma "patrulha dos pacientes", com direito a usar braçadeiras, que pelo meu modo de pensar não era mais que uma licença para alcagüetar. Lembro-me de alguém em Folsom dizendo que molestadores de crianças eram tão ruins quanto dedos-duros, e outra pessoa respondeu: — Não tão ruim quanto... são a mesma coisa. Nunca conheci um papa-anjo que não fosse um rato, você conheceu? Eles andam juntos como o cavalo e a carroça — a observação foi reconhecida com grunhidos de concordância.

Atascadero era tedioso. Os pacientes não eram autorizados a deitar durante o dia. Tinham de sentar no salão diurno, assistindo a novelas na TV, e talvez ir para a TO (Terapia Ocupacional), onde faziam cinzeiros de barro ou pintavam quadros, nenhum dos quais me interessava. A TO parecia muito com o primeiro grau. O salão diurno tinha uma mesa de pôquer (graças a Deus) e eu caía sobre ela como se fosse um copo d'água no deserto. Agia de forma perfeitamente racional, exceto uma vez, quando um atendente veio até o jogo e perguntou como eu estava me sentindo. Disse-lhe que estava bem, exceto que tinha visto um padre no corredor — ... e eu sabia, pela luz vermelha sobre sua cabeça, que ele estava atrás de mim.

Quando queríamos ir a algum lugar, talvez para o comissariado, a enfermeira tinha que preencher um passe. Não estávamos autorizados a andar à toa. Eu, no entanto, procurava por um orifício, uma saída, um lugar que pudesse escalar ou cortar e fugir para as colinas em volta. O que os oficiais fizeram, porém, foi anotar todos os pontos fracos e depois reforçá-los ou designar um membro da patrulha dos pacientes para a responsabilidade de vigiá-los. Foi assim que eu me meti em encrenca. Estava olhando em torno dos bastidores do auditório quando um molestador de crianças usando braçadeira perguntou o que eu estava procurando. Não me reconheceu, mas eu o reconheci de alguns anos atrás, na cadeia municipal. Ele estava aguardando julgamento por molestar sua sobrinha. Lembro que isso tinha começado quando ela estava com três anos e prosseguiu até que ela estivesse com sete e o denunciasse. Estava lembrando disso enquanto ele perguntava meu nome e em que enfermaria eu estava...

Mergulhei levemente para a esquerda para ganhar impulso, e então afundei meu punho esquerdo em seu estômago exatamente como fazia quando estava no ginásio de esportes usando o saco de pancadas. Qualquer lutador sabe avaliar quanto isso pode ser devastador quando inesperado. Ele engasgou e se curvou, depois desabou de lado sobre o chão, mexendo suas pernas como se pedalasse uma bicicleta. Foi realmente uma violência gratuita, uma demonstração da minha frustração e da minha raiva, e do asco que eu sentia por Atascadero. Meu Deus, eu preferia estar na penitenciária do que ser transformado em um vegetal e tratado como criança em um hospital psiquiátrico, que era o que parecia estar acontecendo.

Ninguém viu o soco. Eu saí do auditório, voltei para a mesa de pôquer e tirei aquilo da minha mente. Atascadero tinha quase três mil pacientes. O que eles iam fazer, enfileirar os três mil para um reconhecimento? Além disso, o maluco ficaria bem quando conseguisse respirar novamente.

Sem me dar conta, quebrei três de suas costelas. Naquela tarde, quando fui para a fila do refeitório, olhei para a frente e o vi em pé na porta da cozinha com o atendente de uniforme branco encarregado da vigilância. O tarado deu um puxão na manga do atendente e apontou seu dedo diretamente para mim, enquanto sua boca trabalhava energicamente. No jargão da cadeia, ele estava cantando a história... Ainda estava cantando quando os atendentes me levaram para o gabinete.

O terceiro turno escreveu um resumo sobre o incidente e o referiu para o turno do dia, quando médicos e administradores estavam disponíveis. Não esperava que nada acontecesse. Já vira vários cretinos perder a cabeça e sapatear em cima de alguém. No máximo eles eram trancafiados em uma sala isolada por umas poucas horas até se acalmarem. O que eu não sabia era que o relatório do Departamento Correcional sobre A20284 Bunker tinha chegado naquela manhã. Ao invés de numa sala isolada, puseram-me na ala especial de reclusão, reservada para duas dúzias de pacientes considerados mais instáveis. Entre eles estavam três ex-condenados que eu conhecia da prisão. Um deles, Rick, realmente podia ser qualificado como um maníaco paranóide. Quando entrei em San Quentin pela primeira vez, encontrei Rick na unidade de recepção. Ele teve uma discussão com outro detento em uma classe de orientação. O detento era um tanto agressivo e deu a Rick uma certa dose de medo, uma péssima coisa para se fazer a um paranóico. A única arma que Rick podia conseguir a curto prazo era uma faca X-Acto de lâmina curta, mas afiada. Naquela tarde, no refeitório, Rick viu o aspirante a valentão trazer sua bandeja da fila do bufê e sentar-se. Caminhou até estar atrás dele, puxou sua cabeça para trás e cortou sua garganta. O sangue jorrou três metros pelo ar. Em qualquer outro lugar do mundo, a vítima teria morrido. Em San Quentin, os médicos eram especializados na enfermidade endêmica dos ferimentos de faca e conseguiram salvar sua vida. Rick cumpriu toda sua sentença em segregação administrativa, na ala dos psicóticos e nas instalações da prisão hospitalar de Vacaville, depois que elas abriram. Quando sua pena terminou, eles o internaram no hospital estadual. Agora, ali estava ele, feliz em me ver. Os outros dois eu não conhecia tão bem. Um era um jovem chicano durão cuja mente parecia um pouco fora de foco, mas cuja moléstia exata não me ocorria.

A ala de vinte e dois pacientes tinha oito atendentes em serviço em todos os turnos, exceto o da madrugada, da meia-noite às oito, quando eram apenas três. A ala consistia no salão diurno, com cadeiras de vime e almofadas como estofamento, dois corredores com quartos laterais simétricos, onde nós dormíamos mas não podíamos entrar em outros horários, e um corredor curto de saída atrás de uma pesada porta trancada. Havia um total de quinze quartos, todos usados para reclusão máxima. Chamavam isso de reclusão, mas a tranca é a tranca, não importa qual nomenclatura se use. No final daquele corredor curto havia uma porta que dava para uma rua que circundava a instituição. Rick me contou que aquela era a mesma porta que meu amigo Bobby Hagler e seus companheiros tinham arrombado a aríete vários anos antes, com um banco pesado. Desde então, a porta tinha sido reforçada, os bancos pesados removidos e mais alguns atendentes acrescentados. Discutimos a possibilidade e concluímos que era impossível. Infelizmente, alguém ouviu e denunciou — e de repente vinte funcionários com uniformes brancos povoavam o salão diurno. Nós três fomos despidos até as cuecas e trancafiados em quartos menores no corredor.

Aquilo podia ser chamado de reclusão, mas para mim era uma cela nua. Um hospital psiquiátrico pode fazer coisas que nunca seriam permitidas em prisões. Tinha um buraco no chão como privada. O fedor que exalava dali era insuportável. Na prisão o buraco podia ser coberto com um jornal ou uma revista, mas essas coisas não eram permitidas na reclusão. Podiam ser perturbadoras. O quarto tinha uma janela (tela de arame e grades) tão alta que eu tinha que me içar com as pontas dos dedos para dar uma olhada nas colinas desertas e reverberantes do lado de fora.

Um médico vinha todas as tardes e falava em monossílabos sem significado. Tinha um sotaque que lembrava minha experiência de infância no hospício perto de Pomona. Perguntei de onde ele era. — Estônia — disse.

— Vocês não eram aliados aos nazistas? — perguntei.

Seu rosto ficou vermelho, seu sotaque mais pesado, e eu percebi que estava encrencado. Apesar disso, dei um passo atrás, ergui o braço direito e declarei: — Heil Hitler! — Ele realmente detestou isso. Da mesma forma, eu também o detestei. Ele teria se adaptado muito bem aos experimentos de um campo de concentração.

Todos os dias ele fazia suas rondas, espiando pela janelinha de observação em cada porta, às vezes dizendo algo, mais freqüentemente não. Perguntei a ele quanto tempo eu ia ficar trancado e sua resposta foi chavão de psiquiatra: — Quanto tempo você acha que deveria ficar?.

Na prisão havia regras e regulamentos para tais assuntos; no hospício era de acordo com os caprichos do psiquiatra em serviço. Não era punição; era tratamento.

Depois de duas semanas sem ver uma fresta no meu *status quo*, minha propensão usual para a rebelião se manifestou. Comecei a agitar os treze pacientes dos outros quartos. Quando caiu a noite, eles estavam no ponto. Cada um deles quebrou a pequena janela de observação e usou os pedaços de vidro para cortar uma veia. Em uma hora, o superintendente estava na ala. Estava furioso, pois, embora um diretor de prisão possa desacreditar qualquer coisa que os detentos façam, o assunto é diferente quando se trata de pacientes em um hospital protestando contra suas condições com automutilação. Algo assim podia provocar uma cobertura negativa da mídia.

Então o médico neonazista da ala chegou. Soube imediatamente quem estava por trás daquilo. Ele e o superintendente vieram falar comigo. Apresentei a eles nossas demandas — colchões e roupas de cama em vez das esteiras de borracha, livros e revistas e o direito de escrever e receber cartas.

O superintendente concordou com tudo, mas os telefones e teletipos estavam zumbindo. Às nove da manhã minha porta se abriu e vários atendentes me mandaram sair. Deram-me um macacão branco para vestir, puseram-me em restritores de movimentos e levaram-me pela porta dos fundos para um automóvel que estava à espera. Três horas depois, cheguei à Unidade Médica da Califórnia, em Vacaville. A transferência estava de acordo com um estatuto que permitia que certos pacientes psiquiátricos perigosos internados pela legislação criminal fossem abrigados em instituições correcionais.

Quando cheguei, os oficiais da prisão só tinham teletipos sobre mim. Havia um tenente chamado Estelle, que eu acho depois comandaria o sistema carcerário do Texas, que me conhecia de outra prisão e, por algum motivo, tinha especial animosidade particular contra mim. Ele me pôs na S-3, a unidade do terceiro andar do Pavilhão S. Consistia de celas com paredes de vidro da altura do peito até o teto. As paredes de vidro ficavam na frente e no fundo, fazendo com que as celas fossem apelidadas de *aquários*. Algumas tinham o buraco no chão e outras uma combinação em aço de lavatório e latrina. Tive sorte e peguei a última. Quando a água escoava do lavatório, ela corria para a latrina abaixo. O inconveniente era que o fundo da latrina ficava a centímetros do chão, e na escuridão quente e úmida residia um milhão de baratas, tantas que algumas eram empurradas para a luz enquanto corriam em volta procurando pela escuridão. Quando acendi um pedaço de papel e empurrei-o para baixo do toalete, elas avançaram para fora em sua multidão, tantas que eu tive de pular para cima da latrina até elas correrem de volta para dentro. Nunca mais voltei a perturbá-las. Para minha sorte, as luzes das celas nunca se apagavam.

Não tenho idéia de que tipo de documentos eram teletipados ou trocados entre o Departamento de Higiene Mental e o Departamento Correcional, mas o último de algum modo sabia que eu tinha ido a julgamento por roubo e sido inocentado por razões de insanidade e que agora o hospital psiquiátrico tinha me dado alta e a jurisdição havia regressado para o Correcional. Fiquei um mês ou mais no aquário. Condenados da linha principal me mandavam livros da biblioteca. Sempre fui capaz de suportar algo se pudesse ler. Enquanto estava na S-3, li primeiro Herman Hesse e Sartre. Acho que também li *Anna Karenina* e *Lord Jim* deitado no chão do aquário.

À minha frente estava o homem para quem a lei autorizando transferências do hospital psiquiátrico para Vacaville havia sido escrita. Seu nome era Jack Cathy. Era de Los Angeles, mas fora para a prisão no Arizona, onde tinha matado alguém. Um dia ele concluiu aquela pena e recebeu condicional. Em Hollywood, foi preso e acusado de outro assassinato. Inicialmente, foi declarado incompetente para comparecer perante o júri sob as seções 1367 e 1368 do Código Penal da Califórnia e internado em Atascadero, onde esfaqueou quatro funcionários, matando um deles. Uma corte de San Luis Obispo considerou-o novamente incompetente para enfrentar o julgamento, mas ordenou que ele fosse recolhido à Unidade Médica da Califórnia em Vacaville, que tinha segurança de prisão. Um advogado protocolou uma petição de *habeas corpus*. Em resposta, a legislatura aprovou o estatuto que permitia sua transferência — e a minha. Fiquei na S-3 por vários meses. Três vezes por semana ele era tirado de sua cela e recebia tratamento de choque. Um detento disse que Cathy vinha levando choque três vezes por semana havia vários anos. Em meia hora eles o traziam de volta e o despejavam na cela. Uma hora ou mais depois de retornar, ele chamava — Ei, cara... você... aí em frente...

Eu ficava em pé para poder vê-lo através do vidro. Três vezes por semana nós tínhamos a mesma conversa. Ele perguntava onde estava e eu contava a ele. Perguntava de onde eu era. Eu lhe dizia. Perguntava se eu conhecia Eddie "The Fox" Chaplick. Depois de um dia, a memória de Cathy quase retornava. Ele dizia "Ah, sim", e se lembrava de mais alguma coisa. Era sempre a mesma seqüência de conversa. Quando sua memória estava quase de volta, eles o levavam para outro tratamento de choque elétrico. Isso continuou por dois meses.

Deixaram-me sair da S-3, puseram-me na unidade de violação de condicional e começaram os preparativos para a audiência. Mandaram alguém a campo para conseguir o relatório do oficial de condicional, e, quando me apresentaram as acusações por violação da condicional, estavam incluídas as mesmas acusações pelas quais a corte havia me considerado incompetente para responder em um tribunal legal, com um advogado e todas as proteções da jurisprudência americana. Se não podia enfrentar as acusações lá, como poderia fazê-lo em uma audiência por violação de condicional, sem nenhuma proteção legal ou mesmo um registro? Eu sentia que eles haviam cometido um erro e comecei a estudar livros de direito.

A unidade de violação de condicional tinha muitos homens que eu conhecera em San Quentin e em outros lugares, incluindo um que em algum momento me contaria a história que serviu de base para meu romance *Cão Come Cão*. Minha insanidade legal tornou-se uma piada corrente. Permanecer no longo corredor da unidade de violação de condicional era proibido. Um guarda se aproximava, mandando que os detentos circulassem — para o pátio ou para a unidade de alojamento. Como brincadeira, quando ele chegava a cerca de quatro metros de distância, eu me virava e começava a cutucar a parede com meu dedo e falar irracionalmente: — Quê? Quê? É melhor você não dizer isso. Estou te avisando, já... já e já... Pare com isso... parado. Vruum... vruum... vruum... — e pontuava as últimas palavras com a pantomima de trocar a marcha de um carro, que eu passava para terceira, fazia cantar os pneus, e saía andando enquanto imitava som de motor. O guarda olhava consternado, e meus amigos seguravam as gargalhadas.

Na fila do refeitório, os recém-chegados designados para servir a comida tinham medo de mim. Eu olhava para eles com uma expressão ameaçadora e balançava minha bandeja. Eles a enchiam mais do que o usual, embora eu fizesse isso mais por diversão do que pela comida, que geralmente era difícil de engolir como uma ração normal, quanto mais com porções extras.

Por essa época, recebi uma carta da filha de um psiquiatra que eu conheci durante os procedimentos da corte relativos ao ataque contra o oficial da correcional. De tempos em tempos, há uma nota nos jornais sobre alguma mulher aparentemente de classe média que se apaixona por algum monstro de aparência humana que tenha cometido uma série de crimes horrendos e esteja esperando execução. A maioria das pessoas simplesmente balança a cabeça em estupefata desaprovação; isso vai além do alcance de sua experiência. Na verdade, o encantamento não era por uma pessoa real, mas por alguém criado pela fantasia, alguém que tal mulher pudesse visitar periodicamente, como um paciente faz com seu psicanalista. O condenado atrás das grades de repente tem todos os atributos pelos quais ela anseia. Ela os confere a ele. Cria uma imago e a ama como se fosse uma pessoa totalmente real. Pode vir todas as semanas ou todos os meses e sentar em frente a ele por várias horas, despejando diante dele os tormentos de sua alma e psique até que transpire a inevitável transferência.

Eu podia ver que isso era o que estava acontecendo ali. Fui muito ambíguo sobre o relacionamento. Fui acusado de ser manipulador e explorador, especialmente com mulheres. Com toda franqueza, esse era um julgamento que eu considerei errado. Onde estavam os fatos? A sra. Hal Wallis? Não tirei vantagens nem mesmo quando ela estava tendo um colapso e podia ter me dado qualquer coisa. Não obstante, ainda estava bem consciente da acusação — entretanto, o mundo inteiro estava alinhado contra mim e eu precisava pelo menos de um aliado.

Essa mulher, chamada "Mary", não era meramente determinada; ela era entusiástica. Dizia que estivera em um casulo desde que era uma adolescente, "e agora sou uma borboleta voando livre". Francamente, ela me assustava. Se ela se machucasse no meu mundo, o seu mundo me culparia. Eu não dava a mínima para a maioria deles, mas o pai de Mary tinha me oferecido sua amizade. Entretanto, aquela era uma guerra por sobrevivência, e qualquer um que chegasse perto podia ser atingido por um estilhaço. Sozinho, a não ser por alguns condenados sujos, eu estava desesperado por aliados. Deixei que ela entrasse em minha vida.

Suas cartas tornaram-se ardentes e volumosas. A correspondência era empurrada por baixo da porta da cela antes da abertura da manhã, sob o pressuposto de que isso faria com que o detento começasse o dia de bom humor. O pressuposto era correto. Mary escrevia todos os dias, mas com a lentidão do correio dos EUA e do Departamento Postal da prisão, algumas manhãs não havia nada embaixo da porta e em outras, geralmente às terças-feiras, suas cartas literalmente forravam o meu chão.

Então ela veio me visitar. Não era uma beleza de cair o queixo, mas irradiava uma poderosa sensualidade do ato de menear seus espessos cabelos negros até o balançar de seus quadris quando andava. Trazia alguma semelhança física com Elizabeth Taylor, com um belo corpo empinado e pernas um tanto curtas demais para a perfeição. Embora eu sempre tenha sido um *connoisseur* de pernas e *derrières*, com apenas um interesse mínimo pelos seios femininos (uma postura quase não-americana), achava Mary sexualmente atraente. Sua característica mais atraente, no entanto, não era física; era o seu ímpeto. Ela morria por aventura. E conseguiria muita antes que aquilo acabasse.

Quando ela partiu, foi para a sede municipal de Fairfield e contratou um jovem advogado, que veio e perguntou — Como vocês o tratam?

O oficial da prisão replicou — Nós o tratamos como a todos os outros.

— Essa é a questão. Ele não é como todo mundo. É um paciente psiquiátrico.

O advogado foi conferir as leis à procura de alternativas. O Departamento Correcional decidiu jogar a batata quente. Um dia, sem aviso, o sistema de alto-falantes chamou: — Bunker... A-dois-zero-dois-oito-quatro, compareça à Recepção e Soltura.

Pensei que podia ser um pacote com roupas ou que eles precisassem de impressões digitais. A última coisa que eu esperava era que eles me atirassem um macacão e dissessem para eu me trocar. Quinze minutos depois eu estava rodando para fora do portão dos fundos no banco traseiro de uma van de sete passageiros.

Quando chegamos a Atascadero, o hospital psiquiátrico foi tomado de surpresa. Eles não me queriam ali. Disse a eles que voltaria imediatamente sobre os meus passos se eles estivessem falando sério. Os psiquia-

tras da prisão atestaram que eu tinha recobrado a sanidade.
Após três horas de espera, admitiram-me e deixaram o motorista ir embora. O médico neonazista estava pronto e esperando por mim. De volta ao mesmo quarto secundário, como eram chamados. Notei que as janelas de observação de vidro tinham sido trocadas por chapas de metal com orifícios. Isso foi antes de me colocarem em contenção "completa". Primeiro a camisa-de-força, então me esticaram em uma cama e amarraram lençóis dos meus tornozelos à moldura da cama e outros lençóis das minhas axilas à cabeceira. As contenções era tão apertadas e a velha cama, tão afundada no meio que eu ficava suspenso sobre ela. (Não, isso é um exagero, mas foi quase assim.) A coisa toda culminou com uma dose de Prolixin, a droga da instantânea e prolongada vegetação mental. O efeito de uma simples injeção durava uma semana. Enquanto os atendentes preparavam a seringa, o médico neonazista ficava sorrindo ao lado da cama. Ele levou minha primeira insurreição dos insanos para um lado muito pessoal. Olhando para mim, ele via um fora-da-lei, um criminoso. Quando eu olhava para ele, via um uniforme negro com uma suástica na braçadeira e botões de lapela com caveiras, e não me surpreenderia se ele já tivesse trabalhado em um hospital do programa alemão de eugenia.
Relatórios foram escritos, assinados, lacrados, selados e enviados em tempo recorde para a Corte Municipal, Cidade de Inglewood. Em três semanas o ônibus da chefatura de polícia chegou, despejando alguns, recolhendo outros. Eu estava entre os últimos.

Enquanto estava em Vacaville, Denis, meu amigo traficante de Hollywood, atravessou o Centro de Recepção por violação de condicional. Ele tinha sido procurado pelos cafetões em busca de ajuda quando eu os estava extorquindo. Denis contou-me que um certo rábula conhecido, chamado Brad Arthur, podia conseguir a suspensão do meu mandado da condicional. Como faria isso? Denis não tinha certeza, mas podia ser feito. Mandei Mary ver Brad imediatamente para averiguar se ele podia fazer aquilo e, se pudesse, quanto iria custar. — Mas não dê nenhum dinheiro a ele até que eu diga...
Dias depois dessa instrução, fui transferido de volta ao Hospital de Atascadero. Lá, vestindo uma camisa-de-força, atado a uma cama e transformado em um vegetal, eu não estava autorizado nem a receber visitas nem a escrever cartas. O lápis necessário para isso era considerado perigoso demais para que eu o portasse.
Mary, que conhecia o juiz da Suprema Corte da Califórnia Stanley Mosk através de seu pai, telefonou para ele. Embora ele não apreciasse a imposição e provavelmente considerasse que seu pedido estava no limite da impropriedade, ligou para o superintendente de Atascadero e fez uma inquirição. Vindo de um juiz da Suprema Corte do Estado, isso era sufi-

ciente para que ela e Brad Arthur atravessassem a cortina de ferro do médico neonazista. Eu seria devolvido a Los Angeles dentro de uma semana. Embora os atendentes e o médico pairassem à nossa volta, consegui dizer a Mary e Brad para "cuidarem da suspensão da condicional".

Não sabia se isso tinha sido feito quando o ônibus da chefatura de polícia chegou a Atascadero, despejando alguns, recolhendo outros. Pelos vários dias seguintes nós atravessamos as estradas da Califórnia Central, parando em cadeias municipais para pegar prisioneiros esperados em Los Angeles e entregar outros esperados em San Luis Obispo ou Monterey ou Bakersfield. Quando chegamos ao pátio de desembarque de ônibus da Cadeia Central de L.A., passava da meia-noite. Os ônibus e vans do Departamento de Polícia de Los Angeles regurgitavam jovens negros às dezenas e às centenas ao longo da noite. O ar estava tomado pelos miasmas do ódio. A polícia brandia cassetetes, empurrando-os, aguilhoando-os e batendo em suas palmas como ameaças enquanto berravam — Mexam-se! Mexam-se para dentro! — Não sabia disso na época, mas foi a primeira noite da rebelião de Watts[1]. Enquanto eu era registrado, chegou a notícia de que minha fiança havia sido depositada. Sabia que o momento crítico viria quando o escrivão me chamasse ao guichê para verificar minha braçadeira de identificação e comparar minhas impressões digitais.

— Quando a porta zumbir, empurre — disse o agente.

A pintura cinzenta estava gasta onde incontáveis milhares de mãos haviam empurrado antes de mim. A porta zumbiu, eu empurrei e ela se abriu. Mary estava esperando do lado de fora, e o alvorecer estava chegando sobre a Cidade dos Anjos. Fomos imediatamente para um motel na Seventh Street, onde ela já havia alugado um quarto. Assistimos à rebelião de Watts na tela. Graças a Deus eu não estava na cadeia quando os milhares de jovens negros furiosos foram arrastados para dentro.

---

[1] Revolta racial ocorrida no dia 16 de novembro de 1965, no distrito de Watts, Los Angeles, em que milhares de afro-descendentes foram às ruas para protestar contra as injustiças sociais a que eram submetidos os negros norte-americanos. O conflito resultou em 34 mortos, mais de mil feridos e perto de quatro mil pessoas presas, além de centenas de edifícios destruídos. O fato representou um marco no movimento negro por direitos civis nos EUA, inspirando organizações como os Panteras Negras. (N. do T.)

13

CONFINADO NA PRISÃO DE FOLSOM

Não sei ao certo qual foi o Verão do Amor em São Francisco, 1967, 68 ou 69, pois eu estava confinado na Prisão de Folsom e tinha perdido toda a noção do tempo. Nessa época, a Califórnia produzia prisões do mesmo modo que a General Motors produz carros — em toda uma variedade de modelos, estilos e performances. Havia aquelas com rampas para o assaltante geriátrico cumprindo pena em cadeira de rodas como um criminoso normal e instituições médicas para o doente e o louco. Havia prisões rigorosas para o predador e instalações suaves para o fraco que não suportaria outros presídios. Algumas prisões eram antigas e algumas tão modernas que a cor da pintura era escolhida por um psicólogo. Havia apenas uma classificada como segurança máxima, e essa era Folsom, conhecida como *Represa*.

Trinta quilômetros a leste de Sacramento, no coração do território da Corrida do Ouro, Folsom cobre quatrocentos acres, embora a área murada seja menor. Tem apenas três muros. O quarto fica depois de um pátio formado pela terraplenagem do topo de uma colina, e é um desfiladeiro através do qual o Rio American forma corredeiras espumantes. Um detento estúpido transformou a si mesmo em um submarino humano, incluindo um tubo para respirar e bolsos com pesos, mas julgou mal sua capacidade de flutuação, mergulhou até o fundo e se afogou. As chances de atingir o rio eram pequenas, pois o Pátio Inferior é circundado por cercas duplas com rolos de arame farpado no alto e vigiadas por torres com metralhadoras. Um prisioneiro de segurança máxima não é autorizado a se aproximar do Pátio Inferior. Conseguir chegar tão longe significa encontrar outra torre de vigilância e outra cerca com rolos de arame farpado.

O campo em volta fora desnudado durante a louca busca por ouro. Nunca se recuperou inteiramente, um desastre ambiental precoce. A única vista da prisão era a terra ondulante de vegetação tostada pelo sol do outro lado do rio, colinas que tinham uma irrupção de verde durante duas semanas a cada primavera, antes de voltar a ser a habitual paisagem desolada. Quando uma prisão foi proposta para ocupar aquele lugar, em 1864, um médico duvidava que aquela fosse uma localização saudável. Isso convenceu a legislatura a ordenar a construção. Em 1880, havia edificações suficientes para receber os primeiros prisioneiros. Logo os condenados assumiram o trabalho, quebrando o granito que ainda compõe grande parte da arquitetura incoerente da prisão, uma arquitetura tão esquisita que às vezes grandes blocos de granito confundem-se indistinguivelmente com o concreto despejado no mesmo muro. É uma estranha simbiose.

A história de Folsom é brutal e manchada de sangue. Camisas-de-força, pão e água e ser pendurado pelos polegares eram castigos de praxe século vinte adentro. Enforcamentos eram comuns. Noventa e um homens foram pendurados nas forcas de Folsom antes que a Califórnia migrasse para a câmara de gás e a usasse primeiro em San Quentin.

Folsom teve episódios de banhos de sangue, o maior deles conduzido por "Red Shirt" Gordon, em 1903 (era chamado Red Shirt porque os incorrigíveis eram destacados para as torres de vigilância usando a cor vermelha). Ele e mais uma dúzia invadiram o Gabinete do Capitão, esfaqueando até a morte um guarda que tentou detê-los. O grupo de Gordon tomou vários reféns, incluindo o diretor e seu sobrinho, o capitão, e dois carcereiros. Em seu caminho para fora da prisão eles pararam no depósito de armas e serviram-se de um arsenal. Em campo aberto, uns poucos se separaram do grupo principal e foram capturados. Uma milícia formada às pressas, incluindo alguns reservistas, surpreendeu o bando principal. Os fugitivos os enfrentaram. Dois policiais foram mortos e vários cidadãos foram feridos. Os prisioneiros deixaram um morto. O restante escapou. Seis nunca foram recapturados. Dos que foram apanhados, dois foram enforcados; os outros foram soltos no devido tempo e tornaram-se cidadãos de bem.

O dia mais sangrento de Folsom foi o de Ação de Graças de 1927. Armados com revólveres e facas, seis detentos planejaram tomar uma área interna adjacente ao edifício da administração e seqüestrar o diretor. Eles tomaram a primeira área, mas não conseguiram localizar uma chave importante. Frustrados, deram meia-volta e tentaram atravessar um portão diferente, que levava não para fora da prisão, mas para uma área de menor segurança. Um guarda os viu chegando e bateu o portão. Recebeu um tiro na perna. Um segundo tiro não o acertou, mas matou o preso encarregado do portão. Os agora enfurecidos fugitivos estavam encurralados no interior do presídio. Investiram contra a sala de recreação, onde mil homens assistiam a um filme, o último exibido até *A Mulher Faz o Homem*, doze anos mais tarde. Retalharam até a morte um guarda que estava na porta, fizeram outros reféns e procuraram refúgio na multidão. A milícia, guarnecida com metralhadoras, veio de Sacramento.

Um cerco de trinta e seis horas se seguiu. Dez prisioneiros foram mortos e mais meia dúzia ferida antes que os desesperados se rendessem. Foram rapidamente julgados e enforcados.

Sua execução falhou como dissuasão. Dez anos mais tarde, outro grupo tentou usar um diretor como bilhete para a liberdade. Era um domingo e o diretor Larkin estava conduzindo entrevistas no Gabinete do Capitão. Uma longa fila de prisioneiros esperava do lado de fora, depois de uma cerca de arame e sob o que é hoje a Torre de Vigilância nº 16. Sete dos homens que aguardavam tinham facas ocultas em seus corpos e mais do que entrevistas em suas mentes. Um deles já havia anteriormente escapado de uma penitenciária do Kansas. Outro cumpria pena por contrabandear armas para San Quentin, onde foram usadas para raptar o comitê de condicional inteiro.

Quando o portão foi aberto para deixar os outros prisioneiros sair, os sete investiram portão adentro. Sua audácia impediu que os guardas da torre vissem o que acontecia diante de seus próprios olhos. Os detentos rapidamente dominaram o diretor Larkin e o capitão Bill (The Pig) Ryan, que *fazia jus* ao apelido. Dois condenados queriam esfaquear Ryan, mas o líder os chamou à ordem. Um arame com nó corrediço foi lançado em volta do pescoço do diretor. Dois guardas laçaram-se para dentro para tentar um resgate com suas "bengalas" de chumbo. Foram esfaqueados e conduzidos para fora. Um morreu.

Em um grupo coeso, com o diretor e o capitão no centro, os prisioneiros foram para fora. O diretor ordenou que o guarda da torre de vigilância mais próxima jogasse o rifle. Os guardas estavam parados a alguma distância, impossibilitados de agir. Um vigia em outra torre viu sua oportunidade e puxou o gatilho. Matou dois detentos com dois tiros. Então os guardas nas outras torres iniciaram o tiroteio enquanto os desvairados prisioneiros remanescentes começaram a esfaquear os reféns de todos os ângulos, até que mais guardas avançaram e derrubaram-nos com seus bastões.

O diretor Larkin morreu em conseqüência de suas feridas. Os detentos que sobreviveram aos rifles atuaram na noite de estréia da câmara de gás. Bill Ryan sobreviveu e ainda era diretor adjunto de Folsom quando eu cheguei.

Esse holocausto incentivou o Legislativo a aprovar uma lei determinando que a nenhum condenado seria permitido escapar usando reféns. Os guardas eram proibidos por lei de atender às ordens do diretor, ou de quem quer que fosse, em tais circunstâncias. Em 1961, um coro de igreja fazia uma apresentação na capela de Folsom. Incluía várias jovens mulheres. Eles foram tomados como reféns por três prisioneiros, todos os quais eu conhecia muito bem. Um detento que interveio foi esfaqueado até a morte (ele recebeu perdão póstumo). Mas os portões de Folsom permaneceram fechados e nem se pensou em abri-los. Todos os presos conhecem a lei e sabem que ela será aplicada. Essa é uma das primeiras coisas que lhes são ditas na chegada.

AO CONTRÁRIO DE TODAS AS CADEIAS municipais e da maioria das prisões, Folsom desperta em silêncio, sem sinos badalando ou campainhas. O pavilhão de celas circunda o bloco de cinco galerias como uma grande caixa abrigando outra menor. Incontáveis filhotes de pardais, pombos e melros nas fendas e beirais gritam estridentemente durante horas, mas os detentos dormem até os responsáveis pelas celas serem ouvidos enfiando grandes chaves nas fechaduras, um som áspero, cada volta completada com uma pausa peculiar: *cla...c, cla...c...*

As celas de Folsom têm as mesmas dimensões das de San Quentin, com três metros e meio de comprimento e um metro e meio de largura. Como em San Quentin, eu tinha uma mesa grande o suficiente apenas para sustentar a máquina de escrever com uma pilha de papéis de manuscritos a seu lado. Terminara meu terceiro romance não publicado e estava agora embarcando no número quatro. Nessa temporada na prisão eu não tinha ninguém do lado de fora. Se fosse assassinado e enterrado sob o pavilhão, ninguém no mundo perguntaria o que teria acontecido comigo. A revista *Esquire* tinha feito uma grande matéria sobre o mundo literário de Nova York, incluindo os agentes literários. Escrevi para Armitage (Mike) Watkins, cuja mãe foi uma das primeiras agentes literárias de Nova York e representara muitos autores conhecidos de uma época anterior. Não achava que alguém importante fosse se interessar, mas, pela qualidade literária dos seus clientes, achava que ele poderia pelo menos ler os meus manuscritos. Escrevi-lhe e disse que não tinha dinheiro para a taxa de leitura e que pagaria a postagem vendendo meio litro de sangue. Ele poderia ler o que eu tinha? Ele respondeu que sim. Mandei-lhe dois romances. Ele os devolveu. Disse que eu tinha algum talento e que ele gostaria de ler qualquer outra coisa que eu escrevesse no futuro. Já estava escrevendo outro, por isso continuei.

O som súbito seguido pela saraivada irregular de miríades de portões de cela indicava que a galeria superior tinha sido aberta e que outro dia em Folsom havia começado. Lixo começou a cair em cascatas à medida que os detentos de cima arrastavam os pés pelo passadiço dirigindo-se à escadaria central. O que estava sendo aberto ficava "nos bastidores", a seção de custódia intensiva do Edifício nº 1. Minha galeria era a próxima. Puxei os cobertores sem realmente arrumar a cama. Enquanto abotoava minha camisa, chutava o lixo em direção à frente da cela, para ser empurrado para fora quando a trava de segurança subisse. Ninguém se importaria, achei. Não por apenas um dia. Um detento conhecido carinhosamente como por Pulga (quando o sistema de alto-falantes o chamava, dizia: "Pulga, comparecer a...") dormia vestido, sobre centímetros de migalhas de tabaco, com roupas de cama cobertas de imundície e com uma camada de lixo de trinta centímetros de profundidade sobre o chão. Uma vez ao mês ou mais os guardas o limpavam. Pulga reclamava que eles estavam confiscando sua "propriedade particular". Minha cama feita pela metade não ofenderia a sensibilidade de ninguém em Folsom como poderia ter feito em uma das novas prisões-vitrine.

Através das grades da cela, dois cercados internos, um conjunto de grades mais largas sobre uma janela estreita e ainda outra grade de alambrado, eu podia ver indistintamente a contenção de blocos de granito na base de uma colina íngreme, no topo da qual havia outra cerca com arame farpado e uma torre de vigilância, enquanto além daquela, fora de vista, havia outro muro com mais torres de vigilância.

Crás. As travas se erguem. Empurro a porta e transporto meus sapatos para o passadiço. Condenados estão saindo. Dos trinta homens naquela galeria, pelo menos metade cumpre sentenças de prisão perpétua ou foram julgados criminosos reincidentes. Todas as cinco galerias têm a mesma proporção. Joe Morgan, um nome que os prisioneiros da Califórnia deviam conhecer como uma lenda, gosta de tirar onda comigo dizendo que sou o único sujeito cumprindo pena por roubo em segundo grau que está "nos bastidores".

Indio sai com um claudicar quase imperceptível, um ligeiro sorriso de reconhecimento e um tapinha no braço. Passou vários anos no corredor da morte por matar um dos homens livres de San Quentin que o havia importunado. Indio já estava cumprindo uma pena que se entendia ao infinito e desejava, e ainda deseja, ser deixado em paz. Ele deixa os outros em paz.

Um muçulmano alto com uma permanente expressão severa passa por mim. Seu parceiro o espera no final do passadiço. Como todos os negros muçulmanos, ele é quieto e reservado, veste-se alinhadamente e segue um código moral que João Calvino teria aprovado. Ele também estava no corredor, mas não sei qual seu crime e seria indiscrição perguntar.

Jerry O'Brien luta para sair de sua cela sob o fardo de meia dúzia de pinturas para a Exposição de Arte da Primavera. Ele pinta doze horas por dia e está rapidamente se tornando um bom artista. É uma piada corrente que ele está destinado a se tornar o Pintor de Folsom, como o Birdman de Alcatraz[1], no dia em que terminar sua sentença. Ele matou

---

[1] Robert Stroud, conhecido como Birdman, o homem-pássaro, de Alcatraz, foi um dos mais famosos condenados daquele presídio. Sentenciado ao isolamento perpétuo depois de ter sua sentença de morte comutada por Woodrow Wilson, Stroud passou a interessar-se por canários e chegou a escrever dois livros sobre esses pássaros e suas doenças, sempre confinado em sua cela. Foi interpretado no cinema por Burt Lancaster em *O Homem de Alcatraz*, filme a que jamais foi autorizado a assistir. (N. do T.)

um oficial de polícia de Torrance num tiroteio durante um assalto (ele fora baleado anos antes enquanto estava desarmado e agachado sobre seus joelhos e mãos) e tornou-se objeto de uma ampla caçada humana. Capturado em Utah e restituído a Los Angeles, foi sentenciado à morte. Em uma apelação da pena, ele representou a si mesmo e ganhou uma sentença de prisão perpétua, uma conquista nada pequena para um leigo. Porém sua agonia tinha apenas começado. Vinte e cinco ou trinta anos em uma prisão estão para a execução como o câncer para um ataque cardíaco, embora um jovem pudesse cumprir vinte e cinco anos e levar uma boa vida posteriormente. Alto e esquelético, ele parece estar sempre apressado, o que é incomum para Folsom, onde tudo é muito lento. Não decaiu para o transe de zumbi necessário para suportar tal carga de tempo. Ocasionalmente, seus olhos ficam vidrados quando visceralmente se dá conta de que Folsom é seu universo e que o mais cedo que ele pode *ter esperança* de uma soltura sob condicional será depois de décadas. Mesmo isso não pode ser almejado.

Dois jovens guardas no final da galeria são cobertos por um atirador sobre uma passarela três metros além, atrás dos dois cercados. Todos os três estão sonolentos. O turno da meia-noite às oito da manhã exaure a si mesmo em sua própria estupidez. Os guardas sentam peneirando a correspondência e ouvindo o silêncio quebrado pelas batidas das tubulações de vapor.

O refeitório fica em um prédio separado, mais velho que o pavilhão de celas. Eles estão unidos por uma porta de ferro maciço, de modo que não há necessidade de sair para comer. A anexação dos edifícios não é para a conveniência dos detentos, mas por causa da neblina que às vezes encobre tudo.

No "*Guia Michelin* das prisões da Califórnia", a comida de Folsom recebe três estrelas e meia, embora a qualidade tenha decaído em anos recentes, desde que o Pig Ryan se aposentou. Ele acreditava que a melhor maneira de manter os detentos passivos era fazê-los engordar. Um homem com uma grande barriga é geralmente pacífico. San Quentin tem a pior comida do sistema penal, mas nada se compara em horror gastronômico à Cadeia Municipal de L.A., onde por vezes é literalmente impossível comer durante dias. Perdi vinte quilos lá, entre abril e setembro. O aspecto curioso é que os chefes de polícia destinam montes de dinheiro para a comida da cadeia, o que deve ter sido a razão por que um deles foi parar lá anos mais tarde.

Os detentos de Folsom comem calmamente em uma atmosfera relaxante. As mesas são conjuntos para quatro homens parafusados no chão. Os bancos são conjugados, de modo que é necessário deslizar para cima deles. As mesas devem ser usadas em seqüência, mas não devem ser totalmente cheias. A maioria dos homens tem companheiros de refeição regulares. Eu costumava comer com dois amigos, mas um estava no hospital e o outro tinha ido para a custódia máxima e mudou de pavilhão. Isso deixou um vazio. O mundo dos detentos é tão íntimo, tão totalmente desprovido de privacidade, que no princípio a gente anseia por ficar sozinho. O tempo corrói essa necessidade, e em seu decorrer a atitude oposta prevalece, de modo que ninguém gosta de estar só.

Naquela manhã eu comi em silêncio, ansioso por sair para o pátio. O trajeto para fora atravessa o pavilhão de celas com sua perpétua luz cinzenta. Essa é outra coisa com a qual a gente acaba se acostumando. As celas da galeria inferior são iguais a todas as outras, ainda assim, os homens de lá têm personalidades diferentes. Homens constroem a imagem de um mundo onde quer que estejam e quaisquer que sejam suas condições. Em Folsom não há regras rígidas a respeito da decoração das celas. Em qualquer outro lugar do sistema prisional, especialmente nas prisões mais novas, todas as celas são idênticas e não têm decoração. Mas em Folsom dizia-se: "O que quer que você leve para a cela é seu, incluindo o tapete do diretor". Isso era um exagero com tintas da verdade. Aqui há uma cela com altas pilhas de caixas de creme dental Colgate, tubos de creme de barbear, latas de fumo para cachimbo, embalagens de barras de chocolate, *donuts* e cigarros — uma mercearia inteira ordenadamente exposta. Infelizmente, todas as embalagens estão vazias, uma espécie de arte pop. Há outra cela tão imaculada que o homem tira seus sapatos antes de entrar e não senta sobre o beliche até a hora de dormir. Outra cela tem bonecas e um edredom cor-de-rosa. Algumas são tão despidas e desarranjadas quanto um quarto de pensão. Uma tem fotografias de Malcolm X, Elijah Muhammed e Huey Newton.

Atravessei um túnel curto e largo, seguindo os homens através de um portão aberto para o pátio. Ao lado do portão há uma guarita de granito, um posto de controle com uma cafeteira. Guardas estão se espreguiçando em volta. Eles foram providos recentemente com cassetetes, embora a nomenclatura orwelliana agora os chame de bastões. (Uma clava com qualquer outro nome fere exatamente do mesmo jeito.) A ressurreição da prática de guardas portarem armas (os bordões de chumbo foram para o museu em 1940) veio depois que eles foram mortos em várias prisões, embora em Folsom ainda não. San Quentin teve uma séria rebelião um ano antes, e os conflitos raciais haviam estourado em Tracy, Soledad e San Quentin.

Na luz brilhante da manhã, parei para olhar em volta. Não queria tropeçar em um dos meus poucos inimigos. Ele podia pensar que era um ataque sorrateiro e retaliar. O pátio é basicamente um quadrado, embora parte dele contorne o Edifício nº 1 para uma quadra de *handball*, área de halterofilismo, duas televisões ao ar livre e um ringue de bolas de gude. O jogo de gude recebia apostas como se fosse bilhar.

O quadrado é algo maior que um campo médio de *softball*, uma comparação fácil porque a área do diamante do jogo ocupa oitenta por cento do espaço. Bolas perdidas pelo campo esquerdo caem direto sobre as mesas de dominó ou no asfalto craquelado da quadra de basquete em frente ao Edifício nº 1. Fora da extrema direita do campo ergue-se a Torre nº 16, dominando o pátio e uma cerca para fora do Escritório de Custódia. Na nº 16 senta um guarda chamado Tuesday Slim e, lenda ou mito, dizem que ele é campeão de tiro ao alvo e pode acertar o tornozelo de um otário a cento e quarenta metros de distância. Quatro torres de vigilância adicionais controlam o pátio de várias posições. Elas não servem para guardar o perímetro da prisão; sua função é manter a ordem entre os muros. Nenhuma tem alcance de tiro maior que cinqüenta metros.

A maioria dos detentos já está no trabalho, sobre a colina, na fábrica de placas de automóvel, ou abaixo dela, em outra coisa, mas uns duzentos homens numerados ainda permanecem no pátio. Alguns andam de um lado para outro ao longo da linha do campo esquerdo da quadra de *softball*. Outros grupos ou indivíduos encostam-se na parede do Centro de Correção para aproveitar o calor do sol da manhã. A facção dos motoqueiros está reunida. A maior parte dos negros está em volta da quadra de basquete e da parede do Edifício nº 1, mais isolados do que jamais foram, desde que os problemas raciais de outras prisões e das ruas insinuaram-se para dentro de Folsom. Mas há menos tensão aqui do que nas prisões para detentos mais jovens. Há muitos homens em Folsom que se conhecem desde a infância. Motor (diminutivo de Motormouth) Buford está deitado de costas no meio da quadra de basquete, calcando seus tornozelos no asfalto enquanto rola de um lado para outro, balbuciando e gargalhando de modo frenético demais para que qualquer um pudesse entender mais do que uma fração do que ele está dizendo — mas ainda assim os faz sorrir. Ele não tem inimigos e tem muitos amigos. Pegou prisão perpétua por matar Sheik Thompson, o mais odiado e mais inacreditável homem que eu já conheci. Sheik era uma espécie de criatura primitiva. Se o termo *animal* já serviu para algum ser humano, esse ser humano era Sheik. Quando fui pela primeira vez para San Quentin, ele trabalhava na pedreira fora dos muros, transformando pedras grandes em pequenas. Ficava a um quilômetro e meio dos muros, sobre uma ladeira suave — mas ainda assim uma ladeira. Ele subia correndo sob uma peça de madeira. Quando isso ficou fácil demais, ele punha um detento de cinqüenta quilos sobre os ombros. Sheik nunca pesou mais de oitenta quilos, embora no Dia do Trabalho, quando San Quentin abrigava uma competição de atletismo pela manhã e um torneio de boxe à tarde, Sheik corria as provas de quatrocentos, oitocentos e mil e quinhentos metros durante a manhã. Depois do almoço, lutava pelos títulos de peso-médio, meio-pesado e pesado. Às vezes ganhava, às vezes perdia, mas não me lembro de ele jamais ter sido derrubado. Sheik não tinha orelhas. Elas foram arrancadas a mordidas em uma luta lendária. Ele e Albert Johnson, outro negro, envolveram-se em uma briga atrás do Edifício nº 1. Três torres de vigilância começaram a atirar sobre eles (a Califórnia tem as únicas prisões nos EUA que atiram em presos desarmados para deter lutas de socos como você usaria uma mangueira de água para separar brigas de cães) com projéteis 30.30 e 30.06. Muitos tiros foram disparados. Eles foram atingidos várias vezes cada um, mas continuaram brigando, chutando, mordendo e esmurrando. Albert Johnson levou um golpe nos testículos. Ele arrancou fora as orelhas de Sheik a mordidas e as engoliu. Mais tarde, quando o sistema de alto-falantes pediu doadores de sangue, nenhum detento quis dar uma gota para Sheik. Albert Johnson teve uma porção de doadores.

O eterno ódio contra Sheik não era devido às suas capacidades físicas animais, mas uma resposta a suas atitudes animalescas. Cada palavra que ele dizia tinha um tom de desafio irradiado de fúria. Era homossexual e informante e uma vez pôs um prisioneiro no corredor da morte. O detento escapou de ser executado, mas iria carregar para sempre o apelido de Death Row Jefferson. À menor provocação, Sheik cuspia em outros prisioneiros, um insulto realmente horrível num mundo onde reina o machismo. Quando Motor e Slim finalmente mataram Sheik, foram conduzidos em marcha através do pátio, do Escritório de Custódia até o Centro de Correção, exatamente quando todos os detentos de Folsom estavam enfileirados para entrar para o encarceramento e contagem. Todos bateram palmas e deram vivas a eles. Motor pegou perpétua, Slim foi sentenciado à morte, mas Motor foi visto em South Central nos anos noventa, e Slim não foi executado.

Para quem não o conhece, o pátio de Folsom pareceria tranqüilo e homogêneo, os detentos aparentariam mover-se tão placidamente quanto vacas no pasto. Mas sob a sonolência e os olhos de falcão dos guardas havia intrigas mortais e conflitos assassinos. Os homens aqui tinham inimigos que desejavam matar. A hostilidade ardia como brasas quentes sob as cinzas. Era necessário muito pouco para atiçar um incêndio, talvez um olhar ou uma palavra que alguém *pensasse* ter ouvido. Homens mantinham um olho vigilante sobre seus inimigos e permaneciam em áreas onde houvesse amigos descansando por perto.

Quando me aproximei de Denis, Ebie, Paul e Andy, a conversa era sobre a pena de morte.

— Quantos eles têm lá agora?
— Não sei. Uns cento e cinqüenta, talvez... algo assim.
— E acrescentam dois ou três a cada mês, certo?
— Sim.
— Uma hora alguém vai dar um empurrão para a fila andar. Vão executá-los mais rápido do que eles chegam. Caso contrário, vão ter milhares. O que vão fazer então — algum tipo de banho de sangue?
— Eu não duvidaria disso nem por um minuto — disse Andy. — Na verdade, é isso o que eu faria com a maioria daqueles babacas inúteis.

— Sim, mas você não vai concorrer para governador. Diga que executaram trinta ou quarenta otários em dois ou três meses e sua carreira política estará arruinada.

— Eu não teria tanta certeza. — falou Andy. — Isso podia fazer dele presidente.

Denis me perguntou — Você está indo para lá?

Ele se referia à biblioteca, na qual éramos ambos empregados. Ele era bibliotecário da Seção de Direito, um emprego do qual eu abri mão em favor de me tornar bibliotecário-chefe, com uma sala individual no fundo, atrás do escritório externo dos bibliotecários livres. Denis era meu melhor amigo. Você deve se lembrar de eu tê-lo mencionado anteriormente, como o primeiro traficante de drogas estabelecido em Hollywood. Ele cumpria uma pena de quinze anos até perpétua, com a primeira condicional elegível quatorze anos e nove meses após a data do início do cumprimento.

O alto-falante chiou e uma voz berrou: — *Fila oito-trinta entrando!*.

O ritmo ondulatório de homens marchando e a homogeneidade superficial começaram a se desfazer. A grande massa começou a se acumular e se afunilar em volta e pelo portão do Edifício nº 5. Era o único trajeto para o departamento de educação, a área de passatempos e o hospital. Denis e eu fomos para o outro lado, desviando por trás do campo de *softball* e ao longo de um corredor em frente à capela de granito, que parecia mais uma usina do século dezenove que uma igreja. O Cat Man está do lado de fora da capela, os bolsos de sua jaqueta cheios com restos de comida e umas duas jarras de leite. Os gatos estão vindo das redondezas e de baixo do edifício. Um ou dois detentos inclinam-se sobre um parapeito, como visitantes de um zoológico. De um caixote de papelão emerge Pinky, o gato patriarca. Sua cara é cheia de cicatrizes e faltam-lhe retalhos de pelagem, troféus de batalhas com outros gatos e com as ratazanas que proliferam nas encostas das colinas e vivem nos espaços entre o granito dos muros de contenção. O Cat Man alimenta e cuida de todos eles. São seus amigos em um mundo frio e sem amizades. Poucos meses antes, a população de gatos explodiu, e durante a noite duas ninhadas de gatinhos foram levadas. Cat Man ficou tão perturbado que o puseram na Ala Psiquiátrica por alguns dias. Agora ele toma Torazina e serve a comida de Pinky separado dos outros.

Denis e eu passamos por um posto de inspeção e seguimos pelo corredor até a biblioteca. É um edifício baixo com paredes de gesso ocre e telhado cinzento, que se eleva ou afunda, acompanhando as vigas de suporte sob ele. Construído originalmente como um barracão para os engenheiros, tinha um assoalho de madeira leve que se transformou em uma superfície cheia de lascas; foi convertido simplesmente adicionando-se algumas estantes independentes em uma sala e preenchendo as paredes com prateleiras. Muito pouco havia mudado desde que a biblioteca veio a existir. A maior das três salas é a Seção de Direito, que o Departamento de Correção quer remover para ajudar o procurador-geral. Como de costume, a biblioteca de direito está cheia de detentos. Empilhados à frente deles estão os livros vermelhos de códigos, os tomos de cor creme com as decisões da Corte de Apelações da Califórnia, os marrom-escuros das cortes de apelação federais — mais folhetos e anotações. O silêncio prevalece na maior parte do tempo, embora algumas vezes ela fique barulhenta quando os advogados-detentos discutem a lei com veemência: — Idiota, 'cê não sabe nada. Leia *O Povo versus Bilderbach, Sessenta e dois, parágrafo segundo*. Ele aplica a doutrina *Wong Sun* ao estado da Califórnia.

Os detentos de Folsom protocolam vinte mil petições por ano. Vinte anos antes isso era impensável, e um detento portando documentos legais recebia escárnio e desprezo. A lei era vista como uma seita secreta além da compreensão de todos, exceto a dos sumos sacerdotes. Para brigar nas cortes era necessário um porta-voz dispendioso que conhecesse o juiz. A batalha de doze anos de Caryl Chessman para ficar fora da câmara de gás mudou a postura dos detentos. O fluxo incessante de petições é o legado de Chessman. O bolão é um tipo melhor de aposta, mas para alguns homens a apelação é a única esperança, por mais tênue que seja, de ressurreição.

Denis entra na biblioteca de direito. Eu vou para o outro lado, através da sala do bibliotecário até a minha, atrás de outra porta. Gosto do bibliotecário. Como sempre, ele está lendo. Em uma mesa próxima, está Dacy, que fala ao telefone. Ele está cumprindo "todos os seus dias", perpétua sem possibilidade de condicional. Depois de uma vida de crimes menores, ele fez a grande aposta, um seqüestro por resgate. Tem um humor de patíbulo sobre sua situação. Sabe que sou aspirante a escritor e, em tom de brincadeira, quer que eu seja o *ghost writer* de sua biografia. O título seria: *Como Transformar uma Criança Desconhecida em Dinheiro*, com o subtítulo de: *Meus Trinta Anos em Prisões da Califórnia*. Ou a alternativa: *Como Perder Amigos e Descontentar Agentes de Condicional*. Seu humor se perdeu mais tarde; talvez por uma consciência reveladora do verdadeiro horror de seu destino.

Na minha sala, lido com o trabalho burocrático de um bibliotecário, que é mais do que a maioria dos detentos faz, mas que ainda assim me toma meras duas horas ao dia. Ninguém desenvolve hábitos de trabalho na prisão. Tomo uma xícara de café. Por volta de dez da manhã, já terminei e vou para o pátio para correr minhas vinte e cinco voltas em torno do campo interno. Quero terminar antes que a multidão comece a correr na hora do almoço, levantando poeira como uma manada de búfalos. Apenas mais um homem, Merkouris, está circulando em torno dos marcadores das bases um pouco a trote, um pouco andando a passo de marcha. De peso mediano, com cabelos brancos leoninos, ele veste uma camiseta branca acima de sua ampla cintura não importando como esteja o clima. Está em boa forma para alguém beirando a velhice. Merkouris é um solitário; não tem amigos. Desdenha os detentos e é desdenhado por eles. É um homem que obviamente trabalhou duro toda a sua vida e possui um código moral austero e inflexível, alheio à ética da prisão. Um prisioneiro cumprindo sua primeira pena, já completou cerca de quinze anos. No início dos anos cinqüenta, foi o ator principal de um dos mais divulgados julgamentos por assassinato de Los Angeles. Sua ex-mulher com o novo marido, um ex-policial, foram encontrados mortos a tiros em sua pequena loja. O irmão do morto era um sargento do Departamento de Polícia de Los Angeles, que jogou lenha na fogueira. No tribunal, Merkouris foi amarrado a uma cadeira, amordaçado e colocado em um compartimento de vidro. Ainda clama por sua inocência. Diz que ele foi a vítima do crime, que ela tinha roubado o dinheiro dele e dividido com seu novo homem. Merkouris jamais cometeria outro crime, supondo que tenha cometido o primeiro, pois não é um criminoso e, de fato, despreza criminosos. Tem sorte de não ter sido assassinado em Folsom, pois conta às autoridades se vê alguém quebrando as regras. Não tenho nada a dizer a ele, e ele ficaria desconfiado se lhe dirigisse a palavra.

A primeira fila do almoço está entrando no refeitório. Eu estou na lista e entro para comer com um amigo que está sendo transferido para Chino no próximo mês. Ele tem sessenta dias até a condicional. Cumpriu nove anos por assaltar uma drogaria Thrifty. Não diz isso com todas as palavras, mas está com medo de sair. Outra condenação por assalto irá trazer-lhe um julgamento como criminoso reincidente. Trinta e nove anos de idade, tendo cumprido um total de quatorze anos em dois períodos, ele quer mudar de vida. Seu medo é que não consiga, que tantos anos entre os muros o tenham mutilado. Terá sessenta dólares e nenhum amigo, exceto outros ex-detentos ou criminosos. Se for incapaz de encontrar um nicho na sociedade, um lugar com um pouco de aceitação e respeito próprio, retornará para o mundo onde tem amigos, aceitação e respeito, ainda que não seja o que realmente quer. Sabe o resultado provável — o desperdício do resto de sua vida.

A sirene do turno de trabalho da tarde apita, explodindo um bando de melros de um telhado do edifício. Quase como se isso fosse um sinal, meia dúzia de guardas vem do Centro de Correção conduzindo um trio de prisioneiros vestindo cáqui (trajes de ir-para-a-corte), algemas e correntes na cintura. Seus cabelos são longos demais para serem detentos de Folsom. Alguém chama. Um deles se volta, ri e faz um aceno de cabeça em reconhecimento. O trio está sendo guardado em Folsom por segurança enquanto é julgado por matar um agente de polícia de Sutter County.

De volta à biblioteca, tomo chá e deixo o tempo correr no transe em que os prisioneiros aprendem a envolver a si mesmos. Isso silencia a realidade e deixa os sonhos diurnos tomar conta. Olho fixamente para fora de uma janela cruzando o Pátio Inferior, as cercas, o Rio American e as colinas áridas até as nuvens de algodão branco. Johnny Cash estava mentindo; não é possível ouvir nenhum trem de dentro da Prisão de Folsom.

Então a tarde vai embora, vazia. Em Folsom, os homens se acostumam ao dia abreviado, de modo que duas horas é tarde e por volta das três as coisas já estão preparadas para o fechamento.

As fileiras de homens começam a se reunir antes mesmo da sirene do encarceramento. A um sinal, eles caminham para dentro dos vários pavilhões de celas, num fluxo que sobe os degraus de aço e percorre as galerias.

As barras descem, as portas são trancadas, e um guarda se aproxima com o correio. Chama-o por seu nome; você responde com seu número. Não espero que ele pare; nunca recebo nenhuma correspondência. Esta tarde, porém, o guarda diz — Bunker.

Eu respondo: — A-dois-zero-oito-quatro — ele passa um envelope entre as grades. É do agente literário de Nova York, Mike Watkins, que concordou em ler meus manuscritos. Mandei-lhe minha quinta tentativa de romance. Ao longo dos anos, tentei escrever em vários gêneros. Tudo começou como uma colaboração com Paul Allen. Ele entraria com a história e eu a escreveria. Era uma tentativa de escrever como Jim Thompson ou Charles Williford, um romance curto sobre um vigarista viciado que pensa que todos no mundo são otários. Paul desistiu antes que fôssemos muito longe. Eu a terminei, maquiando a história, e a enviei. Mais uma vez, o agente respondeu: "Você está melhorando, mas ainda falta algo nesta para que nós o representemos. Você pode tentar outra pessoa. Vamos conservar o manuscrito até que você nos mande instruções". O agente sabia das dificuldades que eu enfrentava para mandar os manuscritos para fora dos muros.

Não, eu não tentaria outro agente. Esperava que o romance que eu já começara fosse marcar o tento.

Minutos mais tarde, o pavilhão se encheu com o som de uma matraca — um condenado a levava à frente de um sargento e de um oficial do correcional. Quando o detento passava, você tinha de ficar em pé. O sargento e o guarda traziam pranchetas. Marcavam cada espaço vazio — um fazia a contagem positiva, o outro a negativa, somadas por galeria e pelo total.

Quinze minutos mais tarde, a abertura para a bóia começa. É a mesma rotina da manhã, exceto que depois do refeitório é voltar para a cela para outra contagem. Eles contam com freqüência em todas as prisões de segurança máxima. Enquanto ainda é de tarde além dos muros, a rotina da noite já começou em Folsom. Por alguns anos isso parece excruciantemente lento, mas com o tempo torna-se preferível. Os detentos de Folsom que são transferidos para colônias penais desagradam-se de morar em dormitórios. O pavilhão de celas é tão silencioso que é difícil acreditar que a colméia de jaulas nesse edifício confina vários milhares de homens. Muitos olham fixo para as pequenas Sonys que agora estão autorizados a comprar. O som mais alto é o de esparsas máquinas de escrever, cada uma com velocidade e ritmo diferentes, da afetada insegurança à pulsação ininterrupta, das petições por mandados de *habeas corpus* ao Grande Romance Americano, pois eu não sou o único detento de Folsom que sonha com a redenção por meio da vida literária, com a possibilidade de fazer um lírio crescer no lodo. Duvido que eu seja o mais talentoso. Vou considerar a possibilidade de ser o mais determinado. Escrevi mais de cem contos e cinco romances completos sem ter uma palavra impressa com meu próprio nome — a não ser no *Observer* da Prisão de Folsom e no *News* de San Quentin.

Quando a trava de segurança está baixada e as chaves trancaram a lingüeta de aço nas fechaduras das celas, eu me desligo da prisão e afundo nos livros, lendo-os e escrevendo-os. Desisti de escrever na máquina de datilografia. Os primeiros rascunhos são feitos à mão. Datilografo capítulo a capítulo, fazendo modificações à medida que avanço. Se for cedo, geralmente leio. Isso pode soar absurdo, eu sei, mas parecia que eu nunca tinha tempo suficiente para minha leitura. Acredito que qualquer um que não lê permanece estúpido. Mesmo que saibam ler, deixar de ingerir regularmente a palavra escrita relega-os à ignorância, não importa o que mais tenham ou façam.

Às oito da noite, uma campainha toca. Máquinas de escrever mergulham no silêncio. Talvez alguém perguntasse a outro alguém por perto — Você marcou ponto no jogo do Dodger?

Não havia barulho de agitação ou conversa prolongada — não atrás das grades da Prisão de Folsom, onde pelo menos metade dos homens jamais veria um dia fora dos muros. A maioria queria que você ficasse quieto, e, quando a coisa apertava, não se importavam se fosse a quietude da sua sepultura — ou da deles próprios, para dizer a verdade.

Uma década e meia mais cedo, quando minha leitura indiscriminada começou a ter alguma agudeza crítica, focalizei-me primariamente, embora não exclusivamente, nos escritores americanos do século vinte. Entretanto, com *The Outsider*, de Colin Wilson, como catalisador, eu estava agora imerso nos escritores europeus, principalmente franceses, russos e alguns alemães, que tratavam dos temas da existência. *O Lobo da Estepe*, *Siddartha* e *O Jogo das Contas de Vidro*, de Herman Hesse. *O Homem sem Qualidades*, de Robert Musil. Os romances, peças e ensaios de Camus. Com Sartre aprendi que a compreensão do existencialismo era tão visceral quanto intelectual e que alcançar um entendimento visceral requeria passar pela náusea da existência. Ler Dostoiévski era como ouvir alguém efervescer e vociferar à medida que ele contava histórias sobre as almas dos seres humanos, e, embora eu achasse improvável que alguém fizesse o que Raskolnikov fez e fosse à delegacia de polícia confessar um assassinato meses ou anos depois do fato por causa da consciência, vi de fato isso acontecer duas vezes com homens que conheci, Jack Mahone e Bobby Butler. Dostoiévski sabia como a culpa pode roer as almas de alguns homens. E havia o italiano Alberto Moravia, que podia narrar com profundidade e clareza o que ia nas almas de seus personagens. Em meu sexto romance eu tentei escrever sobre o submundo sob o ponto de vista do criminoso. Muitos livros foram escritos sobre criminosos, mas o escritor sempre os observava e seus mundos sob a perspectiva da sociedade. Eu estava tentando fazer o leitor ver o mundo através da perspectiva do criminoso, o que ele via, o que ele pensava, o que ele sentia — e por quê. Também tentava escrever em três níveis, primeiro pela excitação provocada pela história, segundo para penetrar em sua composição psicológica e terceiro para que ela promulgasse uma visão filosófica. Também tentava seguir a sentença de Hemingway de que o escritor devia ser tão devotado à verdade quanto um prelado da Igreja é a Deus. Diferentemente da maioria dos eruditos e de todos os políticos, eu nunca maquiei um fato para se ajustar a uma asserção. Às vezes acabava posicionando coisas que se contradiziam umas às outras, mas nós todos sabemos que uma consistência cega é o demônio das mentes pequenas, o que eu li nos ensaios[2], não em *Bartlett's Familiar Quotations*.

Por essa época, os EUA estavam em um período de erupção. Negros faziam rebeliões nas cidades e havia protestos apaixonados contra a Guerra do Vietnã nos campi das universidades. Em outras prisões da Califórnia ocorreram alguns conflitos raciais e protestos contra a injustiça da lei que previa sentenças indeterminadas[3]. Folsom, entretanto, permaneceu quieta, exceto pela cota usual de esfaqueamentos, embora recentemente alguém chamando a si mesmo de "o Fora-da-Lei" viesse distribuindo panfletos impressos a estêncil convocando para uma greve contra a sentença indeterminada. Uns dois dias antes, fui ao banheiro da biblioteca, onde o zelador estava rasgando uma cópia do *Fora-da-Lei*.

— Qual é o problema? — perguntei. — Você é contra a greve?
— Cara, se eles fizerem greve, nós não vamos ter o filme do fim de semana. Porra, cara, é *Bonnie and Clide*. Eu não quero perder.
— Eu não quero que façam greve.
— Não?
— Não... Eu quero que façam uma rebelião e botem fogo na cadeia.
— Na verdade, eu não me importava nem com uma coisa nem com a outra. Era verdade que a sentença indeterminada tinha sido empregada abusivamente pelos poderes existentes, mas eu duvidava que qualquer

---

[2] Bunker refere-se aos ensaios de Ralph Waldo Emerson. (N. do T.)
[3] Sistema americano de sentenciamento que permite condenações por períodos indeterminados, por exemplo, de quinze anos a prisão perpétua. (N. dos E.)

coisa que os detentos fizessem fosse alterar algo. Estava simplesmente agitando alguém que eu considerava um idiota. Eu raramente assistia aos filmes. Enquanto eles eram exibidos, Joe Morgan e eu estávamos geralmente no pátio. Era o único momento em que eu podia ocupar a quadra de *handball*.

Esqueci a troca de palavras no momento em que deixei o banheiro, nem sequer pensei naquilo durante a contagem, quando um sargento e um guarda apareceram do lado de fora da minha cela. O sargento destrancou a porta da cela e alguém ergueu a trava de segurança.

— Vamos, Bunker.

O sargento segurava uma folha de papel branco, a autorização para isolamento.

Não protestei. Para quê? Peguei minha jaqueta de brim e fiz um inventário mental dos meus bolsos. Nenhum contrabando. Bom.

Quando percorremos a galeria, perguntei — Quem assinou a ordem?

O sargento a olhou — Diretor adjunto.

O diretor adjunto. Merda. Isso era pouco comum. Um tenente era quem comumente assinava ordens de isolamento. O que poderia ser? — Qual é a acusação?

— Nenhuma.

— Como assim, nenhuma?

— Custódia preventiva.

— Custódia preventiva porra nenhuma! — Eu empaquei e todos esbarraram um contra o outro.

— Comporte-se, Bunker — Estavam prontos para cair em cima de mim. Houve uns poucos momentos de indecisão. — Vamos lá, Bunker; não piore as coisas.

— Certo, tá bom. — Comecei a me mover, mas por dentro estava fervendo. Aquilo não era certo. Ninguém era isolado preventivamente a não ser que pedisse, e ser trancado por proteção impunha um estigma difícil de se livrar. Não podia sequer imaginar pedir proteção. Mesmo que três assassinos enfurecidos estivessem esperando por mim no pátio, não teria pedido proteção. *Nunca*. Se estivesse realmente encarando a morte, podia fazer alguma loucura para ser trancafiado, mas nunca pediria proteção. Uma vez eu tive problemas com um conhecido assassino de prisão. Ele jurou me matar assim que fosse para o Pátio Principal. Foi durante minha primeira sentença. Não queria morrer nem matá-lo e ser mandado para a câmara de gás ou, mais provavelmente, receber outra sentença que me custaria mais doze anos em San Quentin. Eu o vi no refeitório, fui para trás dele e arrebentei-lhe a cabeça com uma bandeja de aço inoxidável. Nunca mais estivemos juntos no pátio, e eu acrescentei isso a meu prestígio e reputação, embora na verdade tivesse atacado por medo.

O sargento e o guarda me fizeram marchar escadas abaixo e atravessar o refeitório e a cozinha. Em um corredor entre os dois refeitórios ficava a entrada do Centro de Correção. Um dos meus acompanhantes apertou a campainha da porta. Um momento depois, um guarda olhou e nos deixou entrar.

Eu podia ser passado em revista despido como se isso fosse um minueto ensaiado durante anos. Depois de examinarem meu rabo nu e minha garganta, vesti novamente minhas cuecas. Um guarda me conduziu até o piso inferior em frente às celas. Eu estava indo para a cela nua ao fundo. Parecia estar sempre indo para a cela nua ao fundo. Dei uma espiada nos rostos que olhavam para mim. Lembrei dos grandes felinos nas jaulas do Griffith Park. Quando eu tinha cerca de oito anos, subi nas grades que serviam de teto para os grandes gatos. O único que saltou para me dar um bote foi o puma. Os leões e tigres eram preguiçosos demais. Lá estava Big Raymond. Acenei com a cabeça e ergui para ele o punho fechado. Conhecia Raymond desde os onze ou doze anos. Estivemos no isolamento da Companhia B, no abrigo juvenil, as duas celas nuas que ficavam de frente uma para a outra nos lados opostos do recinto. Nós reagimos, deitando sobre nossas costas e espezinhando as portas cobertas com folhas de metal. O som foi retumbante. Ninguém conseguiu dormir. O Homem atiçou vários dos trinta garotos na companhia a nos atacar quando fôssemos mandados para o chuveiro. Lutamos lado a lado naquela mistura de sanitário e chuveiro. Ele tinha mais de um metro e oitenta, magro e forte como um cabo de aço, mesmo naquela época. Em uma peleja como aquela, raramente alguém consegue plantar um golpe com a potência de uma alavanca e a precisão de um manual. Raymond conseguiu. Um garoto foi parar no chão. Outro, lutando comigo, escorregou e quebrou o punho no piso de ladrilhos.

Raymond e eu nos conhecemos desde então, por isso eu o cumprimentava e demonstrava respeito, ainda que ele fosse negro. Soube que tinha sido transferido de Soledad, mas foi diretamente para a solitária, por esse motivo era a primeira vez que o via em mais de uma década.

Podia ouvir o painel de controle sendo destravado. Era a "segregação máxima". Um lado estava reservado para os que eram tidos como os mais barras-pesadas entre os barras-pesadas. A maior parte havia matado alguém na prisão ou era provável que o fizesse. O outro lado do andar inferior era principalmente para homens cumprindo poucos dias de castigo na tranca por violar regras. Dez dias por fabricar cerveja caseira, uma semana por ser encontrado com dois baseados, além de o fato ser comunicado à promotoria distrital para um possível processo, vinte e nove dias por estar portando um punhal, mais comunicação à promotoria distrital para possível processo, cinco dias por possuir bilhetes de aposta para o futebol ou por roubar açúcar do refeitório para fazer cerveja caseira. Fomos até a porta da última cela; estava aberta e eu entrei. Um e meio por dois, sabia bem disso. A escolta fez sinal à frente, para que a fechasse. A porta bateu. A escolta se afastou.

Ali estava eu, com paredes decoradas com pichações para ler, privada e pia precisando de limpeza. Eu acreditava que teria uma boa chance de conseguir uma soltura na audiência seguinte do meu comitê de condicional. Agora isso estava no ar, dependendo do que eles dissessem que eu tinha feito e de quais seriam suas conclusões.

* * *

NA SEXTA-FEIRA SEGUINTE, FUI PARA diante do comitê disciplinar. A audiência era conduzida no escritório externo do Centro de Correção e presidida pelo capitão ou pelo diretor adjunto, acompanhado de um psiquiatra e de um lacaio para marcar quantos minutos ela duraria. Hoje era o diretor adjunto, a quem eu conhecia desde que ele começou, como um humilde guarda responsável pelas chaves. Ele parecia um estudante secundarista e tinha maneiras afáveis sobre um modo torpe de agir. Ainda assim, era melhor que o cap. Joe Campoy, que se referia aos detentos como seus "animais".

— Você foi enquadrado na D onze-zero-um, comportamento dos internos. Escrever e distribuir um jornal ilícito, o *Fora-da-Lei*, convocando uma greve contra o comitê de condicional.

— Também será acusado de contrabando e furto de suprimentos do Estado com os quais produziu o jornal ilícito. Como se declara?

— Isso tudo é mentira.

— Presumo que isso signifique "não culpado".

— Não culpado é o que significa.

— Você também disse a um detento que esperava por uma rebelião em que ateariam fogo ao local.

Soube instantaneamente que era o zelador imbecil no banheiro, aquele que queria assistir *Bonnie and Clide*.

— Não sei nada sobre isso. Eu mal li uma cópia daquele... daquele *Fora-da-Lei*.

— Bunker... Bunker... por favor. Eu até reconheço seu estilo literário.

— O que eu posso dizer... se você reconhece o estilo?

— Nada.

O resultado foram dez dias de isolamento e designação para segregação administrativa máxima, a ser revista em noventa dias — e a cada noventa dias subseqüentes. A permanência máxima em segregação era de dezoito meses.

Agora que comparecera perante o comitê disciplinar, era elegível para ir à área de exercícios. Na verdade, o Centro de Correção tinha duas áreas de exercícios. Como a maior parte de Folsom, o Centro de Correção tinha sido escavado em uma encosta, uma área de exercícios ficava no Piso Inferior para os detentos daquele andar; o outro era nivelado com o terceiro andar e era usado pelos detentos do segundo e terceiro andares. A do andar de baixo, para onde eu fui designado, era a Máxima 4-A. Não havia vaga para mim no momento, mas eu estava autorizado a me exercitar.

Um guarda apareceu. — Quer fazer exercícios?

— Claro que sim.

Detentos eram soltos de suas celas um de cada vez. Saíam só com roupas de baixo e caminhavam até um portão de grades onde vários guardas esperavam. Os detentos entravam e eram revistados e cada um recebia um macacão sem bolsos dobrado em torno de um par de coturnos, que eram mantidos em um escaninho. Entregaram-me o meu macacão e os sapatos e abriram a porta para o pátio. Era delimitado pelas paredes do Centro de Correção por dois lados e pela maciça pilha de concreto do Pavilhão nº 2. O chão era todo de concreto. Não havia guardas no pátio, mas no alto do Pavilhão nº 2 um atirador vigiava com uma carabina a tiracolo. Ele mantinha a ordem com sua arma.

Tive de percorrer uma linha vermelha a alguma distância do portão antes de começar a vestir minhas roupas. Fui o último de uma dúzia ou mais a ser liberado. Conhecia cerca de metade dos outros: Red Howard, um esbelto rapaz do campo e mecânico de automóveis, um bom garoto com uma veia paranóica era um deles. Ainda não tinha matado ninguém, mas cortara uns dois, incluindo Big Barry, um amigo de Red. Havia Gene, um homossexual homicida. Cornell Nolan era um negro peso-pesado, tão duro e cruel quanto podia ser. Seu irmão mais jovem seria morto por um guarda armado de rifle em Soledad, a primeira morte de uma cadeia de causas e efeitos que deixaria dúzias de mortos antes de acabar. Acima de tudo, Joe Morgan estava no pátio. Conhecia-o desde 1955, quando fora transferido de Folsom para San Quentin com uma data estipulada para a condicional.

Quando vesti o macacão e sentei sobre o concreto para calçar os sapatos, esperava que aqueles que eu conhecia me cumprimentassem, que Joe, especialmente, sorrisse e dissesse algo engraçado. Ninguém disse uma palavra para mim. Você não pode imaginar a súbita e completa ansiedade que o silêncio despertou. Alguém teria dito que eu era um dedo-duro? Joe estaria zangado comigo? Ou Red ou qualquer outro ali? Deveria ir até Joe e perguntar? Será que ele estava brincando comigo?

De repente, com minha visão periférica, vi um movimento rápido a seis metros de distância. Um rapaz branco, alto e magro puxou uma arma do tamanho e formato de um picador de gelo (Deus sabe onde ele conseguiu aquilo) e começou a se aproximar de um índio cujo nome eu sabia que era Bobby Lee. Era um conhecido encrenqueiro e um perfeito babaca. Não vestia camisa e o primeiro golpe gerou um filete de sangue descendo por seu peito. Parecia superficial — mas não sei qual era sua profundidade. Feridas puntiformes podem causar hemorragia interna mesmo quando parecem superficiais.

O cara branco cercava Bobby Lee como um boxeador cortando o ringue. Fiquei hipnotizado, ainda segurando o cordão mal atado do sapato. O apito explodiu acima de nós. Claro que seguido do obrigatório disparo de alerta. No cânion de concreto, soou como um morteiro. Dei um pulo e olhei para cima. O atirador, por trás dos óculos escuros, estava mirando para a dupla. Buum! Lascas de concreto saltaram. Pude ouvir o ricochete. Podia quicar em qualquer ponto de todo aquele concreto.

Os homens se dispersavam. Segui Joe Morgan. Ele saberia o melhor caminho para escapar.

Bum! Bum! Bum! Bum!

As balas chocavam-se contra o concreto em volta dos pés do rapaz branco. Ele não tirava os olhos de Bobby Lee, que agora se movia rapidamente de um lado a outro.

A porta do edifício se abriu. Guardas esticavam a cabeça. Bobby Lee fugiu para os seus braços e a porta se fechou.

Joe Morgan olhou para mim, sorrindo, por sobre seu ombro.

— Mais um dia no Quatro-A — ele disse. — Soube que você estava tentando começar uma greve no pátio.

— Ahhh, cara... isso é bessssteira!

Dentro de mais um minuto, a porta se abriu e um guarda bateu uma chave na moldura. — Para as celas — Olhou para o cara branco. — Você primeiro, Andy.

O esguio rapaz branco fez a Joe um gesto de camaradagem e dirigiu-se à porta, roupas em uma das mãos, sapatos na outra. Essa foi minha primeira visão de Andy, que se tornaria um amigo de todas as estações — por mais de trinta anos. Também foi um dos primeiros incentivadores de minhas ambições literárias e me deu *Elements of Style*, de Strunk e White, e *The Art of Dramatic Writing*, de Lajos Egri.

De volta ao edifício, as autoridades chamaram-nos para interrogar um de cada vez. Os que esperavam para entrar no gabinete sabiam quanto tempo cada um ficava lá dentro. Os detentos fizeram uma aposta sobre quem sairia mais rápido. Sem me sentar, antes que eles pudessem perguntar algo, dei-lhes minha resposta decorada: — Não vi nada; não ouvi nada; não sei nada; me deixem sair.

O diretor adjunto fez um som parecido com um peido com sua boca, olhou para o teto e fez um gesto com o polegar para a porta para que eu saísse. Em tempo recorde.

Naquela noite, na cela sombria, olhei para fora por entre as grades da janela e pensei *"vou ficar trancado nesta cela por um ano ou mais"*. O pensamento ajustava-se ao desalento do mundo à minha volta.

— Ah, bem — murmurei — quando fica difícil demais para todos os outros, fica do jeito que eu gosto. — Depois de poucos minutos, acrescentei — Eddiezinho loroteiro, sua boca tem bafo de bueiro — Mas a verdade era que eu podia agüentar qualquer coisa que fizessem contra mim. Se me matassem, eu não ficaria sabendo. Estava preparado mentalmente para passar pelo menos um ano no Centro de Correção.

TODO MUNDO TEM SORTE UMA vez ou outra. Cerca de três meses depois disso, os diretores e superintendentes de várias prisões da Califórnia se encontraram em Sacramento. Havia muito tempo era política das diretorias livrar-se de causadores de problemas transferindo-os. Ainda faziam isso em instituições de segurança média e mínima, mas a política havia mudado em prisões de segurança máxima. San Quentin, Folsom e Soledad foram solicitadas a manter quem quer que tivessem em isolamento. Os diretores faziam trocas e as trocas estavam na agenda de Sacramento. Trancafiado em San Quentin estava Red Fenton. Ele matara um homem em San Quentin quinze anos antes e estivera envolvido na tentativa de fuga de Folsom, em 1961, quando o coro visitante tinha sido tomado como refém. Depois de ir para a corte e pegar uma nova sentença de cinco anos a perpétua e passar vários anos no Centro de Correção de Folsom, fora transferido para San Quentin e recebera uma chance de ir para a fileira principal. Sua reputação o precedia. Fracotes pediam proteção às pencas, por isso ele foi posto em isolamento e permaneceu trancado por dois anos. L.S. (Red) Nelson, o diretor de San Quentin, queria se ver livre de Fenton e estava pedindo para trocá-lo por mim. Por isso, Red Fenton voltou para Folsom e eu embarquei no ônibus para San Quentin, que era quase minha casa. Em poucas semanas, eu tinha uma cela individual no pavilhão de honra e um novo emprego com o qual eu podia perambular em torno da prisão até meia-noite.

14

GUERRA DE RAÇAS NA PRISÃO

No período de pouco mais de um século desde que um navio-prisão espanhol aportou na extremidade da península chamada Ponta de San Quentin e uma prancha foi estendida até a margem para criar a Prisão de San Quentin, aquele lugar tem sido sede de episódios turbulentos. Não consigo imaginar quantos assassinatos foram cometidos ali. Na era do nó corrediço, compartilhava com Folsom a posse das forcas, mas com o advento da câmara de gás San Quentin permaneceu solitária como local de execuções da Califórnia. Teve fugas violentas (uma vez os prisioneiros capturaram o comitê de condicional; agora ele se reúne fora dos muros) e uma escapada ou duas quando as autoridades ainda não sabiam como os condenados saíam. (Eu sei.) Certa vez ela foi o quartel-general de uma quadrilha de falsários. O outro lado da moeda é que ela serviu de estúdio para um programa de rádio transmitido de costa a costa (muito antes da televisão), chamado *San Quentin on the Air,* que ia ao ar pela NBC Blue Network durante o horário nobre das noites de domingo. O preso nº 4242 cantava a canção-tema: "Time on My Hands".

Nada, porém, foi ao mesmo tempo tão violento e hilário quanto o período sobre o qual escrevo. Do início dos anos quarenta, atravessando os cinquenta, San Quentin passou de uma das mais notoriamente brutais prisões dos EUA a líder em penologia e reabilitação progressistas. Como outras prisões, ela não estava preparada para o que aconteceu quando a revolução veio para o país. Quando as drogas inundaram as cidades, inundaram do mesmo modo San Quentin. A agitação racial das ruas foi ampliada no mundo de lata de sardinhas de San Quentin. A polarização ocorrida lá dentro pode ser ilustrada por dois eventos. Em 1963, quando John Kennedy foi assassinado, era horário de almoço no Pátio Principal. Todos caíram em um silêncio atônito. Olhos que não choravam desde a infância encheram-se de lágrimas, incluindo os dos mais embrutecidos condenados negros. Cinco anos mais tarde, quando Bobby Kennedy recebeu um tiro na cabeça, a resposta foi diferente. Prisioneiros negros gritavam: — Muito bem! — As galinhas estão voltando para o poleiro — disse o jornal dos Panteras Negras. — Dez para um! — era o grito dos nacionalistas negros: matassem dez brancos para cada negro e eles venceriam a revolução. A inflamada retórica política era tomada ao pé da letra pelos nada sofisticados homens encerrados na jaula. Em Soledad, um atirador em uma torre de vigilância disparou três tiros contra uma peleja, quando cinco negros pularam sobre dois brancos no pátio do Centro de Correção. Matou três detentos negros, um deles irmão de Cornell Nolan, que ficou na cela ao lado da minha no Centro de Correção de Folsom. Naquela noite, em outro canto de Soledad, um jovem guarda branco foi jogado da terceira galeria para o concreto lá embaixo. Ele morreu. Três detentos negros, George Jackson, Fleeta Drumgo e Cluchette, foram trancafiados e acusados do crime. Uma advogada de São Francisco, Fay Stender, uma socialista, se não francamente marxista, pegou o caso de George Jackson. Editou suas cartas, convidou Jean Genet para escrever uma introdução, e publicou-as com o título de *Soledad Brother*. O livro transformou os três em celebridades. Ela conseguiu-lhes a mudança de jurisdição para São Francisco e arranjou uma transferência para San Quentin, onde foram trancados no Centro de Correção. Devido à atenção voltada para o caso, Angela Davis foi ao tribunal. Marxista declarada, a senhorita Davis vivia em um universo diferente do da burguesia. Ela viu um negro belo e poderoso acorrentado — e fez todo o seu peso valer. Ficou instantaneamente enamorada pela imagem e por sua fantasia, pois isso era o máximo que poderia vir a ser. Nada podia sair dali a não ser um milagre, e uma espécie de milagre veio a acontecer, pois Cluchette e Drumgo acabaram sendo absolvidos. Infelizmente, George Jackson era um autêntico sociopata e tinha a característica falta de paciência dos sociopatas. Acima de tudo, tinha uma visão rasteira do mundo e por algum motivo acreditava que a revolução era iminente.

Um prisioneiro negro que foi arranjado para testemunhar contra eles em troca de uma condicional estava sendo mantido no hospital da prisão de San Quentin em um quarto trancado e com um guarda na porta. Albert Johnson e outro detento negro conseguiram se infiltrar no hospital e abrir caminho até o segundo andar. Assassinaram o guarda sentado fora do quarto, sem sequer imaginar que ele não teria a chave da porta. Planejamento precário, poderíamos dizer.

Outro condenado negro, Yogi Pinnel, fez um arpão enrolando páginas de uma revista e prendendo uma ferramenta contundente na ponta. Ele conseguiu dar uma estocada em um guarda e matá-lo através das grades.

No refeitório, um detento negro chamado Willy Christmas subitamente puxou uma faca e correu atrás de um guarda no final do bufê. Isso teve um aspecto hilariante. O guarda correu pela cozinha gritando por ajuda com Willy Christmas em seus calcanhares, faca na mão.

Por quase duas décadas nenhum guarda tinha sido morto em uma prisão da Califórnia. Então, dentro de poucos meses, uma dúzia foi assassinada em San Quentin, Soledad e Folsom, todos por negros. Guardas, que no início eram invariavelmente conservadores e de mentalidade estreita, ouviam a retórica inflamada paralela aos assassinatos e a tomavam como ameaça pessoal direta. Se tinham preconceitos secretos, agora tinham se tornado explicitamente racistas.

Por vários anos antes de os guardas se tornarem combatentes, havia uma batalha racial limitada aos muçulmanos negros e os autoproclamados nazistas americanos. Os nazistas tinham uma cópia de *Mein Kampf* que passava de mão em mão como se fosse a Bíblia Sagrada. Ninguém realmente a entendia. Como poderiam? Aquilo beirava a algaravia. À exceção de um ou dois, esses nazistas extemporâneos eram garotos magricelas e com as caras sardentas, que tinham medo que alguém os comesse, mas esse temor não significava que vários deles juntos hesitassem em esfaquear alguém. Na verdade, a maior parte queria esfaquear alguém para ganhar reputação. Minha preocupação era acadêmica. Enquanto eles se limitassem a assassinar uns aos outros ou, como disse meu amigo Danny Trejo, "poder para o povo desde que eles não machuquem minha garota branca nem amassem meu Cadillac", tudo passava longe de mim. Foi George Jackson quem expandiu a violência aos não envolvidos. Isso começou quando vários muçulmanos emboscaram Stan Owens, o líder nazi, e usaram-no para praticar baioneta. Em qualquer outro lugar ele teria morrido, mas, como eu disse, os médicos de San Quentin eram os melhores do mundo em feridas de faca. Ele sobreviveu — com um rim a menos e uma severa claudicação. Ao longo da semana, os nazistas retaliaram três vezes. Um morreu; outro sobreviveu como paraplégico. Os negros no isolamento achavam que os médicos deixavam deliberadamente que os negros morressem.

Aquilo era demais para George Jackson. Ele não era um negro muçulmano; era um militante racial. Um dia ele reuniu um grupo de três ou quatro e, durante o encarceramento após o almoço, conduziu-os pela segunda galeria do Pavilhão Sul. Lá eles apunhalaram todos os brancos do passadiço, todos os quais vestiam macacões brancos, pois tinham acabado de desembarcar do ônibus e não tinham a menor idéia de que seriam atacados por serem brancos. Um morreu e outro, que saltou pelo parapeito para evitar as lâminas dos punhais, quebrou ambos os tornozelos no concreto lá embaixo.

Em algumas horas, todos os agressores estavam na solitária, mas nenhum foi indiciado em uma corte externa. George Jackson foi transferido para Tracy, onde inflamou outro conflito racial. Ele se viu trancado e transferido para Soledad.

Nos filmes sobre prisão, há uma convenção beirando o clichê de que algum detento superdurão comanda o show do lado de dentro. Nos dias de Bogart e Cagney, o pivô dos condenados era branco; agora era geralmente negro. Essa noção podia ter alguma validade em alguma prisão pequena e branda, em lugares como Maine ou Vermont. Mas, se alguém realmente barra-pesada aparece em uma dessas cadeias, é transferido dentro do Complexo Penal Interestadual. Nenhum detento dirige o espetáculo em Leavenworth, Marion, San Quentin, Folsom, Angola, Jeff City, Joliet, Huntsville e outras penitenciárias linhas-duras. Ninguém, qualquer que seja sua cor, é tão durão. Na verdade, os próprios detentos têm homilias, como "caras durões estão na sepultura" ou "todo mundo sangra, todo mundo morre e qualquer um pode matar você". Ao longo dos anos, vi durões *bona fide* ir para San Quentin ou Folsom (geralmente San Quentin, porque não duravam tempo suficiente para chegar a Folsom) e pensarem que podiam governar com seus músculos. Um deles era um porto-riquenho do Bronx que pesava cerca de cinqüenta e cinco quilos. Ele apunhalou alguém semanas depois de chegar ao Centro de Orientação. Acreditava piamente que era um matador e que mantinha todos intimidados. Durou onze meses. Encontraram-no em sua cela com um pedaço de fio elétrico enrolado no pescoço e onze ferimentos contundentes bem abaixo das costelas, a maioria dos quais diretamente no coração. Alguém fez um panegírico bem conciso: — Outro filho-da-puta *metido a valente* que vai comer capim pela raiz.

Com esses parâmetros e comedimentos em mente, acho que eu tinha tanto poder e influência quanto qualquer detento entre os quatro mil que caminhavam no pátio de San Quentin. Ao longo dos anos, adotei um código e uma conduta que misturavam John Wayne com Maquiavel. Respeitava todos os homens, incluindo os fracos e desprezíveis, pois é melhor ter qualquer um ou qualquer coisa como amigo, até mesmo um cão sarnento, do que como inimigo. Meus amigos eram os mais durões entre os detentos brancos e chicanos. Eu mantinha sua lealdade sendo-lhes leal, e seu respeito sendo entendido em várias áreas. Um amigo, Denis Kanos, que deixei em Folsom quando fui transferido, conseguiu que lhe concedessem uma audiência na Suprema Corte da Califórnia com uma petição que eu havia feito. Não apenas lhe concederam a audiência; eles reverteram sua condenação. Denis, que seria obrigado a esperar quinze anos antes de ser sequer *elegível* para a condicional, saiu livre.

Uns dois meses após sua soltura ele novamente era, como sempre, um chefe do tráfico de drogas no sul da Califórnia. A cada mês ou perto disso, ele me mandava uma onça de heroína. Outros homens que recebiam narcóticos tinham que vender o suficiente para pagar por isso. Eu não pagava nada e era generoso com meus amigos. É difícil avaliar o que a heroína realmente vale na prisão. Cocaína não tinha quase nenhum valor, pois os condenados queriam algo que lhes amaciasse, não o que lhes deixasse loucos. Um grama de heroína, uma pequena fração de uma onça, poderia, por exemplo, comprar facilmente um assassinato de muitas maneiras. Quando alguém queria saber quem tinha heroína, perguntava "Quem é Deus hoje?". Tal era o poder da serpente branca.

Embora eu fizesse o jogo (esse era o único jogo na cidade), estava realmente cansado disso. Tinha a prisão sob controle, mas comecei a pensar sobre quando ficasse livre novamente. Sem um milagre eu voltaria para o crime. Era a única maneira que eu conhecia de fazer dinheiro. Deus, se eu conseguisse vender pelo menos um livro. Isso, no entanto, seria como ganhar na loteria.

Eram quatro da tarde. De minha cela na terceira galeria da face do Pavilhão Norte que dava para o pátio, podia olhar através da alta janela para o Pátio Principal. Ele se enchia rapidamente com detentos voltando dos seus trabalhos. Eu havia acabado de datilografar uma página manuscrita de meu sexto romance e a estava adicionando a uma pasta. Estava quase terminado. Não fazia idéia se ele seria bom. Foi, no entanto, o primeiro que eu escrevi sem tentar conscientemente seguir uma fórmula ou uma combinação de fórmulas encontradas nos livros do tipo "como fazer" anunciados na *Writer's Digest*. O manuscrito se tornaria *Nem os Mais Ferozes*, meu primeiro romance publicado e, acredito, o melhor que escrevi em todos os sentidos.

Logo o Pátio Principal estaria repleto, as sirenes soariam e quatro mil condenados entrariam enfileirados nos pavilhões para encarceramento e contagem. Isso significava que era hora de eu sair. Como de costume, o pátio parecia frio. Havia previsão de chuva. Vesti um agasalho cinzento com os dizeres "Neiman Marcus" sobre o peito, por cima da minha camisa da prisão, depois acrescentei duas jaquetas, uma de lã por dentro, coberta por uma de brim por cima. Em San Quentin sempre era uma boa idéia levar uma jaqueta para o pátio.

O Pavilhão Norte era uma das unidades de honra. Um detento encarregado de cada galeria tinha uma chave para as celas. Enquanto atravessava o passadiço, disse-lhe para trancar minha cela atrás de mim.

Desci a escada de aço. Para atingir o pátio eu tinha de passar pelo escritório do pavilhão. Vários guardas estavam em volta da soleira da porta, pegando os pacotes de correspondência que cada um iria distribuir em sua galeria. Quando ia passando, o sargento se adiantou.

— Bunker.

Meu primeiro pensamento foi de que seria uma revista, mas o sargento me estendia um envelope. Uma carta. Quem poderia estar me escrevendo?

— Obrigado.

Olhei o endereço do remetente: "Alexander Aris, 26 Main Geranium, Elbow, Texas". Era Denis e o endereço me fez sorrir. Uma piada que poucos entenderiam.

— Estou de olho em você, Bunker — disse o sargento.

— Ei, você sabe que eu sou um prisioneiro modelo.

— Era a sua cela, não era?

Ah, não, pensei. — Não, não — repliquei.

Ele balançou a cabeça de um jeito que dizia sim, era. Uma semana antes, alguns detentos estiveram tomando pico em minha cela. Eu apliquei primeiro e saí. Três deles ainda estavam na cela, cozinhando a droga, com um olheiro (vigia) parado no passadiço. Ela ficava no meio da galeria e nenhum guarda poderia se aproximar sem ser visto, mas o aparelho entupiu e os detentos na cela estavam tentando desentupi-lo, juntando suas cabeças debruçadas. O olheiro no passadiço espiou sobre seu ombro, ficou interessado e entrou.

— Ei, *ese*. Ponha um pouco de água no conta-gotas e acenda um fogo sob a agulha enquanto espreme. Isso vai dilatar o metal e fazê-lo cuspir fora.

Nesse exato instante o sargento, que percorria as galerias em uma inspeção de rotina, resolveu subir para o terceiro passadiço. Quando chegou à minha cela, olhou para dentro e viu quatro dos prisioneiros sabidamente degenerados de San Quentin com suas cabeças reunidas como em um ajuntamento de futebol americano. Ele entrou, enfiou sua cabeça no meio do ajuntamento e simplesmente tomou o aparelho das mãos dos rapazes. Caos. O sargento bloqueou a porta, e devia estar em pânico, também. Conseguiu pegar seus cartões de identificação e levá-los para o escritório para chamar ajuda.

Pretty Henry me encontrou no Pátio Principal logo depois disso e me contou o que tinha acontecido. Eu lhe disse para voltar para minha cela, livrar-se daquela merda, arrumar tudo, apagar a luz e fechar a porta.

Como era previsto, o sargento voltou para a galeria. Ele não tinha certeza se era a terceira ou a quarta galeria. Andou para cima e para baixo, olhando dentro das celas. Não conseguia se lembrar — pelo menos não até tarde daquela noite, quando eu voltei do trabalho perto da meia-noite e ele teve de me deixar entrar em minha cela. Então a luz se fez. Ele contou para o tenente E.F. Ziemer, o terceiro comandante em serviço, mas Ziemer lhe disse que ele não tinha um caso. Na noite seguinte, Ziemer disse-me para eu me cuidar: — Ele quer pegar você. Isso será uma pedra no sapato dele, e, se ele o pegar com a boca na botija, não vou poder fazer nada.

— Eu sempre tomo cuidado, chefe — o que não era bem a verdade. Quando o turno do dia se encerrou, às quatro e meia da madrugada, o Tenente Ziemer era o comandante em serviço. Era o oficial de posto mais alto na prisão. Se o diretor ou o diretor adjunto ou o capitão entrasse, quem estivesse no portão ligaria avisando. Eu tinha o controle de San Quentin nessas horas.

Antes de ir para o pátio, abri a carta de Denis. Dizia: "Petição habeas doze páginas remetida Corte Marin County esta tarde". Traduzindo: doze colheres, ou vinte e quatro gramas, de heroína foram mandadas para um endereço em Marin County. O endereço era da mãe de Big Arm Barney. Ela faria a entrega.

Havia um problema. O correio entrara em greve no dia anterior.

Mergulhei contra o paredão de ruídos criado pela aglomeração de vários milhares de vozes no poço formado pelos pavilhões. Compunham um lago agitado de rostos e brim azul. Ali eram todos negros. Dei uma guinada para a esquerda, acompanhando a parede do Pavilhão Leste, passando pela torneira de água quente, que lançava vapor quase fervente. Era para fazer café instantâneo. Como sempre, poucos detentos estavam em volta, segurando canecos de plástico Tupperware enrolados com fita adesiva, vapor se desprendendo. Estava frio no pátio. Tinha lido em algum lugar, talvez na revista de *Acredite se Quiser*, que o Pátio Principal de San Quentin era o único lugar do mundo onde o vento soprava de quatro lugares ao mesmo tempo. Ele parecia turbilhonar em todas as direções simultaneamente.

Movi-me cuidadosamente em meio à massa de homens vestindo brim, cumprimentando aqueles que eu conhecia com um aceno de cabeça ou outro gesto. A paranóia era muito comum naquele meio. Quem poderia saber qual desfeita trivial seria capaz de agitar pensamentos insanos? Eu estava procurando Paul Allen e, com menos interesse, os jovens durões que eram nossos parceiros e assistentes. Encontrei-os reunidos muito à frente, ao lado da parede do Pavilhão Leste. Paul, como de costume, era quem falava, enquanto os mais jovens, T.D. Bingham, Wayne Odom, Blinky Williamson, Vito Rodriguez, Dicky Bird e mais uns dois, ouviam com sorrisos em suas faces. Paul contava uma história.

— ... uns quinze de nós nesse pátio de cadeia quando o cara foi esfaqueado. Havia uma privada dobrando a esquina. Chamaram todo mundo para o interrogatório, e no dia seguinte o jornal dizia: "Ninguém testemunhou o esfaqueamento. Quinze prisioneiros usavam a latrina durante o incidente".

Paul notou minha chegada. — Qual é?

Apresentei o bilhete de Denis. Paul leu, riu e balançou seus cotovelos em uma paródia de galinha assustada.

— Certo! Estamos no poder novamente. Você contou a Big Arm?

— Acabei de sair pela porta do pavilhão. Não fique tão contente. O correio estará em greve amanhã. Certo?

O júbilo foi varrido do rosto de Paul. — Ahhh... merda! Pensei que funcionários públicos não pudessem fazer greve. Isso é contra a lei, não é?

— Tudo o que sei é o que li no jornal. O *Chronicle* diz que eles vão fazer greve. Nós teremos a coisa assim que a greve acabar.

— Tudo bem — disse Wayne. — A mãe de Barney não vai injetar tudo. De repente, doze sirenes de polícia soaram simultaneamente. Eram quatro e meia da tarde, hora da contagem principal. Os guardas passavam entre as mesas de dominó. — Juntando... juntando.

Movi-me contra a maré em direção ao portão do pátio, por onde uns poucos extraviados ainda estavam entrando. Eu passava por uma contagem separada, junto com uns dois outros detentos, no Escritório do Pátio, que lembrava vagamente um quiosque de cachorro-quente moderninho. Tinha duas salas e um banheiro. À exceção do banheiro, havia janelas em toda a volta. O antigo Escritório do Pátio tinha uma sala fechada nos fundos que adquiriu alguma notoriedade com os anos. Nada passava despercebido pelo novo Escritório do Pátio. Tinha uma cerca reforçada e dois portões que atravessavam a estrada à sua frente, um para veículos, outro para pedestres. Bem atrás ficava o moderno Centro de Correção, sua entrada a três metros da porta dos fundos do Escritório do Pátio. O Escritório era situado de tal modo que qualquer um que entrasse ou saísse do pátio para a Capela do Jardim, o Escritório de Custódias, o departamento odontológico ou outros departamentos tinha de passar em frente a ele. A ponte para a Velha Fábrica, que abrigava o ginásio quando eu cheguei, ficava diante do Escritório. Agora todos os andares superiores estavam vazios. Como o prédio era feito de tijolos, com vários pisos de madeira velha e ressecada e outros materiais inflamáveis, um detento fora designado como "vigilante do fogo". Isso era conhecido como emprego *alegórico*. Quem o exercesse detinha o controle do enorme edifício vazio. Nele havia diversos nichos e espaços onde cerveja caseira podia ser feita. Um vigilante do fogo construiu um alambique para produzir aguardente.

Enquanto me aproximava do Escritório do Pátio, vi Bulldog atravessando apressado o Jardim Bonito, que agora era terra praticamente nua. Tinha cerca de um e setenta, com um coração e um sorriso grandes como os de mais ninguém. Era um atleta de talento e podia ter sido golfista profissional. Ele sem dúvida arrastou meu rabo desajeitado pela quadra de *handball* mais de uma vez. Esperei que ele passasse pelo portão, então caminhei alguns passos ao lado dele de volta para o pátio.

— Onde você estava? — perguntei.

— Sala de visitas.

— Não achava que você recebesse visitantes.

— Olha só. Venha comigo.

Olhei para trás por sobre meus ombros. Tinha um minuto e conseguiria voltar antes que a contagem começasse. Fui com ele em direção ao pátio.

— Você nunca vai adivinhar quem era. — Fez uma pausa e então falou — Aquela dona advogada. Fay Stender.

— Aquela radical, a que está representando Jackson?

— Sim. Ele está lá, agora. Estava aguardando para vê-la depois de mim e parecia estar puto porque teve de esperar.
— Porra, 'dog, ele é uma celebridade. Quase uma estrela — Queria acrescentar que tudo a que isso levava era a um ato de rebelião suicida, mas Bulldog me cortou.
— Você não vai acreditar nisto, cara, mas sabe o que a dona queria?... Queria que nós, caras brancos, matássemos alguns *porcos*.
— O quê? Ela falou assim mesmo?
— Sim... bem... falou algo como, por que os negros estão na revolução e nós não os estamos ajudando com os porcos?
— Eu teria respondido a ela que não há nenhum porco querendo me matar. Ela é doida varrida. O que você disse a ela?
— Disse que ela era doida varrida... Não, na verdade eu disse que ia conversar com os companheiros e blá, blá, blá... Você acredita nisso...? Eu quero sair daqui. Matar um porco não vai me pôr para fora... ou botar algum dinheiro no meu bolso. Não sou nenhum amante de tiras, mas também não sou matador de polícia. Se eu cair em um cerco e matar um tira é porque era isso ou jogar minha arma fora para receber prisão perpétua. Porra, matar alguém é coisa séria... duplamente séria. Essa não é a merda mais doida que você já ouviu?
— Porra, se é — E era mesmo. Quando alcançamos o portão do pátio, tive de voltar. Enquanto ele se apressava para atravessar, pude ver que o pátio estava quase vazio. A última fila estava entrando no Pavilhão Leste. Alguns raios de sol errantes atravessaram as nuvens e cintilaram nas janelas do pavilhão a quinze metros de altura. Lembrei ter visto esta mesma cena, da mesma perspectiva, dezoito anos antes, e agora passava por minha mente que, se eu tivesse sabido que estaria em pé ali depois de dezoito anos, teria me matado. Mas não havia previsto isso e não podia imaginar outros dezoito anos ou qualquer coisa perto disso. Dei meia-volta e retornei ao Escritório do Pátio.

Big era secretário no Escritório do Pátio durante o turno do dia. Ele era apenas grande, nem particularmente musculoso nem particularmente gordo. Pesava 155 quilos e era tão brincalhão quanto uma criança de oito anos.
— Sobre o que você estava conversando com o Bulldog?
— *Bulldog*! Quem é *Bulldog*?
— Aposto que estavam fazendo alguma negociata com drogas. Pensa que eu não sei?
— Não, Big, estávamos falando sobre sua mamãezinha.
— Ei, ei, vamos parar por aí.
— Vá se foder, Big.
Ele puxou a gaveta de baixo da escrivaninha e tirou um cassetete.
— Deixa isto aqui beijar a sua rótula — disse ele. — Quero ver se funciona. — E bateu com aquilo sobre a escrivaninha. Cassetetes doem.

Ainda posso sentir um que colidiu contra as minhas costas quando eu tinha quatorze anos e tentava me enfiar para dentro de um cinema que tinha o banheiro dos homens na parte da frente.

— Você sabe mesmo parecer esperto — disse eu, em tom de zombaria. Big gostava disso. — Faça merda e eu dedo você... sobre aquele medalhão que você esconde sob a camisa — Big usava um medalhão com uma pesada suástica preso a uma corrente em volta do pescoço. Ele a conseguiu quando um guarda foi morto no hospital da prisão. Embora anteriormente ele tivesse opiniões racistas, tendo uma vez me dito — Não posso evitar; simplesmente acho que crioulos como um todo são mais burros que pessoas brancas —, era imparcial no modo de tratar os detentos. Agora, porém, tinham ocorrido vários longos e quentes verões incendiando cidades americanas e os assassinatos raciais em San Quentin. (Ele tinha visto um prisioneiro português chamado Rios em uma briga de um contra um no pátio inferior. Uma horda de negros atacou, pisoteou e bateu na cabeça de Rios com um taco de beisebol até que seu crânio estivesse tão achatado como se um automóvel houvesse passado por cima dele.) A intolerância reprimida de Big tornara-se ódio racial quase obsessivo. Como oficial civil, ele tinha direito de portar uma arma e repetidamente me falou que estava esperando pela situação propícia para matar um crioulo e sair limpo. Eu podia entender com ele se sentia, assim como podia entender o surto de ódio paranóico que movia muitos negros a atacar os brancos. Pensava com freqüência que se fosse negro teria feito a sociedade branca me matar muito tempo atrás. Eu não era negro, mas também não tinha a intenção de figurar em um cartaz de vingança negra. Aprendera no abrigo juvenil e no reformatório que o racismo negro era talvez mais virulento que o racismo branco. Alguém uma vez me disse — Quando somos racistas, nós apenas queremos ficar longe deles. Quando eles são racistas, eles querem nos matar — Era verdade: racistas negros queriam vingança; racistas brancos queriam segregação. Nem todos os negros eram racistas, assim como nem todos os brancos. Eu realmente desejava que todos esquecessem suas raças e, alheios a isso, fossem civilizados e respeitassem todos os demais. É impossível haver sociedade civil sem civilidade.

Da passarela para a Velha Fábrica, Willy Hart apareceu. Conhecia Willy desde que vim pela primeira vez para San Quentin, mais de doze anos atrás. Ele era assaltante, mas certamente não era a imagem comum de um assaltante. Se alguém dissesse "Não, eu não vou fazer isso" e sentasse com os braços cruzados, Willy teria erguido os ombros e partido. Em outras palavras, ele não machucaria ninguém — embora, se alguém sacasse uma arma e começasse a atirar contra Willie, ele tivesse respondido ao fogo ou atirasse primeiro se fosse obrigado. Aquela era sua segunda pena por assalto. Ele nunca passou por uma situação séria em uma década e meia em San Quentin e Folsom.

— Ei, Bunk, como tem passado estes dias de merda? — perguntou, enquanto cruzava a estrada para o Escritório do Pátio. Ele também era contado ali, assim como outro detento, o líder da equipe que cuidava do pátio durante a noite. No momento em que a contagem terminava, o restante da equipe do pátio era liberada. Enquanto filas de prisioneiros enchiam os refeitórios, a equipe noturna do pátio usava grandes mangueiras de incêndio para lavar o catarro, as guimbas de cigarro e os milhares de pedaços de cascas de laranja, se laranjas tiverem sido servidas. Era um dos melhores empregos para que se podia ser designado em San Quentin. O líder era um remanescente do tempo em que o presídio funcionava com chefes condenados.

Quanto a Willy Hart, veio pela primeira vez para San Quentin transferido de uma prisão juvenil de Tracy, a qual tinha substituído Lancaster e preenchia o mesmo nicho, bandidos jovens com idades entre dezoito e vinte e cinco. Minha primeira lembrança é a de sua última noite em Lancaster. Estava no chuveiro com os outros de sua galeria.

— Sim... sim — proclamava. — Escapei de todos esses pervertidos. Ninguém fez o meu rabo — sua zombaria era barulhenta e divertida. Tinha uma das línguas mais ágeis do Departamento de Correção, e isso ocasionalmente o metia em problemas.

— Onde está indo? — perguntou.

Respondi com um gesto que indicava comer. — Refeitório.

Bem nesse momento o portão de saída se abriu. Havia dois guardas com George Jackson entre eles. Estava voltando da sala de visitas para o Centro de Correção, cuja porta ficava a cinco metros de onde nós estávamos. Usava algemas. Ficamos olhando-o se aproximar. Eu tinha lido *Soledad Brother*. Fora muito bem-sucedido sem dizer nada de novo. Eldridge Cleaver tinha coberto melhor o mesmo terreno com *Soul on Ice*, que eram uns poucos ensaios publicados na *Ramparts*, mais algumas cartas. Ambos os livros traziam uma posição marxista sobre os EUA, clamando pela revolução armada e por um Estado comunista. Acho que George Jackson foi apresentado à retórica marxista quando descoberto pelos brancos marxistas da Bay Area, Fay Stender sendo a primeira e mais importante. Até então ele simplesmente odiava brancos. Eu já era um veterano quando ele foi para a prisão pela primeira vez, e estava em uma cela próxima. Ouvi-o dizer que não queria igualdade; queria vingança contra a raça européia. Esta, porém, era a primeira vez que eu o via por mais tempo do que um rápido vislumbre quando ele passava por minha cela. Por qualquer padrão, ele era um belo jovem. Avaliei que ele devia ter de um metro e oitenta a um e oitenta e cinco e pesar noventa quilos, e tinha a altivez de um guerreiro. Ele viu os dois detentos brancos parados a poucos metros de onde passaria. Quando cruzou por nós, olhou-nos e fez um gesto que tanto podia ser reconhecimento quanto desafio. Encarei-o sem nenhuma expressão. Não podia cumprimentar um homem que matava pessoas por nenhuma outra razão a não ser o fato de que elas eram brancas, nem seria do meu estilo dizer qualquer coisa para ele.

Willy, porém, não era assim, pois, no momento em que George Jackson passou e a escolta tocou a campainha da entrada do centro de correção, um Phantom da Força Aérea dos Estados Unidos atravessou o céu com um estrondo ultra-sônico. — O Branco poderoso nas alturas — disse ele, apontando para o céu.

Eu não ri, mas não pude conter um sorriso. Pouco antes de passar pela porta, George Jackson olhou para trás com puro ódio. Quando a porta se fechou, Willy dançou e ergueu a mão para que eu batesse.

— Essa eu matei a pau, não foi?
— É, vou te dar uma estrela dourada por isso.

TERMINEI MEU SEXTO ROMANCE e, recorrendo a um professor que ficara amigo de um parceiro meu, contrabandeei-o para fora e enviei para meus agentes, Mike Watkins e Gloria Loomis. Em umas duas semanas, Mike escreveu em resposta dizendo que tinha esperança e fé que aquilo podia ser publicado. Era apenas uma esperança, mas ainda assim eram as melhores notícias que eu tinha em anos. Na verdade, era a primeira carta que eu recebia em anos.

Certa manhã eu estava na Capela do Jardim quando vi dois negros saindo acorrentados do Centro de Correção; um deles eu reconheci, Willie Christmas. Ele tentara esfaquear um guarda no Refeitório Norte. Agora estava indo para a corte em Marin County.

Não dei muita atenção a isso. Detentos iam para a corte em Marin County o tempo todo. Poucas horas depois, vi o capitão correr para fora do Escritório de Custódia rumo ao portão de saída, acompanhado um momento depois por uma dupla de tenentes. Embora não fosse meu turno de trabalho, fui até o Escritório do Pátio para descobrir o que estava acontecendo.

Big Brown estava ao telefone. O esquadrão tático do pelotão de choque da prisão, conhecido coloquialmente como o esquadrão dos capangas, estava sendo chamado. Brown estava tão excitado que gaguejava.

— O que está acontecendo? — perguntei quando Brown pôs o fone no gancho.

— Christmas e aquele outro crioulo, eles tomaram a sala do tribunal.

— Tomaram a sala do tribunal?

— Armas! Eles arranjaram armas e pegaram reféns.

Alguns capangas do pelotão apressaram-se com expressões sombrias. O tribunal de Marin County ficava a poucos minutos. A lei que proibia fugas com reféns da prisão se aplicaria a esse caso? Isso era algo que nós descobriríamos muito em breve. Enquanto Brown estava novamente ao telefone, dirigi-me ao pátio para compartilhar a notícia com meus parceiros.

Ainda era manhã e o pátio tinha mais gaivotas que presos. Uns poucos iam para a cantina, e uns dois marchavam pela extensão do pátio, assustando um bando de pombos e algumas gaivotas que eram alimentados com migalhas de pão por um detento. — Espero que elas caguem em cima de você — murmurei enquanto passava. Perto da torneira de água quente na parede do Pavilhão Leste havia uns dez presos brancos e chicanos reunidos em volta de Denny Trejo. Pela sua intensidade e pela atenção extasiada dos outros, era óbvio que ele sabia sobre os eventos que transpiravam do tribunal. Era uma piada corrente que quando qualquer coisa acontecia, violenta ou escandalosa, e alguém queria saber notícias, a palavra era: "Pergunte ao Danny". Ele era o colunista social residente de San Quentin, e estava falando quando me aproximei:

— ... algum jovem carapinha se ergueu na corte com uma Uzi e disse "eu dou as ordens". Ele tinha uma porrada de armas e as entregou para aqueles loucos filhos-da-puta. Eles dominaram o juiz, o promotor, o júri... *todo mundo* foi feito refém. Devem ter tomado o próprio Deus como refém.

"Se estivessem entre os muros, ninguém ligaria. Estouravam eles em menos tempo do que Deus levaria para receber a notícia."

"Ouça isto... Eles têm uma escopeta de cano serrado engatilhada e amarrada com arame em torno do pescoço do juiz. Se o cara tossir, aquilo explode a cabeça dele."

— Ei, Danny, tem certeza que não está contando outra mentira do caralho? Sabe como você é.

— É, eu conto uma mentirinha de tempos em tempos, *ese*, mas esta merda é quente, *carnal*.

— É verdade — falei. — Fiquei sabendo disso no posto quatro. O pelotão dos jagunços atravessou o portão correndo.

— Porra — disse alguém —, aqueles crioulos estão encrencados — o que extraiu gestos de concordância geral.

Willy Hart cruzou o portão e começou a atravessar o pátio. Quando nos viu, deu uma guinada e se aproximou, quase vibrando de excitação.

— Sabem o que aconteceu?

— Sim, já ouvimos.

— Está tudo acabado, agora. Eles saíram para o estacionamento. Acho que a chefia de polícia ficou de fora, mas uns dois porcos da prisão apareceram. Eles estouraram os miolos daqueles idiotas. Têm crioulo morto e juiz morto. E corpo pra todo lado.

— Crioulos mortos e juízes mortos... que sorte teve um branquelo! Há... há... há... há!

Olhei para o que fez o comentário, Dean Lakey. Ele aspirava a estar entre os durões de carteirinha e teria ido longe, mas no fundo era um cagão e acabou pedindo penico com o tempo, quando encontrou alguém mais durão e preferiu ir para o isolamento. Uma vez que Lakey cruzou essa barreira e ficou estigmatizado para sempre, era fácil para ele ir até o fim e se tornar um informante. Sabia de vários assassinatos, incluindo dois em que estava envolvido em menor grau, ficando de lado enquanto a morte acontecia. Quando fez o pronunciamento já mencionado sobre crioulos, juízes e branquelos, aquilo soou falso. Era como alguém tentando parecer mais racista e mais frio do que alguém que não fosse daquele meio pudesse imaginar. Era um daqueles casos de "parece-me que protestais em demasia".

Eu queria saber o que realmente havia acontecido. Li os jornais e conversei com um negro que tinha sido convocado como testemunha da defesa. Quando a loucura irrompeu, perguntaram-lhe se queria ir com eles, e ele disse não, obrigado. Tinha uma condicional estipulada para dentro de seis meses. Estava cumprindo o que correspondia a uma sentença por bebedeira. Era da velha escola e muito sábio.

O que eu soube que realmente aconteceu lá foi que o tribunal estava quase vazio de espectadores naquele dia e que ninguém entre o pessoal da corte, juiz, escrivão, meirinho, promotor público, notou que Jonathan Jackson, o irmão de dezessete anos de George Jackson, havia entrado. Ele caminhou pelo corredor e entrou em uma fileira de bancos para os espectadores. Carregava uma pequena sacola de lona.

A única pessoa que o viu foi o réu, Willie Christmas.

Os outros repararam nele quando ficou em pé com uma arma e disse claramente — Certo, cavalheiros, eu estou no comando — Devo dizer, após cuidadosa reflexão, que, seja o que for que a sentença signifique, tinha um certo *élan*. Acho que seu irmão o havia convencido da iminência da revolução.

Jonathan rapidamente armou Willie Christmas, desarmou o meirinho, tomou suas chaves e destrancou a detenção. Ruchell Magee foi rápido em se armar. O detento que eu conhecia sacudiu a cabeça e ficou no lugar. Os outros saíram e ele olhou pela fresta da porta. Não podia enxergar toda a sala da corte, mas viu o jovem Jackson colocar um arame com nó corrediço atado a uma escopeta por cima da cabeça do juiz e em volta do seu pescoço. A escopeta carregada estava apoiada entre seu ombro e seu queixo.

Os prisioneiros então reuniram os reféns ao redor deles e abriram caminho até o estacionamento, onde uma van amarela com portas de correr esperava por eles. O pelotão do xerife os acompanhou mas teve medo de tomar um tiro.

Eles estavam entrando na van quando um dos guardas da prisão, usando um grande rifle de caça com mira telescópica, alinhou a cruz de mira e apertou o gatilho. O primeiro tiro derrubou um detento. Então todos os outros abriram fogo, as autoridades despejando projéteis através das finas paredes da van, os presos baleando reféns. A cabeça do juiz foi explodida; o promotor público teve sua espinha seccionada. Sobreviveu, paraplégico, e foi posteriormente apontado para ocupar um banco na Corte Superior. O único detento que sobreviveu foi Ruchell Magee. Ficou ferido mas se recuperou. Já estava cumprindo prisão perpétua. Naquela noite, os noticiários da televisão exibiram os corpos dos presos sendo arrastados para fora da van com cordas, como carcaças em um açougue. As autoridades alegaram medo de armadilhas explosivas, mas eu vi o ódio em seus gestos. Isso mudaria para sempre o modo como os prisioneiros de San Quentin seriam tratados nas cortes de Marin County.

Foi revelado, poucos dias depois, que as armas usadas no tribunal pertenciam a Angela Davis, a professora comunista negra. Ela fugiu antes de ser presa. Um mandado de captura foi expedido acusando-a de ser cúmplice. Passaram-se vários meses até que ela fosse capturada e levada para a mais liberal cidade dos EUA, São Francisco, para julgamento. Foi representada por Charles Garry, o melhor jurista do norte da Califórnia. Seu livro sobre seleção do júri é um trabalho seminal sobre o tema. Depois do julgamento, o júri não só absolveu Angela Davis como também ofereceu a ela uma festa. Não faço idéia se ela entregou as armas para Jonathan Jackson ou se ele as tomou sem o conhecimento dela, mas realmente creio que ela estava apaixonada por George Jackson. Grande e bonito, ele deve ter despertado sentimentos profundos quando ela o viu vestido com as correntes dos homens brancos. Para ela, ele não era um assassino, não importava se ou quem ele tivesse matado. Era um negro escravizado rebelando-se contra seu opressor e, portanto, justificado em tudo o que fizesse.

O tiroteio no tribunal de Marin ganhou as manchetes e os noticiários de toda a nação. Os irmãos Soledad tornaram-se a maior das causas célebres. George Jackson foi feito delegado de campo no Partido dos Panteras Negras. Ele se orgulhava de seu irmão caçula de dezessete anos, que foi arrastado para fora da van com um pedaço de corda como se fosse um pedaço de carne. Fay Stender percebeu que falar sobre revolução armada era um jogo diferente quando cabeças de juízes eram explodidas, prisioneiros eram imolados e um promotor público ficava paraplégico. Ela desistiu da causa e abandonou o caso.

A Guerra do Vietnã sacudiu os campi das universidades dos EUA. Bombas explodiram; radicais brancos tornaram-se revolucionários e assaltaram bancos. Enquanto isso, os guetos de uma cidade americana atrás da outra ardiam em "verões longos e quentes", sob a ladainha *"burn, baby, burn"*[1]. No Mississippi, a Klan assassinava ativistas dos

---

[1] Um dos slogans dos Panteras Negras; "queime, *baby*, queime". (N. do T.)

direitos civis. Em São Francisco, um grupo de negros rondava a noite e matava os brancos que surpreendiam sozinhos. Esses eram os chamados Zebra Killings, e eu achava provável que ex-condenados negros estivessem envolvidos (eu estava certo), pois somente nas prisões da Califórnia eu tinha visto assassinatos semelhantes. Ambos os lados faziam isso, mas George Jackson foi o primeiro. Como todo mundo, ele não praticava o mal em sua própria mente. Tudo que importa para o indivíduo é justificar a si mesmo diante do espelho, e George o fazia com os quatrocentos anos de escravidão e depois com a Jim Crow[2]. Jornalistas vieram de todo o mundo para entrevistá-lo. Ele passava mais tempo na sala de visitas que na sua cela. Vieram colunistas do *Time*, *Newsweek*, *Le Monde*, do *Times* de Londres e do *New York Times*. Era política do Departamento Correcional permitir tais entrevistas, e George dava pelo menos uma, e às vezes várias, a cada dia da semana. Os guardas odiavam-no e os "comunas vermelhos filhos-da-puta que pegaram um matador cheio de ódio e fizeram dele um herói revolucionário". Eles não apreciavam ser chamados de porcos e fascistas, o que nenhum deles via quando se olhava no espelho, embora alguns poucos piscassem quando inquiridos sobre racismo, especialmente quando começaram a ser mortos.

Prisioneiros brancos também se ressentiam quando se referiam a eles como neonazistas e defensores da supremacia branca, os vilões da hora, por assim dizer. Houve várias guerras raciais atrás dos muros de San Quentin. Lá havia tanta paranóia racial que uma provocação real era desnecessária para evocar um assassinato. Quase qualquer desculpa era suficiente para abrir os canivetes. Uma guerra em particular começou com eventos apenas ligeiramente relacionados à questão racial.

Era uma noite de primavera depois da bóia, e os setecentos prisioneiros do Pavilhão Leste dispersaram-se pelo Pátio Principal em direção ao edifício. As nove galerias estavam ocupadas por alguns homens que esperavam perto de suas celas para o encarceramento, enquanto outros vagavam pelos passadiços, tentando descolar um papelote de heroína, um tablete de ácido, um quarto de litro de cerveja caseira ou algo para suavizar a realidade da longa noite que teriam pela frente. Eu morava no Pavilhão Norte, mas pelo status do meu ofício podia vagar por onde quisesse. Naquela tarde, quis fazer uma aposta nas quartas-de-final da NCAA. Subi correndo os degraus para a terceira galeria, girei em torno do corrimão e comecei a seguir pela passarela. O rumor de um zumbido pairava sobre tudo, um som tão comum e penetrante no pavilhão que deixa de ser notado quando você se acostuma com ele. É o tipo de ruído que só atrai a atenção quando pára ou quando seu ritmo muda.

---

[2] Jim Crow é o nome como ficou conhecido o conjunto de leis e políticas que determinavam a segregação dos negros nos Estados Unidos. (N. do T.)

O ritmo mudou. De uma galeria inferior vieram os baques e grunhidos de corpos lutando, um estrondo quando alguém se chocou contra a porta de uma cela e ela bateu contra sua moldura. Os detentos em volta pararam e se voltaram, alertas como animais ao som agudo. Outros, nas galerias acima e abaixo, esticavam o pescoço para ver o que estava acontecendo. A tensão se espalhou como eletricidade através de fios conectados. Homens a quarenta metros de distância sentiram em segundos que algo tinha acontecido.

O guarda na passarela de tiro, um novato, corria de um lado para outro, procurando onde estava o problema. Ele viu algo, uma confusão de movimentos. Seu apito soou, repetiu-se e acabou por dissipar qualquer traço de dúvida de que alguém estava sendo esfaqueado. Os presos de San Quentin tinham abandonado a luta corporal como forma de resolver disputas havia muito tempo. Se não vale a pena matar por causa disso, esqueça. Se você der um soco na boca de alguém e deixá-lo ir, ele estaria sujeito a remover aquilo durante um mês ou dois e voltar com uma navalha.

Houve um súbito silêncio preenchendo o pavilhão, exceto pelo arrastar de pés correndo. Mais de um homem furava a multidão para escapar. O guarda ergueu seu rifle mas foi incapaz de disparar para o meio da pressão dos corpos. Tentou segui-los ao longo da passarela de tiro, ainda soprando seu apito acusador, mas as presas desapareceram pelos degraus do fundo.

Guardas no piso do pavilhão chegaram tarde demais para alcançar a cena. Os atacantes fugiram.

Decidi esquecer minha aposta na NCAA e sair do pavilhão antes que o portão da rotunda fosse fechado. Eles podiam fazer perguntas para mim. Enquanto me apressava em direção aos degraus da frente, olhei para o chão do pavilhão abaixo. Quatro negros empurravam um carrinho de mão usado para transportar cestos de lavanderia e latas de lixo. Agora ele carregava um "irmão" que era levado com urgência para o hospital. Estava deitado de costas, pernas dobradas, jaqueta de brim aberta, uma mancha vermelha espalhando-se por sua camiseta branca. Os negros que empurravam o carrinho teriam deixado um branco morrer, e um detento branco que desse ajuda para um negro ferido (a não ser que o branco fosse empregado no hospital) teria sido posto em ostracismo pelos outros brancos, se não atacado por eles. O primeiro rumor foi de que ele tinha sido apunhalado e jogado da quarta galeria. Quando olhava para baixo, isso parecia improvável. A vítima estava de costas, pernas dobradas, cabeça erguida. Se tivesse sido jogado de doze metros de altura, ossos teriam se quebrado. Seu aspecto estaria diferente.

Das fileiras das galerias acima, centenas de detentos olhavam para baixo, para o grupo que saía. A questão era quem o apunhalara. Se fosse outro negro, a coisa era entre o agressor, a vítima e seus parceiros. Se fosse um chicano, até então isso não teria causado nenhum problema disseminado, mas, se fosse um branco contra um negro ou um negro contra um branco, certamente haveria problemas.

Quando cheguei à porta da rotunda do edifício, o sargento estava chegando pelo outro lado para fechá-la. Ao fundo, o sistema de alto-falantes estava chiando e berrando: *"Para dentro! Lado da baía, para dentro! Pátio, para dentro!"*. O sargento ergueu uma das mãos para me barrar, reconheceu-me, e então me deixou deslizar para a noite do Pátio Principal. Guardas chegavam aos pares, tilintando as chaves em uma das mãos e os bastões na outra.

Voltei atravessando o pátio. Ele era um estudo de luz e sombra de Edward Hopper, com várias silhuetas em atividade. Uma delas manuseava o esguicho de uma pesada mangueira de lona contra incêndios, enquanto outra arrastava o peso atrás da primeira. O poderoso jato da mangueira carregava o esputo e as carteiras de cigarro vazias e fazia os milhares de pedaços de casca de laranja dançar para a enxurrada na sarjeta ao lado do abrigo. Outros prisioneiros varriam a sujeira e a transferiam com pás para dentro dos carrinhos de lixo. Os detentos faziam do pátio uma desordem imunda a cada dia. Os da equipe noturna do pátio eram todos amigos meus. Eles não seriam designados sem minha piscadela para o tenente. Paul Allen estava se aproximando, brandindo sua vassoura. Do pátio, à noite, era possível enxergar dentro do pavilhão iluminado.

— Que aconteceu lá?

— Algum crioulo foi esfaqueado na quarta galeria. — Apesar de usar o epíteto racista, era sem animosidade. Embora eu não o usasse com nenhum negro, mesmo brincando com um amigo, se usasse qualquer coisa diferente com Paul ele teria comentado.

— Temos outra guerra estourando?

— Não sei quem o pegou. Não parece ter se machucado muito.

Atravessando o portão do pátio veio o ten. E.F. Ziemer. Um homem na casa dos cinqüenta, tinha o andar de alguém que tivesse passado anos em um navio em movimento. No seu caso, tinha sido um submarino. Seu chapéu era inclinado despojadamente para o lado. Andava despreocupadamente em direção à rotunda do Bloco Leste. Ele era meu chefe e eu lhe fiz uma meia saudação. Ele parou.

— Ei, Bunk! — chamou. — Mantenha-se à mão. Vamos ter relatórios para escrever esta noite.

— Vou estar por perto, chefe.

— Outra coisa.

— O que há, chefe?

— Eles devem mandar Aaron Mitchell para a câmara de gás em uma semana a contar de sexta-feira. Está uma bagunça por lá. Eu mandei Willy Hart para passar o esfregão. Ele queria que eu pedisse para você ajudá-lo.

— Ele queria.
— Se você não se importar.
— Claro. Como eu entro? — As chaves para a área de execução ficavam guardadas na Torre de Vigilância nº 2, sobre o portão do Pátio Principal.

Nesse momento, um guarda saiu pela rotunda do Pavilhão Norte, que proporcionava acesso tanto para o pavilhão de celas, através de uma porta de ferro à esquerda, quanto para as celas de pernoite dos condenados, através de outra porta de ferro diretamente à frente. O guarda era o mensageiro, que pegava e entregava correspondências e memorandos e escoltava detentos (para o hospital, quero dizer) à noite. Ele estava se dirigindo para a Torre de Vigilância nº 2, obviamente para devolver a chave. Ziemer chamou seu nome e ele se aproximou para me encontrar.

Quando o mensageiro abriu a porta de aço verde, Willy estava na porta aberta de uma das duas celas de pernoite. Tinha uma vassoura na mão e um sorriso no rosto. Ao seu lado, um balde sobre rodas com o cabo de um esfregão para fora. Atrás dele havia uma porta de aço verde aberta, e a uns sessenta a noventa centímetros depois dela estava a porta oval que dava para a câmara de gás, lembrando por algum motivo um batiscafo. Lá dentro havia duas cadeiras colocadas lado a lado. Imediatamente, lembrei-me da história de Allen e Smitty, detentos de Folsom executados por matar outro prisioneiro. Um porco me contou que, quando a porta foi fechada e a roda girada para selá-la, eles inclinaram a cabeça um para o outro e deram um beijo de despedida, cada um em sua cadeira. Quando me lembrei disso, eu ri. Willy tinha acabado de dizer algo engraçado, ele era quase sempre muito engraçado, e pensou que eu estivesse rindo de seu dito espirituoso.

— Ei, Bunk, vejo que você veio ajudar.
— Venho pegar vocês dois em meia hora — disse o guarda. — Que tal?
— Tudo bem — falou Willy. — Nós já vamos ter acabado até lá.

O guarda fechou a porta e ficamos a sós com as celas de pernoite e a câmara de gás. Parei na soleira da porta aberta da primeira cela. Um passo para fora, um passo para a direita passando pela porta. A um longo passo (ou dois passos curtos ou uma marca de escorregão de pés arrastados) era a entrada da câmara de gás. Porra, como era pequena. Era pintada de verde e tinha forma de octógono, com janelas à altura aproximada do peito. Venezianas agora ocultavam as testemunhas. Elas ficavam do lado de fora. A primeira fila ficava com o nariz a centímetros do vidro, e o sentenciado ficava a centímetros do outro lado. Uma testemunha definitivamente testemunhava as coisas muito de perto.

— Não foi Shorty Schrekendost que pintou este lugar? — perguntou Willy.
— Acho que sim... cerca de dez anos atrás.
— Acho que ele escreveu seu nome embaixo de um dos assentos.

— Ele escreveu em todos os lugares da cadeia. Deixa eu ver. — Então eu me joguei no chão e rolei sobre minhas costas para poder ver. Não vi nenhum grafite, mas vi como a morte era administrada, baixa tecnologia, uma alavanca com um gancho onde o saco de gaze contendo as pastilhas de cianeto era fixado. Quando a alavanca se movia, o saco mergulhava em um balde de ácido sulfúrico e o gás era produzido. A parte de baixo do assento era perfurada para facilitar o fluxo do gás para cima.

Ergui minha cabeça. Pensar sobre cheiros e coisas do gênero atiça a memória. — E o meu aparelho? Onde está ele?

— Estou com ele escondido ali. Assim que nós sairmos...

— Espero que você tenha lavado ele para não cheirar mal — eu estava de brincadeira. Era parte do relacionamento. Se eu agisse de outro modo, ele desconfiaria de algum tipo de tapeação.

— Está limpo... e, ah, eu tenho um presente para você, irmão.

De um bolso da camisa ele tirou uma caixa de fósforos. Enfiado nela de modo que os dois lados sobressaíssem, estava um baseado.

— Bem, acenda o maldito — falei.

Ele fez isso. Sentamos lado a lado na câmara de gás, passando o baseado de um para o outro. Era erva da boa e nós ficamos chapados, rindo e contando histórias até que ouvimos a chave girar na fechadura de fora. Saltamos e fingimos estar ocupados. Willy brandia o esfregão e eu passava um trapo nas cadeiras das testemunhas. Imaginei quantos deles mijavam nas calças quando o cianeto caía na panela e eles ficavam olhos nos olhos com o homem que estava morrendo.

O guarda não ligava para limpeza, mas cheirou o ar e perguntou — Que cheiro é esse?

— Não estou sentindo cheiro de nada — disse Willy. — Está sentindo cheiro de alguma coisa, Lenda Viva?

— Você pôs Pinho Sol no balde do esfregão, não pôs?

Willy sacudiu a cabeça. — Não... nada além de um pouco de amoníaco.

— Deve ser isso.

O guarda sentiu que estava sendo enganado, mas não sabia como nem por quê; não reconheceu o cheiro.

— Vamos — disse ele, e mandou Willy levar os apetrechos. — O tenente quer ver você imediatamente — falou para mim. Eu saí com um sorriso.

ENQUANTO WILLY E EU ESFREGÁVAMOS a câmara de execução, o Tenente Ziemer estivera interrogando os detentos que tinham celas no local onde o incidente aconteceu. Descobrira muito pouco, mas tinha de preencher um relatório de algum modo. Esse era meu trabalho. Todos os relatórios de incidentes seguiam a mesma fórmula: "Aproximadamente às ____, do dia ____, durante o exercício de minha função como ____, observei, foi-me contado", etc. Era muito ritualizado e eu sabia de cor:

> A vítima, Robinson, B00000, sofreu três ferimentos perfurantes de um instrumento desconhecido no lado superior direito de seu peito. (Ver relatório médico.) O elemento alega ter sido atacado por um mexicano desconhecido. Deve ser observado que Robinson foi recentemente transferido para esta instituição após vários boletins disciplinares da Colônia Penal Masculina da Califórnia. Deve ser notado que o elemento tem maneiras hostis. O autor colocou-o em isolamento administrativo, aguardando investigações e demais disposições acerca do incidente.

O tenente Ziemer leu o relatório e o assinou. — Porra, eu escrevo um relatório fodido — disse ele, arregalando os olhos e abrindo a boca em fingida ingenuidade. — O Grande Red Nelson me deu os parabéns na última reunião do quadro. Ele me perguntou como você tem passado.

— ESTOU INDO PARA O PAVILHÃO — FALEI. — A não ser que você precise de mim.
— Esteja aqui por volta das onze. Aqueles oficiais trabalhando no Bloco Leste vão ter que preencher relatórios.
— Estarei aqui, chefe.
Quando cheguei ao pátio, onde a equipe de limpeza já havia terminado a faxina e recolhido seu equipamento, Danny Trejo tinha as notícias verdadeiras a respeito do esfaqueamento do Bloco Leste. A altercação começara no edifício de educação, onde o chicano e o negro estavam matriculados em prática literária, o que significa que seu teste marcou um nível inferior ao da quarta série e eles estavam aprendendo a ler. Por algum motivo, eles haviam trocado olhares, o que se transformou em caras feias e depois em uma ou duas palavras: — Que foi? — Que foi o quê? — Então o sinal tocou terminando a aula. Ambos existiam em mundos onde aquilo era impossível de conceber, muito menos de articular, a insensatez do assassinato surgindo de olhares atravessados e nada mais.

Quando a notícia de que aquilo era entre um chicano e um negro se espalhou, a maioria dos brancos ficou aliviada, grata por não estar envolvida. Alguns negros particularmente militantes planejavam uma retaliação. Pelo que lhes dizia respeito, um irmão fora esfaqueado e nada mais importava. Os chicanos anteciparam possíveis problemas e se prepararam por conta própria. Encarregados das galerias negras arranjaram facas escondidas em colchões e ventiladores. Os trabalhadores do pavilhão chicano fizeram o mesmo. Talvez uma dúzia de cada lado realmente tenha se armado, prendendo firmemente facas mal afiadas mas mortais a seus antebraços para que fosse mais fácil puxá-las para fora de suas mangas. Ou então fizeram um buraco no fundo do bolso da frente das calças, de modo que a lâmina se encaixasse ao longo de suas coxas enquanto seguravam o cabo nos bolsos. Podiam ser sacadas em um instante. Como no Velho Oeste, o saque mais rápido freqüentemente decidia quem viveria e quem morreria.

A prisão adormeceu sem se dar conta de que o estopim do ódio negro contra o homem branco fora aceso. Ninguém podia imaginar quão quente o inferno seria ou por quanto tempo ele iria arder.

DOIS REFEITÓRIOS GIGANTES ALIMENTAVAM os detentos de San Quentin. O maior deles, o Sul, era dividido em quatro seções, com murais sobre a história da Califórnia nas paredes. Lembrava mais uma lanchonete de colégio do que o lugar de repasto de assaltantes, estupradores e assassinos, viciados em drogas e molestadores de crianças. Ambos os refeitórios eram inadequados para alimentar todos os detentos simultaneamente, portanto isso era feito em turnos. Os Pavilhões Norte e Oeste comiam primeiro pela manhã. Depois de comer, os presos podiam sair para o pátio ou voltar para seu pavilhão até a chamada das oito horas.

Por volta de sete e meia, os últimos presos dos Pavilhões Leste e Sul geralmente estavam no refeitório. Os primeiros a serem liberados já estavam, como de regra, saindo para o pátio. Eu nunca levantava para o desjejum, mas nessa manhã Veto Tewksbury (um chicano de San Fernando Valley apesar do nome, que veio de um nobre inglês que um dia possuiu muitos milhares de acres no Arizona) esticou o braço entre as grades e sacudiu meu pé.

— Acorde, homem. A merda vai bater no ventilador lá no pátio.

Fiquei de pé e olhei pelas grades do pavilhão das celas para o Pátio Principal. Era verdade, estava mais segregado que de costume. Como sempre, negros se reuniam em volta do Pavilhão Norte, diretamente abaixo da minha janela, mas, apesar de normalmente rirem e conversarem, nessa manhã estavam sombrios e silenciosos. A linha que separava as raças era geralmente estreita e descontínua, e ninguém prestava realmente atenção aos imperativos territoriais, mas nessa manhã o espaço entre elas era de pelo menos trinta metros. Cerca de trezentos negros encaravam de modo sinistro dois grupos de mexicanos; um grupo de cerca de cem estava parcialmente encoberto sob a marquise no flanco direito dos negros. Outros cem encaravam os negros de frente, do outro lado do asfalto vazio. Atrás dos chicanos, cobrindo-lhes a retaguarda, estava uma dúzia de jovens nazistas e uma vintena de Hell's Angels. Esparsos entre os chicanos estavam de dez a quinze brancos prontos a apoiar seus colegas ou parceiros mais chegados. Uma facção de brancos permanecia sentada conspicuamente sobre os bancos ao longo da parede do Pavilhão Leste. No último conflito racial de negros contra brancos eles suportaram o impacto das lesões corporais e cometeram outros atentados à faca e assassinatos. Era a mais forte facção branca, mas seu número na população geral tinha sido depauperado pelo fato de os oficiais os terem colocado em isolamento ou transferido. Embora violenta, a facção não era especialmente racista; ou seja, eles não começariam uma guerra de raças. Mas seus membros, como eu, tinham aliados chicanos que nos apoiaram em um confronto com uma grande gangue mexicana, que se tornaria La Nuestra Familia, inimiga mortal da Máfia Mexicana, também conhecida como La Eme. No sudoeste, especialmente no sul da Califórnia, mas também no Arizona, Novo México e partes do Texas, é muito melhor ser inimigo da Cosa Nostra que de La Eme. Nessa manhã, porém, essas gangues ainda eram embriões sem nome.

Os guardas estavam conscientes da situação instável nos pátios e muitos estavam armados com rifles; um deles, um sargento halterofilista, tinha uma antiquada mas eficiente submetralhadora Thompson, e estavam todos alinhados sobre a passarela de tiro do lado de fora da parede do Pavilhão Norte. Era fácil dizer que a maioria estava alinhada contra os negros. (Não tinham sido os brancos nem os chicanos que mataram vários guardas durante o último ano.) Um guarda negro, porém, mirava ostensivamente as linhas mexicanas. Essa era a situação racial em San Quentin. Eu estava revoltado com toda aquela confusão ignorante. Aquilo ia além do racismo, do orgulho da raça ou mesmo da revolução. Era algo saído das guerras tribais nas selvas da Nova Guiné, com caçadores de cabeças e tudo. Não importava quanto aquilo fosse insano, não era algo que eu pudesse ignorar. Muitos brancos, até então a maioria, tinham tentado essa tática. Era apenas um convite à agressão.

O enfrentamento e os olhares de desafio continuaram pelos dez minutos seguintes, enquanto os refeitórios terminavam de vomitar prisioneiros no pátio. As fileiras inchavam. Os atiradores vigiando de cima previam uma franca rebelião, e a tensão estava atingindo um pico insustentável.

Pelas laterais, um negro e um chicano apareceram. O negro, bonito e de pele mais clara, era um lutador tão bom que ninguém com menos de vinte quilos a mais do que o seu peso lutaria com ele. Sabia executar o mantra de Ali, dançando como uma borboleta e ferroando como uma abelha. Era um drogado e desdenhava as fileiras raciais para satisfazer seu vício. Não era conhecido como militante, embora alguns suspeitassem que ele promovia agitação secreta. Não creio que ele odiasse brancos, mas era um negro orgulhoso e, como eu, quando as linhas se desenharam, permaneceu com os seus. Ninguém podia culpá-lo por isso. O chicano, que tinha retornado recentemente a San Quentin sob uma condenação por assassinato, queria ser um "manda-chuva" no firmamento da prisão e tinha reunido uma facção de cerca de uma dúzia, cujos membros agora estavam em pé com o ajuntamento sob a marquise.

Quando os dois atingiram o centro do asfalto vazio, o campeão se deslocou em direção à massa de negros. Dois deles se adiantaram, ambos altos e com porte militar, um deles com a cabeça raspada e untada como a minha. Reluzia ao sol da manhã. Ele tinha influência entre os negros muçulmanos. O outro usava pequenos óculos de Benjamin Franklin e uma cerrada cabeleira afro, o estilo preferido entre os negros da época.

O quarteto parou em um círculo estreito. Os negros falavam e gesticulavam, tensos com a ira e as acusações. O chicano tomou a vez e fez seu discurso, e a conversa seguiu enquanto o portão do pátio foi aberto e a sirene anunciou o turno de trabalho da manhã. Metade dos detentos no pátio escoou para fora, gratos por evitar possíveis problemas. Os guerreiros de cara fechada em ambos os lados mantinham suas posições. Assim como os atiradores olhando para baixo da passarela de tiro. A continuidade da conferência foi permitida porque poderia ajeitar as coisas sem derramamento de sangue.

A confabulação se interrompeu. O lutador negro apertou as mãos dos dois militantes e o mexicano voltou para o seu grupo. Disse alguma coisa e gesticulou apontando para o portão, conduzindo sua facção para fora do pátio. Os porta-vozes negros voltaram para a multidão que os esperava. Uma dúzia de guerreiros negros se reuniu em torno deles e ouviu o que tinham a dizer.

O sistema de alto-falantes rugiu uma ordem para desocupar o pátio. T.D. e Bulldog levantaram do banco que preenchia a parede e passaram por mim. T.D. segurava um saco de fichas da cantina. — Vou comprar o manjar. (Ele se referia a quartos de sorvete que seriam passados de mão em mão e comidos com cartões de identidade, que eram perfeitos para enfiar nas caixas de meio litro.) — Não vai acontecer nada.

— E todo mundo está feliz — disse outra voz.

Diante disso, pensei: *Não sei sobre todo mundo, mas eu estou feliz para caralho.*

O confronto se dissipou, transformando-se em indivíduos e pequenos grupos movendo-se para seus postos. Em minutos o pátio ficou quase vazio, à exceção de uns poucos trabalhadores noturnos, nosso grupo formando um círculo. As gaivotas e pombos que viam suas chances mergulhavam para aproveitá-las. T.D. me passou um pote aberto de napolitano. Meu cartão de identificação estava preparado para mergulhar dentro dele.

— Eu estava preparado para foder — disse T.D., apoiando um braço carnudo sobre o ombro de Veto Rodriguez. — Ninguém ia machucar o Jumento — Veto às vezes era chamado de Jumento por causa de seu grande pênis, e na verdade precisava de muito pouca ajuda para evitar ser machucado.

— Fico imaginando o que eles disseram lá — falou Paul. — Você acha que eles se desculparam? — O último comentário provocou risos, mas não mais especulações. Meu pensamento era: *quem se importa?*. Dias depois, a verdade foi revelada: o líder da facção mexicana havia renegado o atacante, alegando que ele era um nazista, não um chicano — desde então não houve problemas entre pretos e marrons.

ENQUANTO O PROBLEMA ENTRE O MEXICANO nazista (ele era, de fato, um admirador dos nazistas, especialmente dos uniformes negros da SS, mas era iletrado, do que ele entendia?) e os negros fermentava, mais um pavio queimava em outro lugar. Dois corpulentos motoqueiros brancos tinham enganado um negro, pagando vinte papelotes de heroína com uma nota falsa de cem dólares. A mulher de um deles havia contrabandeado várias notas para ele na sala de visitas. O negro entregou-a para sua própria esposa para comprar mais bagulho. Ela levou seus filhos para a Disneylândia e o bilheteiro reconheceu a falsificação. Foi detida e as crianças foram levadas. Como não tinha antecedentes e havia apenas uma nota, o promotor federal declinou de indiciá-la. Ela, porém, ficou furiosa como o demônio, o que era compreensível. Disse ao seu homem que não levaria mais drogas para ele. O negro ficou enraivecido por ter sido passado para trás por uma dupla de "motoqueiros branquelos, fedorentos e cheios de tatuagens...". Uma hora após a confrontação no Pátio Principal, o negro vitimado e vários amigos seus pegaram os dois motoqueiros atrás do Pavilhão Sul e começaram a brandir suas facas. Os brancos, ambos jovens e fortes, conseguiram lutar e evitar serem mortos, mas foram retalhados seriamente e hospitalizados.

A facção predominante entre os brancos, muitos dos quais fundariam mais tarde a Irmandade Ariana, sabia sobre o golpe por trás do atentado e decidiu não se envolver.

— Eles provocaram aquela merda por conta própria — foi a observação de Bulldog. — O que esperavam... que pudessem enganar o cara sem que nada acontecesse? Burrice! — Ele enfatizou seu julgamento apontando um polegar para baixo, e essa foi a decisão; ele tinha grande influência sobre a facção. Muito mais do que eu.

Como meu turno de trabalho era das quatro à meia-noite, meus dias eram livres. Eu raramente almoçava, mas durante a hora do almoço freqüentemente preferia minha cela ao pátio populoso. Era então que eu datilografava o que havia escrito com lápis nº 2 na noite anterior, usando uma lanterna roubada que ninguém se importava que eu tivesse. Naquele dia, porém, Paul Allen queria que eu entrasse em um jogo de pôquer que ele estava organizando. Como poderia recusar? Não fazíamos idéia que o atentado da noite anterior, agravado pelo que havia ocorrido mais cedo naquele dia, tinha começado uma guerra séria. Os homens que moravam no Pavilhão Norte podiam entrar e sair de suas celas quando quisessem. Um responsável em cada galeria tinha as chaves das celas. Ele destrancava a porta quando alguém pedia.

Enquanto esperávamos pelos jogadores de pôquer no pátio para que pudéssemos levá-los para a sala das caldeiras, onde as partidas estavam acontecendo, tentei sentir a tensão ali. Era maior que a usual, mas muito menor que horas antes naquele mesmo dia. Atribuí a algo residual, pois a maioria dos detentos não sabia o que estava acontecendo.

Então os guardas apareceram, vindo apressados de diferentes direções para o Pavilhão Norte. Algo estava acontecendo no pavilhão das celas ou no corredor da morte. Tudo que havia no pátio parou, exceto as gaivotas em círculo acima de nós. Tudo ficou silencioso, exceto as gaivotas com seus gritos agudos. Todos os olhos se voltaram para a porta do pavilhão. Momentos depois, quatro condenados brancos correram carregando um homem em uma maca. Dois guardas seguiam a trote ao lado deles. Enquanto o cortejo cruzava o pátio diagonalmente em direção à entrada do Pavilhão Sul e ao hospital que ficava depois dela, alguns amigos do ferido saíram da multidão e se apressaram atrás dele. Os guardas da escolta acenaram para que eles se afastassem mas foram ignorados. Eu podia ver o homem na maca falando e gesticulando. Quando ela alcançou o fim do edifício e os amigos não puderam ir mais longe, eles deram meia-volta. O pátio estava silencioso. Três mil pares de olhos observavam. O detento, que eu não conhecia, abriu bem os braços e gritou — *Porra de crioulos filhos-da-puta!*

— Não acho que nós vamos jogar pôquer hoje — disse Paul. Uma ânsia começou em meu estômago e se espalhou pelos meus membros. Isso era tão indescritivelmente sem sentido. Mais tarde, quando fui convocado para datilografar os relatórios, minha apreensão foi substituída por indignação. O homem ferido sobreviveria com algumas cicatrizes e com o uso de sua mão direita comprometido, porque um tendão havia sido seccionado enquanto ele repelia os ataques da faca. Ele cumpria pena por receptar propriedade roubada e trabalhava na fábrica de móveis. Nunca cometera uma infração disciplinar e tinha atestado médico para permanecer em repouso. Estava cochilando em sua cela com a porta aberta. Por que não? Não tinha inimigos. Um negro entrou e o esfaqueou enquanto o outro vigiava a entrada. Não fazia idéia de quem eles eram e eles não o conheciam. Foi escolhido porque era branco e estava dormindo. Podia tão facilmente ter sido eu, embora eu provavelmente não tivesse cochilado com a cela destrancada. Ainda assim, o responsável pela galeria dos negros poderia ter aberto a cela para eles.

Outra voz gritou: — *Seus crioulos bocas-de-caçapa filhos-da-puta!*

— *Vá se foder, branquelo!* — foi a réplica de alguém na aglomeração dos negros.

Na passarela acima apareceu um guarda com um balde cheio de granadas de gás lacrimogêneo e um lançador de cano curto. Atrás dele, suando e resfolegando pelo esforço, vieram dois guardas portando carabinas. Os presos abaixo, brancos e negros, estavam confusos. Os chefões não lhes tinham dito nada. Não tinham idéia do que fazer.

As sirenes apitaram a chamada para o turno de trabalho da tarde, e os detentos, como vacas leiteiras obedientes, começaram a mover-se lentamente em direção ao trabalho. Voltei para minha cela e continuei lendo a biografia de Alexandre, o Grande. Nunca na história alguém mereceu mais essa denominação que o rei guerreiro da Macedônia. Aprendi a respeito da vitória sobre Dario e os persas, o incêndio de Persépolis e a fundação da primeira grande biblioteca do mundo em Alexandria por Ptolomeu, general de Alexandre, cujos descendentes governavam o Egito no tempo de Cleópatra. No isolamento, em algum lugar, tive uma discussão com um negro semiletrado que afirmava que Cleópatra era uma "rainha negra africana com pele de ébano". Aquilo quase chegou à altercação física quando eu disse que ela podia mesmo ter sido negra, mas que nenhum historiador digno de respeito questionava que seus ancestrais fossem gregos — e isso era um fato inquestionável. Então veio o vitríolo do argumento *ad hominem*: "*Os demônios brancos roubam a história dos negros*". Eu não sabia da fantástica marcha de Alexandre através do Hindu Kush e da Passagem Khyber, conquistando todos os que se opunham a ele e contaminando sua imagem dourada com o que nós chamaríamos crimes de guerra. Sua vontade era indomável, e ele freqüentemente saía vitorioso devido a uma determinação irrestrita. Quando tinha minha idade ele havia conquistado o mundo e já era morto e imortal, enquanto eu era um fora-da-lei e um proscrito, cumprindo pena em uma penitenciária de pedra cinzenta. Tinha nascido na época errada e sob as circunstâncias incorretas.

Por volta de duas e meia eu havia mudado para as *Reflexões Sobre a Guilhotina*, de Camus, talvez o mais pungente e certamente o mais belo ensaio escrito sobre a pena capital. Fiquei em pé para endireitar minhas costas e mijar. Quando voltei da privada, pude ver o pátio através da janela. Presos marchavam em massa em direção aos pavilhões. Nenhuma fila estava sendo formada. Faltava uma hora e meia até o encarceramento regular. Algo estava acontecendo e eu sabia que tinha a ver com o conflito racial. Teria ocorrido outro incidente?

Dentro de um minuto eu pude ouvir que eles começavam a passar pela porta da rotunda e subiam os degraus para as galerias. Uns poucos passaram pela minha cela, andando rápido demais para que eu pudesse pará-los para perguntar algo. Então Billy Michaels apareceu. Um alto, loiro e belo viciado — ele era do tipo que quer mais do que meramente sentir-se bem. Que deseja picar-se até seu queixo repousar em seu peito e o mundo que existe em torno dele se apagar. Antes que eu pudesse perguntar o que estava acontecendo, ele pediu — Deixe-me emprestar seu aparelho.

— O que você tem?

— Não tenho nada, mas Chente acabou de voltar de uma visita. Sua mulher lhe arranjou uma amostra. Uns dois gramas. Ele não pode voltar para o trabalho porque estão fechando a cadeia. Eu estou nessa se conseguir um aparelho para ele.

— Não tenho ele aqui.

— Merda!
As galerias se enchiam rapidamente de corpos. Uma voz nos altofalantes disse que todos os detentos deveriam entrar em suas posições para a contagem principal. Isso me incluía. — Eu posso ir buscar e trazer de volta depois que a contagem acabar.
— Ah, cara, eu agradeceria muito.
— Sei que estou pronto para um pico.
— Ih, cara! Ele não arranjou mais que um grama ou dois.
— Conseguir dois tapinhas é mole — se ele quiser ficar chapado hoje à noite.
— Vou apresentar isso a ele.
— Por que esse fechamento?
— Não sei. Provavelmente por causa de toda essa merda racial.
— Aconteceu mais alguma coisa?
— Eu não ouvi nada. Estava cortando o cabelo lá embaixo.
A campainha do pavilhão tocou. As travas de segurança se ergueram e mil portas se abriram enquanto os detentos entravam. Saí para uma galeria deserta com portas batendo e o inevitável extraviado correndo a toda para chegar à sua cela antes de ser trancado para fora. Perder o fechamento não era uma infração disciplinar, mas várias ausências podiam caracterizar uma. A tendência era de que fossem sempre os mesmos presos a perder os fechamentos.
Quando atravessei o portão do pátio, dois grupos de guardas estavam empurrando dois detentos negros em direção ao isolamento da Seção B. Não conhecia nenhum deles pelo nome, mas um freqüentava a seção de direito da biblioteca de Folsom quando eu era atendente. Ele tentava achar um erro em sua extradição. O FBI o havia seqüestrado no México. Quase iletrado, era um dos muitos detentos que pareciam acreditar que, se você encontrar os casos certos e repetir as citações como uma espécie de encantamento mágico, os portões da prisão sairão voando. Tentei explicar-lhe a essência da lei: a Suprema Corte dizia que não importava como eles o levassem perante o tribunal; a corte não perdia a jurisdição. Ele não gostou. Lembro-me de ter dito — Certo, certo, esqueça. Eu só estava tentando ajudar você — Sua resposta foi carregada de peçonha: — Nenhum branco jamais ajudou um negro — Isso não deixava espaço para dizer mais nada, na época ou agora. Ele tinha sido *"fanonizado"*, ainda que nunca tenha ouvido falar em Frantz Fanon[3]. Fez uma expressão de desprezo para mim enquanto saía. Para não deixar sem resposta,

---

[3] Frantz Fanon, médico e psiquiatra nascido na Martinica, foi o mais importante teórico do anticolonialismo no século XX. Engajou-se na guerra de libertação da Argélia e reorganizou as forças rebeldes da Frente de Libertação Nacional. Defendia o uso da violência como único instrumento efetivo contra o domínio colonialista. (N. do T.)

dei um sorriso de escárnio como réplica, mas por dentro eu senti uma dor pungente. Aquele foi um dia muito, muito triste.

    Quando atingi o Escritório do Pátio, descobri o que havia acontecido. Um preso branco de cinqüenta anos que estava sendo transferido quis se despedir de um professor. A sala de aula ficava acima de uma escada em um anexo do edifício de educação. Três negros esperavam nas sombras de um lance para emboscar qualquer branco que aparecesse. Aconteceu de ser o homem que estava sendo transferido. Eles saíram das sombras quando ele estava no último degrau antes da plataforma, surpreendendo-o tanto que ele rolou escada abaixo, caindo de costas.

    Na sala de aula, o professor ouviu o tumulto e saiu à porta. Quando a abriu, os atacantes estavam descendo a escada. A quase vítima gritou. O professor começou a soar o alarme com seu apito. Os guardas próximos vieram correndo. Pegaram dois dos negros enquanto eles fugiam. Enquanto eram levados, um deles gritou: — Poder para o povo! — O velho prisioneiro branco teve um tornozelo torcido.

    Aquele ataque abortado foi suficiente para provocar a ordem de fechar a prisão. Os condenados foram mandados de volta para os pavilhões. Nas galerias, a paranóia corria alto, pois no espaço estreito era impossível saber quando ou se as longas lâminas seriam desembainhadas. Homens sem amigos, aqueles que tentavam cumprir silenciosamente suas penas e ir embora, estavam em situação mais difícil. Não tinham aliados. Os brancos estavam indignados e com medo. Os negros estavam ao mesmo tempo jubilosos e com medo, embora esperassem para gritar sua satisfação quando estivessem trancados em suas celas e se tornassem vozes anônimas.

    Naquela noite, guardas e homens livres começaram uma busca na prisão que continuaria durante dias e revelaria centenas de armas. Os pavilhões das celas foram os primeiros. O pessoal da prisão enfileirou-se ao longo da quinta galeria sem avisar, até que houvesse dois em frente a cada porta de cela. Atiradores atrás deles davam cobertura. As travas de segurança foram erguidas e os detentos receberam ordem de se despir até ficarem de cuecas e saírem para o passadiço. Tão logo os presos perceberam o que estava acontecendo, facas foram jogadas por entre as grades, voando para baixo e caindo ruidosamente sobre a galeria inferior. Era realmente desnecessário descartar as armas, pois os buscadores estavam tristemente fora de forma, acostumados a permanecer sentados sobre suas bundas. Antes de terminar duas celas eles já estavam ofegando, incapazes de fazer mais do que erguer perfunctoriamente um colchão. Muitos apenas andavam para dentro das celas e sentavam.

    Em cada galeria, atrás das celas, havia uma estreita passagem de serviço com encanamentos e instalações elétricas. Detentos eletricistas e encanadores tinham acesso a elas. Os guardas acharam duas dúzias de facas e três machadinhas nas passagens do Pavilhão Leste. O arsenal pertencia a brancos e chicanos, pois o encanador e o eletricista eram um branco e um chicano.

Os únicos detentos fora de suas celas eram os trabalhadores essenciais — alguns funcionários do Gabinete do Capitão, atendentes do hospital, o vigilante do fogo, a última equipe de limpeza da cozinha e eu. Eu podia andar para quase qualquer lugar que quisesse dentro dos muros de San Quentin até meia-noite. Fui para o Pavilhão Sul. Era a sarjeta de San Quentin. O mais velho dos grandes pavilhões de celas era dividido em quatro seções, uma delas a notória segregação de longos períodos chamada Seção B. O resto do pavilhão estava quieto, mas a Seção B era um tumulto cacofônico até o amanhecer; então os homens dormiam dia adentro, levantando apenas para as refeições e na hora dos exercícios no pátio. Muitos agora estavam em segregação por causa do último conflito racial. Não lembro de todos os seus detalhes, mas depois de um ciclo de punhaladas, retaliações, punhaladas, retaliações, os prisioneiros brancos militantes desenvolveram um plano. Cada um dos vários detentos realmente violentos levaria um grupo de dois, três ou quatro para várias posições, isto é, a biblioteca, o edifício de educação e qualquer outro lugar. Assim que a sirene do turno de trabalho da tarde soasse, à uma hora, cada uma das brigadas iria atacar e assassinar todos os negros que estivessem por perto.

Às 12h45, uma briga estourou no pátio de atletismo da unidade de segregação. O oficial na passarela de tiro soprou seu apito (sem resposta) e disparou o tiro de advertência obrigatório. A briga se dissipou, mas o tiro de rifle foi ouvido em toda a prisão. Os detentos brancos que esperavam no pátio inferior pensaram que o ataque geral estava em andamento. Sacaram suas armas e foram à carga contra um grupo de negros desarmados que descansavam em volta do portão das fábricas, homens esperando para voltar ao trabalho depois do almoço. Desarmados e tomados completamente de surpresa, correram para salvar suas vidas. Havia dois retardatários, velhos de cabelos cinzentos que demoraram a perceber o perigo mortal que corriam. Tentaram fugir, mas a alcatéia os alcançou rapidamente. O líder saltou sobre as costas de um deles. Ele foi para o chão, desaparecendo sob mais meia dúzia, as facas que subiam e desciam tornando-se vermelhas sob o sol. O segundo idoso alcançou a cerca de alambrado em torno da área do jardim. Derrubaram-no facilmente e caíram sobre ele com a fúria de cães selvagens. O relatório médico afirmou que ele sofreu pelo menos quarenta e dois ferimentos que podem ter causado sua morte.

San Quentin ficou fechada por dois meses depois de tudo isso. Ônibus partiam diariamente para Folsom, Soledad e Tracy. Alguns dos mais doidos eram mandados para as Instalações Médicas da Califórnia, em Vacaville, e recebiam terapia de eletrochoque. Isso levou embora sua agressividade, mas também uns poucos pontos de QI que aqueles caras não podiam se permitir perder.

O ISOLAMENTO CONTINUOU. A FACÇÃO branca e seus parceiros chicanos conseguiram trocar umas poucas palavras secretamente. A ordem era "esperar... esperar... esperar...". Eles tinham sido apanhados totalmente de surpresa pela série de ataques. Não faziam idéia que aquilo tinha sido em retaliação pelo negro apunhalado no Pavilhão Leste. Tinha sido feito por um chicano. E daí que ele era um fã da SS de Hitler?
 Nada aconteceu na quarta e na quinta-feira seguintes. O isolamento era muito severo. Todo detento fora da cela era revistado várias vezes. Até eu fui apalpado por um porco novato. No fim de semana, a Unidade de Honra Oeste voltou à rotina normal. Uns poucos outros trabalhadores foram retirados das filas do café-da-manhã.
 O diretor adjunto fez com que vários presos fossem levados ao seu gabinete. Queria saber como estava o humor da prisão. Esse diretor adjunto, porém, não agradava e não tinha contato com os detentos certos. Os que ele chamou careciam de prestígio ou influência no pátio. Ele encarregou um comitê de presos de "esfriar" a situação, mas os que estavam no comitê eram desprovidos de respeito entre seus pares. Os negros, especialmente, não tinham nenhum apelo. O simples fato de eles terem apenas falado com o "porco chefe" fechava para eles as portas de seus irmãos.
 O administrador de um programa para os negros convocou a mim e a outros três brancos considerados líderes. Ele queria que nós lhe assegurássemos que nada mais iria acontecer. Eu lhe disse que não tinha controle de nada e não podia falar por ninguém. Dois outros silenciaram, cabeças baixas. O terceiro ficou vermelho e gaguejou: — Eles derrubaram cinco ou seis caras brancos... velhos ou extraviados que não fizeram nada para ninguém. A seguir eles vão querer que a gente tire as sobrancelhas e arranje um palhaço negro. Quanto a mim... eu não estou prometendo nada. — Nada ficou resolvido.
 O plano de esperar que a rotina se normalizasse estava ganhando aceitação. Nazistas e Hell's Angels voltaram atrás, dizendo que nenhum de seus irmãos tinha sido agredido e que eles iam ficar de lado até que isso acontecesse.
 Os negros não estavam esperando pelos branquelos. Eles continuaram na ofensiva.
 Aconteceu de eu estar na quinta galeria, parado fora de uma cela ocupada por dois amigos meus, quando vi dois negros aparecer dobrando a esquina e seguindo pela passarela. Por sorte, meus amigos tinham uma machadinha na cela. Eles a passaram através das grades. Os negros viram-na, pararam e foram para o outro lado. Não era covardia — mas, mesmo que eles me matassem, eu certamente iria infligir alguns ferimentos, e ferimentos fariam com que fossem apanhados.

Na quarta galeria, outro branco, um motoqueiro, estava em frente a uma cela tentando comprar um tablete de ácido. Ele trabalhava na copa do refeitório e tinha acabado de largar o serviço. Na verdade, ainda estava calçando as pesadas botas de borracha. A cela onde ele parou ficava no meio da galeria. Os mesmos dois negros vieram pelo passadiço a partir do fundo. Um terceiro negro caminhou ao longo da galeria inferior e subiu pela parte da frente. O branco ficou entre eles. Ele os viu e sentiu o perigo, pois foi para trás contra o parapeito recusando-se a voltar as costas. Se estivesse na mesma situação, eu teria escalado sobre a passarela muito antes de eles chegarem. O detento branco estendeu os braços e apoiou as mãos sobre o parapeito, inclinando-se para trás a fim de poder olhar para cima. Provavelmente, estava tentando ocultar qualquer evidência de medo. Um prisioneiro esperto, branco ou negro, teria escalado para cima ou para baixo sem hesitação. Esse homem certamente pensou que não estava envolvido; não tinha feito nada para ninguém. Não tinha medo suficiente para salvar a própria vida. O negro que veio pela frente chegou primeiro. Quando estava a três metros, puxou seu punhal e avançou. O branco voltou-se para encará-lo e ergueu as mãos para evitar a lâmina. Ela passou entre suas mãos e se cravou em seu peito. Um instante depois os outros dois chegaram por trás. Um deles o esfaqueou nas costas. O maior do trio agarrou-o por trás e prendeu seus braços. O primeiro negro apunhalou sua garganta. A lâmina entrou justo acima da clavícula, penetrou fundo atravessando os pulmões e atingindo seu coração. Continuou lutando, mas o sangue jorrava de sua boca e ele já estava morrendo. O segundo negro continuou a apunhalá-lo. Não houve gritos, apenas grunhidos e arfadas, e o horrível som da carne rasgando. Espelhos se projetaram por entre as grades ao longo da galeria, periscópios dos homens que tentavam ver o que estava acontecendo. Brancos começaram a gritar e sacudir as barras para afastar os matadores. Estavam vendo um assassinato, mas eram incapazes de fazer qualquer coisa para impedi-lo. Homens nas galerias acima e abaixo gritavam.

— O que está acontecendo?

— Os crioulos tão matando um filhadaputa!

Uma voz negra: — Vamos pegar todos vocês, branquelos filhos-da-puta.

Os matadores arrancaram pelos degraus dos fundos quando um grupo de guardas chegou correndo. Apenas seis negros estavam fora de suas celas. Todos foram tomados sob custódia para investigação. Uma faca ensangüentada foi achada sob uma jaqueta de brim manchada de sangue em uma lata de lixo. Nenhum dos itens levou a ninguém. Na manhã seguinte, atendendo a pedidos da seção local da NAACP, ou Associação Nacional para o Avanço do Povo de Cor, o diretor adjunto falou para o capitão liberar os seis negros porque não havia evidência contra eles. Ao invés disso, ele ordenou que vários amigos da vítima fossem isolados, sob a lógica de que eles podiam tentar retaliar. Antes que fossem liberados, guardas descobriram traços de sangue nos sapatos dos três, além de eles terem contado histórias conflitantes. O diretor adjunto rescindiu a ordem de liberação.

Naquela tarde, correu a notícia de que os guardas olhariam para o outro lado quando os brancos contra-atacassem. A parcialidade tinha se estabelecido havia tempo, mas licença irrestrita para matar era algo novo. A aliança profana entre guardas brancos e detentos não era de amor mútuo, mas de ódio compartilhado. Até anos recentes, a maioria dos guardas vinha se relacionando imparcialmente com os detentos.

O assassinato sem sentido no Pavilhão Leste foi o catalisador para a loucura. Mesmo eu, que experimentava empatia pela angústia dos negros nos EUA, agora fervia de ódio racial. Quando a lenta abertura para a sobremesa começou, meia galeria por vez, os rostos mostravam como estavam as coisas. Os detentos brancos estavam taciturnos e silenciosos; os negros, risonhos e brincalhões. Quando a quinta galeria do Pavilhão Leste foi destrancada, apitos subitamente começaram a berrar. Guardas corriam degraus acima. Encontraram dois negros em suas celas, caídos sobre o próprio sangue. Um caminhou para fora, seriamente ferido. O outro estava parcialmente sob o beliche inferior, espumando sangue pela boca a cada expiração. Aquilo indicava perfuração do pulmão. Um guarda da passarela de tiro tinha quatro brancos na mira, e negros na galeria estavam apontando para eles. A maioria dos guardas não estava interessada em investigar o que tinha acontecido. Ambas as vítimas sobreviveram. Eles alegaram que dois brancos correram para dentro de suas celas e começaram a apunhalá-los no momento em que a trava de segurança subiu, enquanto os outros dois brancos mantinham todos os outros acuados na passarela. O riso jocoso tinha se convertido em silêncio.

Setenta e duas horas se passaram sem incidentes, exceto por uma luta corporal. Os oficiais estavam considerando um retorno para a rotina normal. Trabalhadores da cozinha já seguiam o procedimento usual. O departamento de culinária tinha vestiário e chuveiro no segundo andar. Ele só podia ser alcançado por uma escada de concreto. Mais de um assassinato não resolvido tinha ocorrido na área, o último de um alcagüete cuja jugular fora literalmente arrancada de sua garganta. Enquanto os oficiais consideravam uma abertura, meia dúzia de presos brancos ocupou a escada, cada um com uma faca no cinto. Cinco negros estavam no banheiro, barbeando-se, banhando-se, lavando as mãos ou em frente ao urinol, quando os brancos entraram pela porta. Um dos negros viu o ataque chegando e correu para dentro de um recinto aramado onde toalhas eram guardadas. Manteve a porta fechada. Os outros não tinham para onde ir. Em segundos, o sangue salpicava as paredes. Negros corriam em círculos, seguidos pelos brancos com suas facas. Um jovem negro musculoso abaixou a cabeça e investiu contra a saída estreita para os degraus. Dois Hell's Angels esperavam. Ele passou pelo primeiro e chocou-se contra o segundo. Ambos caíram escada abaixo. O branco quebrou o tornozelo. O negro sofreu vários ferimentos e uma faca estava cravada em sua nádega. Ele correu para dentro das dependências da cozinha, onde aconteceu de eu estar em pé ao lado do tenente Ziemer e do sargento de serviço, ambos comendo sanduíches de bacon com ovos.

— Fui atingido — disse o detento negro. De fato, sua camiseta branca estava ensangüentada e o punhal estava pendurado. Aquilo tinha uma certa absurdidade. O sargento lhe disse: — Você não está tão seriamente ferido. Espere ali.

O negro que desceu os degraus na verdade salvou a vida dos outros. Os brancos pensaram que o alarme estava dado e fugiram antes de acabar com o trio remanescente. Uma das vítimas morreu. Sua medula espinhal tinha sido quebrada. Ele entrou em coma e nunca mais recobrou a consciência. Às outras vítimas, nunca foram mostradas fotografias para identificação. Oficiais mais altos eram tornados inativos pela indiferença hostil de seus sargentos e tenentes. O plano de abrir a prisão foi suspenso. Sanduíches frios eram empurrados através das grades duas vezes ao dia, exceto para os previamente mencionados "trabalhadores essenciais". A eles eram servidas refeições quentes. Eu ficava trancado o dia todo, mas quando o turno mudava deixavam-me sair. Em torno de dez da noite, o tenente Ziemer ia para o Controle de Chaves e pegava as chaves para os frigoríficos da cozinha. Era a hora do bife para os poucos favorecidos, eu e a equipe de limpeza noturna. Durante o dia eu trabalhava em editar o romance e escrever meu primeiro ensaio; era sobre os problemas raciais na prisão.

Ficou distante o sorriso que os negros tinham nos primeiros poucos dias; agora negros e brancos que se conheciam desde a infância passavam com rostos de pedra, sem falar ou mesmo reconhecer a existência uns dos outros. A amizade cessara. Em um mundo absolutamente integrado, cada cela idêntica a todas as outras celas, cada homem comendo a mesma comida e vestindo as mesmas roupas, o ódio racial era malévolo e intratável. A maioria dos detentos carecia de um santuário onde pudesse relaxar. Nem mesmo a cela oferecia segurança. Uma jarra vazia podia ser enchida com gasolina e esmagada contra as grades, seguida por uma caixa de fósforos flamejantes. Isso aconteceu mais de uma vez. Ir comer, mesmo metade da galeria a cada vez, com dois policiais armados a cinco metros de distância, implicava passar por pontos cegos nas plataformas das escadas, onde uma emboscada podia ser armada. Um grupo de brancos ou negros podia estar esperando por alguém da cor oposta, ou talvez estivesse simplesmente esperando por outro amigo — mas alguém da cor antagônica não saberia por que estavam ali e teria virtualmente de roçar de encontro a eles enquanto passava. Um branco foi atacado dessa maneira, mas conseguiu fugir. Dez minutos depois, em outro pavilhão, outro branco investiu contra um negro mas expôs sua faca antes de estar no raio de ataque. O negro a viu e arremessou-se passarela abaixo.

A comissão de detentos do diretor adjunto era autorizada a percorrer os pavilhões de celas à noite, esperançosa de conversar com os militantes e parar a guerra. Um branco aproveitou a abertura dos esforços de paz para tomar um banho. Um negro o pegou nu e molhado e apunhalou-o no pescoço. Miraculosamente ele sobreviveu. Dois guardas negros trabalhavam no pavilhão aquela noite. Eles deram cobertura para o negro atacante assim como os guardas brancos cobriram os brancos em outras situações.

No dia seguinte, um amigo da última vítima avançou contra um grupo de negros com uma faca. Esfaqueou um atravessando o braço. Outro negro saltou sobre as costas do agressor e o derrubou. Guardas chegaram e dominaram-no. Ele pegaria uma pena de cinco anos a perpétua pela posse da faca.

No Pavilhão Norte os detentos firmaram uma trégua. Nenhum ataque seria feito no prédio. Fora do edifício a temporada de caça ainda estava aberta. Nenhum dos lados acreditava inteiramente no outro. Nenhum branco ou grupo de brancos podia falar por todos os outros brancos, nem podia um grupo de negros falar por todos os outros negros. Ainda assim, a trégua se manteve à medida que os dias se tornavam semanas, pelo menos no Pavilhão Norte.

No restante de San Quentin, uma semana se passou, depois duas semanas. Tantos detentos foram para o isolamento que havia quatro ou cinto por solitária, e os ônibus estavam rodando. Depois de mais dez dias, a prisão estava retornando lentamente à rotina. Na tarde de sábado, o filme do fim de semana foi no Refeitório Norte. Um dos negros envolvidos no esfaqueamento do chuveiro não tinha sido apanhado. Ele estava assistindo ao filme. Quando o letreiro de *"The End"* iluminou a tela e as luzes se acenderam, a massa começou a se deslocar para a saída. Um branco e seu companheiro chicano tentaram dar uma estocada no negro, mas alguém gritou um alerta e ele fugiu.

Minutos depois, cem negros estavam apinhados sob a marquise, encarando um número igual de brancos e alguns chicanos agrupados perto do Pavilhão Leste. O Pátio Principal estava totalmente silencioso. O detento que então era disc-jóquei da rádio da prisão colocou música *country* a todo volume. Nunca esquecerei a canção: "The Eyes of Texas Are Upon You". Não pude deixar de rir.

Somente quatro ou cinco dos membros da facção branca que cometeu os assassinatos ainda estavam entre a população geral. O resto estava em segregação. Dois dos remanescentes andaram em direção aos negros, como se fossem beber água no bebedouro que estava entre eles. Um negro pequeno começou a abrir caminho através da multidão, tentando chegar do fundo até a parte da frente. Vários outros se moveram com ele. Os dois brancos se viraram de repente. Um sacou uma machadinha, o outro um punhal do tamanho de uma espada curta. O negro pequeno se abaixou e descartou sua faca, intimidado tanto pelo tamanho e pelo arsenal dos oponentes quanto pelo som metálico de rifles de alavanca sendo engatilhados. Era nos negros que os guardas brancos iriam atirar.

Os brancos perto do Pavilhão Leste tinham começado a avançar, mas então pararam. Os dois homens que estavam na frente voltaram para a massa. Um guarda negro manteve um deles em sua linha de visão, mas o detento conseguiu derrubar sua faca e chutá-la para a multidão. Alguém se livrou dela.

Uma vez mais, a prisão estava fechada. Dois meses se passaram antes que ela fosse lentamente aberta. Agora, porém, guardas carregavam cassetetes pela primeira vez desde que os bastões com ponta de chumbo foram abolidos, em 1940. Ninguém foi indiciado ou condenado pelas punhaladas e assassinatos. Marin County não queria os prisioneiros de San Quentin em seu tribunal.

Durante os dias do longo encarceramento, cortei vinte por cento do livro em que eu estava trabalhando, *Nem os Mais Ferozes*. Cada página, parágrafo, sentença ou palavra prescindíveis foram avaliados. Isso foi o que Merrill Pollack, da W.W. Norton & Co., disse que queria, e, mesmo que ele não pudesse me oferecer um contrato adiantado, seu interesse foi maior do que qualquer outra pessoa havia demonstrado em dezessete anos. Depois, que mais eu tinha a fazer? Quando o mandei de volta, incluí a história do conflito racial que acabei de descrever.

Dois meses depois, recebi um passe para ver meu assistente social, a fim de preparar o relatório para meu comparecimento daquele ano perante o comitê de condicional. Cada pavilhão agora tinha uma fileira de escritórios em blocos de concreto sobre o piso. Havia um jovem recém-formado pela San Francisco State, ele era assistente social havia vários meses. Bati à porta.

— Ah, sim, Bunker. Entre. Vamos pegar sua pasta — Enquanto caminhamos pela frente dos cubículos de blocos de concreto até a primeira cela, onde os registros eram conservados em armários porta-arquivos, ele disse — A propósito, o gabinete do diretor ligou e autorizou uma chamada telefônica para Nova York.

— Uma chamada para Nova York? Sobre o quê?

— Não disseram.

Ele destravou o armário e procurou a pasta. A maioria dos arquivos tinha entre sessenta milímetros e um centímetro e vinte de espessura. O assistente social encontrou a minha e grunhiu quando a puxou para fora. Tinha quase a espessura de uma lista telefônica de Los Angeles. Enquanto caminhávamos de volta para o escritório, ele a balançou para testar o peso.

— Nunca vi um arquivo tão grande. Para dizer a verdade, este aqui tem duas vezes o tamanho de qualquer arquivo que eu já vi — Voltamos para o escritório e ele foi para trás da escrivaninha. — O que é isto? — pôs seus óculos e olhou para uma tira de papel colada com durex no lado de fora da pasta, então explodiu em gargalhadas. — Você sabe o que diz isto?

Sacudi minha cabeça.

— Aqui diz: "ver arquivo número dois".

Percebi a graça. Mas também era triste. Era minha vida.

— Vamos fazer aquela chamada — disse ele. Fez o telefonista da prisão liberar uma linha; então discou e me passou o telefone.

— Agência Watkins — falou uma mulher.

— Meu nome é Edward Bunker. Me mandaram telefonar.

— Ah, sim, Mike quer falar com você.

Uma voz que parecia vir do período vitoriano tomou a linha. — Oh, alô, sr. Bunker, Mike Watkins falando. Finalmente consigo falar-lhe. Sabe do que se trata?

— Ãhnn... talvez... não sei... quero dizer, espero.

Ele deu um sorrisinho. — Merrill Pollack, da W.W. Norton, fez uma oferta para publicar seu livro. O adiantamento é pequeno, mas a Norton é uma boa editora e eu creio que devemos aceitar a oferta.

— Ah... sim... claro... o que você disser.

— Tinha certeza que diria isso. Ah, e uma coisa mais. Louis Lapham da *Harper's* quer publicar aquele artigo que você lhe mandou sobre o conflito racial na prisão. Ele o quer para a capa de fevereiro.

Dezessete anos, seis romances não publicados, dezenas de contos sem ver sequer uma palavra impressa. Escrever tinha se tornado minha única chance de escapar do pântano de minha existência. Perseverei mesmo quando a vela da esperança havia se apagado. Perseverei por hábito, porque não tinha idéia do que mais podia fazer. Agora, em um dia, em uma chamada telefônica, uma das mais prestigiosas revistas dos EUA e uma editora de livros de qualidade tinham concordado em publicar meu primeiro ensaio e meu sexto romance. Anos antes, quando pela primeira vez pisei o caminho de me tornar escritor, tive visões do que isso faria por mim. Eu viveria uma mistura de Hemingway, Scott e Zelda, e da então famosa Françoise Sagan, que tinha escrito um esmagador *best-seller* internacional enquanto era uma adolescente. Escrever um bom livro abriria portas para mim. O mundo leria as verdades que eu tinha para escrever. Faria um lírio crescer no meio do lodo. Aqueles sonhos tinham dezessete anos de idade, quatorze dos quais tinham sido vividos atrás de implacáveis muros de prisão. Estava feliz, claro, mas o tempo havia levado o brilho do sonho. Não tinha idéia do que o futuro conteria para além da continuidade da minha escrita. Já havia embarcado em outro romance.

Naquela noite, em minha cela, tentei conjurar os mesmos velhos sonhos. Eles permaneceram opacos e obscuros. A realidade das duas décadas e meia que se seguiram seria melhor, em quase todos os aspectos, do que minhas visões de quarenta e cinco anos atrás. O sonho fora alcançado — e como. Meus quatro romances ainda são impressos em nove países, e o primeiro, *Nem os Mais Ferozes*, continua nas prateleiras vinte e cinco anos após sua publicação inicial. Um lírio definitivamente cresce em meio ao lodo.

POSFÁCIO

PARIS, CHEGANDO A PRIMAVERA

Estou sozinho em Paris. Minha esposa de quase duas décadas voltou para casa e para Brendan, nosso filho de cinco anos. Fui convidado a vir aqui para interpretar um pequeno papel em um pequeno filme francês, *Cameleon*, sobre uma *femme fatale* que é definitivamente um camaleão. Benoît Cohen, o entusiasmado jovem diretor, está recorrendo a orações e doações de pedaços de filme para pôr sua visão na tela. Meu cachê é minúsculo, mas cobre a maioria das minhas despesas — e quem recusaria um mês grátis na cidade mais linda do mundo? Fevereiro tornou-se março e a neve rala desapareceu, exceto nas fendas que o sol nunca explora. Os galhos das árvores ainda estão completamente nus, mas desde que cheguei a Paris, pequenos botões vêm eclodindo, os quais logo se tornarão gloriosas folhas dançando na brisa. Deus, eu amo Paris nesta época do ano.

O Hotel Normandy fica na margem direita, perto do Louvre, do Sena e da Place de la Concorde.

— Sabe onde fica isto? — perguntei ao *concièrge*. Tinha de apanhar minhas diárias semanalmente, o dinheiro para despesas que não é taxado como renda.

O *concièrge* providenciou um daqueles convenientes mapas de ruas para turistas, do tipo que lista as ruas e paisagens principais, mas é escasso em detalhes sobre outras coisas. Ele apontou para um ponto verde que assinalava um parque.

— É bem nesta região — disse ele —, quatro ou cinco quilômetros.

— Posso ir andando? Certo?

— Sim. É uma longa caminhada... mas está um dia agradável.

Ele estava certo em ambos os palpites. Parto rumo à Avenue de Opera. Está claro o suficiente para usar óculos de sol, mas o frio da manhã é o refresco perfeito para uma caminhada vigorosa. Estou certo de encontrar meu destino se localizar o parque, e isso deve ser fácil. Por outro lado, quanto tempo vai levar é algo imponderável. Gosto de explorar cidades a pé: Nova York, Londres, Roma, qualquer cidade exceto Los Angeles — e Paris mais do que todas. Lembro do serpentear noturno de Thomas Wolfe através das ruas escuras e vazias de Manhattam, enquanto se comunicava com sua musa. Sua prosa transformava ruas desertas em sinfonias descritivas.

Na casa da ópera (ela é mesmo grande o bastante para ter um fantasma vagando pelo seu interior), viro à direita. Acho que é o Boulevard Haussman. Depois de outros vinte minutos, dobro novamente à direita. Agora estou subindo uma ladeira levemente íngreme, delineada por apartamentos chiques. Ao contrário dos Estados Unidos, onde a classe média abandonou o centro da cidade para deteriorar-se aos cuidados da pobreza e das minorias, na França e na maior parte da Europa, os abastados permaneceram nos limites da cidade. Os pobres foram empurrados para os subúrbios ao redor. O espaço na cidade teve seu valor aumentado. Os apartamentos são pequenos e caros. Era uma das razões por que havia uma vida tão vibrante nas ruas de Paris. Em L.A., quase todo mundo pode ter uma piscina no quintal. Em Paris só os ricos têm quintal.

O parque começava a uma quadra do alto da ladeira. Era maior do que eu previ e eu não sabia para que lado ir. Avistando dois homens engajados em uma conversa, esperei por uma oportunidade para pedir desculpas por minha intromissão e estender a tira de papel com o endereço. Era uma pergunta que não exigia ser feita em francês. Um dos homens indicou que eu descesse de volta a ladeira e subisse a próxima.

Comecei a andar. Tinha percorrido cerca de meia quadra quando o som de pés correndo me fez parar e me voltar. Um homem jovem gesticulava para que eu esperasse. Fiz isso. Ele chegou, ofegando, e falou em inglês com sotaque: — Eu conheço você.

— Você me conhece?

Ele balançou a cabeça. — Edward Bunker. Li seus livros — seu sorriso era largo, talvez em resposta à minha surpresa manifesta. Ele ergueu três dedos. Era quantos eu havia publicado até então.

— Tem outro saindo no ano que vem.

— Vou comprá-lo. Qual é o título?

— *Cão Come Cão.*

— Ficarei esperando. Aquele homem — ele gesticulou para o alto da ladeira de onde eu tinha vindo. — Ele indicou errado a você. Essa rua é por ali... no outro lado do parque. Eu vi uma equipe de filmagem lá.

— *Merci beaucoup.* Era o que eu estava procurando — comecei a voltar e parei. — Então, como você me reconheceu?

— *Cães de Aluguel.* Mr. Blue, certo?

— Sim — o papel tinha sido minúsculo, mas *Cães de Aluguel* fora um sucesso de bilheterias na maior parte da Europa, principalmente na França e na Inglaterra e, especialmente na última, impulsionara as vendas dos meus livros.

Quando continuei caminhando através do parque que se elevava sobre a cidade, achei difícil acreditar que alguém tivesse me reconhecido numa calçada de Paris, a dez mil quilômetros de casa, alguém que tinha lido todos os meus três livros. Ainda estava entusiasmado quando avistei os caminhões e luzes da pequena equipe de filmagem. O *set* era um café. Quando cheguei, o elenco e a equipe estavam almoçando. Sem me intrometer, cumprimentei Benoît Cohen, o talentoso jovem diretor, pois ele estava repassando uma cena com os atores principais, Seymour Cassell e Chiara Mastroianni (eu interpretava seu melhor amigo, um ex-condenado), e era pouco condizente com os protocolos do cinema interromper tal situação. Encontrei a gerente de produção, que me deu uma pilha de francos, supostamente suficientes para viver durante uma semana. Ela também tinha a "lista de chamada". Eu estava agendado para trabalhar no dia seguinte. Seria naquela locação, e eles estavam no final da cena que rodariam naquele dia. Era bem-vindo para ficar e observar o filme ser rodado, mas tinha outros planos para aquela tarde. Queria ver o Panteão e o túmulo de Napoleão. Ele certamente fez um barulho e tanto para um pequeno corso. Eles ainda têm o "N" napoleônico nas pontes sobre o Sena.

Quando acenei um "até logo" para o diretor, um dos cinegrafistas aproximou-se com dois de meus livros em edições francesas. Poderia autografá-los? Saquei minha caneta com ponta de feltro, que favorece grandes assinaturas. Negras e espessas, elas parecem substanciais. Assinaturas com esferográficas parecem muito finas.

Antes que eu tivesse acabado com o cinegrafista, uma fila havia se formado. A equipe era pequena como podem ser as equipes de filmagem, não mais de vinte, mas mais da metade trazia livros para eu assinar. Alguns eram novinhos, mas muitos eram livros que o proprietário já possuía havia algum tempo. Um deles disse que pegou o emprego porque eu estava no elenco. Quem teria previsto tais coisas em meus primeiros quarenta anos de vida? Podia não se igualar à metamorfose de Santo Agostinho, mas certamente era inesperado. Jamais imaginei essa realidade quando caminhei para fora da prisão, pouco mais de vinte anos antes. Agora, passava dos sessenta anos, idade que achei que nunca veria. Em anos recentes, meu corpo tinha mostrado evidências de mortalidade, câncer de bexiga curado com uma cirurgia dez anos antes, anticorpos contra hepatite C (sou um dos oitenta por cento em que ela permanece inativa), um leve ataque cardíaco (se é que existe tal coisa) tratado com angioplastia, e um caso limítrofe de diabetes adulto que parecia sob controle com meio comprimido e exercícios diligentes sobre uma esteira. Nunca parecera melhor e, com sorte mediana, espero viver mais uma década para brincar com meu filho e educá-lo. Ainda assim, qualquer que fosse o modo como eu encarasse as coisas, a maior parte da partida já fora jogada e parecia hora de escrever sobre isso.

Serpenteando na direção do hotel, pensei sobre as duas décadas passadas desde que saí da prisão. Quem teria esperado que eu ficasse fora? Não eu, certamente. Minha única decisão a esse respeito era não fazer nada estúpido. Tirando isso, o que quer que acontecesse aconteceria. Ao longo dos anos, entrevistadores têm me perguntado por que eu mudei. Minha resposta, e a verdade, é que mudei na medida em que minhas circunstâncias mudaram. Ser um autor publicado e, de certo modo, aclamado foi, claro, decisivo para tudo. Justamente quando saí, o filme baseado no livro estava começando sua pré-produção. Isso me apresentou a um meio inteiramente novo — e a pessoas de quem eu gostei. Também fiz minha atuação de estréia, representando em uma cena de bar com Dustin Hoffman. Levou um dia inteiro para rodar uma cena de cinco minutos. Quando o assistente de direção gritou "Por hoje é só", ao final do dia, o elenco e a equipe aplaudiram, o que me fez corar. No decorrer dos anos, apareci em uma vintena de pequenos papéis, não exatamente um meio de vida, mas o suficiente para cobrir um plano de saúde para minha família.

A crença comum é que manter um ex-condenado sob condicional, ao contrário de simplesmente libertá-lo, é benéfico para a sociedade. Isso pode ser correto como princípio geral, mas comigo a verdade foi o oposto. Eu rejeito a idéia de *custodia legis*, de que alguém em condicional ainda está sob custódia legal. Desisti de tentar cumprir condicionais depois de ter passado pela primeira. Via o agente de condicional apenas uma vez para pegar meu dinheiro de liberação, depois arranjava alguma identidade falsa e desaparecia. A outra vez que o agente de condicional me via era quando eu estava na cadeia. Dessa vez, porém, achei que ia esperar até que o filme acabasse, mas depois me tornaria um fugitivo. Não estando sob condicional, podia deixar a Califórnia, o que parecia interessante, quando um amigo íntimo e ex-companheiro de cela, Paul, fugiu da cadeia municipal e me telefonou da estrada. Teria de pegá-lo e dar-lhe alguma ajuda, pelo menos por uns dias. Ele começou a assaltar bancos e, como meu nome apareceu quando o seu foi para o computador, o FBI veio me ver no *set* de filmagem. Aconteceu de meu amigo estar me visitando quando eles chegaram — no *trailer* de Dustin Hoffman. Não foi visto; não esperavam encontrá-lo. Queriam que constasse nos registros que eu sabia que ele era um fugitivo; assim, se descobrissem alguma evidência de que eu o havia visto sem comunicar o fato, poderiam me acusar de dar ajuda e abrigo. Algumas semanas mais tarde, Paul estava esmurrando a porta. Quando o deixei entrar, ele correu para o banheiro, ajoelhou-se e começou a despejar dinheiro no chão. A arma caiu de sua cintura. Havia escapado por pouco de um assalto a banco nas imediações de Santa Monica. Vocês acham que o FBI teria acreditado em meus protestos de inocência se o tivessem seguido até ali? Era hora de abandonar L.A., pois o filme estava na lata e meu segundo romance, *Animal Factory*, nas livrarias.

Fiquei um tempo com uma antiga namorada e sua filha em Chicago, mas aquela cidade era fria demais, por isso fui para Nova York. Dustin comprou os direitos de filmagem de *Animal Factory*, não porque pretendesse filmá-lo, mas para me ajudar. Meu terceiro romance, *Little Boy Blue*, estava quase acabado, e as primeiras cem páginas são, provavelmente, meu melhor escrito. Muito antes, havia reconhecido, ou decidido, que ou teria sucesso como escritor ou seria um fora-da-lei. Por ter tomado uma decisão tão equivocada, eu me pus no caminho da perseverança e apenas tal determinação, ou obstinação, permitiu que eu triunfasse na primeira escolha. Imagine alguém que estudou até a sétima série querendo ser um escritor de verdade e conseguir isso sem qualquer ajuda ou encorajamento. Na verdade, o psicólogo da prisão falou que isso era outra "manifestação de fantasia infantil". No entanto, quando meu primeiro romance foi convertido em filme, meu segundo romance foi publicado e meu terceiro romance estava quase concluído, senti-me vitorioso. Não estava preparado para que *Little Boy Blue* vendesse quatro mil cópias, apesar das críticas entusiasmadas. Seria difícil vender mais, pois meu editor não tinha nada nas lojas, nem mesmo em L.A., enquanto eu comparecia a *talk shows* e estava em turnê. Nessa época eu podia ter retornado ao crime. Duvido que tivesse assaltado um banco, embora pudesse roubar um ou dois traficantes de drogas, um crime de que sempre gostei porque eles não podiam ir à polícia. Mais provavelmente eu teria plantado erva. É fácil de fazer, difícil de ser apanhado e muito lucrativo. Enquanto a visse crescendo, teria continuado a escrever. Ser pego plantando maconha não traria prisão perpétua, nem mesmo para mim. E, de volta à cela, teria apontado um lápis e continuado a escrever. Agora sabia que era possível, e sabia do mesmo modo que não podia fazer mais nada — pelo menos, nada legal.

A história tem um final feliz unicamente por causa de Jennifer. Ela é minha salvação. Nós nos conhecemos quando fui solto pela primeira vez. Nas poucas semanas antes que a Corte de Apelações dos Estados Unidos para a Nona Vara revertesse minha condenação, fiquei em uma instituição semi-aberta. Jennifer era minha conselheira. Tinha vinte e quatro anos e parecia a personificação da garota californiana de dezessete; alta, magra, loira, uma garota de classe média alta, vinda de alguma irmandade da Universidade do Sul da Califórnia. Quando meu nome foi discutido em uma reunião de conselho antes da minha chegada, ela disse que me conhecia de meus ensaios no *The Nation*. Mal pude acreditar quando esta linda jovem apresentou-se e disse — Sou sua conselheira.

Conselheira! Inacreditável! A ovelha ia aconselhar o lobo.

Levaria um mês até que a reversão determinada pela corte tivesse efeito. Tornamo-nos amigos. Ela se interessava por literatura e filosofia. Quando saí da instituição semi-aberta, encontramo-nos duas vezes para um café. Quando deixei Los Angeles, dei-lhe meu endereço e escrevi uma carta em dois anos. Um romance nunca passou pela minha cabeça. Não apenas ela era casada, mas não consigo imaginar uma metáfora para expressar nossa diferença de antecedentes. Duvido que ela tivesse conhecido alguém que houvesse passado uma noite na cadeia, muito menos dezoito anos nas prisões mais terríveis dos EUA, grande parte deles na solitária. Quando era adolescente, ela teve um cavalo; eu tive um rato enorme correndo sobre meu sanduíche de macarrão, na solitária da Cadeia Municipal de Los Angeles.

Quando a vi novamente, ela estava em pleno processo de divórcio, e o romance floresceu. A diferença em nossos antecedentes era a mesma, por isso eu estava bastante certo, embora silenciasse sobre isso, de que aquilo seria um romance desventurado que não iria durar. Tentaria deixar boas lembranças e representaria uma espécie de Pigmalião. Ela amava livros e era formada em uma universidade, mas as boas escolas, mesmo em um nicho de classe alta, deixam vastas lacunas em relação ao que uma pessoa verdadeiramente educada sabe sobre história, literatura e uma miríade de outras coisas; lacunas que eu podia preencher. Por outro lado, ela ajudou a me civilizar, e era uma garota tão evidentemente agradável que aqueles que eu poderia deixar nervosos, ou mesmo assustados, olhariam para nós e pensariam: "não pode ser tão perigoso assim, se ela está com ele". Eu previa que esse romance peculiar durasse um ano, talvez dois, antes que o *glamour* se despisse para ela ou que eu enjoasse.

Nada disso aconteceu, e depois de duas décadas parece certo que ficaremos juntos até eu morrer. Ainda mais improvável sob o meu ponto de vista, aos sessenta e cinco, sou o pai de um belo, extremamente radiante e impetuoso garoto de cinco anos, meu orgulho e felicidade. Ninguém sabe o que ele irá pensar a respeito do seu pai, mas as cartas que nós demos a ele são infinitamente melhores do que as que o destino deu a mim. Eu poderia ter jogado melhor com elas, sem dúvida, e há coisas das quais me envergonho, mas quando olho no espelho orgulho-me do que sou. Os traços que me fizeram lutar contra o mundo são também os que me fizeram vencer.

CALIFORNIA PRISON
A 20284 B
E H BUNKER
6 14 1966

Leia também de Edward Bunker:
Nem os Mais Ferozes
Cão Come Cão

Tipos Sabon e Helvetica Condensed
Papel Pólen Soft 80 g/m²
Impressão Bartira Gráfica
Em Outubro de 2005